Vanessa Dörnhoff

KURSTHEMEN
ERZIEHUNGSWISSENSCHAFT **4**

Entwicklung, Sozialisation und Identität im Jugend- und Erwachsenenalter

von Georg Bubolz

Cornelsen

Redaktion: Karl-Heinz Holstein, Rodenbach b. Hanau
Gestaltung und technische Umsetzung: Uwe Rogal, Berlin

Umschlagbild: Edvard Munch: Mädchen auf der Brücke (1900).

Foto: Kleinhempel, Hamburg

Cornelsen online http://www.cornelsen.de

1. Auflage Druck 5 4 3 2 Jahr 05 04 03 02

Alle Drucke dieser Auflage sind inhaltlich unverändert
und können im Unterricht nebeneinander verwendet werden.

Druck: CS-Druck Cornelsen Stürtz, Berlin

ISBN 3-464-12909-8

Bestellnummer 129098

Gedruckt auf säurefreiem Papier, umweltschonend
hergestellt aus chlorfrei gebleichten Faserstoffen.

Inhalt

Vorwort

Zum Umgang mit dem Buch

Pubertät und Jugend – diese Zeiten dürften für Sie nicht entfernt liegen. Eigene Erfahrungen sind daher gefragt: Sie selbst sind betroffene Experten, wenn es um das Thema „Entwicklung, Sozialisation und Identität im Jugendalter" geht. Natürlich fühlen sich oft auch Eltern, Lehrer oder andere Erziehende kompetent mitzureden, da sie in unmittelbarer Berührung mit Jugendlichen stehen. Eine allzu große Nähe zum Thema kann allerdings zuweilen auch hinderlich sein. Eine differenziertere Sicht, die „über den Dingen" steht, erschließt sich oft erst aus der Distanz. Der Erziehungswissenschaftler ist geradezu herausgefordert, soweit dies möglich ist, Jugend objektivierend zu betrachten … Manchmal erschließen sich erst Aspekte des Jugendalters aus der größtmöglichen Entfernung, der des hohen Erwachsenenalters, wenn das Leben als Ganzes bilanzierend im Angesicht des bevorstehenden Abschieds in den Blick kommt. Das Buch will alle diese Perspektiven zur Sprache kommen lassen: Jugendliche mit ihren Problemen äußern sich; die Perspektive der „anderen Seite", d. h. der Erziehenden, wird eingenommen; ein objektivierender wissenschaftlicher Zugriff wird versucht; das hohe Alter als Abschluss des Erwachsenenalters mit seiner Sicht von Jugend im Rückblick erhält aber auch eine Stimme …

Der Band „Entwicklung, Sozialisation und Identität im Jugend- und Erwachsenenalter" aus der Reihe „Kursthemen Erziehungswissenschaft" will Sie so – jeweils unterschiedliche Blickwinkel auf Erziehung hin aufgreifend – Wege und Möglichkeiten entdecken lassen, wie Sie Entwicklungs- und Sozialisationsvorgänge bei sich und anderen in ihrer pädagogischen Relevanz besser verstehen können und wie Sie selbst solche Prozesse gegebenenfalls anstoßen können. Es steht mit dieser Zielvorstellung im Einklang mit den Lehrplänen für den Pädagogikunterricht in Nordrhein-Westfalen und Brandenburg.

Inhaltlich ergibt sich dementsprechend für das Kursthema „Entwicklung, Sozialisation und Identität im Jugend- und Erwachsenenalter" der Jahrgangsstufe 12/2 folgende thematische Abfolge:

- Entwicklung, Sozialisation und ihre Risiken in Pubertät und Jugendalter und ihre wissenschaftliche Erfassung,
- Pädagogisches Denken und Handeln aufgrund von Erkenntnissen über Entwicklung und Sozialisation in Pubertät und Jugendalter,
- Entwicklung, Sozialisation und Identität im Lebenszyklus.

Der erste dieser drei Schwerpunkte ist vom Umfang her besonders ausführlich gehalten. Dies hat den Sinn, Wahlmöglichkeiten von Unterthemen anzubieten und somit Mitbestimmung an der Gestaltung des Kurses anzuregen. – Überall dort, wo auf Entwicklungsvorgänge und Entwicklungstheorien Bezug genommen wird, die bereits in Band 2 oder Band 3 der „Kursthemen Erziehungswissenschaften" angesprochen sind, helfen Verweise auf entsprechende Passagen dieser Bände (etwa bei der Entwicklungstheorie Erik H. Eriksons). Die entsprechenden Abschnitte von Band 4 sind allerdings so abgefasst, dass sie auch ohne diesen Rückbezug verständlich bleiben.

Die bereitgestellten Materialien sind so organisiert, dass

- eine Fülle von frei arrangierbaren Kombinationsmöglichkeiten für die konkrete Kursplanung, zugleich aber auch
- strukturierende Hilfen durch die sachlogische Abfolge von Texten, Grafiken, Bildern sowie
- Möglichkeiten aufbauenden Lernens

durch klare Arbeitsvorschläge angeboten werden.

Methodisch werden auf verschiedenen Ebenen Akzente gesetzt. Im Buch werden vier methodische Bereiche ausgewiesen. Diese sind:

- Methoden/Techniken der Beschaffung, Erfassung und Produktion pädagogisch relevanter Informationen,

- Arbeit mit wissenschaftlichen Texten und Theorien,
- Grundtechniken des wissenschaftlichen Arbeitens,
- kooperatives Arbeiten.

Methodisches und inhaltliches Lernen sind nicht voneinander zu trennen. Sie stehen immer in Verschränkung miteinander. Daher sind die jeweiligen Materialien zu den methodischen Bereichen auch in die inhaltliche Abfolge der Materialien eingearbeitet. Wo diese Bereiche angesprochen sind, werden sie entsprechend den vier methodischen Kategorien farblich abgehoben.

Die so gestaltete Materialsammlung ermöglicht über weite Teile selbstständiges Lernen von Schülerinnen und Schülern. Handlungsorientierung gewinnt dabei an Bedeutung. Spezifische Hinweise, Arbeits- und Projektanregungen unter den Materialien und der Lexikonteil am Ende des Buches bereichern so die Palette an unterrichtlichen und außerunterrichtlichen Handlungsmöglichkeiten.

Um die Möglichkeiten fachübergreifenden und fächerverbindenden Arbeitens zu stärken, wurden bei der Auswahl der Materialien vor allem auch solche berücksichtigt, die dem Anspruch von interdisziplinärem Lernen besonders gerecht werden können. Genannt seien nur in Auswahl:

- literarische Texte (Deutsch)
- Bilder der Kunst (Kunst)
- Statistiken (Mathematik)
- Experimente (Sozialwissenschaften)
- usw.

Die einzelnen Kapitel wurden zumeist strukturiert nach „Hinführung“, „Grundlagen“, „Beispiele“, „Pädagogische Konkretionen“, „Methodenlernen“, „Zusammenfassender Überblick/Ausblick“. Dem Buch insgesamt wurde ein „pädagogisches Leitmotiv“ vorangestellt, das als „roter Faden“ den Duktus des Kurses „Entwicklung, Sozialisation und Identität im Jugend- und Erwachsenenalter“ begleitet und an den verschiedensten Stellen immer wieder aufgegriffen wird.

Überblick über methodische Elemente

1.1.4	Den Unterricht mitplanen
1.3.2	Fallstudien im Pädagogikunterricht
1.4.4.2	Worin besteht systemisches Denken? – Zum Ansatz der Theorie
1.4.4.3	Was sind die Grundannahmen systemischer Theorie?
1.3.5.3	Was ist Psychoanalyse? – Was kann sie bei Essstörungen leisten?
1.4.2.2	Von den Unzulänglichkeiten der Statistik – am Beispiel der polizeilichen Kriminalstatistik
1.4.3.1	Das Gruppenpuzzle – eine Alternative zu herkömmlicher Gruppenarbeit
1.4.4	Theorien, Forschungsprojekte und Erhebungsmethoden – am Beispiel von Untersuchungen bei aggressiven Jugendlichen
1.4.5.3	Rollenspiele im Pädagogikunterricht – am Beispiel eines Mediationsspiels
1.5.7	Zur Aufgabe von Beratung – grundsätzliche theoretische Erwägungen
2.2.5	Interviewverfahren und Gruppendiskussionsverfahren: Mittel zur Erforschung jugendlicher Einstellungen
3.5.3	Hospitationen und Praktika – auch im Altenheim
3.6.3	Das pädagogische Konzept der biografischen Selbstreflexion
5.	Lexikonteil Ein Modell der Textinterpretation – Anregungen

Edvard Munch (1863–1944): Mädchen auf der Brücke (1900). Öl auf Leinwand, 83,5 x 128,5 cm

Unser Leben hängt davon ab,
was wir aus dem machen,
was aus uns gemacht wurde.

Jean Paul Sartre

Michael J. Deas: ohne Titel (o. J.) (Ausschnitt)
Illustration Index I. Page One Publishing Pte: Singapore o. J., S. 37

Man sagt, Jugend bedeutet Glück.
Nein – glücklich sind (vielleicht) die Kindheit
und das nicht allzu kränkelnde Alter,
nicht aber die Jugend, diese erste Welle, die am
Felsen des Lebens zerschellt,
das erste Öffnen der Augen vor der Abscheulichkeit,
die ersten Enttäuschungen, ersten Niederlagen,
ersten Kompromisse.
Jugend ist tragisch.

Hermann Hesse

1. Entwicklung und Sozialisation: Risiken in Pubertät und Jugendalter sowie wissenschaftliche Erfassung

1.1 Hinführung: Pubertät und Jugendalter aus der Sicht Betroffener

Wie werden Pubertät und Jugendalter erlebt? Unterschiedliche Sichtweisen dazu kommen in den beiden ersten Texten zum Ausdruck. Ob die jeweiligen Vorstellungen miteinander in Einklang zu bringen sind, können Sie selbst entscheiden.

1.1.1 Annika Lingner, Tagebucheintrag – die Perspektive einer Jugendlichen (17 Jahre)

Es ist mir gelungen! Ich habe einen großen Schritt zur Erhaltung Jugendlicher in freier Wildbahn getan. Vielleicht sollte ich mir meinen grandiosen Einfall patentieren lassen!

Nun, wovon ich konkret spreche, liebes Tagebuch, ist die Tatsache, dass ich seit meinem 13. Lebensjahr fest davon überzeugt bin, dass alle Eltern von einer höheren Instanz gelenkt und kontrolliert werden, denn ich kann ganz einfach nicht glauben, wie und warum diese einst so freundlichen Schnullerreicher und Fläschchenwärmer im Laufe der Jahre zu nervenaufreibenden, angeblich alles wissenden Individuen mutieren konnten. Ich führe jetzt als Beweis ein relativ harmloses Beispiel an, welches jedoch nach einer von Arbeiten gefüllten Schulwoche nahezu existenzbedrohend ausarten kann …

Es ist Samstagnachmittag und meine geplagte Schülerseele sehnt sich nach einigen Mußestunden. Wohlig ausgestreckt auf meinem Lieblingsplatz, dem Bett, versuche ich mit der Hilfe von Cola, Gummibärchen und einer niveauvollen Lektüre wie „Star Wars" die anstehende Erdkundearbeit aus meinem Gedächtnis zu verdrängen.

Ich bin gerade kurz davor, mich zu entspannen, als meine von unbekannten Kräften geleitete Mutter lächelnd das Zimmer betritt und so die Isolation der Stätte des Stressabbaus frevelnderweise zerstört. Doch der Einleitungssatz „Na, was machst du denn da, mein Schatz?" ist nur der Anfang des Dilemmas, denn selten lässt sich eine Mutter durch die gebrummelte Antwort „Siehst du doch!" abwimmeln.

Im Normal- und damit gleichzeitig Schlimmstfall nimmt die Bedrohung meiner Freizeit auf meinem Heiligtum Platz und beginnt, jeglichen Widerstand des Opfers (also von mir) ignorierend, eine heitere (dieses Adjektiv definiert jede Generation unterschiedlich) Geschichte aus ihrem Arbeitsleben zum Besten zu geben; meist noch gekrönt von einer Bemerkung wie „Der Geschirrspüler läuft schon fast über!«

Doch jetzt, endlich, nach Jahren, deren Wochenenden ich mit Badezimmerputzen und Gesprächen über zu hohe Telefonrechnungen verbracht habe, ist es mir gelungen, den Klauen meiner am Wochenende überinteressierten Eltern zu entkommen.

Um in den Genuss eines elternfreien Tages zu kommen, ist allerdings das Mittel der Täuschung (um mich hier mal vom unschönen Wort „lügen" zu distanzieren) und einige Vorarbeit vonnöten. Es empfiehlt sich, schon beim Mittagessen seufzend die Augen zu verdrehen und die Eltern mit der Klage „Ich muss noch lernen!" perfekt einzustimmen. Danach sollte man geschäftig im Wohnzimmer umhereilen, in verschiedenen Lexika blättern und die Eltern nach garantiert nicht vorhandener Fachliteratur fragen. Nun fehlt nur noch die Verwüstung des Schreibtisches: Offene Bücher, Mappen en masse, bekritzelte Zettel und ein Haufen Stifte beruhigen selbst die argwöhnischsten Erzeuger!

Und sogar ein sechzigminütiges Telefongespräch ist mit dieser Taktik möglich, denn welcher Vater würde seinem arbeitswilligen Sprössling die korrekten Lösungen seiner Matheaufgaben verweigern? Richtig! Keiner, und

Max Pechstein: Das grüne Sofa (1910).

© Max Pechstein Archiv, Hamburg. Museum Ludwig, Köln

schon ist der Tag gerettet! Fehlt nur noch, dass meine Mutter, von meinem Eifer gerührt, mit einer Tasse Tee und Keksen an meine Tür klopft … In diesem Fall haste ich einfach zum Schreibtisch, bevor ich mit leidender Stimme und heftig am Bleistift kauend „herein“ rufe …

(Aus: Annika Lingner: 17 Jahre, Tagebucheintrag vom 1.3.1998. In: Anne Teuter und Abraham Teuter [Hrsg.]. Wie erziehe ich meine Eltern? Erzählungen junger Autorinnen und Autoren über fliegende Fetzen, knallende Türen und echte Enttäuschungen – aber auch über Liebe. touchdown Alibaba Verlag: Frankfurt am Main 1999, S. 134–136. © bei den Autorinnen und Autoren)

1 Wie empfinden Sie die Tagebucheintragung?

2 Welche Einstellungen, Wünsche, Bedürfnisse von Jugendlichen werden im Tagebuchauszug zum Ausdruck gebracht?

3 Überlegen Sie, wie die Mittel zur „Erhaltung Jugendlicher in freier Wildbahn“ aus der Perspektive von Eltern empfunden werden dürften.

4 Schreiben Sie selbst einen Tagebucheintrag, in dem typische Einstellungen von Jugendlichen vorkommen. Diskutieren Sie Ihre Vorschläge.

1.1.2 Überlebenstipps – die Perspektive der Eltern

Für Eltern stellen Pubertät und Jugend ihrer Kinder oft eine starke Herausforderung dar, der sie sich zuweilen nicht gewachsen fühlen. Wendy Grant hat in einem „Elternhandbuch für die Teenagerzeit“ 21 Überlebenstipps zusammengestellt.

1 Rebellion ist Teil des Erwachsenwerdens; wenn es nicht zu schlimm kommt, lassen Sie sie zu.

2 Zeigen Sie als Eltern Ihren Kindern gegenüber Einigkeit.

3 Seien Sie beständig.

4 Erkennen Sie, wenn man versucht, Sie zu manipulieren, und bleiben Sie standfest.

5 Wenn Sie auf Konfrontation stoßen, halten Sie inne und hinterfragen Sie Ihre eigenen Absichten.

6 Begegnen Sie inakzeptablem Verhalten – Heranwachsende müssen zu ihrem eigenen Besten lernen, sich innerhalb der gesellschaftlichen Strukturen zu bewegen.

7 Familienkonflikte sind völlig normal – bleiben Sie gelassen; vermutlich sind sie am nächsten Morgen vergessen.

8 Verzweifeln Sie nicht; der Einfluss von Freunden überwiegt nur selten die Werte, die Sie Ihren Kindern vermittelt haben. Sie können sie nicht ewig beschützen.

9 Nehmen Sie Anteil am Leben und den Zukunftsplänen Ihrer Teenager – aber zwingen Sie ihnen nicht die eigenen Vorstellungen auf.

10 Launen sind normal – ignorieren Sie sie, solange sie nicht übermäßig andauern. Teenager genießen es manchmal, unglücklich zu sein.

11 Seien Sie sich Ihrer eigenen negativen Erwartungen bewusst und lernen Sie, Ihren Kindern zu vertrauen, solange sie Sie nicht enttäuschen.

12 Erfolg spiegelt sich in der Persönlichkeit Ihrer Kinder und nicht nur in dem, was sie erreichen.

13 Scheuen Sie sich nicht, fremde Hilfe in Anspruch zu nehmen – Fachleute haben mitunter Fähigkeiten, die Sie sich noch aneignen müssen.

14 Behandeln Sie jedes Kind als eigene Persönlichkeit – ihre Bedürfnisse und Verhaltensweisen sind alle verschieden.

15 Seien Sie nicht zu streng mit Ihrem ersten Kind – schließlich lernen Sie noch, also nehmen Sie's leicht.

16 Zollen Sie bei jeder sich bietenden Gelegenheit Lob und Anerkennung – das ist konstruktiver als Kritik.

17 Behandeln Sie Ihre Kinder mit Höflichkeit und Respekt – denken Sie daran, dass man am besten an Vorbildern lernt.

18 Helfen Sie ihnen nicht zu schnell aus der Patsche – sie müssen lernen, selbst die Verantwortung für ihr Handeln zu übernehmen.

19 Verleihen Sie kein Geld, dessen Verlust Sie nicht riskieren können.

20 Entwickeln Sie eigene Interessen.

21 Nehmen Sie mit Freude und Genuss daran Anteil, wie Ihre Kinder sich selbst entdecken und ein eigenes Leben aufbauen.

(Aus: Wendy Grant: Was wisst ihr schon vom Erwachsenwerden! Übers. von Bettina Münch. Fischer TB Verlag: Frankfurt am Main 2000, S. 211/222. © W. Krüger Verlag)

1 Diskutieren Sie die Überlebenstipps.
2 Welche pädagogischen Einstellungen stehen hinter den Tipps? Wie bewerten Sie diese?

1.1.3 Wie Elternratgeber die Krise überwinden helfen wollen …

Die folgenden drei Beispiele sollen die jeweilige Thematik nur kurz und noch relativ oberflächlich – auf dem Niveau von Elternratgebern – anreißen und noch nicht wissenschaftlich angehen. Vielmehr dienen sie dazu, Ihr Interesse zur Weiterarbeit zu wecken. Wenn Sie sich mit einem oder mehreren dieser Themen intensiver beschäftigen wollen, finden Sie in späteren Abschnitten weiterführende Materialien.

Zu 1.1.3.1 „Beispiel 1: Störungen beim Essen" gehört vertiefend das Unterkapitel 1.3 „Essstörungen: ein Entwicklungsproblem vor allem bei Mädchen – wissenschaftliche Zugänge".

Zu 1.1.3.2 „Beispiel 2: Aggressionen nach außen und innen" gehört vertiefend das Unterkapitel 1.4 „Aggressive Jugendliche – Fakten, Theorien, Hintergründe und methodische Zugangsweisen zu einer vornehmlich bei Jungen auftretenden Problematik".

Zu 1.1.3.3 „Beispiel 3: Der erste Kuss – Oder: Die Entdeckung der Liebe" gehört vertiefend das Unterkapitel 1.5 „Mit fünfzehn schon ein Baby? – Jugendliche vor dem ethischen Konflikt, mit allen Konsequenzen Eltern zu werden oder einem Schwangerschaftsabbruch zuzustimmen".

1.1.3.1 Beispiel 1: Störungen beim Essen

a) Jan-Uwe Rogge erzählt von einer Störung beim Essen ganz besonderer Art.

Wilhelm Horstmann war mit seinen pubertierenden Söhnen, Bernhard, 13, und Knut, 11 Jahre, auf einem Elternseminar. Herr Horstmann stellte sein Problem vor: Seine Söhne verhielten sich am Tisch wie Schweine: Schimpfwörter, ungehemmtes Rülpsen und flegelhaftes Benehmen.
„Macht so'n Spaß", meint Bernhard, „Papa sieht alles so eng." Und Knut bemerkt mit Durchblick: „Der denkt, wir machen das bei anderen auch so. Stimmt aber nicht. Der traut uns nur das Schlimmste zu!" Auf meine Frage, wie lange sie

Michael Sowa: Suppenschwein (1987)

(Aus: Bilder aus zwei Jahrhunderten. Mit einem Vorwort von Robert Gernhardt. 3., verb. Auflage. Haffmans Verlag: Zürich 1993, Nr. 10)

das noch so treiben wollen, kommt Bernhards spontane Antwort: „Bis Papa auch mal rülpst!" Und Knut fällt ein: „Papa soll einmal Spaghetti mit den Händen essen!" Wilhelm Horstmann verdreht die Augen, sieht seine sauberen Finger an, schüttelt unmerklich den Kopf. Nach einigen Überlegungen treffen wir eine Vereinbarung: Die Familie absolviert vor dem Essen ein – wie die Söhne es nennen: „Schweineritual": rülpsen, Schimpfwörter sagen. „Dann sind wir sauber", meint Bernhard. „Hoffentlich hilft's!", kommentiert der Vater und bedingt sich aus, nicht beim Ritual anwesend sein zu müssen. – Die Söhne versprachen, dann am Tisch die Störungen zu unterlassen. Einmal in der Woche findet ein „Ritteressen" statt – dort darf so gegessen werden, wie man es den mittelalterlichen Vorfahren zuschreibt. Einzige Bedingung: Die Söhne müssen Küche und Essecke selber reinigen. „Aber ich spiele den vornehmen Grafen", insistiert der Vater. Acht Wochen später erklärt Wilhelm Horstmann, das Essen verlaufe in absolut geordneten Bahnen. Das „Schweineritual" vor dem Essen konnte nach nur 14 Tagen abgesetzt werden, das Ritteressen jedoch erfreute sich nach wie vor großer Beliebtheit.

Während Wilhelm Horstmann seine positiven Erfahrungen darstellt, fällt ihm Uwe Weier unwirsch ins Wort: „Hören Sie bloß auf!" Dieses Mal hat er seine beiden Söhne mitgebracht, Christian, 13 Jahre, und Nico, 11 Jahre. „Ich hab es auch versucht mit diesen Vorschlägen von Herrn Rogge, denn bei uns ging's ja genauso zu wie bei der Familie Horstmann. Also führte ich Schweinerituale und Ritteressen ein. Aber alles wurde nur schlimmer: Meine Söhne rülpsen nicht nur weiter, nun furzen sie auch noch und pöbeln sich an. Das Ganze ist eskaliert. Jeden Tag gab es ein Ritteressen. Ich hab sie durch meine Vorschläge erst auf neue Ideen gebracht. Grauenhaft! Von wegen vornehmer Graf sein, wie Sie eben sagten, Herr Horstmann, ich kam mir vor, als ob ich ständig auf einem Plumpsklo sitze und im Kot wate." Während Uwe Weier erzählt, grinsen sich seine Söhne an.

„Hat er Recht?", frage ich die beiden. Sie lachen: „Voll!"

„Sie mit Ihrer Konsequenz", entrüstet sich der Vater. „So ein Scheiß!"

„Was muss passieren, damit ihr aufhört?", frage ich Nico und Christian.

„Er muss aufhören, uns beim Essen Vorträge über den Sinn des Lebens zu halten", antwortet Nico wie aus der Pistole geschossen und sein Bruder ergänzt: „Und nicht immer darüber reden, wie schlecht die Jugend von heute ist und ob wir gar nicht wüssten, wie gut es uns geht!" Ihr Vater sinkt in sich zusammen: „Dabei meine ich es doch nur gut!" Seine Kinder stöhnen laut auf: „Jetzt kommt das Wort zum Sonntag. Wenn wir zu Hause wären, käme Vortragsvariante 21 a: Ich meine es nur gut mit euch!"

Nico und Christian hatten mithin kein Interesse daran, ihre Störungen zu unterlassen, weil sie Mittel zum Zweck waren: Denn wenn sie ruhig wären, würde der Vater ihnen moralische Vorträge halten. Deshalb zeigten sie kein Interesse daran, neue Absprachen und Regeln zu erarbeiten. Sie benutzten die Vorschläge ihres Vaters vielmehr zur Erweiterung ihres Störpotenzials. Erst als ihr Vater während des Essens auf moralische Belehrungen verzichtete und stattdessen seinen Söhnen zuhörte, ließen die Störungen von Nico und Christian an der Familientafel recht schnell nach.

Überlegen Sie, ob es sich bei Ihnen um einen

Heinrich von Rustige (1810–1900): Unterbrochene Mahlzeit (1838). Ölfarbe auf Leinwand, 60 x 71,5 cm

Sachkonflikt – wie bei der Familie Horstmann – oder um einen Beziehungskonflikt handelt. Beziehungskonflikte lassen sich nicht durch konsequentes Verhalten lösen, sondern nur, wenn man nach dem Sinn der Störungen fragt.

(Aus: Jan-Uwe Rogge: Pubertät. Loslassen und Halt geben. 3. Aufl., Rowohlt Verlag: Reinbek bei Hamburg 1999, S. 89–91)

1 Welche pädagogischen Überlegungen stehen hinter dem Ratschlag, ein „Schweineritual" bzw. ein „Ritteressen" im Fall von Bernhard und Knut anzusetzen/zuzulassen?

2 Erörtern Sie die Gründe, warum dieser Ratschlag bei Nico und Christian nicht ebenso zieht.

3 Ist es sinnvoll, Ratschläge zu geben, wenn die spezifische Erziehungssituation nicht bekannt ist?

4 Wann sind Erziehungsratgeber hilfreich? Wann führen sie in die Irre?

b) Mary Pipher hat bei ihrem Erfahrungsbericht über „Pubertätskrisen junger Mädchen" auch Probleme im Blick, die mit dem Essen zu tun haben. – Die Autorin arbeitet als Psychologin in einer Privatpraxis in Lincoln/Nebraska und lehrt daneben an der Universität in Nebraska/USA.

Heidi kam nach dem Turnen zu mir in die Praxis. Sie war blond und hübsch und trug einen glänzenden Jogginganzug. Wir unterhielten uns über den Sport, den Heidi bereits seit ihrem sechsten Lebensjahr ausübte. Man hatte sie gerade zu den Auserwählten erkoren, die einen ganz bekannten Trainer bekommen sollten. Sie trainierte nun vier Stunden täglich, an sechs Tagen in der Woche. Sie erwartete zwar nicht, es in die Olympiamannschaft zu schaffen, aber sie erhoffte sich ein Stipendium.
Heidi sprühte geradezu, als sie über Turnen sprach, doch mir fiel auf, dass sie rote Augen und am rechten Zeigefinger eine kleine Wunde hatte. (Wer sich wiederholt den Finger in den Hals steckt, kann durch die Säure einen wunden Finger bekommen.) Deshalb war ich nicht überrascht, als sie sagte, dass sie Hilfe brauche, um mit ihrer Bulimie fertig zu werden.
Heidi sagte: „Ich habe dieses Problem bereits seit zwei Jahren, aber in letzter Zeit wirkt es sich auf meine Leistungen im Turnen aus. Ich bin zu schwach, besonders am Pferd, wo man viel Kraft braucht. Ich hab auch Schwierigkeiten, mich zu konzentrieren.
Ich gebe meinem Training die Schuld an meinen Essstörungen", erzählte Heidi weiter. „Unser Trainer schickt uns einmal pro Woche auf die Waage, wobei wir uns gegenseitig die Rippen zählen müssen. Wenn sie sich nur schwer zählen lassen, bekommen wir Schwierigkeiten."
Heidi sagte, dass sie seit der Pubertät Schwierigkeiten hat, ihr Gewicht zu halten. Nach jedem Essen war sie besorgt, sie könnte zu viel gegessen haben. Sie zählte die Kalorien, und obwohl sie hungrig war, hatte sie Angst zu essen. Während des Unterrichts kniff sie sich seitlich in die Fettpolster und war bestürzt. Es war nach einem Essen mit ihrer Turnmannschaft, dass sie sich das erste Mal übergab. Der Trainer lud sie alle in ein Steakhaus ein. Heidi bestellte einen doppelten Cheeseburger und Zwiebelringe. Nach dem Essen geriet sie in Panik, weil sie am nächsten Tag auf die Waage musste, also entschied sie, dieses eine Mal das Essen wieder loszuwerden. Sie verschwand auf der Toilette und übergab sich.
Sie errötete. „Es ist schwieriger, als man denkt. Mein Körper sträubte sich dagegen, aber ich schaffte es schließlich. Es war so schrecklich, dass ich dachte, ‚das tue ich nie wieder', aber eine Woche später tat ich's erneut. Zuerst machte ich es einmal die Woche, dann zweimal. Jetzt mache ich es fast täglich. Mein Zahnarzt sagte, die Magensäure würde den ganzen Zahnschmelz wegätzen."
Heidi fing an zu weinen. „Ich komme mir richtig scheinheilig vor. Wer mich anschaut, hält mich für eine kleine, gesunde Person. Ich sehe dagegen eine Person, die gierig das Essen hinunterschlingt, ohne jede Selbstbeherrschung. Sie glauben nicht, wie viel ich esse. Ich schaufle das Essen derart schnell in mich hinein, dass es mich würgt. Danach fühlt sich mein Magen zum Platzen an."
Ich erklärte ihr, dass Bulimie eine Sucht sei, die sich nur schwer überwinden ließe. Es bedarf einer großen Willenskraft, diesen Drang zum Überessen und Erbrechen loszuwerden. Und anders als bei Süchten wie Alkohol und Kokain lässt

sich bei Bulimie die Droge nicht absetzen. Heidi musste vielmehr lernen, kontrolliert zu essen. Doch gegen die Esssucht anzukämpfen, war nur ein Teil der Behandlung. Sie musste auch Wege finden, mit ihrem psychischen Schmerz fertig zu werden. Bulimie ist, wie alle Süchte, eine Möglichkeit, vor dem Schmerz wegzulaufen. Heidi musste lernen, ihren Gefühlen ins Auge zu sehen. Ich schlug vor, dass sie aufschrieb, wie sie sich fühlte, wenn die Essgier über sie kam. Später würden wir das Aufgeschriebene dann analysieren. Ich wollte Genaueres über ihre Familie wissen. Heidis Vater war Kinderarzt, ihre Mutter Hausfrau, die nebenbei für eine Wohlfahrtsorganisation arbeitete. Heidi war das älteste von drei Kindern. Sie sagte, sie hätte eine schöne Kindheit gehabt. Die Familie verreiste jeden Sommer.

Sie ging gern in die Grundschule. Damals war ihr Leben ausgefüllt mit Familie, Kirche und Turnen. Sie war der Typ Mädchen, zu dem sich andere Kinder hingezogen fühlten – umgänglich und unternehmungslustig. Heidi hielt inne. „Ich hatte ein perfektes Leben – tolle Eltern, gute Freunde und mein eigenes Zimmer mit Himmelbett und Balkon. Meine Wände waren voller Auszeichnungen und Trophäen."

Ich fragte: „Wann war es damit zu Ende?"

„Nach meinem dreizehnten Geburtstag wurde es schlimm. Ich war mit der Grundschule fertig und wechselte an eine Mittelpunktschule. Ich fand zwar auch dort Freunde, doch der Druck war größer. Die Schule war härter; ebenso der Turnunterricht. Mit dem Einsetzen meiner Periode nahm ich zu. Der Trainer setzte mich auf Diät."

Heidi seufzte. „Es fiel mir immer schwerer, mit anderen klarzukommen. Unter den Mädchen gab es viel Rivalität. Ich hasste das Getratsche. Mit den Jungens ging es immer mehr in Richtung Sex. Ich war mit ein paar Jungs aus der Nachbarschaft befreundet, aber wir trafen uns kaum noch. Wir wussten nicht mehr, wie wir miteinander umgehen sollten."

Ich fragte Heidi, wie sie mit ihrem Aussehen zufrieden sei, und war kaum überrascht, dass sie sich in der Mittelstufe hässlich fand. „Wir haben immer nur über Aussehen geredet. Ich habe versucht, mich da nicht reinziehen zu lassen, aber es half nichts. Ich wollte einfach hübsch sein, wie alle andern auch."

Wie häufig, begann Heidis Bulimie mit der Sorge um die Figur. Sie gehörte zu einer gefährdeten Kategorie – Frauen, deren Existenz oder Identität von ihrer Schlankheit abhing. Hierzu zählen Turnerinnen, Tänzerinnen, Schauspielerinnen und Models. Bei vielen sind Essstörungen eine Berufskrankheit. Hat sich die Bulimie erst einmal festgesetzt, dient sie wie Alkohol oder andere Drogen zum Abbau von Stress. Junge Frauen überessen sich zur Beruhigung. Hinterher fühlen sie sich kurzzeitig auch besser.

Am Ende unserer ersten Sitzung sprachen wir über Erwartungshaltungen. Heidi stand unter dem Druck, attraktiv, sportlich und beliebt sein zu wollen. Sie erfüllte diese Erwartungen erstaunlich gut, doch zu einem hohen Preis. Ihr Perfektionismus forderte seinen Tribut, sowohl auf der körperlichen als auch auf der seelischen Ebene. Sie musste sich dazu bringen, normal zu sein und die Zügel manchmal schleifen zu lassen. Denn wenn sie ihre Bulimie nicht überwand, würde sie eines Tages weder sportlich noch attraktiv noch beliebt sein.

Zur nächsten Sitzung erschien Heidi mit genauen Aufzeichnungen über ihre Bulimieanfälle. Sie überkamen sie für gewöhnlich spätabends zu Hause in der Küche, wenn sie all ihre Arbeiten erledigt hatte. Sie ging dann ins Bett und versuchte zu schlafen, doch fast immer war sie zu aufgedreht, bis sie sich schließlich wieder überaß und hinterher erbrach. Danach konnte sie schlafen, wachte aber am nächsten Morgen verkatert und mit schlechtem Gewissen auf.

Heidi schrieb, dass sie sich vor dem Essanfall müde fühlte, sich Sorgen um ihre Tests, ihr Training oder ihren Freund machte. Wir diskutierten, wie sie mit diesen Empfindungen anders umgehen könnte: Sie könnte mit jemandem reden, Tagebuch führen, Musik hören oder Entspannungstechniken lernen. Heidi nahm sich vor, immer erst in ihr Tagebuch zu schreiben, bevor sie wieder zum Kühlschrank ging. Sie glaubte zwar nicht, dass sie dies von ihrer Schlingerei abbrachte, aber sie würde es vielleicht nicht so schnell tun und vielleicht würde sie dabei etwas über sich erfahren. Wir sprachen darüber, wie die Bulimie ihr Leben verändert hatte. Familienessen oder Geselligkeiten, bei denen es Essen gab, konnte sie nicht mehr genießen. Sie fühlte

sich unwohl in Gesellschaft normaler Esser. Sie konnte entweder nur noch im Essen herumstochern oder es herunterschlingen, normal zu essen war ihr unmöglich. Weil sie Angst hatte, dass sie bei den Sonntagsessen ihrer Großeltern die Beherrschung verlieren könnte, ging sie nicht mehr hin. Sie vermisste ihre Großeltern und sie wusste, dass es ihnen ebenso ging. Sie waren gekränkt, weil sie sie so selten besuchte.
Heidi war erschöpft, denn die Bulimie verlangte viel Zeit und Planung. Manchmal blieb sie bis nach Mitternacht auf, um die Küche für sich zu haben. Oder sie kam nicht mit, wenn ihre Familie ausging, weil sie dann das Haus für sich hatte und sich ungestört ihrer Essgier hingeben konnte. Sie sagte: „Meine Eltern versuchen nicht, mich abzuhalten, trotzdem ist es mir unangenehm, wenn sie da sind. Ich will auch nicht, dass meine kleinen Brüder es mitbekommen."
Sie fuhr fort: „Mein Freund weiß Bescheid und er ist wirklich verständnisvoll, aber es schadet unserer Beziehung trotzdem. Ich gehe nicht mit ihm zum Essen aus. Manchmal bitte ich ihn, mich früher nach Hause zu bringen, damit ich mich vollschlagen kann. Ich erfinde eine Ausrede, warum ich nicht länger bleiben kann."
Sie sah mich an. „Ich muss gestehen, Essen mag ich lieber als Schmusen."
„Ich werde richtig launisch, wenn mich etwas von meiner Essgier abhält", fuhr sie fort. „Vorher bin ich gereizt und nachher depressiv. Ich bin, glaube ich, nie glücklich."
Ich sagte Heidi, dass es ein Glück sei, dass sie zur Therapie gefunden hätte. „Du hast die Disziplin und die Fähigkeit, hart an dir zu arbeiten, was unerlässlich ist, um gegen diese Sucht anzugehen. Du wirst es schaffen, glaube mir."

(Aus: Mary Pipher: Pubertätskrisen junger Mädchen und wie Eltern helfen können. Aus dem Amerikanischen von Bruni Röhm und Alinuth Carstens. Fischer Taschenbuch Verlag: Frankfurt/Main 1999, S. 224/228. © Wolfgang Krüger Verlag: Frankfurt/Main 1996)

1 Zeichnen Sie die Entwicklung der Bulimie bei Heidi (16 Jahre) nach.

2 Überlegen und diskutieren Sie Möglichkeiten, wie Heidi geholfen werden kann. (Wenn Sie Interesse an der Weiterarbeit zum Thema „Essstörungen" haben, finden Sie in 1.3 zusätzliche Informationen und Anregungen.)

1.1.3.2 Beispiel 2: Aggressionen nach außen und innen

a) Zunächst geht es um das Beispiel von Jugendlichen, die ihre Gewaltbereitschaft ausleben.

Mike, 19 Jahre, sagt: „Ich bin so einer, der montags in der Zeitung steht. Fußball ist für mich die tollste Nebensache der Welt, wirklich, für uns zählt nur der Kampf, vorher oder hinterher. Die Spiele sind doch meist langweilig." Mike hat Abitur, ist Banklehrling, „bin eigentlich ganz normal". Wenn die Journalisten die Hooligans als dumpfe Hohlköpfe beschreiben, muss er schmunzeln. „Die haben doch keine Ahnung. Wir fahren auch nicht im Sonderzug zum Stadion, dieses Gesaufe und so, das kotzt mich an, wir fahren im Golf von meinem Freund. Dann sind wir auch schneller wieder weg." Wie er denn dazu gekommen sei, sein Wochenende so zu verbringen, will ich wissen. „Eigentlich ist doch alles ganz langweilig. Früher war einfach mehr los, erzählt mein Vater jedenfalls. Aber heute musst du doch brav sein. Da heißt's doch immer, schlag dich nicht und so, du musst doch einfach ganz brav sein. Ich z.B. durfte nie 'ne Pistole haben und hab dann heimlich eine gehabt, und wenn meine Eltern das mal gemerkt haben, hat meine Mutter gleich ganz traurig geguckt. Als ich dann größer war, hab ich eben alles heimlich gemacht. Meine Eltern wissen gar nichts davon, was ich so mache. Wenn die das wüssten, ich glaub, die würden zusammenbrechen."
Andreas, 17 Jahre, hatte andere Erfahrungen. Auch er ist Hooligan. „Aber für mich sind Schlägereien nichts Besonderes. Die hab ich von klein auf erlebt. Mich hat der Alte windelweich geschlagen. Eine richtige Familie und so hatte ich nie. Ich war auf mich gestellt. Jetzt sind die Jungs meine Familie. Da weiß ich, wo jeder seinen Platz hat. Ich weiß, wo ich hingehöre. Mal bin ich der Bestimmer, mal die Kumpels. Ja, und im Stadion, da geht's zur Sache. Das Leben ist ein Kampf. Und das passiert eben vor und nach dem Spiel. Aber der Kampf muss Spuren hinterlassen, sonst ist das kein Kampf. Und wenn wir uns hinterher darüber erzählen, dann ist das so, als ob mein Opa aus dem Krieg erzählt. Nur ist das bei uns besser, da gibt's keine Toten."

Reiner Ruthenbeck (*1937): Umgekippte Möbel (1971 – Frankfurter Version von 1993)
Foto: A. Schneider, Frankfurt am Main © VG Bild-Kunst, Bonn 1994

Auf die zahlreichen jugendsoziologischen oder -psychologischen Aspekte der Hooligans oder Fußballrowdys kann ich hier nicht eingehen, aber ich möchte auf einige oft übersehene Gesichtspunkte jugendkultureller Ausdrucksformen hinweisen. Diese haben sich in den letzten Jahren immer mehr ausdifferenziert und gewohnte Zuweisungen haben an Gültigkeit verloren. So wie die Skins keineswegs nur sozial deklassierte dumpfe Neonazis sind und es problematisch ist, nur solche Typen der Öffentlichkeit zu präsentieren, so setzen sich die Hooligans nicht nur aus Angehörigen sozialer Randgruppen zusammen. Die Motive für das Randalemachen können sehr verschieden sein. Während Hooligans aus bürgerlichen Schichten die Auseinandersetzung (z. B. mit der Staatsgewalt) als Abenteuer, als das Ausleben nicht anerkannter und gewünschter Normen oder als das überzogene und destruktive Ausagieren körperlicher Gefühle begreifen, geht es anderen Hooligans, die eher sozialen Unterschichten entstammen, um die Solidarität einer Gruppe, das Ausleben von (gewalttätigen und grenzüberschreitenden) Fantasien und das (auch schmerzhafte) Erleben des Körpers.

Unterschiedliche Motive liegen den destruktiven Handlungen der Hooligans zugrunde: In Andreas' Schilderung scheint der Zusammenhang von Angst und Aggression durch. In anderen Gesprächen mit Jugendlichen bestätigt sich, dass die Mehrzahl der Heranwachsenden intensive und massive Angstgefühle hat, z. B. in der Konkurrenz mit anderen nicht bestehen zu können, den sozialen Status zu verlieren, das Gefühl der Ohnmacht oder nichts ändern zu können und schließlich in ein soziales Loch zu fallen. So wenden sich ängstliche, verunsicherte oder depressive Jugendliche, die über mangelndes Selbstvertrauen und ein nur rudimentär ausgebildetes Selbstbild verfügen, sowohl actionbetonten Medienangeboten als auch realen Aktivitäten zu, die „richtige Action“ versprechen. Die Flucht in den medial inszenierten Horror

oder in den Kampf des Alltags ist auch Kompensation und Ausweichen vor Problemen.
Die familiäre Einstellung zu Aggression und Gewalt wird schließlich zu wenig beachtet, wenn es darum geht, die Bedeutung von Gewalt und Aggression von Jugendlichen abzuschätzen. Zwei familiäre Einstellungsmuster sind dabei entscheidend: Da ist einmal ein offener, antisozialer Umgang mit Aggression verbreitet, der etwa in den Schilderungen von Andreas anklingt und der auf eine Identifikation mit machtorientierten Formen von Autorität hinauslaufen kann. Der Gegenpol dazu stellt eine scharfe Aggressionskontrolle dar. Wie etwa bei Mike gelten Gewalt und Konflikt als familiäre Tabuthemen. Aggressionen werden durch bestimmte Erziehungsstile unterdrückt, die Kinder in ihren aggressiven Persönlichkeitsanteilen reglementieren. Gleichzeitig setzen Eltern Macht und Erziehungsgewalt ein, um Friedfertigkeit durchzusetzen. Beide Erziehungsstile führen jedoch zu einem hilflosen Umgang mit Aggressionen. Wenn sich Heranwachsende nicht als ganze Persönlichkeit (und das heißt eben auch mit den unerwünschten Persönlichkeitsanteilen) angenommen fühlen, dann leben sie diese häufiger und oft verdeckt symbolisch aus: in Videos oder anderen medialen Szenarien, aber auch in unmittelbaren Aktionen. Solche symbolischen Handlungen speisen sich aus Nischen, die die Wirklichkeit nicht oder nur halbherzig zulässt. Wenn Aggression nur als Zerstörung, Vernichtung oder Kampf erlebt wird, nicht jedoch als wichtiger und notwendiger Bestandteil menschlicher Entwicklung, wirkt sich das hemmend auf die Entfaltung der Persönlichkeit aus.

(Aus: Jan-Uwe Rogge: Pubertät. Loslassen und Halt geben. 3. Aufl., Rowohlt Verlag: Reinbek bei Hamburg 1999, S. 246–249)

1 Wie sehen Mike und Andreas, wie sieht der Autor des Textauszuges jugendliche Aggressionen?
Was meinen Sie selbst?

2 Überlegen Sie, inwiefern auch Mediengewalt eine Rolle beim Ausagieren jugendlicher Aggressionen spielen könnte. (Zur Weiterarbeit: siehe Kapitel 1.4.)

3 Richtet sich Gewalt immer nur nach außen?

b) Im folgenden Text geht es um Gewalt, die sich nach innen richtet – zumeist „auf Raten“.

Tim, 18 Jahre, ist über den Alkohol in die Drogenszene gerutscht. Er ist eher schüchtern, zurückgezogen, hat Kontaktschwierigkeiten. Dieses wurde durch die häufigen Umzüge der Eltern noch verschärft. Tim ist äußerlich eher klein, er neigt zum Stottern, vor allem, wenn er nervös ist. Nur wenn er ein paar Bier getrunken hat, dann wird er ruhiger, fühlt sich stark. Er achtet stark auf sein Aussehen, körperbetonte Kleidung, geht ins Fitnessstudio, weil er bei Freunden gut ankommen will. Besucht das Gymnasium, zeichnet sich durch gute Leistungen aus, die er durch viel Fleiß erreicht.
Der Vater: „Tim macht es gut. Er soll es besser haben als ich. Was er jetzt lernt, braucht er später nicht zu lernen. Okay, er macht's, wie gesagt, schon gut, aber so viel Lob baut ihn nicht auf. Dann macht er schlapp. Er muss schon eine starke Hand spüren!“
Dazu Tim: „Wenn ich das höre. Er will doch nur mit mir angeben. Wenn ich in Mathe eine Drei habe, meint er, im letzten Jahr hätte ich eine Zwei gehabt. Der sieht immer nur das Schlechte. Er stellt sich auf ein Podest, hält sich für den Größten und hält Reden. Ich heiße Tim, aber der hat meinen Vornamen vergessen. Ich heiße für ihn: Mein Sohn ist etwas Besonderes!“ Und dann fährt Tim fort: „Mit Alkohol lässt sich alles aushalten. Im Suff bring ich ihn um. Das gefällt den Kumpels, wenn ich das erzähle. Zuletzt gab's den Mix, Medikamente, Hasch, vor allem Hasch, aber auch schon Heroin… Es war leicht, da ranzukommen, denn ich hab mir das Geld verdient oder von meiner Mutter geschnorrt. Ich habe mich gut gefühlt, als ich das genommen habe. Alles war toll. Nun denk ich mir schon häufig, wie kommst du heute an den Stoff.“
Auch hierzu einige Anmerkungen, um problematische Rahmenbedingungen herauszustreichen:

- Die Störung des Selbstwertgefühls ist hier ein wesentlicher Faktor. Sucht kann man als eine Krankheit des Selbstwertgefühls bezeichnen. Hinzu kommt Tims starke Abhängigkeit von ständiger Anerkennung. Die leiseste Kritik erzeugt bei ihm Ohnmacht und Hilflosigkeit.

• Bei Tim herrscht das Gefühl der Fremdbestimmtheit vor. Er soll Leistungen erbringen, um vorgeführt zu werden bzw. für eine imaginäre Zukunft fit gemacht zu werden. Weil er keine Annahme im Hier und Jetzt findet, fehlt ihm eine konkrete Lebensperspektive. Alles erscheint ihm weit weg. [...]

Tim kann Unlustgefühle nicht über längere Zeit aushalten. Und bei Tim zeigt sich: Ein guter Schulabschluss ist eben kein Garant für eine Karriere. Dies spürt er. Tim wird ein Umgang mit Krisen nicht gestattet. Da ihm solche Erfolgserlebnisse vorenthalten werden, verlegt er sie in den Konsum, der als Ersatz für fehlende Beziehungen, der als „Lösung" für Krisen dient.

• Drogen fördern Vermeidungsverhalten. Sie legen Fluchttendenzen nahe. Der Drogenkonsum wird immer dann gefährlich, wenn ihm eine Ersatz- und Verdrängungsfunktion zukommt, wenn Sucht mit Flucht aus der Wirklichkeit gleichgesetzt werden kann.

Bei der Drogenvorbeugung – gerade mit Jugendlichen – sollten Eltern einige Grundsätze beherzigen: Verzichten Sie auf Schuldzuweisungen. Verfallen Sie nicht in Aktionismus: Übertreibungen machen hilflos. Die Auseinandersetzung mit Drogen ist ein lebenslanger Prozess. Für mich setzt Vorbeugung vor allem bei der Stärkung der Persönlichkeit an.

Erziehen Sie Ihre Kinder zu einem produktiven Umgang mit Frust und Krisen. So werden Eigenaktivitäten an die Stelle des Konsums gesetzt, so stärken Sie die Konfliktfähigkeit. Ihr Kind kann dann Nein sagen, wenn es unter Gruppendruck gerät.

(Aus: Jan-Uwe Rogge. Pubertät. Loslassen und Halt geben. 3. Aufl., Rowohlt Verlag: Reinbek bei Hamburg 1999, S. 266–268)

1 Suchen Sie für den Textabschnitt eine passende Überschrift.

2 „Minderwertigkeitsgefühle machen klein." – Beziehen Sie diesen Ausspruch auf das im Text Gesagte.

3 Drogenprophylaxe – auch eine pädagogische Aufgabe? Welche Möglichkeiten hat Jan-Uwe Rogge im Blick? Welche sehen Sie selbst? (Sie können in Kapitel 2 zusätzliche Informationen und Anregungen zum Thema finden.)

1.1.3.3 Beispiel 3: Der erste Kuss – oder: Die Entdeckung der Liebe

Zwei junge Menschen besuchen dieselbe Schule, nehmen seit Jahren denselben Schulweg und benutzen täglich denselben Schulbus. Da beide Schüler, sie sind 13 Jahre alt, in Parallelklassen gehen, findet ein intensiver Austausch über die gemeinsamen Schulerfahrungen wie Schularbeiten, Prüfungen, bevorzugte Lehrer und bevorstehende Jahresereignisse statt.

Doch mit einem Schlag, eines Morgens, hat sich die Welt verändert. Der Junge sieht das Mädchen, spürt ein heißes Gefühl und wagt nicht mehr, es anzusprechen. Eigentümlicherweise geht ihm plötzlich der Gesprächsstoff aus, und wenn seine Mitschülerin ihn anblickt, sieht er zu Boden. Er rätselt, was sich verändert haben könnte, und beobachtet sie heimlich, wenn sie in seiner Nähe ist. Er empfindet ihr Äußeres ungeheuer anziehend und ihre Kleidung äußerst schick. Der ganze Schultag ist durch sie verschönt. Der Junge denkt an nichts anderes als an das Mädchen. Wie von Geisterhand gelenkt,

Henri Matisse (1869–1954): Coeur d'amour épris (1949).

schreibt er Dutzende Mal ihren Vornamen auf ein Stück Papier. Seine Gefühlslage wechselt dabei jeden Tag. Einmal ist er sehr vergnügt und heiter, dann wieder nachdenklich und traurig. Am Abend blickt der junge Mann zum Fenster hinaus, träumt davon, dass sich ihr Blick in 365 000 Kilometern Entfernung mit dem seinen trifft, weil auch sie vielleicht gerade zum Mond hinauf schaut. Umwege bei alltäglichen Aufgaben werden in Kauf genommen, um an ihrem Haus vorbeizugehen und einen kurzen Blick auf ihr Fenster zu werfen.

Was hier als scheinbar kitschig-romantische Schwärmerei beschrieben sein mag, ist für ihn plötzlich Realität geworden. Auch der innige Wunsch, mit ihr zu reden, aber eben anders als bisher, sie an der Hand zu berühren, in eine Konditorei, in ein Caféhaus oder in ein Eisgeschäft einzuladen, gewinnt an eminenter Bedeutung. Zugleich steigt die Scheu, gerade das zu tun, da er ja nicht wissen kann, ob sie ihn nicht zurückweisen wird. Wenn sie dann endlich zusagt, mit ihm einen Nachmittagsspaziergang zu unternehmen, stellt sich schon das nächste Problem, nämlich wie er es anstellt, sie zu küssen. Werde ich abblitzen? Werde ich mir eine Ohrfeige einhandeln? Wird sie akzeptieren, dass ich sie küssen möchte? Und wenn ja, wird sie meinen Kuss erwidern? Die emotionale Beziehung und die inneren seelischen Nöte machen unsicher. Diese Unsicherheit und Ängstlichkeit wird häufig durch großsprecherische Art, durch Wichtigtuerei und übersteigerte Prahlerei wettgemacht.

Geht alles gut, erwidert sie den Kuss und ist damit einverstanden, miteinander „zu gehen". Selbst wenn es dieses Übereinkommen geben sollte, bleibt aber immer noch unklar, was die beiden eigentlich darunter zu verstehen haben. Man ist einander versprochen, man ist stillschweigend übereingekommen, mit keinem an-

Sigmar Polke: Ohne Titel (1965)

Sammlung Dr. Reiner Speck, Köln

deren zu sprechen, ins Kino zu gehen oder etwas zu unternehmen. Dieses Miteinander-Gehen kommt einem Treueschwur auf eine versprochene Freundschaft gleich, ist eine Zusicherung, den anderen vorrangig zu behandeln. Es bedeutet aber auch eine gewisse Absicherung für den Fall, dass dieses Versprechen eines Tages nicht mehr gilt. Dann kann man sich immer noch auf die Position zurückziehen: Wir haben uns ja nur versprochen, miteinander zu gehen, nicht unser künftiges Leben gemeinsam zu verbringen.

Die gesamte Ambivalenz der Gefühlsaufwallungen drückt sich in diesem Begriff des Miteinander-Gehens aus und wird von der Erwachsenenwelt huldvoll belächelt. Der Jugendliche spürt die abschätzige Duldung seines Verhaltens. Jede Äußerung, die dieses Ereignis abwertet, führt geradewegs in eine emotionale Katastrophe. Jeder völlig unverfänglich fallen gelassene Satz kann als Angriff gegen die sehr brüchige jugendliche Identität gewertet werden. Konflikte sind also unausweichlich, wenn die Liebesangelegenheiten des Kindes seitens der Eltern nicht ernst genug genommen werden.

Aber kehren wir zum ersten Kuss zurück, zu den Zweifeln und den Unsicherheiten, die ihn begleiten, und zu all den Fragen, die ganze Jugendmagazine füllen: Wie küsse ich richtig? Was versteht man unter Zungenkuss? Wie lang muss ein Kuss dauern? Müssen bei einem Kuss die Augen geschlossen werden? Kaum ist dieser erste Kuss vorüber, werden neue Wünsche und Forderungen entwickelt: Ob sie sich wohl streicheln lässt? Wie wird sie reagieren, wenn ich ihre Brust berühre? Darf ich mich beim Tanzen ganz fest gegen sie pressen? Darf ich sie meine Erregung spüren lassen? Wann wird sie ihre Zurückhaltung aufgeben? Wann wird sie mir nicht nur durch Worte, sondern auch durch kleine Gesten und Taten beweisen, dass sie bereit ist, mit mir zu „gehen"?

(Aus: Max H. Friedrich: Irrgarten Pubertät. Elternängste. Mitarbeit Monika Anzelini. Deutsche Verlags-Anstalt: Stuttgart 1999, S. 110–113)

1 Welche Unsicherheiten, Fragen, Wünsche, Bedürfnisse kennzeichnen nach der Darstellung von Max H. Friedrich den „Irrgarten Pubertät"?
2 Können Sie seinen Überlegungen folgen?

3 Inwiefern kommen Jugendzeitschriften (wie etwa Bravo) den von Max H. Friedrich geschilderten Bedürfnissen Jugendlicher entgegen? Analysieren Sie verschiedene speziell auf Jugendliche als Adressaten ausgerichtete Zeitschriften. (Sie können daraus – bei Interesse – ein kleines Projekt oder eine Facharbeit entwickeln. Zuvor müssten Sie sich allerdings noch genauer über die Analyse- und Beurteilungskriterien Gedanken machen.)

1.1.4 Den Unterricht mit planen

Die Texte in diesem Kapitel haben bislang die jeweilige Problemlage nur angerissen, kaum erschöpfend behandelt. Sie sollten lediglich dazu anregen, selbst zu entdecken, an welchen Themen Sie besonderes Interesse haben. Vielleicht möchten Sie den einen oder anderen Aspekt vertiefen. Die Hinweise unter den Aufgaben verweisen auf entsprechende weitere Informationen und Arbeitsanregungen an anderer Stelle in diesem Buch. Möglicherweise können Sie so auch den Unterrichtsverlauf inhaltlich stärker mitbestimmen. – Bedenken Sie dazu die Überlegungen von Felix Winter.

Also, ehrlich gesagt, dass Schülerinnen und Schüler den Unterricht mit planen, kommt bislang nicht häufig vor. Die meisten Lehrerinnen und Lehrer haben noch nicht erkannt, dass vor ihnen Experten für Unterricht sitzen. (Wer erlebt schließlich täglich die verschiedensten Unterrichtsveranstaltungen?!) Auch die meisten Schülerinnen und Schüler versprechen sich bislang nicht viel von Mitplanung. Dennoch, versuchen kann man es mal. Vielleicht lässt sich mancher Unterricht ja doch lebendiger gestalten? Deshalb sind im Folgenden einige Formen der Mitplanung genannt, die ihr euren Mitschüler/-innen und Lehrer/-innen vorschlagen könnt.

1. Gut zu wissen: Wie planen Lehrer/innen den Unterricht?

In der Regel haben Lehrer/-innen es gelernt, an Unterrichtsziele, Unterrichtsinhalte und Unterrichtsmethoden zu denken, wenn sie

Folgendes Thema halte ich für interessant:	Ich bevorzuge folgende Arbeitsformen:	Hauptaufgabe des Lehrers sollte sein:	Meine Arbeit sollte in folgender Form bewertet werden:
– –	– –	– –	– –

ihre Kurse und Stunden vorbereiten. Manchmal denken sie auch noch an die Voraussetzungen, das Vorwissen, das die Schüler/-innen mitbringen. An ihre eigenen Voraussetzungen denken sie dagegen seltener.

Neben solchem geplanten Vorgehen ist aber auch die so genannte „Schwellenpädagogik" sehr verbreitet. Davon spricht man, wenn Lehrer sich auf der Türschwelle zum Klassenzimmer mal schnell überlegen, was sie heute machen wollen.

Die Ziele sehen die meisten Lehrer/-innen als vorgegeben an. Bei den Inhalten ist es ähnlich. Allerdings sind sie gar nicht so eng an die Lehrpläne gebunden, wie sie es sich selbst oft einreden. Bei den Methoden sind sie freier. Also lohnt es sich vor allem, mit ihnen über Methoden und Inhalte des Unterrichts zu reden. Wer tiefer gehen will, kann natürlich auch mal einen Blick in die Lehrpläne werfen. Die müssten in jeder Lehrer- bzw. Schulbibliothek vorhanden sein.

2. Eine Gedankenübung zur Vorbereitung

Wenn ihr einem Lehrer bzw. einer Lehrerin eure Mitplanung vorschlagen wollt, setzt euch erst einmal mit ein paar Leuten aus eurer Klasse bzw. eurem Kurs zusammen und überlegt Folgendes:

- Wie wird es im kommenden Kurs (Halbjahr) wahrscheinlich bei diesem Lehrer laufen? Malt es euch genau aus.
- Was könnte ganz gut laufen – wovon werdet ihr etwas haben? Was wird ineffektiv, öde, grässlich werden?
- Wer von euch hat schon einmal einen Unterricht in diesem Fach erlebt, der gut lief, von dem man viel hatte? Wie war dieser Unterricht gestaltet, wie wurde da gearbeitet?

Was aus diesem Nachdenken an Erkenntnissen hervorgeht, behaltet ihr vorläufig für euch. Wenn ihr denkt, ihr könnt eurer Frau X oder eurem Herrn Y eine Schülermitplanung zumuten, dann solltet ihr euch anschauen, welches der im Folgenden vorgeschlagenen Mitplanungsverfahren am besten zu eurer Analyse passt.

3. Formen für die Schülermitplanung

1.1 Kursübersicht

Ihr bittet sie/ihn, euch einen Plan für den bevorstehenden Kursabschnitt bzw. das Schulhalbjahr zu geben, um darüber sprechen zu können. Fragt auch, wo eure Mitplanung akzeptiert bzw. erwünscht ist und wo nicht. Wenn möglich, sollte der Kursplan – nachdem er vorgelegt ist – zuerst in kleinen Gruppen besprochen werden, die auch Vorschläge erarbeiten. Mindestens gewinnt ihr so einen besseren Überblick.

1.2 Planungsphase vereinbaren

Nachdem ein wenig klar geworden ist, wo der Hase in diesem Kurs hinlaufen soll, wird eine Planungsphase vereinbart (z. B. zwei bis drei Stunden). Da können dann – zuerst in kleinen Gruppen – Übungen wie die oben beschriebene stattfinden. Außerdem können (auf Plakaten) Wünsche gesammelt werden: welche Themen euch interessieren, wie ihr gerne arbeiten möchtet, was ihr von der Lehrerin bzw. dem Lehrer erwartet, welche Formen der Leistungsfeststellung, -bewertung und -rückmeldung euch wichtig sind, wofür ihr euch viel Zeit wünscht u. a. m. Über bestimmte Absichten können Vereinbarungen (so genannte Kontrakte) ausgehandelt und im Klassenzimmer aufgehängt werden.

Passt auf, dass ihr von den Lehrer/-innen nicht auf Dinge festgenagelt werdet, die eigentlich keiner will, von denen es aber nachher heißt: „Das haben wir so vereinbart."

1.3 Halbzeitreflexion

Jedes Fußballspiel hat seine Halbzeit. Dann muss z. B. über die Strategie nachgedacht werden – gemeinsam. Meistens lässt sich zur „Halbzeit" auch in Kursen genauer sagen, was gut gelaufen ist und welche Arbeitsweisen nichts brachten. Natürlich kann das für verschiedene Schüler/-innen unterschiedlich sein. Zu diesem Zeitpunkt können die Kursteilnehmer/-innen begründet sagen, was besser gemacht werden könnte. Wenn man will, kann man jetzt eine (zweite) Planungsphase einschieben.

1.4 Begleitende Mitplanung

Hier geht es darum, Reflexion und Mitplanung in einen fortlaufenden Prozess zu überführen (passt auch gut zu Punkt 2). Beispielsweise kann jeweils ein Schüler oder eine Schülerin (am Anfang der Woche) beauftragt werden, in der letzten Kurssitzung der Woche einen kurzen Rückblick zu geben. Gemeinsam kann dann das Kommende angeschaut werden. Nötigenfalls wird eine Planungsstunde eingeschoben. Bei verfahrenen Situationen kann es gut sein, sich dazu an einem anderen Ort zusammenzusetzen.

Besser noch scheint die begleitende Mitplanung zu klappen, wenn für mehrere Wochen zwei bis drei Schüler/-innen den Kurs mit der Lehrerin oder dem Lehrer planen und beobachten. Dazu können sie sich z. B. wöchentlich außerhalb des Unterrichts kurz treffen oder in Kursphasen, wo die andern an einer Sache arbeiten, zusammensetzen. Am Ende einer solchen Unterrichtsphase legen die Schüler/-innen einen Bericht vor und unterbreiten Vorschläge. Natürlich müssen sie ihre Arbeit anerkannt bekommen, etwa durch einen Leistungsnachweis oder eine Note.

Aufpassen: Die Mitplaner/-innen sollen sich nicht zu Hilfssheriffs machen lassen.

Letzter Tipp: Nicht verzweifeln, wenn es nicht gleich so gut klappt. Mitplanung muss erst gelernt werden – von beiden Seiten.

(Aus: Felix Winter: Den Unterricht mit planen. In: Meinert A. Meyer u. a. [Hrsg.]: Lernbox. Friedrich Jahresheft 1997, Friedrich Verlag 1997, S. 4)

1.2 Pubertät und Jugend im „Niemandsland" zwischen Kindsein und Erwachsensein? – Zugänge

1.2.1 Von der heiklen Zeit der Reife – ein populärwissenschaftlicher Überblick

Die Autorin Susanne Pauslen ist Biologin. Sie arbeitet als freie Journalistin in Hamburg.

„Wir sollen heiter Raum um Raum durchschreiten", schrieb Hermann Hesse, als er 64 Jahre war und weise. Ach, Herr Dichter, wenn das so einfach wäre mit den „Lebensstufen". Mit zwölf, dreizehn Jahren, im Niemandsland zwischen Kindheit und Erwachsensein, strebt keiner gelassen voran. [...]

Fast jeder Erwachsene meint sich dieser turbulenten Zeit noch gut zu entsinnen, die nach den lateinischen Wörtern „pubes" für Scham(haare) und „pubertas" für Geschlechtsreife Pubertät heißt. Doch die Vertrautheit besteht nur zum Schein. Der Psychoanalytikerin Anna Freud fiel das Phänomen zuerst auf: Die meisten Patientinnen und Patienten konnten, so beobachtete die Tochter Sigmund Freuds, im Laufe ihrer Analyse „die Gefühlsatmosphäre des jugendlichen Alters" unmöglich wieder in sich erwecken. Offensichtlich wirken bestimmte Züge der eigenen Jugend – von den ruhigen Gestaden späterer Jahre aus betrachtet – ungehörig und werden deshalb aus der Erinnerung verbannt.

Viele Männer und Frauen wissen nichts mehr von der Zukunftseuphorie, die mit ohnmächtiger Wut auf die Verhältnisse wechselte. Vergessen sind die aufsteigenden Ängste. Die erotischen Assoziationen, die den Geist fesselten. Auf immer versickert sind die Gedanken, die unaufhörlich ums mutierende Selbst kreisten. Versperrt ist vor allem der Rückblick auf die anscheinend allerpeinlichsten Empfindungen jener Zeit: auf den Willen, die Welt zu verändern, und auf die Überzeugung, es auch zu können. „Gute Jugend glaubt, dass sie Flügel habe", beschrieb der Philosoph Ernst Bloch diese Geisteslage, „und dass alles Rechte auf ihre herbrausende Ankunft warte."

Zur individuellen Verdrängung gesellt sich kulturell verankerte Abwehr. Das Erlebnis, Kinder zu haben, ist in den letzten Jahrzehnten vielfach idealisiert worden. Doch das Abenteuer, mit Heranwachsenden zu leben, gilt wenig in einer Gesellschaft, die zwar Jugendlichkeit vergötzt, aber dem Ruhestand entgegenstrebt.

Selbst Wissenschaftler sahen und sehen die Adoleszenz oft nur als negative Lebensphase. Jahrzehntelang glaubten sie, dass Pubertierende voller „Sturm und Drang" von einer Gefährdung und Missstimmung zur nächsten taumelten. Neuerdings analysieren viele Soziologen Denken, Fühlen und Handeln der Zehn- bis 20-Jährigen bevorzugt unter dem Gesichtspunkt „Ruhe und Ordnung": Wie, lautet eine Grundfrage, lässt sich verhindern, dass Jugendliche saufen, ausflippen, faulenzen oder in die politische Radikalität abgleiten? Wie also lassen sie sich reibungslos in unser von Effizienzdenken bestimmtes gesellschaftliches System einfügen?

Dabei ist die Pubertät weit mehr als ein Übergang voller Unsicherheiten. Sie ist auch eine wichtige Experimentierphase.

Erfahrungen dieser Zeit können ebenso wie jene der frühen Kindheit Schicksalsweichen stellen. Manche Entwicklungspsychologen betrachten die Adoleszenz deshalb als zweite – und vielfach letzte – Chance jedes Menschen, alte Hemmnisse abzustreifen und eine neue Persönlichkeit zu gewinnen.

Die stürmische Entwicklungsperiode beginnt mit biologischen Veränderungen: Mädchen, Jungen und deren Umgebung werden mit einem drastischen Wandel des Kinderkörpers konfrontiert – ausgelöst und dirigiert anscheinend durch das Zusammenspiel von Hypothalamus und benachbarter Hirnanhangsdrüse, der Hypophyse. Beide reagieren mit Beginn der Pubertät weniger empfindlich auf Sexualhormone. Vorher genügten winzige Hormonmengen aus den kindlichen Keimdrüsen, um die Aktivität der beiden Hirnstrukturen zu hemmen. Nach dem „Umschalten" lässt sich der Hypothalamus nicht mehr so leicht blockieren, sondern schüttet ungehindert „Freisetzungsfaktoren" genannte Botenstoffe aus. Diese kurbeln ihrerseits die Produktion von Sexualhormonen an, bis deren Spiegel ausreicht, die Drüsen im Kopf wieder zu drosseln. […]

Mädchen reifen durchschnittlich zwei Jahre vor den Jungen. […]

Beide Geschlechter legen während der Pubertät kräftig an Körpergröße zu – die Mädchen in Deutschland etwa vom elften, die Jungen vom dreizehnten Lebensjahr an. […]

Gleichzeitig mit dem Leib wandelt sich das Seelenleben. Die Kinder machen sich einen Reim auf ihre „neuen" Körper. Sie verarbeiten das Erwachen ihres Geschlechtstriebs. Sie reagieren darauf, dass Eltern, Lehrer, Freunde ihnen auf einmal anders gegenüberstehen als früher. Und sie ringen um einen eigenen Platz in der Gesellschaft.

Bis in die Sechzigerjahre meinten Entwicklungspsychologen das Verhalten von Pubertierenden exakt zu kennen. Detailliert zeichneten sie nach, wie die Psyche sich – genau wie der unregelmäßig wachsende Körper – „entharmonisiert": Mädchen kichern unmotiviert, Jungen prahlen mit ihrer Kraft. Beide Geschlechter schwanken zwischen schwer zu bändigender Überaktivität und verträumter Passivität, zwischen Euphorie und Selbstzweifel. Sie wenden sich nach innen, sind oft schwermütig und leicht zu kränken. Zugleich streben sie nach Unabhängigkeit, wenden sich von den Eltern ab und dem anderen Geschlecht zu – mal himmelhoch jauchzend, mal zu Tode betrübt.

Seit den Achtzigerjahren beschreiben Wissenschaftler die Heranwachsenden weniger dramatisch. Die Pubertät sei, betonen sie, weder eine besonders grüblerische noch eine besonders leidvolle Phase. Die Jugendlichen seien durchweg pragmatisch und selbstbewusst. Sie sähen die Zukunft skeptisch, doch ohne daran allzu schwer zu tragen. Sie entzögen den Eltern emotionale Zuwendung, blieben ihnen aber freundlich verbunden. Die erwachende Sexualität verursache kaum noch existenzielle Probleme.

Ob sich die Jugendlichen drastisch verändert haben oder nur Sicht- und Ausdrucksweise der Forscher, lässt sich nicht entscheiden. Sicher ist jedoch, dass die Psycho-Pubertät längst nicht so planmäßig abläuft wie der Wandel des Körpers. Alte Vorstellungen, dass schnell steigende oder fallende Hormonspiegel unweigerlich vehemente Gefühle auslösen, sind heute widerlegt. So glauben US-Psychologen zwar, in einigen wenigen Fällen einen Zusammenhang zwischen Hormon und jugendlicher Emotion gefunden zu ha-

Gregor Flother: Backside 180° Ollie (Köln, 1997)
(Aus: Helge Tscharn, Possessed, Monster Verlag/Tropen Verlag Münster/Köln 2000)

ben: Mädchen zum Beispiel seien besonders anfällig für Depressionen, wenn ihr Östradiolspiegel sich stark erhöht. Doch die Untersuchungen haben auch gezeigt, dass Gefühl und Verhalten durch soziale Faktoren weitaus stärker beeinflusst werden als durch physiologische Impulse.

Wie entscheidend die jeweiligen Lebensumstände die Innenwelt von Heranwachsenden prägen, wissen auch die Völkerkundler. Wo – wie bei vielen „Naturvölkern" – schon die Kinder fast alle gesellschaftlich wichtigen Tätigkeiten beherrschen, wo sie mit Eintritt der Geschlechtsreife durch eine Initiationszeremonie zu Erwachsenen erklärt werden und wenig später eine Familie gründen, sind Pubertätsprobleme hiesiger Art offenbar unbekannt.

In solchen Kulturen – der französische Ethnologe Claude Levi-Strauss hat sie als „kalt" bezeichnet – regiert die Tradition. Gesellschaftlicher Wandel ist verpönt. Er wird nach einer Theorie des Züricher Psychoanalytikers und Ethnologen Mario Erdheim unter anderem durch die Initiation verhindert: Die Jugendlichen müssen symbolisch sterben und wiedergeboren werden. Sie werden durch den Ritus von ihren Eltern getrennt, doch sofort in die Dorfgemeinschaft fest eingebunden. Für pubertäre Experimente bleibt weder Zeit noch Gelegenheit.

In unserer „heißen", sich stetig wandelnden Kultur hingegen dürfen Adoleszente ein bis zwei Jahrzehnte an langer Leine zappeln, bis die Gesellschaft sie in Berufs- und Familienpflichten einbindet.

Die Spanne ist so lang geworden, da zum einen die Geschlechtsreife seit 1950 um zwei Jahre nach vorn gerutscht ist – vermutlich aufgrund reichhaltiger Ernährung, vielleicht auch durch Reizüberflutung oder bessere Hygiene. Zum anderen dauert die Ausbildung viel länger als früher.

In Industriegesellschaften fehlen auch Initiationszeremonien, die Kinder oder Jugendliche übergangslos auf die nächste Lebensstufe heben. Wissenschaftler erkennen nur ein paar kümmerliche Pendants zu den Riten der „kalten" Kulturen: Konfirmation, Sexualkundeunterricht und Abschlussprüfungen weihen den Nachwuchs bei uns jeweils partiell in das Erwachsenenleben ein. Doch Jugendliche und junge Erwachsene erfüllen eine wichtige Aufgabe in westlichen Gesellschaften, in denen die Arbeitsbedingungen in ständigem Fluss sind, in denen Sitten zerfallen und neu entstehen, Künstler von einer Ausdrucksform zur nächsten rasen. Ihr Ungestüm, das Überlieferte in Zweifel zu ziehen und neue Perspektiven zu suchen, sowie ihr Drang, mit ihrer eigenen Subkultur die Etablierten zu provozieren, sind Motoren des Wandels.

Auf welche Weise Heranwachsende die Veränderung in Gang halten, ist unverkennbar. Egal, ob sie sich aufmüpfig-gefühlsbetont oder skeptisch-cool geben: Sie experimentieren. Auf der Suche nach ihrer Identität nehmen sie Verhaltensmuster und Werte an und legen sie wieder ab. So sind sie etwa in der Mathematikstunde der strebsame Schüler – und in der Pause danach der lässige Typ, der die Klassenkameraden nicht durch übermäßigen Fleiß brüskieren will. Sie wehren Triebregungen ab, geben ihnen aber auch nach, wollen nichts von der Mutter wissen, suchen sie aber unvermittelt zu vertraulichen Aussprachen. „Wer in dieser Altersphase Eindeutigkeit sucht", meint der Züricher Pädagoge und Psychologe Helmut Fend, „der verfehlt gerade das Charakteristische."

(Aus: Susanne Paulsen: Heikle Zeit der Reife. In: Geo Kindheit und Jugend. Nachdruck. Gruner & Jahr: Hamburg 1995, S. 128–136)

1 Wie charakterisiert Susanne Paulsen die „heikle Zeit der Reife"?

2 Welches Gewicht misst die Autorin dem Einfluss biologischer, welches dem Einfluss sozialer Faktoren in der Pubertät bei?

3 Überlegen Sie, inwiefern Pubertät aus unterschiedlicher wissenschaftlicher Perspektive (z. B. biologisch, soziologisch, psychologisch) jeweils anders interpretiert werden kann. Vergleichen Sie Ihre Gedanken mit denen des folgenden Textauszuges von Klaus Hurrelmann.
(Der Sozialwissenschaftler Klaus Hurrelmann ist Professor an der Fakultät für Gesundheitswissenschaften und Sprecher des Sonderforschungsbereiches „Prävention und Intervention im Kindes- und Jugendalter" an der Universität Bielefeld.)

1.2.2 Die Sozialisationstheorie – ein wissenschaftlicher Ansatz der Jugendforschung

Nach den populärwissenschaftlichen Annäherungen an das Thema „Jugend" geht es nun um ein wissenschaftliches Modell, in das die unterschiedlichen Einzeldaten zum Forschungsfeld integriert werden können. Klaus Hurrelmann sieht ein solches theoretisches Modell in der Sozialisationsforschung.

Ein für die Jugendforschung gut geeigneter Rahmen für die Verbindung von psychologischen und soziologischen Theorieansätzen ist die Sozialisationstheorie. Unter dem Begriff „Sozialisation" wird in der Fachliteratur der Prozess der Entwicklung der Persönlichkeit in Abhängigkeit von und in Auseinandersetzung mit der inneren (Körper und Psyche) und der äußeren Realität (sozialer und ökologischer Umwelt) verstanden […]. Die Persönlichkeitsentwicklung wird hier konzipiert als die individuelle, in Interaktion und Kommunikation mit Dingen wie mit Menschen erworbene Organisation von Merkmalen, Eigenschaften, Einstellungen, Handlungskompetenzen und Selbstwahrnehmungen eines Menschen auf der Basis der natürlichen Anlagen und als Ergebnis der Bewältigung von Entwicklungs- und Lebensaufgaben zu jedem Zeitpunkt der Lebensgeschichte […].
Alle für die Jugendforschung relevanten Theorien machen sozialisationsbezogene Aussagen, wenn sie das Wechselverhältnis zwischen Persönlichkeitsentwicklung und biopsychischer Entwicklung auf der einen Seite und Persönlichkeitsentwicklung und Gesellschaftsentwicklung auf der anderen Seite zum Gegenstand ihrer Analyse machen. Sie stellen sich den zentralen Fragen der Jugendforschung, die oben aufgeworfen wurden:

- Welche biologischen und psychologischen Entwicklungsimpulse beeinflussen die Persönlichkeit in der Lebensphase Jugend?
- Welche sozialen und ökologischen Umweltbedingungen wirken sich auf die Persönlichkeitsentwicklung in der Lebensphase Jugend aus?
- Welche Chancen und welche Risiken ergeben sich für Persönlichkeitsentwicklung und Identitätsbildung im Jugendalter?
- Welches sind günstige und welches sind ungünstige Voraussetzungen zur Bewältigung der psychosozialen Entwicklungsaufgaben?
- Welches sind günstige und welches sind ungünstige Voraussetzungen zur Übernahme der zentralen gesellschaftlichen Mitgliedsrollen im Jugendalter?
- Wie müssen Erziehungs-, Bildungs- und Ausbildungseinrichtungen beschaffen sein, um möglichst optimale Entwicklungsimpulse für die Persönlichkeitsentwicklung von Jugendlichen zu geben?
- Wie kann die Entwicklung von Selbstständigkeit und zugleich Verantwortlichkeit im Jugendalter gesichert werden?

Alle diese Fragen können nur in einem interdisziplinären Zugriff beantwortet werden, denn der Untersuchungsgegenstand „Lebensphase Jugend" ist so beschaffen, dass er nur durch den

Jack Pierson: Angel Youth (1990)

koordinierten Zugang verschiedener Disziplinen beschrieben, analysiert, interpretiert und verstanden werden kann […].
Die Sozialisationstheorie bietet einen allgemeinen konzeptionellen Rahmen für einen solchen interdisziplinären Zugang. Die Verschränkung von persönlicher Individuation und sozialer Integration steht dabei im Zentrum der Konzeption. Mit welchen theoretischen Ansätzen dieses Spannungs- und Verschränkungsverhältnis von Individuation und Integration analysiert wird, unterscheidet sich nach den jeweiligen wissenschaftlichen Herkunftsdisziplinen und auch den Zielstellungen der wissenschaftlichen Analyse. Wichtig ist es deswegen, dass alle Forscherteams ihre theoretischen und auch methodologischen Vorannahmen offen legen und damit deutlich machen, wie sie ihr begriffliches und konzeptionelles Instrumentarium gestalten. Jede einzelne Theorie baut auf einer „metatheoretischen", modellhaften Vorstellung auf und trägt eine Art „Menschenbild" und „Gesellschaftsbild" in sich. Aus dieser metatheoretischen Konzeption leiten sich die konkreten Einzeltheorien und Methoden ab, die zum Einsatz kommen. Diese metatheoretische Konzeption bezeichnet die erkenntnisleitende Ausgangsposition von Wissenschaftlerinnen und Wissenschaftlern für die Theoriebildung und die Methodenwahl. Diese konzeptionellen Vorannahmen selbst sind einer wissenschaftlichen Überprüfung kaum zugänglich.

(Aus: Klaus Hurrelmann: Lebensphase Jugend. Eine Einführung in die sozialwissenschaftliche Jugendforschung. 6. Auflage. Juventa Verlag: Weinheim und München 1999, S. 53/54)

1 Müssen nach Klaus Hurrelmann unterschiedliche Wissenschaften miteinander konkurrieren oder können sie einander ergänzen?

2 Welche Aufgabe kann Sozialisationstheorie im Rahmen der Erforschung von „Jugend" übernehmen?

3 Überlegen Sie, wodurch sich der Ansatz des Sozialwissenschaftlers Klaus Hurrelmann von populärwissenschaftlichen Annäherungen an das Thema „Entwicklung, Sozialisation und Identität im Jugendalter" unterscheidet.

1.2.3 Auf der Suche nach Identität: Zum Entwicklungsmodell des Neopsychoanalytikers Erik H. Erikson – eine psychologische Zugangsweise

1.2.3.1 Grundlagen: Identität gegen Identitätsdiffusion als Spannungspole

Eine Übersicht über den gesamten Entwicklungsverlauf nach Erik H. Erikson findet sich unter 2.2 im Buch „Lernen und Entwicklung" der Reihe „Kursthemen Erziehungswissenschaft". Sie können gegebenenfalls auf die Darstellung dort zurückgreifen. – Im folgenden „klassischen" Text aus dem Jahr 1959 geht es speziell um das Jugendalter, das nach Erikson vor allem in der Spannung der Pole „Identität gegen Identitätsdiffusion" steht.

In der Pubertät werden alle Identifizierungen und alle Sicherungen, auf die man sich früher verlassen konnte, erneut in Frage gestellt, und zwar wegen des raschen Körperwachstums, das sich nur mit dem in der frühen Kindheit vergleichen lässt und dem sich jetzt die gänzlich neue Eigenschaft der physischen Geschlechtsreife zugesellt. Der wachsende und sich entwickelnde Jugendliche ist nun, angesichts der physischen Revolution in ihm, in erster Linie damit beschäftigt, seine soziale Rolle zu festigen. Er ist in manchmal krankhafter, oft absonderlicher Weise darauf konzentriert, herauszufinden, wie er, im Vergleich zu seinem eigenen Selbstgefühl, in den Augen anderer erscheint und wie er seine früher aufgebauten Rollen und Fertigkeiten mit den gerade modernen Idealen und Leitbildern verknüpfen kann. Manche Jugendliche müssen in ihrer Suche nach einem neuen Gefühl von Dauer und Identität die Kämpfe früherer Jahre noch einmal durchfechten und sind niemals bereit, sich bleibende Idole und Ideale als Hüter ihrer schließlichen Identität aufzurichten.
Die Integration, die nun in der Form der Ich-Identität stattfindet, ist mehr als die Summe der Kindheitsidentifikationen. Sie ist das innere Kapital, das zuvor in den Erfahrungen einander folgender Entwicklungsstufen angesammelt wurde, wenn eine erfolgreiche Identifikation zu einer erfolgreichen Ausrichtung der Grundtriebe des Individuums auf seine Begabung und seine

lesen

Chancen geführt hat. In der Psychoanalyse werden solche erfolgreichen Ausrichtungen der „Ich-Synthese“ zugeschrieben; ich habe darzustellen versucht, dass die in der Kindheit gesammelten Ich-Werte in die Ich-Identität münden.
Das Gefühl der Ich-Identität ist also das angesammelte Vertrauen darauf, dass der Einheitlichkeit und Kontinuität, die man in den Augen anderer hat, eine Fähigkeit entspricht, eine innere Einheitlichkeit und Kontinuität (also das Ich im Sinne der Psychologie) aufrechtzuerhalten.
Dieses Selbstgefühl, das am Ende jeder der Hauptkrisen erneut bestätigt sein muss, wächst sich schließlich zu der Überzeugung aus, dass man auf eine erreichbare Zukunft zuschreitet, dass man sich zu einer bestimmten Persönlichkeit innerhalb einer nunmehr verstandenen sozialen Wirklichkeit entwickelt. Das wachsende Kind muss aus jedem Schritt ein belebendes Realitätsgefühl gewinnen, indem es sieht, dass sein individueller Weg der Bewältigung von Erfahrungen eine erfolgreiche Variante der Wege ist, auf denen andere Leute um es herum Erfahrungen bewältigen, und die Tatsache, dass man es tut, anerkennen.
In diesem Punkt kann man Kinder nicht durch gedankenloses Loben und herablassende Ermutigung täuschen. Vielleicht muss ein Kind in Ermangelung eines Besseren mit einer künstlichen Stützung seiner Selbstachtung vorlieb nehmen, aber das, was ich seine sich aufspeichernde Ich-Identität nenne, erhält seine wirkliche Stärke nur durch die vorbehaltlose und ernsthafte Anerkennung seiner wirklichen Leistungen, d. h. eines Erfolges, der für die bestehende Kultur von Bedeutung ist. Wenn andererseits ein Kind fühlt, dass seine Umgebung es zu radikal aller der Ausdrucksmittel berauben will, mit denen es den nächsten Schritt seiner Ich-Identität entwickeln und integrieren kann, so wird es diese mit erstaunlicher Kraft verteidigen, wie man es sonst nur von Tieren kennt, die plötzlich um ihr Leben kämpfen müssen. In der Tat gibt es in dem gesellschaftlichen Dschungel menschlicher Existenz kein Lebensgefühl ohne dieses Gefühl der Ich-Identität. Wenn man das versteht, versteht man auch die Kämpfe der heranwachsenden Jugend besser, besonders die Mühen all jener, die nicht einfach „nette“ Jungen und Mädchen sein können, sondern die verzweifelt nach einem sie befriedigenden Gefühl der Zugehörigkeit suchen, sei es zu Cliquen und Banden in Amerika oder zu begeisternden Massenbewegungen in anderen Ländern.
Die Ich-Identität entwickelt sich also aus einer gestuften Integration aller Identifikationen; aber auch hier hat das Ganze eine andere Qualität als die Summe seiner Teile. Unter günstigen Umständen erhalten Kinder den Kern einer abgehobenen Identität schon sehr frühzeitig; oft verteidigen sie ihn sogar gegen den Zwang, sich mit einem Elternteil übermäßig zu identifizieren. Das lässt sich allerdings schwer an Patienten beobachten, denn das neurotische Ich ist per definitionem Beute einer Überidentifikation, einer fehlerhaften Identifikation mit neurotisch gestörten Eltern, durch die das kleine Individuum sowohl von seiner keimenden Identität als auch von seinem Milieu isoliert wurde. Wir können es aber an den Kindern amerikanischer Minoritätengruppen studieren, die das Stadium einer deutlichen und sorgsam gelenkten Autonomie hinter sich lassen und in das für die amerikanische Kindheit entscheidende Stadium der Initiative und Arbeit eintreten.
Die sich herauskristallisierende Ich-Identität verknüpft also die früheren Kindheitsphasen, in denen der Körper und die Elternfiguren führend waren, mit den späteren Stadien, in denen eine Vielfalt sozialer Rollen sich darbietet und im wachsenden Maße aufdrängt. Eine dauernde Ich-Identität kann sich nicht bilden ohne das Vertrauen der ersten oralen Phase; sie kann sich nicht vollenden ohne das Versprechen einer Erfüllung, das von dem dominierenden Bild des Erwachsenseins hinabreicht in die ersten Kindheitstage und auf jeder Stufe dem Kinde einen Zuwachs an Ich-Stärke bringt.

(Erik H. Erikson: Identität und Lebenszyklus. Drei Aufsätze. Übers. von Käte Hügel. 17. Aufl., Suhrkamp Verlag: Frankfurt/Main 1998, S. 106–109)

1 Strukturieren Sie die Grundaussagen des Textes.
2 Prüfen Sie, ob die Gedanken aus dem Jahr 1959 heute noch aktuell sind.
3 Kommen Sie zu einer ersten Beurteilung des Ansatzes von Erik H. Erikson. Diskutieren Sie zuvor die Kriterien für Ihre Stellungnahme.

1.2.3.2 Kann man heute noch erwachsen werden? – Überlegungen zum Modell Eriksons

Aus einem Gespräch zwischen Hans Hobelsberger und Heiner Keupp „Identitätssuche und Identitätsentwicklung" nach Erik H. Erikson.

Hobelsberger: Herr Prof. Keupp, nach einer Zeit der Sicherheit in der Frage, was denn Identität sei, haben Sie uns diese Sicherheit weitgehend genommen. Mit Erikson konnten wir uns auf abschließbare Identitätsaufgaben in bestimmten Lebensphasen verlassen. Sie sagen nun, man muss lebenslang aus verschiedenen Versatzstücken Identität zusammenbasteln. Kann man denn dann heute noch erwachsen werden?
Keupp: Sie dürfen natürlich den Botschafter nicht dafür prügeln, was er vermittelt. Dass wir heute nicht mehr wie unser großer Lehrmeister Erikson von einer durch und durch geordneten Identität sprechen können, das haben Sie nicht dem Forscher vorzuwerfen, sondern den veränderten Verhältnissen.
Die Frage, ob es heute noch möglich ist, erwachsen zu werden oder nicht, würde ich allenfalls als rhetorische Frage betrachten. Natürlich werden Menschen heute erwachsen. Sie werden aber anders erwachsen als früher und bestimmte Vorstellungen, was Erwachsensein ist, haben sich auch verändert. Was meine ich damit? In der von Erikson klassisch formulierten Identitätstheorie existiert die Vorstellung, dass wir in der Adoleszenz, also in der Altersphase, die den Übergang vom Jugendalter ins Erwachsenenalter bezeichnet, all die wichtigen Bauteile erwerben, die dann eine Plattform ergeben, auf der sozusagen Erwachsenenleben möglich wird. Erikson spricht sehr anschaulich, sehr metaphernreich von dem inneren Kapital, das wir anhäufen müssen, um die Fähigkeiten zu haben, erwachsen zu sein. Die Vorstellung, der Erwerb dieser Kompetenzen könnte mit dem Erwachsenwerden abgeschlossen werden, die hat sich total aufgelöst. Ein durchschnittlicher Amerikaner mit akademischem Abschluss z. B. nimmt im Laufe seines Berufslebens sechs oder sieben grundlegende berufliche Veränderungen, nicht nur einfache Jobwechsel vor.
Hobelsberger: Können wir dann trotzdem noch Bauteile benennen, die gerade im Jugendalter für die Identitätssuche und Identitätsentwicklung wichtig sind?
Keupp: Es bleibt natürlich richtig, dass in der Phase der Adoleszenz Menschen anfangen, ihre Vorstellung von einer Partnerin, einem Partner zu einem zentralen Thema für sich zu machen. Oder eine ganz zentrale Aufgabe des Jugendalters ist es, den Prozess der Ablösung von den vorbildenden Vorgaben und den Erwartungen der Eltern vorzunehmen. Das bleibt ein wichtiger Punkt, obwohl die konkrete Gestaltung durch die zunehmende und lebensgeschichtlich frühere Bedeutung der Peergroups wahrscheinlich anders aussieht als früher. Aber trotzdem bleibt in dieser Altersphase die Ablösung von den Eltern, die Überprüfung der eigenen inneren Bilder, die Überprüfung der eigenen Identifikationen mit den Eltern, mit den Erwachsenen, eine wichtige Entwicklungs- oder Handlungsaufgabe, um herauszufinden, was ist denn meins, was trägt denn für mich. Die Lösung dieser Aufgabe ist natürlich nicht abgekoppelt vom kulturellen und gesellschaftlichen Umfeld. Ferner bleiben die Aufgaben, die mit dem biologischen Entwicklungsschub verbunden sind. Aber auch da beobachten wir, dass es sich nicht um rein biologische Prozesse handelt. Warum eigentlich erfolgt die körperliche Reife immer früher? Trotz zahlreicher Spekulationen – eine gute Erklärung dazu habe ich noch nicht gefunden.
Hobelsberger: Gibt es denn bestimmte Ressourcen, Fähigkeiten, die notwendig sind, dass Jugendliche unter den sich gewandelten Bedingungen ihre Identitätsaufgaben im Jugendalter lösen können?
Keupp: Ich fange es mal von der kritischen Seite her an. Wenn ich von Kindern und Jugendlichen höre, die keine Einbindung in ein tragfähiges, eigenständiges soziales Netzwerk haben, dann fange ich an, mir Sorgen zu machen. Dahinter steckt natürlich auch eine bestimmte normative Vorstellung: nämlich dass Jugendliche heute ihr Leben ganz stark über die Entwicklung kommunikativer Fähigkeiten und Fertigkeiten bewältigen müssen. Das hat einen klar erkennbaren Grund. Wenn das soziale Erbe unserer Eltern, das, was sie uns weitergeben wollen im Beruflichen, im

Persönlichen, wenn diese Modelle längst nicht mehr so tragen wie in früheren Generationen, dann müssen Menschen heute in einem viel höheren Maß die Passform für ihr eigenes Leben in dem jeweiligen kulturellen und sozialen Rahmen selber herausarbeiten und finden. Und das ist ein hochkommunikativer Akt – ich muss mich mit anderen Menschen abstimmen, ich muss sozusagen die Passung jeden Tag neu herstellen.

Hobelsberger: Wie muss ich denn dann heute Identität denken, um überhaupt von Identität sprechen zu können? Kann ich Identität noch mit Begriffen wie Kohärenz, Stimmigkeit, Dauerhaftigkeit verbinden?

Keupp: Als ich als Identitätsforscher begonnen habe, habe ich den so tragenden, klassischen Begriff der Kohärenz erst mal auf den Prüfstand gestellt. Es war gar nicht sicher, ob ich mit ihm würde weiter arbeiten wollen. Jetzt, nach zehn Jahren, gehe ich davon aus, dass er unabdingbar notwendig ist. Aber wir mussten ihn anders denken, als er klassischerweise gedacht war. Klassischerweise war Kohärenz etwas, was irgendwie in den kulturellen Vorgaben mit enthalten war. So konnte ich einen stimmigen Lebensentwurf bei den Erwachsenen, bei anderen Menschen um mich herum beobachten – der kulturelle Entwurf hat sozusagen die Kohärenz schon ein Stück weit mit angeboten. Heute sind die kulturellen Vorgaben immer weniger tragfähig oder immer weniger griffig und erkennbar. Deshalb ist die Aufgabe, die der Einzelne zu lösen hat, für sich die unterschiedlichen Erfahrungseindrücke, die unterschiedlichen Wünsche in eine persönlich stimmige Passung zu bringen, schwieriger geworden.

Übrigens ist das für mich Identität: Herstellung von Passung, wo das Innere mit dem Äußeren in eine lebbare Verknüpfung kommt. Und diese Passung ist nach wie vor auch von einem Prinzip der Kohärenz, der Stimmigkeit bestimmt. Aber wir müssen uns verabschieden von der Vorstellung: Das finde ich einmal und dann habe ich es. Ein Philosoph, den ich sehr schätze, Wolfgang Welsch, sagt, Identität müsse als ein permanenter Prozess des Übergangs betrachtet werden. Dinge, die ich mitbringe, müssen mit dem, was sozusagen eine offene, zu gestaltende Zukunft von mir fordert, immer wieder verknüpft werden. Es ist eine transversale Identität, so nennt er das, ein Prozess des Übergangs. Und so kann man auch Kohärenz betrachten. Mit dem, was ich bisher für mich als stimmig und gültig betrachte, werde ich mit neuen Situationen konfrontiert, und ich werde schauen, ob ich das, was für mich bisher als wichtig und zentral gegolten hat, mit dem verknüpfen kann, was neu auf mich zukommt. Aber dabei wird Kohärenz eher ein fließender Prozess, nennen wir es eine „transversale Kohärenz".

Hobelsberger: Gibt es Kohärenz dann nur unter der Bedingung, dass kollektive Identitäten nicht mehr möglich sind?

Keupp: Da würde ich auf keinen Fall zustimmen. In jeder personalen Identität gibt es eine Wir-Schicht, in der wir sozusagen als Teil eines Kollektivs, als Teil einer Gruppe, als Teil einer Kultur uns definieren. Aber diese Komponente hat auch keine zementierte Form – also keine rigide, feste, stabile und dauerhafte Form. Sowohl auf der personalen als auch auf der sozialen Identitätsebene ist Kohärenz notwendig, aber auf beiden Ebenen – und in der Verknüpfung wird es dann noch mal ein komplexerer Prozess – ist es ein prozessuales Geschehen.

Hobelsberger: Sie haben jetzt zwei wesentliche Punkte für die Identitätsarbeit genannt: zum einen die Notwendigkeit der Selbsttätigkeit des Individuums und zum anderen Identität als soziale Komponente – ohne Selbsttätigkeit keine Identität und also ohne soziale Beziehung keine Identität. Welche Rolle spielt dann das Geschlecht, wenn Identität unabdingbar auf Eigentätigkeit und sozialer Wahrnehmung beruht, zumal Geschlecht eine Kategorie der Selbstthematisierung und der sozialen Wahrnehmung ist?

Keupp: Das Geschlecht ist natürlich eine zentrale Komponente. Die eigene körperliche Entwicklung, die Wahrnehmung, dass man jetzt zum Mann oder zur Frau wird und auch als solche/r wahrgenommen wird – das ist nach wie vor ein zentraler Bezugspunkt. Wie prekär in dieser Phase die Identitätssuche sein kann, zeigt die Fülle von jungen Frauen, die z.B. schwer wiegende Essstörungen haben. Erschwerend kommt dazu, dass in unserer Kultur die Vorstellungen, was denn ein Mann, was denn eine Frau sein könnte, sein sollte, sein müsste, sich verändert haben, durcheinander geraten sind und die Klarheit, die wir einst hatten oder die unsere Eltern hatten, uns abhanden gekommen ist. Die geschlechtsspezifische Arbeitsteilung z. B., die auch auf der psychologischen Ebene ihre Spuren hinterlassen hat, ist in einem sehr starken Maße in Frage gestellt worden, und das wirkt sich bei jungen Frauen und jungen Männern natürlich aus: Wir haben bei unseren Interviews von jungen Frauen keine einzige gefunden, die nicht eine Doppeloption in ihrem Leben vornehmen würde, also beruflich etwas zustande bringen möchte und natürlich auch irgendwie auf der familiären Ebene ihre Vorstellungen verwirklichen möchte. Beides zu wollen ist eine radikale Veränderung des weiblichen Lebensentwurfes.

Für die jungen Männer hat das natürlich auch Konsequenzen. Ich denke manchmal, auch anhand unserer eigenen Empirie, dass sie sich oft als Verlierer dieser Entwicklung sehen, sie dürfen ganz bestimmte männliche Machträume nicht mehr ohne weiteres betreten. Die sind sozusagen verstellt oder da sind junge Frauen, die ihnen nicht einfach erlauben, sie zu besetzen. Also müssen sie kapieren, dass die Modelle ihrer Eltern, Väter, ihrer Großväter für sie nicht mehr ohne weiteres lebbar sind. Für sie ist nicht immer sofort erkennbar, dass das auch eine Chance ist, sich nicht in die männliche Ritterrüstung zu kleiden und den starken, taffen Mann zu spielen. Und interessanterweise spielt da das Geschlechterverhältnis auf eine ganz andere Weise auch noch eine Rolle: Es gibt viele junge Männer, die auch darüber klagen, dass sie bei ihrem Versuch, eine andere Art von Männlichkeit zu leben, mit den Frauen ganz gewaltig Probleme kriegen – die nämlich sagen, du bist kein richtiger Mann. Es ist ein sehr schwieriger Prozess, diese neuen Formen von Männlichkeit und Weiblichkeit in eine lebbare Gestalt zu bringen.

Hobelsberger: Die Pädagogik arbeitet stark mit dem Begriff der Identität und die Pädagogik arbeitet auch mit normativen Vorstellungen von Identität. Wie wirken denn normative Vorstellungen von Identität in pädagogischen Prozessen? Darf es die überhaupt noch geben angesichts dieser Suche nach Identität, die im Grunde genommen ohne objektive Vorstellungen oder Vorgaben auskommt und auskommen muss? Gibt es dann in der Pädagogik noch unterstützende Maßnahmen für die Identitätsarbeit, die jenseits dieser formalen Kompetenzen wie die soziale Fähigkeit, die Kritikfähigkeit oder die Fähigkeit, Widersprüchliches zu einem Ganzen zusammenzubauen, liegen?

Keupp: Es ist wirklich nicht mehr ganz einfach, inhaltliche Ziele des gelingenden Lebens so klar normativ vorzugeben. Deshalb scheint mir auch im pädagogischen Feld immer mehr die Frage des „Wie macht man das?“, für sich Kohärenz zu finden, zentral. Wenn ich wüsste, wie die Generation, die jetzt heranwächst, in zehn Jahren zu leben hat, dann könnte ich ja sagen, genau da will ich sie hinführen. Wer kann uns das aber heute sagen? Und deshalb kann man eigentlich nur eins tun, man kann Bildungsprozesse in die Richtung stärken, dass Menschen möglichst viele von den Ressourcen erwerben, die sie brauchen. Wir haben vorhin ja nicht alle angesprochen. Ich würde auch gerne eine Ehrenrettung von Erikson an dieser Stelle nachholen! […] Denn ich glaube, dass er für die basalen Grundprozesse der menschlichen Entwicklung nach wie vor gültige, zumindest ganz wichtige Hinweise gegeben hat. Also das, was er als die grundlegende Fähigkeit, nämlich Urvertrauen auszubilden, bezeichnet hat, wird, so glaube ich, immer wichtiger, wenn ich mich auf ein offenes Zukunftsprojekt einlassen soll. Oder auch das wichtige Prinzip der Autonomie, sich selber vorstellen zu können, was das Eigene sein könnte, womit ich in dieser Welt auch meinen Ort finde, womit ich meinen Lebenssinn finden kann. […]

(Aus: Hans Hobelsberger und Heiner Keupp: Kann man heute noch erwachsen werden? Identitätssuche und Identitätsentwicklung. In: Katechetische Blätter 6/99, S. 375–380. © Kösel-Verlag: München 1999)

1 Wie beurteilen Hans Hobelsberger und Heiner Keupp die Theorie Eriksons?
2 Wie sehen Sie nun selbst Eriksons Theorie – nach der Lektüre des Gesprächs zwischen Hans Hobelsberger und Heiner Keupp?
3 Was spricht für, was gegen die Theorie von Erik H. Erikson? Führen Sie in Ihrem Kurs eine Pro-und-Kontra-Debatte durch.

1.2.4 Entwicklungsprobleme und Problemverhalten im Jugendalter – aus sozialwissenschaftlicher Perspektive

Der Sozialwissenschaftler Klaus Hurrelmann ist Professor an der Fakultät für Gesundheitswissenschaften und Sprecher des Sonderforschungsbereichs „Prävention und Intervention im Kindes- und Jugendalter“ an der Universität Bielefeld.

Im Unterschied zu den Ländern der Dritten Welt sind die Lebensbedingungen der Jugendlichen unserer Ersten Welt für die meisten sehr günstig. Die lebensbedrohenden Infektionskrankheiten sind weitgehend zurückgedrängt, der Hunger ist besiegt, die materielle Ausstattung ist oft üppig, es gibt große Spielräume für die Selbstentfaltung. Doch trotz dieser unbestreitbaren Erfolge geht es einer wachsenden Zahl von Kindern und Jugendlichen bei uns schlecht. Die „moderne“ Lebensweise der hoch entwickelten Industriegesellschaften mit ihren Reizen und Verlockungen, der Verstädterung und hochkomplexen Verplanung des Lebens kostet auch bei den jungen Bürgerinnen und Bürgern ihren psychischen und gesundheitlichen „Preis“. Jedenfalls ist eins unbestreitbar: Auffälligkeiten und Krankheiten von Jugendlichen nehmen in der letzten Zeit wieder zu. Trotz eines hohen materiellen Lebensstandards, trotz eines ausgebauten Bildungswesens und trotz recht guter medizinischer und psychologischer Beratung und Hilfe reichen bei immer mehr Kindern die Fähigkeiten und Fertigkeiten nicht aus, um mit der sozialen und ökologischen Umwelt zurechtzukommen. Untersuchungsergebnisse sprechen eine eindeutige Sprache:
Mindestens 10 bis 15% der Kinder und Jugendlichen leiden an psychischen Störungen: Hyperaktivität, Aggressivität, Leistungsschwäche, Lese-Rechtschreib-Störungen, Verunsicherungen des Gefühlslebens. Depressionen sowie versuchte und erfolgte Selbstmorde werden teilweise mit wachsender Tendenz berichtet. Im ersten Lebensjahrzehnt leiden ganz offensichtlich die Jungen stärker, im zweiten Lebensjahrzehnt die Mädchen.
Neuartige Krankheitsbilder greifen um sich. Mindestens 10% aller Kinder und Jugendlichen, so schätzt die Fachliteratur, sind von lang andauernden (chronischen) Krankheiten betroffen: Allergien verschiedenster Art, insbesondere Asthma (dessen Verbreitung schon auf 4% geschätzt wird), und Neurodermitis, Bronchitis, Epilepsie (ca. 300 000 Krankheitsfälle im Bundesgebiet), Diabetes, Herzfehler und Krebskrankheiten.
Das Spektrum von psychosomatischen Symptomen wird breiter. Vor allem nehmen Nahrungs- und Essstörungen zu und sind heute schon bei etwa 1% der Jugendlichen festzustellen. Unter Übergewicht leiden mindestens 15%. In Untersuchungen des Zentrums für Kindheits- und Jugendforschung der Universität Bielefeld wurden bei Jugendlichen hohe Werte von Kopfschmerzen, Nervosität und Unruhe, Kreuz- und Rückenschmerzen, Schwindelgefühl, Magenbeschwerden und Schlafstörungen festgestellt. Diese Beeinträchtigungen, die Körper und Seele in gleicher Weise belasten, hingen ganz eindeutig mit Anspannungen und Konflikten in Familie, Schule und Freizeit zusammen.
Das Suchtverhalten nimmt zu. Alkohol, Nikotin, Arzneimittel und illegale Drogen gehören schon in den ersten Lebensphasen zu den heimlichen und unheimlichen Tröstern. Bis zu 30% der Jugendlichen sind ständige Raucher, bis zu 20% haben mindestens einmal illegale Drogen genommen. Bis zu 3% der Jugendlichen müssen heute als alkoholkrank gelten. Die Langzeitfolgen des Genussmittel- und Drogenmissbrauchs für die Gesundheit sind verheerend.
Wo liegen die Ursachen? Ganz offensichtlich nicht allein in genetischen Anlagen oder körperlichen Fehlsteuerungen, sondern zusätzlich in sozialen und psychischen Überlastungen. Die zunehmenden Krankheiten und Auffälligkeiten sind ein Signal für Stress, für die Überstrapazierung der Fertigkeiten und Fähigkeiten, mit sich selbst und der gesellschaftlichen Umwelt ins Reine zu kommen. Sie sind, so gesehen, ein Ausdruck der „Kosten der modernen Lebensweise“. Sie drücken die Probleme aus, die junge Menschen bei der Aneignung des eigenen Körpers und der sozialen und ökologischen Umwelt haben. Sie sind letztlich ein Indiz dafür, dass Jugendliche nicht das Ausmaß von Achtung, Würde und freier Entfaltung ihrer Persönlichkeit erfahren, das sie für eine gesunde Entwicklung

benötigen. In vielen Bereichen des täglichen Lebens werden ihre elementaren Bedürfnisse nach Anerkennung, Zuwendung, Sicherheit und Sinnerfüllung missachtet.

Eine Schlüsselrolle kommt hier dem Familienbereich zu. Ein immer größerer Teil der Eltern kann der hohen Verantwortung nicht gerecht werden, die das Zusammenleben mit Kindern heute mit sich bringt. Die Beziehungen der Eltern werden immer instabiler. Mehr als ein Drittel der einmal eingegangenen Ehebeziehungen werden getrennt. Etwa ebenso viele Kinder und Jugendliche haben die psychischen und sozialen Folgen dieser Trennung der Eltern zu bewältigen. Die Zahl der Kinder, die nur mit einem Elternteil aufwachsen, nimmt schnell zu.

Der Hintergrund für diese Entwicklung liegt in dem Bestreben der Erwachsenen, so viel persönliches Glück und individuelle Freiheit wie irgend möglich zu gewinnen. Dieses legitime Streben nach Selbstentfaltung hat einen Haken: Es geht auf Kosten der Kinder. Sie sind diejenigen, die den höchsten Preis für Beziehungsverluste und -trennungen zahlen müssen, die sie selbst nicht ausgelöst haben.

Die schwierige Lage der Familie ist aber nicht die einzige Ursache. Soziale und psychische Anspannungen entstehen auch in Schule und Freizeit. Die Leistungsanforderungen sind zu mechanisch, die Unterrichtsinhalte gehen oft an den wirklichen Interessen der Kinder vorbei. Unsere Schulen verstehen sich immer noch als Einrichtungen der Wissensvermittlung, die mit sozialem Lernen und Persönlichkeitsbildung eigentlich nichts zu tun haben. Eltern erwarten von ihren Kindern heute vor allem gute und hochwertige Schulabschlüsse. Sie setzen ihre Kinder unter erheblichen Druck, wenn Leistungsabfälle auftreten. Das alles braut sich zu ganz erheblichen Spannungen zusammen, die den Hintergrund für viele der Stresskrankheiten abgeben, die heute so stark zunehmen.

Sinn- und Orientierungskrisen

Unter diesen Umständen ist nach den Erkenntnissen der Studie der Bedarf an Orientierungshilfe und Beratung bei allen Jugendlichen stark gewachsen, auch wenn die jungen Menschen sich selbst und anderen dieses nicht gerne eingestehen. Jugendliche möchten cool und beherrscht erscheinen, aber sie spüren auch selbst, dass sie sich in einer verwirrenden Situation befinden. Verbindliche Zukunftsperspektiven, klar strukturierte Berufslaufbahnen und kalkulierbare Realisierungsmöglichkeiten für die eigenen Pläne in Beruf und Privatleben sind für sie oft objektiv nicht möglich. Improvisation, permanentes Umdenken und ständige Neuanfänge sind gefragt. Viele nehmen Zuflucht in langwierige Doppelausbildungen und zeitraubende Zusatzqualifikationen.

Viele Jugendliche – nach unseren Erhebungen etwa 20 % eines Jahrganges – kommen mit dieser „neuen Unübersichtlichkeit“ ihrer weiteren Berufs- und Zukunftsplanung nicht zurecht. Im Anforderungsdickicht zwischen schulischen und beruflichen Ansprüchen, dem Aufbau sozialer Beziehungen zu Gleichaltrigen, der Nutzung des Konsumwaren- und Medienmarktes geht die eigene Orientierungslinie verloren. Psychosomatische Auffälligkeiten, psychische Störungen, politische und ethische Irritation, Depression und Selbstaggression sind nach den Untersuchungen Signale für die nicht bewältigbaren Lebensanforderungen. In extremen Fällen, die an Häufigkeit zunehmen, kommt es zu einer tief greifenden Demoralisierung: Diese Jugendlichen verfügen nicht über die Widerstandskräfte, die erforderlich wären, um mit der spannungsreichen, reizüberfluteten und widersprüchlichen Lebenswelt zurechtzukommen. Es fehlt an tragfähigen moralischen, ethischen, religiösen und politischen Orientierungen und Werten, die dem eigenen Leben Sinn geben und eine Identität stiften können. Entsprechend verunsichert sind Selbstbild und Selbstwertgefühl dieser jungen Menschen.

(Aus: Pädagogikunterricht. 20. Jahrgang, Heft 1, Februar 2000, S. 8–11)

1 Klaus Hurrelmann führt zahlreiche Entwicklungsprobleme von Jugendlichen an. Welche halten Sie für besonders gravierend?

2 Welche Präventions- und Interventionsmöglichkeiten sehen Sie, um Jugendliche angesichts dieser Entwicklungsprobleme zu unterstützen? Vergleichen Sie Ihre Ideen mit den folgenden von Klaus Hurrelmann.

Unter den pädagogischen Arbeitskonzepten, die [...] als ausdrückliche Gegenstrategie gegen die angesprochenen Fehlsteuerungen entwickelt wurden, fällt besonders das Konzept der „Pädagogik des Erlebens" von Kurt Hahn auf. Hahn kritisierte in seinen Schriften in den 20er-Jahren vor allem – und das ist im historischen Rückblick interessant – den Verfall der „körperlichen Tüchtigkeit", die fehlende Selbstinitiative bei zu viel Konsumhaltung und „Zuschauermentalität", den Verfall der Geschicklichkeit und Sorgfalt und die mangelnde Fähigkeit zur menschlichen Anteilnahme. Entsprechend entwickelte er eine Pädagogik des Erlebens („Erlebnispädagogik"), die auf diese vier Problemzonen abstellt. Es handelt sich um die folgenden Konzepte:

- Das erste Element ist das körperliche Training. Hierdurch sollen Leistungsfähigkeit und Kondition entwickelt, zugleich das körperliche und das seelische Wohlbefinden, das Selbstvertrauen und das Gespür für den eigenen Körper gestärkt werden. Nicht von ungefähr steht in dieser pädagogischen Konzeption also die Förderung der körperlichen Bewegung an erster Stelle. Der Reformpädagoge Hahn ist sich darüber im Klaren, wie bedeutsam Bewegung als Katalysator für die Selbststeuerung und die Koordination der verschiedenen Regelkreise ist [...]. Der Mensch ist nun einmal während seines ganzen erdgeschichtlichen Daseins ein Jäger und Sammler gewesen, er ist darauf programmiert, täglich 10 bis 20 Kilometer zu gehen und zu laufen, um sich die begehrte Kost unter Einsatz des Lebens zu erjagen. Je organisierter und technisierter die Gesellschaft ist, umso mehr aber wird jeder von uns abgetrennt von der Unmittelbarkeit der Erfahrungen, wir bekommen alles überliefert oder mitgeteilt, unsere Lernfelder verlagern sich in den theoretischen Bereich. Diese Erfahrungen werden in der Schule oder über das Fernsehen konsumiert und bleiben abstrakt, oberflächlich und unüberprüfbar.
- In dieser Situation kommt es darauf an, durch pädagogische Arrangements gegenzusteuern. Statt die Entwicklung zu beklagen und tatenlos hinzunehmen, will Kurt Hahn gegensteuernde und Selbststeuerung stärkende Impulse in seine Pädagogik einbeziehen. Deswegen gibt er der körperlichen Bewegung eine Schlüsselrolle in seinem Konzept. Das körperliche „Training", wie er es nennt, erfordert Eigenanstrengung und steht gegen die passive, verharrende Haltung. Durch Bewegung werden die natürlichen Aggressionsimpulse und inneren Spannungen abgebaut, sodass sie sich nicht depressiv gegen den eigenen Körper und die eigene Seele oder aggressiv gegen andere wenden können.
- Die zweite Komponente in der Pädagogik von Kurt Hahn ist die „Expedition in unbekanntes Terrain". Mut und Vertrauen zu sich selbst können nur aufgebaut werden, so diese These, wenn Herausforderungen gesucht und bewältigt werden und Grenzen überschritten und Risiken gesucht werden. Um den Mut zu haben, sich mit Konflikten und neuartigen Situationen auseinander zu setzen, soll nach dieser pädagogischen Konzeption das Erschließen von Neuem und Unbekanntem im Alltag trainiert werden. Deswegen die starke Betonung von Aktivitäten, bei denen die eigenen Grenzen erfahren und zugleich Hilfen erlebt werden, um schwierige Situationen zu überwinden. Im pädagogisch überschaubaren Raum werden Möglichkeiten geschaffen, um Grenzen und Grenzerfahrungen zu erleben und auszulösen. Hierdurch soll Vertrauen in die eigenen körperlichen Kräfte, die psychischen und sozialen Kompetenzen und die Bewältigung von schwierigen Situationen ermöglicht werden.
- Der dritte Baustein im Konzept von Kurt Hahn ist das gemeinsame handwerkliche, künstlerische, technische und geistige Arbeiten. Neben der intellektuellen Tätigkeit legt dieses Konzept großen Wert auf Fertigkeiten und Fähigkeiten, die alle Sinne ansprechen. Hahn ist sich darüber im Klaren, wie wenig Kinder mit Information und Aufklärung, mit „Reden" erreicht und angesprochen werden können. Sie benötigen die sinnhafte Erfahrung, um ihr Bewusstsein zu verändern. Worte bleiben oberflächlich und abstrakt, eigene Erlebnisse aber wirken tief und prägen das eigene Verhalten. Entsprechend wandte sich Hahn wie auch die anderen Vertreter der Reformpädagogik zu Anfang unseres Jahrhunderts gegen die Verkopfung der Bildung und die einseitige Vermittlung von Theorie, getrennt von Leben und Lebenspraxis. Es wurde ein „ganzheitliches Lernen" gefordert, das Körper,

Paul Klee (1879–1940): Hat Kopf, Hand, Fuß und Herz (1930). Aquarell und Feder auf Baumwolle über Karton geklebt. 41,5 x 29 cm.

Kunstsammlung Nordrhein-Westfalen, Düsseldorf.

Seele und Geist berücksichtigt, also eine Bildung und Erziehung der gesamten Persönlichkeit mit „Hirn, Herz und Hand".

• Der vierte Baustein im Konzept von Kurt Hahn ist der „Dienst am Nächsten", der durch medizinische und psychologische Hilfen in Krisensituationen und durch Rettungsmaßnahmen umgesetzt wird. Mit diesem Baustein in seinem Konzept will Hahn die soziale Verantwortlichkeit und das unmittelbare Erleben von Hilfe und Unterstützung erfahrbar machen. Durch Information und Aufklärung, so seine These, werden Kinder und Jugendliche nur oberflächlich erreicht, durch konkretes und tatkräftiges Handeln aber erleben und erarbeiten sie sich Zusammenhänge nachdrücklich. Sich selbst als wichtigen Knotenpunkt in einem sozialen Netz von Beziehungen zu erfahren, das ist nur durch konkretes Erleben möglich. Deswegen werden pädagogisch wertvolle und hilfreiche Situationen konstruiert, in denen Kinder und Jugendliche direkte Verantwortung übernehmen, z. B. indem sie einen Rettungsdienst leiten oder eine Unfallstation verantwortlich mit betreiben. Der „Dienst am Nächsten" stellt eine Herausforderung der eigenen Kräfte dar, zugleich aber stärkt und stählt er das Selbstvertrauen durch die Erfahrung der Notwendigkeit des eigenen Handelns. [...] Das sind vier Komponenten eines pädagogischen Konzepts, das heute so aktuell ist wie vor 80 Jahren.

(Aus: Pädagogikunterricht. 20. Jahrgang, Heft 1, Februar 2000, S. 12–14)

1 Erörtern Sie, inwiefern das von Klaus Hurrelmann dargestellte pädagogische Konzept von Kurt Hahn auf Entwicklungsprobleme heutiger Jugendlicher tatsächlich eingeht. (Ziehen Sie gegebenenfalls mit Hilfe des Internets Zusatzinformationen von Schulen heran, die nach dem Konzept von Kurt Hahn gestaltet sind. Daraus könnte sich evtl. eine Facharbeit oder ein Projekt ergeben.)

2 Vergleichen Sie die sozialwissenschaftliche Perspektive des Artikels von Klaus Hurrelmann mit der psychologischen Sicht Erik H. Eriksons sowie der biologischen von Susanne Paulsen bzw. Annette Scheunpflug.

1.3 Essstörungen: ein Entwicklungsproblem vor allem bei Mädchen – wissenschaftliche Zugänge

1.3.1 Hinführung: Familie A. mit magersüchtiger Tochter Beate – eine Fallstudie

Die Ausgangssituation und die Reaktionen der Familie

Zur Familie gehören der Vater (Ingenieur, 46 Jahre), die Mutter (Hausfrau, 41 Jahre), ein Sohn (Schüler, 10 Jahre) und eine Tochter (Schülerin, 16 Jahre). Die Großmutter mütterlicherseits wohnt fünf Minuten von der Familie entfernt, sie ist verwitwet. Die Großeltern väterlicherseits leben in einer anderen Stadt. Zu anderen Verwandten besteht kein Kontakt. Die Familie lebt in geordneten sozialen Verhältnissen. In der Dreizimmerwohnung der Familie teilen sich Beate und ihr Bruder ein Zimmer. Man fährt regelmäßig gemeinsam in Urlaub, häufig auch mit der Großmutter zusammen. Die Tochter war ein Wunschkind, der Sohn kam zwar ungeplant, aber die Eltern freuten sich über das zweite Kind. Das Familienklima ist harmonisch. Man hat keine Geheimnisse voreinander.

Der Vater:
Jetzt ist aber genug ...

Der Vater liebt seinen Beruf, er hat sich durch ein Zweitstudium dafür qualifiziert. Er arbeitet sehr viel, häufig auch am Wochenende. Er ist für das finanzielle Wohlergehen der Familie verantwortlich. Manchmal fühlt er sich überfordert. Dann will er nur noch seine Ruhe haben. Er neigt zu Übergewicht, ist jedoch nicht wirklich dick. Wenn er Zeit hat, joggt er; mit seiner Frau geht er regelmäßig zum Tanzkurs. Besonders stolz ist er auf seine Tochter. Wenn seine Frau ihn Beate gegenüber als Autoritätsperson einzuschalten versucht, er sie zum Essen bewegen soll, reagiert er genervt, spricht aber mit seiner Tochter. Mit leichter Ironie – wie es seine Art ist – vermittelt er ihr, dass sie nun dünn genug sei und diese Hungerei aufgeben könne. Seiner Frau gibt er den Rat, dass sie sich deswegen nicht verrückt machen solle. Junge Mädchen verhielten sich eben manchmal so.

Die Mutter: Was habe ich nur falsch gemacht?
Die Mutter hatte vor der Geburt ihrer Tochter ihr Studium abgeschlossen, ihr fehlt jedoch die berufliche Praxis. Heute sieht sie keine Chance mehr für sich, wieder in einen qualifizierten Beruf einzusteigen. Eigentlich hatte sie das vor, nach der Geburt des zweiten Kindes aber entschied sie sich dafür, doch zu Hause zu bleiben. Sie kümmert sich liebevoll um jede Kleinigkeit. Manchmal hat sie keine Lust dazu, aber es nimmt ihr ja keiner etwas ab und schließlich ist es ja auch ihre Aufgabe. Sie hat einige Hobbys, so z. B. den Tanzkurs, den sie auf ihre Anregung hin gemeinsam mit ihrem Mann besucht, und manchmal belegt sie auch einen Sprachkurs an der Volkshochschule. Freundinnen hat sie wenige. Sie konzentriert sich auf ihre Familie. Durch den Tanzkurs sind sie mit einigen Paaren oberflächlich befreundet. Sie laden sich ab und zu gegenseitig zum Essen ein. Die Mutter ist weder dick noch dünn, kämpft ab und zu mal mit einigen Pfunden zu viel. Sie wünscht sich ein eigenes Zimmer und eigentlich wäre sie doch gerne wieder berufstätig, dazu fehlt ihr allerdings zur Zeit der Mut. Die Mutter hat Beate vor einigen Tagen zufällig nackt im Badezimmer gesehen. Der Anblick ihrer Tochter löste einen Schock bei ihr aus: Beate war nur noch Haut und Knochen. Ihr war zwar aufgefallen, dass Beate in letzter Zeit sehr wenig aß und häufig auf der Waage stand. Sie ist auch auf Beates Wunsch eingegangen, gesünder und kalorienärmer zu kochen. Warum auch nicht? Jetzt ist sie zutiefst erschrocken darüber, wie sehr ihre Tochter abgemagert ist. Wenn sie Beate auf ihr Essverhalten anspricht und versucht, sie zum Essen zu überreden, stößt sie auf eisige Abwehr. Je mehr sie bittet und bettelt, desto aggressiver wird ihre Tochter. Die Mutter fühlt sich hilflos, weint viel, kann den Anblick ihrer Tochter kaum noch ertragen. Schuldgefühle quälen sie. Sie wagt es nicht, mit anderen darüber zu sprechen, und hofft auf eine baldige Besserung.

Der Bruder: Die spinnt ja ...
Der Sohn entwickelt sich altersgerecht, hat viele Freunde und ist wenig zu Hause. Er mag seine Schwester, versteht sie aber oft nicht; die Mutter akzeptiert er; zum Vater hat er wenig Kontakt, da er ihn wenig sieht. Er weiß, dass er das Geld verdient. Das Verhalten seiner Schwester irritiert ihn. Obwohl sie sich sehr an ihn klammert und seine Nähe sucht, ist sie ihm fremd. Immer soll er Sachen essen, die sie ihm kocht, auch wenn er das gar nicht will. Außerdem nervt es ihn, dass die Mutter ständig traurig ist, alles dreht sich nur noch um seine Schwester. Wie gut, dass er seine vielen Freunde hat.

Die Großmutter: Nun iss doch ein bisschen ...
Die Großmutter ist eine energische Frau. Sie taucht gern unangemeldet im Hause ihrer Tochter auf und übernimmt dann das Regiment. Manchmal jammert sie auch und möchte dann umsorgt werden. Ihre Tochter macht das aber nie gut genug, stets muss sie ihr auch heute noch zeigen, wo es langgeht. Ihre Enkelkinder liebt sie, obwohl sie in der Erziehung einiges anders machen würde. Aber wer hört schon auf sie. Ihren Schwiegersohn akzeptiert sie inzwischen. Sie hat natürlich längst bemerkt, dass mit Beate etwas nicht stimmt. Sie will sich ja nicht einmischen, trotzdem wird sie ihre Enkelin erst einmal richtig bekochen und dann mit ihrer Tochter sprechen.

Beate: Ich will meine Ruhe haben ...
Mit Beate gab es als Kind nie Schwierigkeiten. Sie ist sehr ehrgeizig, auch Klassenbeste. Ihr Hobby ist Tanzen, sie ist schon in den Leistungskurs aufgestiegen. Mit ihrem Tanzpartner ist sie befreundet, jedoch nur platonisch. Von mehr will sie nichts wissen. Sie hat einen guten Draht zu ihrem kleinen Bruder; den Vater mag sie, obwohl sie ihn selten sieht; zur Mutter war ihr Verhältnis bis vor kurzer Zeit hervorragend. Im Moment versteht sie sich mit ihr überhaupt nicht mehr, es gibt nur noch Streit.
Beate ist magersüchtig. Ihr selbst ist das überhaupt nicht bewusst. Sie will, dass ihre Eltern sie einfach in Ruhe lassen; bloß weil sie ein bisschen abgenommen hat, muss sich doch niemand so aufregen. Ihrem Vater würden ein paar Pfunde weniger auch ganz gut tun. Beate fühlt sich von allen missverstanden und unter Druck gesetzt. Ihr Bruder geht ihr aus dem Weg, lässt sie aber wenigstens in Ruhe. Die Großmutter meint es gut mit ihr, sie will sie auch nicht enttäuschen, also wird sie ab und zu ein wenig bei ihr essen.

Roy Lichtenstein: Eddie Diptychon (1962). Öl auf Leinwand, zwei Tafeln: 118 x 132,1 cm.

Paris, Sammlung Mr. und Mrs. Michael Sonnabend

Das kann sie ja später wieder durch Nichtessen ausgleichen bzw. einfach ein paar Abführmittel schlucken. Die Mutter jammert nur noch herum, aber eigentlich will sich Beate damit nicht auseinander setzen müssen, soll sie doch selbst sehen, wie sie damit fertig wird. Irgendwie tut sie ihr aber auch Leid. Der Vater spielt sich ganz schön auf. Dabei weiß sie, dass er sie heimlich bewundert, wie willensstark und leistungsfähig sie ist. Sie wird ihm schon zeigen, was er an ihr hat.

Wie sind die Beziehungen zueinander, wie gehen die Familienmitglieder miteinander um?

Jedes Familienmitglied weiß immer genau, was das andere denkt. Die Türen in der Wohnung stehen immer offen; es ist ja sowieso schon alles so eng. Streit gilt es zu vermeiden, man kann doch alles vernünftig miteinander besprechen. Harmonie ist das oberste Gebot, dem alles andere, alle individuellen Bedürfnisse untergeordnet werden.

Die Mutter beendet häufig Beates Sätze. Sie sagt: Wir fühlen uns heute nicht gut. Beate braucht kaum Entscheidungen zu treffen, die Mutter macht es schon. Schließlich weiß sie, was gut für ihre Tochter ist. Und wenn es Beate gut geht, geht es ihr auch gut. Sie haben sich immer hervorragend verstanden, sie war immer überzeugt, ihre Tochter ganz und gar zu kennen. Jetzt hat sich Beate so verändert, dass sie überhaupt nicht mehr weiß, was in ihrem Kind vorgeht. Darunter leidet die Mutter sehr. Zu ihrem Sohn hat sie keine enge Beziehung. Ein wenig bewundert sie seine Selbstständigkeit und Unabhängigkeit. Ihre eigene Mutter geht ihr manchmal auf die Nerven. Ihre Rechthaberei kann sie kaum noch ertragen. Aber das darf sie nicht sagen. Schließlich ist ihre Mutter allein und hat sonst niemanden. Das Verhältnis zu ihrem Mann ist nach zwanzig Jahren Ehe relativ illusionslos; sie würde aber nie daran denken, sich von ihm zu trennen. Sie fühlt sich von ihm im Stich gelassen, er ist mehr mit seinem Beruf verheiratet. Aber sie will nicht klagen, denn dadurch sichert er der Familie einen gewissen Wohlstand. Viel zu sagen haben sie sich nicht. Neuerdings sprechen sie vermehrt über ihre Tochter. In der Familienkommunikation übernimmt die Mutter oft eine Vermittlerrolle: Vater hat doch gesagt ... Großmutter meint ... Um der Harmonie willen puffert sie immer wieder Konflikte ab, mischt sich ein, versucht zu schlichten. Wie sie sich selbst fühlt, kann sie manchmal gar nicht mehr sagen; umso besser kennt sie sich in den Bedürfnissen und Gefühlen ihrer Kinder aus.

Der Bruder sagt, was er denkt, egal, ob es den anderen passt oder nicht. Nur dem Vater gegenüber hält er sich etwas zurück. Er fühlt sich zur Zeit mit seinen Freunden wohler als in der Familie; manchmal denkt er, dass er hier zu kurz kommt. Aber in anderen Familien ist es wahrscheinlich auch nicht viel besser. Seine Mutter akzeptiert er, die Großmutter hat er gern, sie verwöhnt ihn mit einer Aufbesserung des Taschengeldes.

Der Vater hat sich innerhalb der Familie einen gewissen Freiraum geschaffen. Er wird respektiert, und wenn er Ruhe braucht, wird das akzeptiert. Seine Frau ist für die Erziehung zuständig, er greift nur im Notfall ein. Dann sagt er nicht viel, einige Andeutungen reichen aus und alle wissen schon Bescheid. Er liebt es, ironische Spitzen zu verteilen. Im Allgemeinen verlässt er sich darauf, dass seine Frau die Familie organisiert. Er nimmt es auch nicht so richtig ernst, was sie ihm abends über die Familie erzählt. Überhaupt reden sie immer weniger miteinander. Auf seine Tochter war er immer stolz. In letzter Zeit hat er sie selten gesehen, deswegen ist ihm auch ihr Gewicht nicht weiter aufgefallen. Er weiß, dass sie sehr klug ist, nach einem vernünftigen Gespräch mit ihm wird sie schon einsehen, dass das Hungern ein Ende haben muss. Er hat das Gefühl, dass sie zur Zeit öfter als früher seine Nähe sucht. Bisher war sie mit ihrer Mutter fast symbiotisch verbunden und er fühlte sich häufig ausgeschlossen. Mit seinem Sohn hat er noch große Pläne, zur Zeit ist der Kontakt zu ihm aus Zeitgründen jedoch nicht sehr eng. Seine Schwiegermutter toleriert er, er sieht sie sowieso selten.

Die Großmutter fühlt sich gebraucht. Mit ihren Ansichten hält sie nicht hinter dem Berg. Ab und zu gibt es mit ihrer Tochter Reibereien, aber das ist ja normal. Ihr wäre es lieber gewesen, wenn ihre Tochter einen anderen Mann geheiratet hätte, aber ihr Schwiegersohn ist wenigstens ehrgeizig und sorgt dafür, dass es der Familie finanziell gut geht. Ihr gegenüber ist er höflich, und mehr verlangt sie nicht. Ihre Enkelkinder liebt sie, besonders ihren Enkelsohn. Im Moment macht sie sich große Sorgen, weil Beate sich immer mehr zurückzieht, sich ihr nicht mehr wie früher anvertraut.

Beate fühlt sich einsam, manchmal zugleich auch mächtig: zumindest ihrer Mutter gegenüber, die Beate – wenn sie ganz ehrlich ist – auch nicht für besonders klug hält. Sie möchte sie zwar nicht verletzen, aber diese ständigen Diskussionen um das Essen kann sie nicht ertragen. Sie verschließt sich und reagiert aggressiv. Beate merkt, wie ihre Mutter unter diesem Verhalten leidet, und fühlt sich schuldig deswegen. Beate sieht sich in einem Konkurrenzverhältnis zu ihrer Mutter: Beate kann ihrer Meinung nach besser kochen, sich besser unterhalten, weiß viel mehr und ist überhaupt ihrer Mutter überlegen. Den Vater dagegen bewundert sie, ihm vertraut sie in letzter Zeit auch ab und zu etwas an. Die Mutter versteht sie sowieso nicht. Beate und ihr Vater, auch wenn er so wenig Zeit hat, sind ein gutes Team. Sie versucht ihn in Diskussionen zu verwickeln, ihm mit ihren Leistungen zu imponieren. Beate respektiert auch ihre Großmutter, auch wenn sie sich im Moment durch sie genervt fühlt, was sie ihr natürlich so nie sagen würde. Der Bruder ist zwar manchmal frech zu ihr, aber insgesamt schon in Ordnung.

(Aus: Sylvia Baeck: Essstörungen bei Kindern und Jugendlichen. Ein Ratgeber für Eltern, Angehörige, Freunde und Lehrer. Lambertus Verlag: Freiburg i. Br. 1994, S. 36–41)

1 Fassen Sie die Daten knapp zusammen.

2 Können Sie sich erklären, wo die Ursachen für die Magersucht von Beate zu suchen sind? Stellen Sie Hypothesen auf.

3 Überlegen Sie, ob Sie bereits – im Vorgriff auf Kommendes – therapeutische bzw. pädagogische Methoden kennen, die den Genesungsprozess von Beate fördern können. – Sie können dabei gegebenenfalls auf die Kursthemen „Lernen und Entwicklung" und „Entwicklung und Sozialisation in der Kindheit" zurückgreifen.

4 „Härte statt Harmonie!" (Jochen Paulus) – Was halten Sie von diesem Leitsatz im Blick auf das Verhalten der Familienmitglieder untereinander und speziell in Bezug auf das Essverhalten von Beate?

5 Wie schätzen Sie den Wert einer Fallstudie – wie der zur Magersucht von Beate – ein, um zu pädagogisch relevanten Erkenntnissen zu kommen?

1.3.2 Fallstudien im Pädagogikunterricht

Die Beschäftigung mit ausgearbeiteten Fallstudien sollte mit einer Analyse beginnen, in der die Schüler den jeweiligen Ausgangsfall und die in der Studie enthaltenen Beschreibungen, Beurteilungen, Bewertungen und Entscheidungen herauszuarbeiten versuchen. Anschließen sollten sich die Beurteilung und die Bewertung der identifizierten Beurteilungen, Bewertungen und Entscheidungen durch die Schüler. In einem dritten Schritt sollten die Schüler zu eigenen Beurteilungen, Bewertungen und Entscheidungen angehalten werden, in denen sie sich auf die im ersten Schritt erfolgte Analyse und die im zweiten Schritt vorgenommene kritische Auseinandersetzung stützen können, indem sie die in der Fallstudie enthaltenen Beurteilungen, Bewertungen und Entscheidungen übernehmen oder sich von diesen absetzen.

In materialer Hinsicht kann eine Fallstudie Funktion bekommen als Modell

- der Komplexität pädagogischer Fälle,
- der Spezifität pädagogischer Fälle und der sie konstituierenden Probleme,
- der Multiperspektivität pädagogischer Analysen,
- möglicher Bedingungen, Ziele, Mittel, Wirkungen pädagogischen Handelns,
- möglicher Entscheidungskriterien,
- der Normativität pädagogischer Entscheidungen,
- der Risikohaftigkeit pädagogischen Handelns,
- möglicher Evaluationskriterien.

In formaler Hinsicht kann eine Fallstudie als Modell fungieren für den Vollzug der eine Fallstudie konstituierenden Operationen, nämlich für

- die Beschreibung pädagogischer Fälle,
- die Analyse pädagogischer Fälle, insbesondere die Definition der Probleme,
- das Entwerfen pädagogischer Handlungsmöglichkeiten,
- die Beurteilung und Bewertung pädagogischer Handlungsmöglichkeiten,
- das Entscheiden für pädagogische Handlungsmöglichkeiten,
- das Begründen pädagogischer Entscheidungen,
- gegebenenfalls den Vollzug pädagogischer Entscheidungen.

Für den Pädagogikunterricht eignen sich sowohl vorbildhafte als auch defizitäre Fallstudien: [...]

Die Analyse einer bereits vorliegenden Fallstudie entspricht [...] der Evaluation eigener Fallstudien mit dem Unterschied, dass hier nicht die eigene, sondern eine fremde Fallstudie einer kritischen Würdigung unterzogen wird.

[...] Zu prüfen sind die vom Verfasser der Fallstudie vorgenommene

- Fallwiedergabe, von der die Fallstudie ausgeht,
- die Problemdefinition,
- die Beurteilung und Bewertung des Problems,
- der Entwurf von Lösungsmöglichkeiten,
- die Beurteilung und Bewertung der Lösungsmöglichkeiten,
- die getroffene Entscheidung und deren Begründung,
- gegebenenfalls die Art der Realisation der Entscheidung,
- gegebenenfalls die Wirkungen des Vollzugs der Entscheidung,
- gegebenenfalls die vom Verfasser der Fallstudie vorgenommene Evaluation,
- gegebenenfalls die auf Grund der Evaluation vorgenommene Revision.

Als Prüfkriterien eignen sich [...] die

- sachliche Angemessenheit der angeführten Argumente,
- die Reichhaltigkeit der Argumente,
- die theoretische Fundierung der Argumente,
- der Realitätsbezug der Argumente,
- die Stimmigkeit des Argumentationszusammenhanges,
- die Art und Berechtigung der erkennbaren Reduktionen,
- die Berücksichtigung des Förderungsgesichtspunktes als des spezifisch pädagogischen Gesichtspunktes.

Aus der kritischen Analyse defizitärer Fallstudien kann sich der Anreiz zu alternativen Studien ergeben, die zu abweichenden Beurteilungen, Bewertungen, Handlungsentwürfen, Entscheidungen oder Evaluationen kommen können.

(Aus: Klaus Beyer: Handlungspropädeutischer Pädagogikunterricht. Eine Fachdidaktik auf allgemein didaktischer Grundlage. Teil II: Inhalte – Arbeitsformen – Sozialformen. Schneider Verlag: Hohengehren 1997, S. 26–128)

1.3.3 Zu Diagnose und Ätiologie von Essstörungen

1.3.3.1 Der Ansatz beim Symptom: Tabelle zum Toleranzbereich um das Referenz-Körpergewicht – ein erster diagnostischer Anhaltspunkt

Vor der Therapie kommt die Diagnose. Um abschätzen zu können, ob ein Kind oder ein Jugendlicher untergewichtig oder übergewichtig ist, gibt es Tabellen, in denen Körpergröße und Körpergewicht in Beziehung gesetzt sind (siehe rechts!).

1 Worin besteht der Wert der Tabelle?
2 Was gibt die Tabelle nicht wieder?

1.3.3.2 Die Frage nach den Ursachen: Über Vorurteile und Schuldzuweisungen

Peggy Claude-Pierre setzt sich in ihrem Buch „Der Weg zurück ins Leben" mit den Ursachen von Essstörungen auseinander. Sie hat in ihrer Spezialklinik in Montreux/Kanada beobachtet, dass bei allen Betroffenen eine grundlegend negative Einstellung („Negativismussyndrom") anzutreffen ist. – Aufgrund ihrer Erfahrungen meint sie herkömmliche Ursachenbeschreibungen als Vorurteile über Anorexie, Bulimie und Übergewicht entlarven zu können.

„Ich bekam immer zu hören, ich sei perfektionistisch und müsse immer alles im Griff haben."
„Ich kann nicht geheilt werden. Ich bin zu schlecht. Ich werde mich für den Rest meines Le-

Körpergröße in cm	Toleranzbereich (Körpergewicht in kg)		Körpergröße in cm	Toleranzbereich (Körpergewicht in kg)	
	von	bis		von	bis
80	11	13	136	26	37
82	11	13	138	27	38
84	11	14	140	28	39
86	11	14	142	29	41
88	11	15	144	30	42
90	12	15	146	31	44
92	12	16	148	33	45
94	12	17	150	34	47
96	12	17	152	35	48
98	13	18	154	37	50
100	13	19	156	38	52
102	14	19	158	39	54
104	14	20	160	41	55
106	15	21	162	42	57
108	15	22	164	44	59
110	16	23	166	46	61
112	16	23	168	47	63
114	17	24	170	49	65
116	17	25	172	51	67
118	18	26	174	52	69
120	19	27	176	54	72
122	20	28	178	56	74
124	20	29	180	58	76
126	21	30	182	60	78
128	22	32	184	62	81
130	23	33	186	64	83
132	24	34	188	66	86
134	25	35	190	69	88

(Aus: Sylvia Baeck: Essstörungen bei Kindern und Jugendlichen. Ein Ratgeber für Eltern, Angehörige, Freunde und Lehrer. Lambertus Verlag, Freiburg i. Br. 1994, S. 79)

bens damit herumschlagen müssen. Ich muss einfach damit leben."
„Das sind bloß diese Bilder von den Supermodels in den Illustrierten, die Jamie zu dieser unaufhörlichen Diät treiben."
„Man hat mir mitgeteilt, dass meine Tochter am Sonntag entlassen wird. Sie ist erst sechzehn. Ihre Versicherung läuft aus. Sie haben mir gesagt, ich solle mich darauf gefasst machen, dass sie stirbt. Ihnen bleibe nichts mehr zu tun."
„Ich verdiene es nicht, gesund zu werden. Ich fühle mich so schmutzig, hoffnungslos, böse,

Johannes Muggenthaler: Kann man Gedanken heilen? Hinterglasmalerei (1985)

fett, verängstigt, gescheitert, unsicher. Ich verdiene wirklich nicht zu leben."

„Ich ekle mich vor mir selbst, weil ich die Ursache für all das bin."

„Meine Tochter ist 1,70 Meter groß und wiegt 27 Kilo. Es ist kaum noch etwas von ihr übrig. Sie hört auf niemanden. In den letzten drei Jahren war sie nur zweimal je vier Monate lang nicht im Krankenhaus. Sie hat die Familie zugrunde gerichtet."

„Mein Mann und ich reden nicht mehr miteinander. Wir haben eigentlich gar keine Beziehung mehr. Meine Kinder hassen mich, denn ich habe sie vernachlässigt, weil meine eigenen Probleme wichtiger waren als sie. Ich habe alles versucht; können Sie mir helfen? Das geht jetzt schon fast zwölf Jahre so. Unser Zuhause ist ein Kriegsgebiet und mein Therapeut weigert sich, mich weiterzubehandeln, weil ich zu viel abgenommen habe und mich nicht an die Vereinbarungen halte, die wir getroffen haben."

„Sie sagen, dass ich egoistisch sei; dass mich nur interessiert, wie ich aussehe."

„Mein Arzt hat zu mir gesagt, ich wolle nicht erwachsen werden."

„Ich bin der schlimmste Fall, den sie je hatten, und ich bin unheilbar."

„Sie weigert sich, sich mit ihren unbewussten Problemen auseinander zu setzen, gleichgültig, wie viele Psychiater sie auch aufsucht."

Duane Hanson, Supermarket Lady (1970)

„Ich war immer das Musterkind, bei dem einfach alles glatt ging, aber das ist jetzt alles vorbei!"
„Ich bin es nicht wert, gerettet zu werden, aber vielleicht gebe ich ein interessantes Experiment ab."
„Ich will nicht, dass meine Tochter stirbt. Man hat uns gesagt, wir seien eine gestörte Familie, doch meine Frau und ich sind noch zusammen. Wir streiten nicht und wir lieben unsere Tochter sehr. Sie sagen, sie können für meine Tochter nichts mehr tun. Sie ist erst neunzehn. Es ist einfach nicht der natürliche Lauf der Dinge, dass sie zuerst stirbt. Da muss doch etwas zu machen sein."
Alle diese Aussagen beruhen auf Fabeln und Fehlschlüssen über Magersucht und Bulimie. Leider sind viele dieser Märchen heute immer noch sehr einflussreich und sie bilden häufig die Grundlage für das Bild, das wir uns von Patienten mit Essstörungen machen, und für die Art, wie wir sie behandeln.
Ich hoffe in diesem Kapitel eine Alternative zu diesen Märchen vorstellen und sie durch das ersetzen zu können, was ich für den wahren Kern von Essstörungen halte – das Negativismussyndrom und die negative innere Stimme.

„Anorexie ist die Begleiterscheinung einer Kultur, die Schlankheit über alles andere stellt."
Einer weit verbreiteten Theorie zufolge wird Anorexie teilweise durch eine Kultur verursacht, die mehr Wert auf die äußere Erscheinung als auf innere Substanz legt und Frauen nur dann schätzt, wenn sie schlank sind. Es wurde schon vieles geäußert über den Schlankheitskult, über den Aufstieg des Supermodels zur Pop-Ikone und über die Ansicht, dass die Opfer von Essstörungen deshalb abnehmen, weil sie einem vermeintlichen körperlichen Ideal nacheifern.
Frauen sind achtmal häufiger von Essstörungen betroffen als Männer. Einer der Schauplätze, die die Gesellschaft zur Perfektionierung äußerer Werte bereitstellt, ist mit Sicherheit der weibliche Körper. Frauen wachsen mit der Erfahrung auf, dass sie mehr Anerkennung für ihr Aussehen erhalten als für jede andere Eigenschaft. Es ist bekannt, dass viele Frauen permanent Diät halten. Trotzdem müssen wir uns davor hüten, diesem Aspekt der modernen Gesellschaft die Schuld an Essstörungen zuzuschreiben, ohne den breiteren Kontext zu berücksichtigen. […]
Ich bin durchaus davon überzeugt, dass die Bilder in den Medien und in der Werbung mit ihrer Glorifizierung von Perfektheit und Schönheit dazu beitragen, dass viele Frauen über ihren unvollkommenen menschlichen Körper so unglücklich sind. Ich würde eine konzertierte Aktion zur Zurückdrängung des Supermodel-Syndroms begrüßen. Doch ich glaube nicht, dass die Häufigkeit von Essstörungen dadurch zurückginge; ich bin überzeugt, dass diejenigen mit Negativismussyndrom andere Perfektionsmodelle zur Nachahmung fänden. […]
Ich glaube, dass die negative innere Stimme den Opfern nicht erlaubt, sich selbst so zu sehen, wie sie sind, weil Körpergewicht synonym ist mit Leben. Wenn die Opfer, die ja unbewusst auf dem Weg zur totalen Selbstverneinung (Tod) sind, sich als dick wahrnehmen, dann erhält die negative innere Stimme damit die Chance, von ihnen noch mehr Gewichtsverlust zu fordern.
Auf die Frage, ob sie gegessen haben, lügen Ano-

rektikerinnen, weil die negative innere Stimme, die grundlos und gegen alle Vernunft auf ihrem Sterben besteht, es ihnen befiehlt. Sie tragen Kleidung, die ihre Magerkeit verdeckt, um die negative innere Stimme zu schützen, um Auseinandersetzungen mit den Menschen in ihrem Umfeld vorzubeugen. In den wenigen Fällen, wo Anorektikerinnen ihre Auszehrung zur Schau stellen, wollen sie damit betonen, dass sie wertloser sind als andere. Sie wetteifern darum, die Besten beim Sterben zu sein.
Anorexie bedeutet Abscheu vor sich selbst und Selbsthass wegen mangelnder Perfektion. Nora schreibt mehrere Jahre nach ihrer Genesung: „Ich schielte nicht nach Models und träumte nicht davon, so auszusehen wie sie. Ich glaubte nicht, schön zu werden. Ich glaubte, ich sei die hässlichste, selbstsüchtigste und schrecklichste Person überhaupt." […]

„Anorexie wird verursacht durch körperliche oder seelische Misshandlung oder sexuellen Missbrauch."
Misshandlung und Missbrauch fallen in die Kategorie „zugrunde liegende Probleme". Diese Probleme sind real und sie müssen angegangen werden. Ich begrüße in diesem Zusammenhang ausdrücklich die Arbeit, die für und mit Menschen geleistet wird, die solche Erfahrungen machen mussten. Zugleich jedoch bezweifle ich, dass diese Probleme direkt mit Anorexie zusammenhängen. […]
Ich habe allerdings in der Tat mehrere Anorektikerinnen behandelt, die missbraucht worden waren. Sie glaubten, dass sie ihr Schicksal verdient hätten, und fühlten sich nicht traumatisiert; in erster Linie waren sie erleichtert, dass es nicht einem anderen Menschen zugestoßen war. In aller Regel hießen sie das, was uns Nichtbetroffenen als grausame Strafe erscheinen muss, gut (das Werk der durch und durch perversen negativen inneren Stimme) und machten sich immer noch vorwiegend Gedanken um andere – sogar um ihre Missbraucher. Sie waren außer Stande, ihre wahre Realität und Verantwortlichkeit angemessen wahrzunehmen.
Infolgedessen glaube ich, dass wahrscheinlich nicht das Trauma des Missbrauchs als solches die Anorexie verursacht, sondern die Realitätswahrnehmung der Betroffenen. Die Realität können wir nur in begrenztem Ausmaß ändern (indem

**Henrik Plenge Jakobsen:
Everything is wrong (1996),
Wallrawing, acrylic paint, Ø 250 mm.**

wir das Trauma und die Qual, die als Auslöser wirken, therapeutisch bearbeiten), wir können aber versuchen, die Einstellungen zur Realität und die Wahrnehmung der Realität zu ändern. [...]

„Anorexie wird verursacht von distanzierten, wenig fürsorglichen, fordernden oder anderweitig unzulänglichen Eltern."

Es gibt eine weit verbreitete Ansicht, wonach Anorexie häufiger in Familien auftritt, wo rigide, kompromisslose Eltern, die hohe Anforderungen stellen, gehorsamen kleinen Kindern die eigene Persönlichkeit aufzwingen. Im Stereotyp des „artigen kleinen Mädchens" schwingt mit, dass nichts, was das Kind tut, den unersättlichen, übermäßig anspruchsvollen Eltern genügt, sodass das Kind sich immer mehr anstrengt, um sie zufrieden zu stellen.

Dieses Szenario trifft auf die überwältigende Mehrzahl meiner Fälle in keiner Weise zu. Ich war sogar beunruhigt, als ich feststellte, wie falsch dieses Stereotyp ist. Die Lösung des Rätsels der Essstörungen wäre nämlich viel einfacher, hätten sich mangelnde Fürsorge oder Überforderung durch die Eltern als Ursache entpuppt. [...]

Langfristig kann sich die Schuldzuweisung an die Eltern – selbst wenn sie tatsächlich „schuld" sind, dass Auslöser für Essstörungen entstanden – als schädlich und gefährlich für ihr Kind erweisen. Sie kann die Eltern daran hindern, sich für das Kind verfügbar zu halten, obwohl es sie doch als grundlegendes Unterstützungssystem ganz notwendig braucht. Sie vergeuden ihre Energien auf der fruchtlosen Suche nach ihrem Fehler, mit dem sie die Erkrankung und den möglichen Tod ihres Kindes „verursacht" haben. Ihr Schuldgefühl raubt ihnen die Kraft, um der negativen inneren Stimme entschiedenen Widerstand entgegenzusetzen, und so kapitulieren sie denn vor dem vermeintlichen Wunsch ihres Kindes, während sie in Wahrheit die Waffen vor dem Negativismussyndrom strecken. [...]

„Anorexie wird verursacht durch geringes Selbstwertgefühl."

Als Nicole krank war, sagte eine alte Freundin zu ihr, sie sei eitel, weil sie ständig in den Spiegel schaute. „Versteht sie denn nicht? Darum geht es

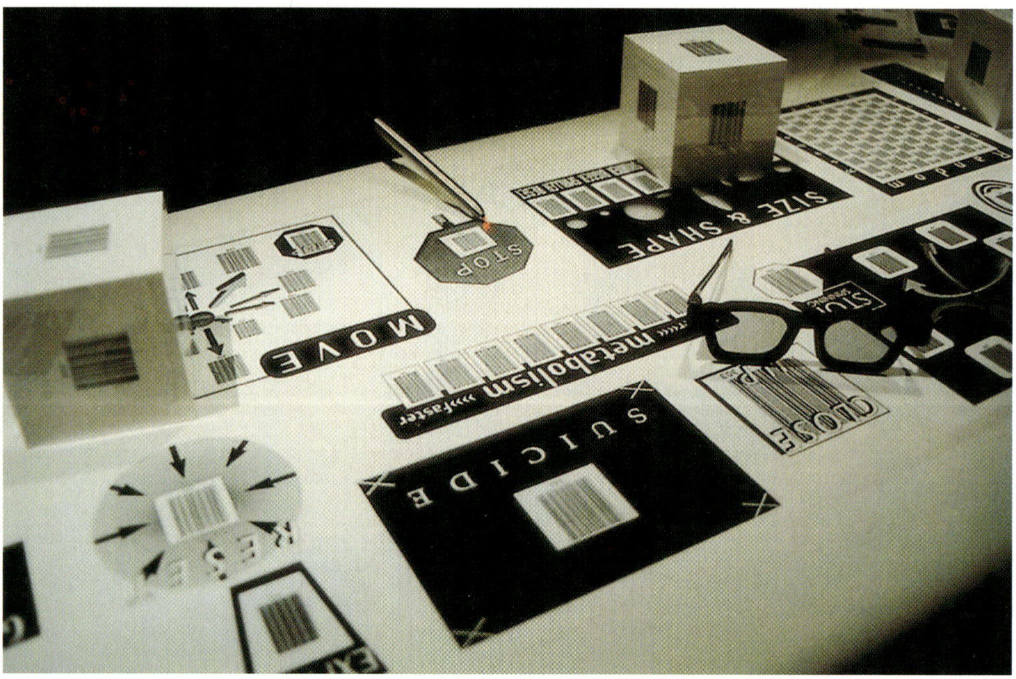

Perry Hobermann: Bar Code Hotel (1994). Installation. © Perry Hoberman

doch gar nicht, Mama", schluchzte sie. „Ich habe hineingeschaut, um mich selbst zu finden. Ich war auf der Jagd nach mir."

Es hat wenig Sinn, von Selbstwertgefühl in einem Atemzug mit Anorexie zu sprechen. [...] Um sie zu überwinden, muss das Opfer zunächst einmal ein Selbst entwickeln; erst dann kann es an seinem Selbstwertgefühl arbeiten.

Mich erfüllt es mit Besorgnis, wenn ich höre, dass jemand versucht, bei einer akut kranken Patientin das Selbstwertgefühl zu steigern; die Betroffene besitzt doch gar kein klar definiertes Selbst, dem sie Wertschätzung zuschreiben könnte. So fühlt sich das Opfer nur noch wertloser und die Eltern noch schuldiger.

Das Selbstwertgefühl entsteht ganz von selbst, wenn das Selbst sich zu entwickeln beginnt.

„Anorexie ist die Folge eines Traumas, bedingt durch die Scheidung der Eltern, Pubertät und Adoleszenz oder andere Lebenskrisen."

Im Fall meiner eigenen Scheidung liegt natürlich die Frage nahe, ob Spannungen in der Familie vor der Trennung oder die Belastung der Trennung selbst die Auslöser waren, die meine Töchter in die Anorexie trieben. Kirsten, Nicole und ich haben darüber lang und breit diskutiert, und wir glauben nicht, dass diese Probleme die Essstörungen auslösten. Die Beziehung zwischen meinem früheren Mann und mir verlief nicht etwa turbulent; es schälte sich nur allmählich heraus, dasss wir unterschiedliche Erwartungen an die Ehe hatten. Wir trennten uns nicht nach bitteren Auseinandersetzungen; der Bruch war schon länger abzusehen gewesen; die Mädchen wussten es und waren damit einverstanden. (Nur unsere Freunde und Nachbarn waren überrascht.) [...]

Natürlich ist jede Scheidung anders, weil jede Ehe und jede Familie anders ist, und ich bin überzeugt, dass es Kinder gibt, die durch die Trennung ihrer Eltern traumatisiert werden. Doch nach meiner Erfahrung sind es in diesen Fällen nicht die besonderen Umstände der Scheidung, die die Essstörung auslösen, sondern die Art und Weise, in der das negativismusanfällige Kind die Schuld auf sich nimmt. Dies kann auch bei Scheidungen passieren, die ganz zivil über die Bühne gehen. Eine Scheidung steht für eine gescheiterte Ehe und die Person mit Negativismussyndrom sieht sich unweigerlich als die Verantwortliche für dieses Scheitern – oder als Versagerin, weil sie dieses Scheitern nicht verhindern konnte.

Es trifft zu, dass die Mehrzahl der Essstörungen in der Adoleszenz einsetzt. Was ist heute an dieser Phase besonders? Die Jugendlichen leben in einer ängstlicheren Gesellschaft. Die Person, die an einer Essstörung erkrankt, übernimmt die Rolle der Hegenden und Pflegenden. Sie muss in einem sehr viel früheren Alter Entscheidungen über ihre Zukunft treffen. Die Botschaft der Gesellschaft lautet also Angst, Furcht und Verzweiflung. [...]

Meiner Ansicht nach bürden Eltern heutzutage den Kindern zu früh Verantwortung für Entscheidungen auf, nach dem Motto: „Was hättest du gerne, Liebes?" Es gibt weniger Regeln, weniger Strukturen, weniger Schwarz und Weiß. Vielleicht scheuen sich die Eltern, die Anlagen ihres Kindes zu stark zu kanalisieren, weil sich die Menschen in der modernen Gesellschaft ganz allgemein ihrer Umwelt und daher auch ihrer Rolle darin weniger sicher sind. Vielleicht geschieht es auch aus einem missverstandenen „Respekt" vor dem Kind mit Negativitätssyndrom heraus; wir fürchten so sehr, seine Integrität als Individuum zu verletzen, dass wir in einer frühen Lebensphase, wo es dies braucht, nicht ausreichend für Struktur und Halt sorgen. [...]

„Anorexie ist eine psychosomatische Störung, die auf der Weigerung des Kindes gründet, erwachsen zu werden."

Einem verbreiteten Fehlschluss zufolge kämpfen Magersüchtige darum, kindähnlich zu bleiben. [...] Doch unsere Fallgeschichten bestätigen immer wieder aufs Neue, dass die Angst vorm Erwachsenwerden zwar eine Folge der Essstörung sein kann, aber keinen Ursachencharakter hat.

Bevor sie erkrankten, zeigten diese jungen Menschen eine außergewöhnliche Fähigkeit, sich selbst Ziele zu setzen, sowie ein ausgeprägtes soziales Verantwortungsbewusstsein. Gemessen an ihrem Alter, brillierten sie in jedem Bereich. Sie taten alles andere, als sich vor den Pflichten der Erwachsenen zu drücken, sondern schulter-

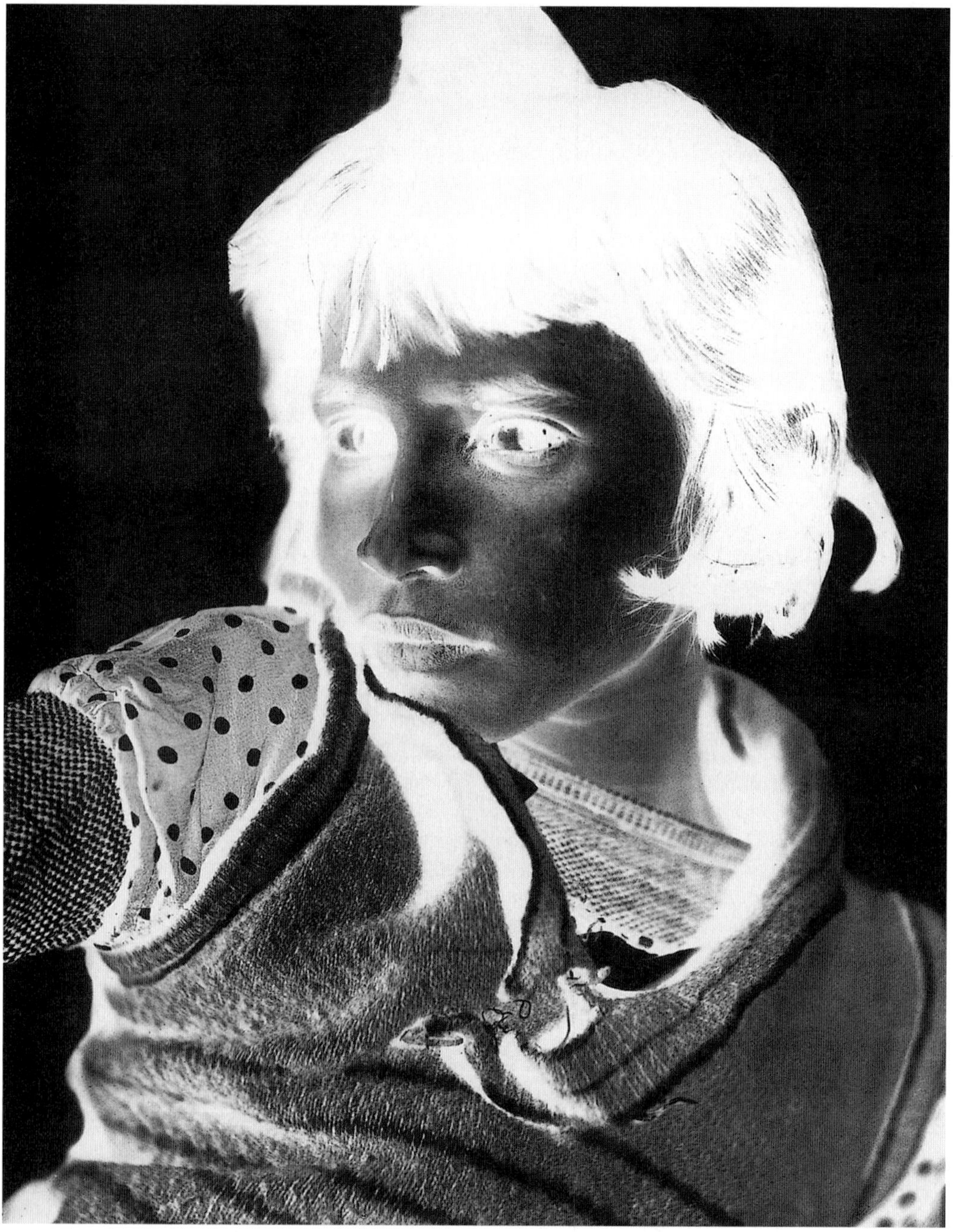

Herbert Matter: ohne Titel (o. J.)

(Aus: Herbert Matter, Foto-Grafiker. Sehformen der Zeit. Hrsg. von der Schweizerischen Stiftung für Fotographie. Verlag Lars Müller: Baden/Schweiz 1995, Abb. 42) ten in Übererfüllung der gesellschaftlichen Werte zu viel davon. Offenkundig waren sie so willfährig aus Furcht, andere zu kränken. Ihre Aufmerksamkeit kreiste stets um das Wohlergehen anderer statt um das eigene.

Doch indem die Negativismusopfer sich selbst zu „Beschützern“ und „Eltern“ erklären, versuchen sie vorzeitig erwachsen zu werden. Sie übernehmen Erwachsenenpflichten, lange bevor sie über die Objektivität und die Urteilskraft der Erwachsenen verfügen, die sie befähigen würden, ihre Grenzen zu erkennen; selbstredend sind sie der selbst gesetzten Aufgabe nicht gewachsen.

[...]

Das Individuum im akuten Stadium einer Essstörung ist [...] asexuell. Ich habe zahlreiche Briefe von Frauen bekommen, die es fertig brachten, zu heiraten und Kinder zu bekommen, während sie mit einer Essstörung kämpften. Sie lavieren sich so durch und ihre Rückfälle sprechen dafür, dass es ihnen zwar zeitweise gelingt, den inneren Aufruhr zu unterdrücken, dass sie jedoch in ihrem sexuellen Selbst nicht wirklich zu Hause sind.

„Anorexie ist ein unbewusstes Mittel, um Aufmerksamkeit auf sich zu lenken, ein Hilfeschrei.“

Magersüchtigen ist es äußerst peinlich aufzufallen. In aller Regel tragen sie unförmige Kleidung, um ihre Magerkeit zu kaschieren. Darin steckt jedoch ein Widerspruch. Die Opfer des Negativismussyndroms sehnen sich nach dem Verständnis anderer, doch die negative innere Stimme verbietet ihnen, um Hilfe zu bitten; sie glauben ohnehin nicht, dass sie sie verdienen. Wenn Hungern ein unbewusster Schrei nach Aufmerksamkeit ist, warum hören dann die Opfer nicht damit auf, wenn die Eltern und andere ihnen Nahestehende zu helfen versuchen, oft mit heldenhaftem Mut? Die Antwort lautet: weil ihr unbewusstes Motiv darin liegt zu sterben, nicht darin, Zuwendung zu erhalten. Wenn es möglich wäre, an Anorexie zu sterben, ohne abzumagern – ein sichtbares Zeichen –, dann würden sie es tun. [...]

Wenn wir die Existenz der negativen inneren Stimme ignorieren oder ihre Rolle falsch einschätzen, lässt es sich gar nicht vermeiden, dass wir missverstehen, was das Kind zu beherrschen versucht. Stets muss die wahre innere Stimme den Kopf für die negative innere Stimme hinhalten, weil Letztere so sorgfältig vor unseren Blicken verborgen bleibt. Logische Folge ist, dass das Kind als manipulativ abgestempelt wird.

Je mehr Macht die negative innere Stimme gewinnt, desto mehr inneres Chaos löst sie aus. [...]

„Je länger die Anorexie besteht, desto schwerer ist sie zu heilen.“

Gelegentlich mag dies zutreffen, weil sich der Zustand verfestigt hat, möglicherweise aufgrund zahlreicher nutzloser Klinikaufenthalte. Mit jeder gescheiterten Maßnahme bestätigt sich die negative innere Stimme selbst und wird noch bösartiger. Und je länger die wahre innere Stimme sich an eine kümmerliche Randexistenz gewöhnt hat und je länger sie den negativen Trost dieser Existenz zu spüren bekommt, desto schwieriger ist eine Essstörung zu heilen. Ich habe jedoch auch die Erfahrung gemacht, dass der Genesungsprozess bei Magersüchtigen, die seit kürzerem erkrankt sind, genauso schwierig und langwierig verläuft wie bei langjährigen Patientinnen. Wenn die negative innere Stimme erst einmal so fest im Sattel sitzt, dass sie sich als Essstörung manifestiert, scheint die Heilung eher von der Persönlichkeit der Betroffenen abzuhängen als von der Dauer der Erkrankung.

„Anorexie ist nicht heilbar; du kannst nur damit umzugehen lernen. Du musst damit leben und du wirst daran sterben.“

Essstörungen sind eine stumme Epidemie. Magersüchtige haben keine Lobby. Sie können nicht massenhaft auf die Barrikaden steigen und Hilfe fordern. Sie tun sich nicht zusammen, um Forschungsgesellschaften und Interessenverbände zu gründen, auch wenn andere dies in ihrem Namen getan haben. Dennoch sind diese Störungen vollständig heilbar, auch wenn der Heilungsprozess ein umfassendes „Aufpäppeln“ des betroffenen Individuums erfordert.

Dagegen heißt „mit der Anorexie umgehen“ nur, den Zustand als solchen aufrechtzuerhalten. Dies fordert Rückfälle geradezu heraus. Um das Symptom „Essstörung“ zu beseitigen, muss das Negativismussyndrom in Angriff genommen und beseitigt werden. Dieser Prozess verlangt

Geduld, uneingeschränktes Verständnis und so viel Zeit, wie jede einzelne Betroffene benötigt. Wie können wir diesen Ansatz in die heute bestehende Gesellschaft integrieren? Wie könnten wir dies angesichts der ungeheuren Tragödie, die sich vor unseren Augen abspielt, unterlassen?

(Aus: Peggy Claude-Pierre: Der Weg zurück ins Leben. Magersucht und Bulimie verstehen und heilen. Aus dem Amerikanischen von Dr. Gabriele Herbst. 3. Auflage. Wolfgang Krüger Verlag: Frankfurt/Main 1999, S. 85–111)

1 Halten Sie die Ausführungen von Peggy Claude-Pierre für plausibel?

2 Welche Schussfolgerungen für ein pädagogisches und therapeutisches Vorgehen sehen Sie? Beziehen Sie Ihre Überlegungen auch auf die Fallstudie „Beate" (1.3.1.).

1.3.4 Essstörungen aus systemischer Sicht

1.3.4.1 Rolf Reinlaßöder und Brigitte Lämmle im Gespräch

Rolf Reinlaßöder: Brigitte, je mehr Stress ich hab und je hektischer es bei mir im Job wird, desto mehr Süßigkeiten schieb ich in mich rein. Gehör ich damit schon zu den Essgestörten?

Brigitte Lämmle: Na ja, wenn du ohne Schokolade deine Arbeit nicht mehr hinkriegst, dann wird's schon bedenklich (lacht).

Rolf Reinlaßöder: So weit ist es nicht, aber sag mir doch mal ein Patentrezept, wie's auch ohne geht. Aber komm mir bloß nicht mit „Umsteigen auf Karotten" …

Brigitte Lämmle: Tja, wenn du auf gar nichts verzichten kannst, seh ich schwarz (lacht) …

Sosehr wir beide jetzt mit diesem Einstieg flachsen, so tief sind wir schon im Thema drin: Wenn eine Familie mit einem suchtkranken Kind – und eine Essstörung ist eine Sucht – zu mir in die Praxis kommt, heißt es meistens: *„Mach du die Sucht weg. Mach du, dass das Kind auf die Sucht verzichtet."* Und ganz ähnlich, wie wir jetzt miteinander geredet haben, arbeite ich dann auch mit der Familie.

Rolf Reinlaßöder: Heißt das, dass du auf die Bitte, die Sucht einfach „wegzumachen", gar nicht anspringst?

Brigitte Lämmle: Ich stelle oft so etwas wie eine Gegenfrage an die Eltern: *Ja, wenn euer Kind auf die Sucht verzichten würde, auf was würdest du, Vater, oder du, Mutter, denn dann verzichten? Als Gegenleistung sozusagen."* Einerseits versuche ich damit so etwas wie „Normalität" herzustellen. Essstörungen haben ja oft so eine ganz merkwürdige, geheimnisvolle Aura. Wenn man da so einen kleinen Wettbewerb in Gang bringt *„Okay: Leni verzichtet auf die Magersucht, Mama verzichtet auf das Rauchen im Wohnzimmer und Papa auf seine 20 Minuten Zeitunglesen aufm Klo. Wer schafft's zuerst?"*, dann verfliegt schon viel von diesem mysteriösen Klima. Vor allem aber bringt es die Familie in Bewegung.

In fast allen Familien, in denen eine Essstörung auftaucht, gibt es irgendeine Form von Starrheit. Und da Bewegung hineinzubekommen ist ein ganz wichtiger Punkt. Aber es kommt natürlich auch darauf an, um was für eine Essstörung es sich handelt.

Rolf Reinlaßöder: Essstörungen sind ja eigentlich eine irre Sache. Bei den einen, da dreht sich alles ums Essen: die Fresssüchtigen. Bei den anderen heißt es: „Bloß nicht essen", das sind die Magersüchtigen. Und dann gibt es noch die, die möglichst viel essen, es dann aber auch wieder loswerden wollen: Die leiden unter einer Ess-Brech-Sucht. Bei allen dreien ist es so, dass sich fast das ganze Leben nur noch ums Essen dreht. Sonst scheint das ja alles sehr unterschiedlich zu sein.

Brigitte Lämmle: Es gibt noch was anderes, das gleich ist: Essstörungen sind Süchte, die vorwiegend Mädchen betreffen.

Rolf Reinlaßöder: Wie kommt das?

Brigitte Lämmle: Ein Suchtverhalten, ein Symptom, entsteht in der Familie, im Familiensystem. Es drückt jedes Mal was ganz Spezielles aus, und das werden wir uns bei allen drei Essstörungen anschauen. Ich nenne Essstörungen immer eine „stille Sucht", und das gilt für alle Formen. Alkohol dagegen wird eher von Jungs so ab zwölf bevorzugt …

Rolf Reinlaßöder: Also eine „laute" Sucht, mit Rumkrakeelen und Aggressivsein …

Brigitte Lämmle: Richtig. Das mit dem Essen kann ich dagegen heimlich machen. Es fällt nicht weiter auf. Es fällt sogar Eltern oft erst sehr spät auf, dass da bei ihrem Kind ein extrem zickiges Essverhalten vorliegt. Ich erlebe in der Praxis manchmal wirklich, dass ich den Eltern richtig vorrechnen muss, dass 45 Kilo bei 1,68 m die allerunterste Grenze ist. Also, das heißt, diese Mädchen sind so heimlich, so leise …

Rolf Reinlaßöder: Aber das müssten die Eltern doch sogar schon vorher merken. Essen solche Mädchen denn normal am Tisch?

Brigitte Lämmle: Schon, die haben aber die tollsten Strategien. Zum Beispiel Verzögerungsmechanismen. Das geht so: *„Mami, soll ich schnell noch den Salat holen? Komm, ich mach den Salat noch an!"*

Papa hat bis dahin schon vier Knödel reingeschoben, sie hat überhaupt noch nicht mit dem Tomätchen angefangen und keiner merkt's. Das ist immer so, dass die sich wirklich ganz clever anstellen und das Umfeld es nicht merken lassen. Nur die Fresssucht hat eine andere Rolle. Dadurch, dass ich immer dicker werde, *„stelle ich etwas in den Raum"*. Etwas, was nicht klar läuft. Das wird oft zu einer extremen Bedrohung für die Eltern. Das ist eine hohe Provokation, wenn ich plötzlich als Tönnchen rumlaufe. Das ist nicht mehr heimlich. Es ist nicht heimlich zu halten.

Rolf Reinlaßöder: Okay, lass uns das auseinander halten: Die Bulimikerinnen – also die Ess-Brech-Süchtigen – und die Magersüchtigen, die sind wirklich so clever, dass das Umfeld erst mal gar nichts merkt.

Brigitte Lämmle: Damit hast du auch schon 'ne ganz treffende Einteilung. Du musst ja immer schauen, welches Mädchen findet sozusagen welche Sucht. Bei den Fresssüchtigen sind ganz andere Sachen charakteristisch: Die stellen ja eben durch dieses Tönnchen-Dasein eine Provokation dar. Und sie haben auch einen extrem aggressiven Anspruch an die Familie.

Rolf Reinlaßöder: So was wie *„Kümmert euch um mich"?*

Brigitte Lämmle: Etwas in der Art. Auf jeden Fall ein Hilferuf.

Rolf Reinlaßöder: Also jemand, der ständig was in sich reinschiebt, da denk ich mir: Der will bestimmt was haben; der braucht was von außen. Ist das eine Vorstellung, mit der man in der Therapie weiterkommt?

Brigitte Lämmle: Das ist ein Bild, das wird aber begleitet von vielen anderen. Ich hab da 'ne Geschichte. Die Lebensgeschichte einer fresssüchtigen Klientin von mir. Als junges Mädchen hatte sie ein Rückenleiden. Damit lag sie ein Jahr lang bewegungslos in einer Gipsschale. Da lag sie und musste brav sein. Und sie kriegte sehr, sehr, sehr viel Zuwendung dafür, dass sie so brav war. Vor allem hat sie jede Menge Süßigkeiten bekommen. Und dann hat sich da was entwickelt: so ein Muster *„Ich nehm es mir auf diese Art und Weise"*. Ich glaube, das ist das, was du meinst.

Es kam aber noch etwas anderes dazu: Diese Klientin kam aus einem Zweifrauenhaushalt, es war kein Vater da, aber eine sehr geschäftstüchtige, sehr energische Mutter. Die hatte wenig Zeit, weil sie einfach das Geschäft vorwärtsbringen musste. Und noch was kam dazu: Sie war hochattraktiv. Plötzlich wird ihre Tochter dicker und dicker. Für sie eine ungeheure Kränkung: ihre Tochter so ein Fettklößchen! Also setzte sie ihren geballten Ehrgeiz und ihre ganze Tüchtigkeit ein, um die Tochter zu „erschlanken". Sie probierte die ganze Palette: schleppte ihre Tochter zum Arzt, machte Diätpläne, kontrollierte, was sie aß …

Rolf Reinlaßöder: … und die Tochter?

Brigitte Lämmle: Die Tochter saß das alles aus und nahm kein Gramm ab. So entstand mit einem Mal eine enorme Ohnmacht für diese ansonsten unendlich potente, patente Mutter.

Rolf Reinlaßöder: War das für die Tochter auch so was wie „Schutz unterm dicken Panzer?"

Brigitte Lämmle: Einerseits – und andererseits 'ne Provokation. In diesem Fall war es so, dass die Mutter eigentlich immer Bedingungen gestellt hat. Jede Liebesäußerung von ihr war mit einer Forderung an die Tochter verknüpft. Unbewusst hat sie ihr die Botschaft vermittelt *„Ich hab dich lieb, wenn du fleißig bist. Ich hab dich lieb, wenn du gut in der Schule bist, ich hab dich lieb, wenn du mir im Geschäft hilfst."* Durch die Fresssucht hat die Tochter sozusagen zwei Fliegen mit einer Klappe geschlagen: Einerseits hat sie sich durchs Futtern getröstet, andererseits die Mutter schachmatt gesetzt und sich dadurch vor den ständigen Forderungen geschützt. Das hatte auch etwas Hochaggressives. So was von *„Dir zeig ich's."*

Gleichzeitig muss man sagen, dass dieser Schutz bei Fresssüchtigen hochdramatische Formen annehmen kann. Selbst wenn Fresssüchtige damit konfrontiert werden, dass ihnen die Knöchel brechen, selbst wenn die sich schon ausgerechnet haben, dass sie nicht alt werden können, selbst das hindert sie nicht daran, an dieser Sucht festzuhalten.

Rolf Reinlaßöder: Und in der Therapie – wie kriegt man Fresssüchtige runter von ihrem Trip?

Brigitte Lämmle: Auf keinen Fall, wenn man die Haltung einnimmt: *„Hör auf damit."* Nur dann, wenn man gerade von der anderen Seite kommt. Sozusagen von der Freundinnenseite. Die Fragen *„Was bringt mir die Sucht?"*, *„Was hol ich mir da?"*, sich die anzusehen, das hilft weiter.

Rolf Reinlaßöder: Du meinst also, dass Essstörungen so was wie versteckte Vorteile haben?

Brigitte Lämmle: Genau. In diesem Fall eben den Schutz. Die Freundinnenseite nennen wir das. Auch bei Ess-Brech-Süchtigen wird das sehr deutlich: Jede Bulimikerin erzählt von ihren Fressattacken mit leuchtenden Augen: *„Dann fühl ich mich! Dann bin ich stark, dann geht es mir in dem Moment gut."*

Rolf Reinlaßöder: Kann da die Therapie einsetzen?

Brigitte Lämmle: Nur da. Nur wenn man diesen Freundinnenteil wirklich sehr ernst nimmt und nicht in die therapeutische Haltung geht: *„Du musst dich von dieser Freundin verabschieden."*

Rolf Reinlaßöder: Wie kann sich dann etwas verändern?

Brigitte Lämmle: Lass uns mal damit anfangen, die Beziehung zu dieser Freundin genauer anzusehen. Wenn meine Freundin da ist, sprich: wenn die Sucht ausgelebt wird, geht es mir als Bulimikerin gut. Und wo ist die Freundin, wenn es mir schlecht geht, wenn ich unzufrieden bin und unruhig? Mit solchen Fragen kann man Bewegung in das Bild von der Freundin bekommen. Denn schließlich hat sie zwei Seiten: Auf der einen Seite schützt sie mich und auf der anderen Seite kostet sie eine Menge Geld, stört meine Beziehungen zu anderen Freundinnen und macht meinen Körper kaputt. Also: Die Beziehung zu dieser Freundin muss geklärt werden.

Rolf Reinlaßöder: Bei den Magersüchtigen ist das wahrscheinlich anders. Wollen die quasi verschwinden?

Brigitte Lämmle: Auf jeden Fall muss man ganz deutlich sagen: Magersüchtige nehmen letztendlich den Tod als Ende der Entwicklung billigend in Kauf. Und es stimmt: Magersüchtige opfern sich auf.

Rolf Reinlaßöder: Also ist es nicht das Schönheitsideal aus der Zeitschrift: Schlank sein wie die Models. Die erste Diät, die zweite Diät ...

Brigitte Lämmle: ... sie *entdecken* die Magersucht häufig über eine Diät. Aber das Bild ist tatsächlich. *„Ich opfere mich auf, ich verschwinde, ich werde immer weniger."* Und das taucht in Familien auf, die harmoniesüchtig sind. Dort haben die magersüchtigen Mädchen eine ganz wichtige Funktion. Sie beschäftigen die Eltern sozusagen durch ihre Sucht: *„Kind, iss doch!"*, heißt es dann, oder: *„Wir machen uns Sorgen."* Die Eltern haben durch die Essstörung eine echte Aufgabe und die verbindet sie auch miteinander.

Rolf Reinlaßöder: Was bedeutet „Harmoniefamilie" genau? Wird da nie gestritten?

Brigitte Lämmle: Doch, schon. Das Wichtigste ist aber: Harmoniefamilien sind unbeweglich. Wie so ein zur lächelnden Maske erstarrtes Gesicht. Es sind zwar Konflikte da, eine Menge sogar, die werden aber mit so 'ner Art *Dampfkessel-mit-Tröte-Technik* unterdrückt: Unten drin kocht's und brodelt's und oben kommt nur so ein dünnes Pfeifen raus. Und vor allem: Es ändert sich nie konkret etwas.

Die Eltern in so einer Familie hätten zwei Möglichkeiten: entweder sich aufeinander zu bewegen oder sich trennen. Aber keins von beiden geschieht. In Magersuchtfamilien beobachte ich sehr häufig, dass ein Elternteil eigentlich schon den heimlichen Dritten im Hintergrund stehen hat, aber er oder sie kann nicht gehen, weil sie sich ja um dieses schwierige Kind kümmern müssen.

Rolf Reinlaßöder: Demnach sagt das Kind: Für den Zusammenhalt opfere ich mich auf?

Brigitte Lämmle: Genau das ist sehr oft der Fall. Es geht aber auch noch vertrackter. Man kann sich nämlich auch aufopfern, indem man ein richtiger Kotzbrocken wird.

Rolf Reinlaßöder: Klingt ziemlich widersprüchlich ...

Brigitte Lämmle: ... lässt sich aber einfach erklären. Magersüchtiges Verhalten kann für eine Familie auch eine ungeheuer scharfe Provokation bedeuten. Stell dir das mal vor: Da hast du ein

Mädchen vor dir, das lässt sich vor deinen Augen buchstäblich verhungern. Und alles, was du als Eltern versuchst, scheitert: gut zureden, Autorität zeigen, an die Vernunft appellieren – nichts hilft. Die isst einfach nichts – Schluss! Das kann einen ja rasend machen. Und genau das ist es! Sehr oft steckt hinter einer solchen provozierenden Haltung der Versuch, diese lähmende Familienstarre aufzulösen, endlich was in Bewegung zu bringen. Dahinter können Sätze stecken wie: *„Mama, wehr dich endlich“*, oder *„Papa, hör auf zu saufen.“* Nur: Der Preis, den die Magersüchtigen dafür bezahlen, ist auch bei dieser – ich sag mal: „Variante“ – gleich hoch: Sie opfern sich auf.

Rolf Reinlaßöder: Gilt das auch für Bulimikerinnen?

Brigitte Lämmle: In vieler Hinsicht kann man Bulimie als verkappte Magersucht betrachten. Da werden zwar bis zu 30 000 Kalorien am Tag gefressen, aber dann mit Absicht wieder erbrochen. Du musst dir das einfach auch mal vorstellen: Das ist ein Kilo Spaghetti; das ist ein 1-Pfund-Glas Nutella, das sind 2 Liter Coca-Cola; – es ist ganz viel Flüssigkeit dabei – also ich merk, ich mag's gar nicht aufzählen. Aber es sind wirklich unvorstellbare Mengen, die da heimlich gefressen und danach wieder erbrochen werden. Auch in Familien, in denen Fress-Brech-Sucht auftaucht, spielt die Harmonie eine wichtige Rolle. Ich habe mal mit einer Frau gearbeitet, da ist die Tochter, die schließlich bulimisch wurde, praktisch benutzt worden. Die Eltern waren extrem weit auseinander. Die Mutter hatte letztendlich schon Angst, mit dem Vater überhaupt nur in Kontakt zu treten. Von Harmonie zwischen Vater und Mutter konnte also überhaupt nicht die Rede sein. Und statt zum Vater hat sie dann zur Tochter gesagt: *„Ach, komm du mal mit zum Teetrinken, ach, sei du mal lieb.“*

Übrigens, ich möchte nicht, dass an diesem Punkt der Begriff „Schuld“ entsteht. Was ich da beschrieben habe, ist eine Entwicklung im System. Wir stehen ja jetzt sozusagen auf der

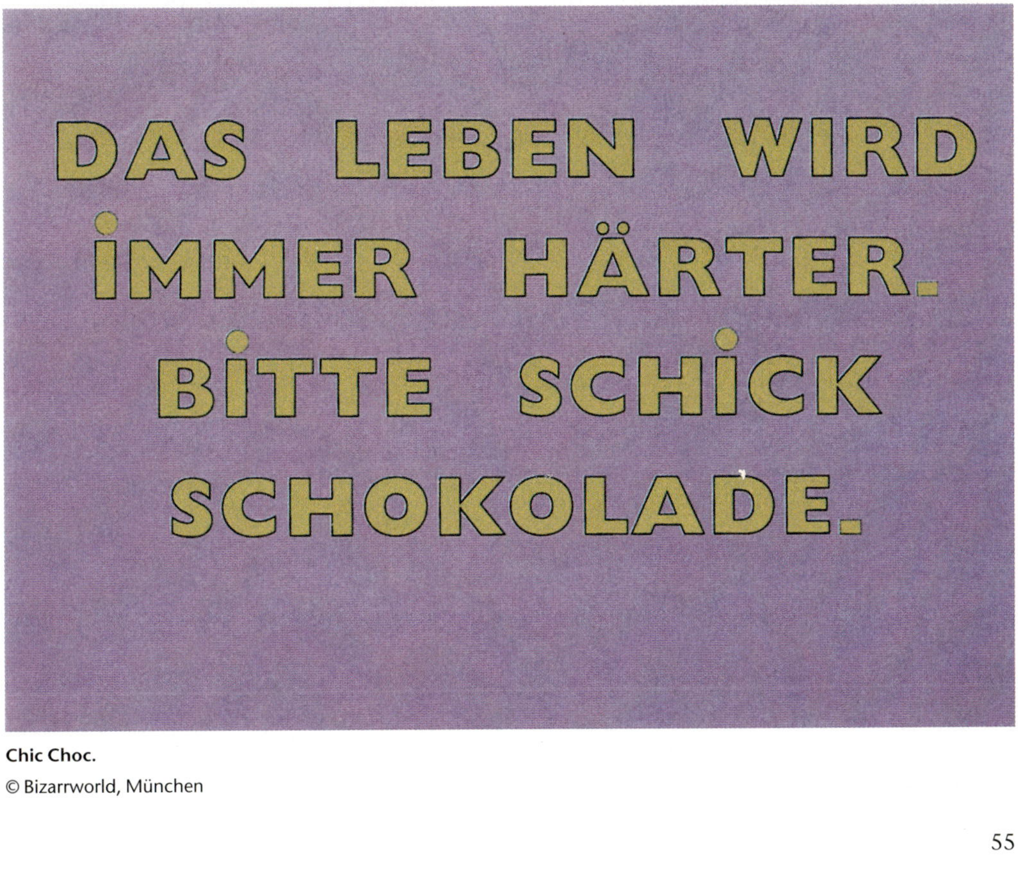

Chic Choc.

© Bizarrworld, München

Hugo Simberg: Der verwundete Engel (1903). Öl auf Leinwand, 1,27 x 1,54 m.
Ateneumin taidemuseo, Helsinki.

Meta-Ebene und schildern die Familie von außen. Wer in dem System drinsteckt, sieht das nicht so. Die Mutter hat nicht das Gefühl oder gar die Absicht, ihre Tochter zu *benutzen*. Im Gegenteil: Das ist sogar 'ne Entwicklung in der Familie, die eigentlich mal mit Liebe begonnen hat.

Rolf Reinlaßöder: Aber die Kinder in solchen Familien werden doch zumindest überfordert, oder?

Brigitte Lämmle: Ja. Die Entwicklung nimmt ja auch einen anderen Verlauf. Der Haken ist, dass in solchen Familien auf Krisensituationen nicht adäquat reagiert werden kann. Der Satz *„Man muss lieb sein"* ist da ganz tief verankert. In der Familie, die ich gerade geschildert hab, war schon die Mutter mit dieser Botschaft groß geworden. Wenn jetzt ein Konflikt auftaucht, dann *kracht* es nicht in dieser Familie. Da haut niemand auf den Putz und sagt *„Kipp dir deinen Tee in den Gummibaum und mach den Mist mit deinem Mann gefälligst selber aus. Ich geh jetzt 'ne Runde lachen"* oder so ähnlich. Stattdessen wird nach dem Prinzip *„mehr desselben"* reagiert: ganz besonders lieb.

Und mit jedem nicht gelebten Konflikt, mit jedem Streit, der nicht ausgetragen wird, steigt der Druck in dieser Dampfkesselfamilie. Das ist das Klima, in dem es dann stattdessen an einer anderen Stelle im System kracht: Ein Familienmitglied entwickelt ein Symptom. Zum Beispiel wird die Tochter bulimisch.

Rolf Reinlaßöder: Gut, aber wäre da die Magersucht nicht genauso nahe liegend? Warum taucht da dieses Fressen und Erbrechen auf?

Brigitte Lämmle: Nimm noch mal die Freundinnenseite, von daher versteht man's am besten. Jede Essgestörte sucht sich sozusagen eine „Freundin", die zu ihr passt: Magersüchtige fühlen sich eben auch gut, wenn sie das Gefühl haben *„Ich hab alles unter Kontrolle"*. Bulimikerinnen fühlen sich in dem Moment, in dem sie diese Massen von Essen in sich reinstopfen, gut. Das hat auch viel mit dem Satz zu tun: *„Ich nehm's mir jetzt."*

Bei der Bulimie kommt aber noch etwas anderes hinzu: Ekelgefühle. Ich möchte das nicht dramatisieren, aber dieser Ekel und dieses Kotzen sind häufig auch noch Anzeichen für Grenzüberschreitungen. Ich will es mal so sagen: Aus der Praxis weiß ich ein Beispiel, da musste ein Kind den Kopf des Vaters massieren und hat sich stark davor geekelt ...

Rolf Reinlaßöder: ... du meinst Missbrauch?

Brigitte Lämmle: Du sagst das jetzt sehr direkt, ich möchte nicht sagen, „bei jedem Fall". Es kann auch Ekel vor etwas anderem sein. Aber *dass* Ekel eine Rolle spielt, ist sehr häufig der Fall. Ganz sicher ist aber: Essstörungen haben ihre versteckten Vorteile ...

Rolf Reinlaßöder: ... die Freundin ...

Brigitte Lämmle: ... die Freundinnenseite, wie gesagt. Auf der anderen Seite muss noch mal gesagt werden, dass eine Magersucht tödlich verlaufen kann, wenn sie nicht behandelt wird. Da geht es dann um jedes Gramm. Wenn die 40 kg wiegen, haben sie unter Umständen nicht mehr lange zu leben. Vielleicht muss da wirklich erst mal in einem stationären Klinikaufenthalt mit der Familie gearbeitet werden, damit diese Botschaft: *„Ich beschäftige die Eltern"*, oder: *„Ich muss die Eltern retten"*, oder: *„Ich opfere mich für euch auf"* aufgearbeitet wird.

Rolf Reinlaßöder: Wenn jetzt ein Mädel mit 15, 16 die erste Diät macht, weil sie sich ein bisschen pummelig fühlt, ist das schon ein Alarmsignal für Eltern?

Brigitte Lämmle: Nein,

Rolf Reinlaßöder: Die dritte? Vierte? Fünfte?

Brigitte Lämmle: Ich glaube, mit Diäten müssen wir heutzutage leben. Irgendwie sind die offensichtlich ein Teil der Mode.

Alarmsignale würd ich woanders erkennen. Und zwar immer nur zusammenhängend im ganzen Kontext: Wir haben bei der Fresssüchtigen gesagt: Unnahbarkeit. Wir können bei den Magersüchtigen sagen: Kontrollverhalten, Überaktivität, extrem starre Grenzen. Bei Bulimikern sind es oft extreme Schwankungen, Leistungsschwankungen, geringe Belastbarkeit. Die kommen dann vielleicht mit so einem *„Ach, wieder Knatsch in der Schule"* oder *„Ich will ins Internat"*, und in der nächsten Schule ist es wieder das Gleiche.

Also das heißt, wenn solche Probleme sich ausweiten, das ist ein Indiz. Aber die Diät alleine macht's nicht. Mein Gott, wie viele Diäten hast du schon gemacht?

Rolf Reinlaßöder: Ich hab einmal eine gemacht, und das war's dann.

Brigitte Lämmle: Ich hab immer wieder Diätversuche und fall immer wieder um. Wir kennen es alle, dass wir mal mit Diäten angefangen haben. Ich würde das in den gesamten Kontext eingebettet beobachten.

Rolf Reinlaßöder: Es gibt therapeutische Möglichkeiten. Wie sind da die Chancen und wie lange dauert es, bis jemand mit Essstörungen wieder „normal" ist – und glücklich?

Brigitte Lämmle: Je früher mit der Therapie begonnen wird, umso besser. Wenn zu mir 'ne junge Frau kommt, die 28, 29 ist, die hat in der Regel mit 12, 13 Jahren mit der Essstörung angefangen. Sie hat also 'ne lange, lange Suchtkarriere hinter sich. Und das heißt auch: Sie hat lange Zeit mit einer „Freundin" gelebt. So eine Frau ist sehr, sehr misstrauisch, ob ich ihr etwas anbieten kann, was die Freundin ersetzt. Also je früher die Therapie, desto besser.

Rolf Reinlaßöder: Und die Chancen?

Brigitte Lämmle: Optimal.

(Aus: Brigitte Lämmle, Rolf Reinlaßöder, Nikolai Vialkowitsch: Lämmle live: Psycho-logisch! Zehn Grundfragen aus Therapie und Lebenshilfe. 4. Aufl. Carl-Auer-Systeme Verlag und Verlags-Buchhandlung: Heidelberg 1999, S. 139–147)

1 Welche Passagen des Gesprächs halten Sie für besonders wichtig? Begründen Sie Ihre Meinung.

2 Was ist unter der „Freundinnenseite" bei Brigitte Lämmle zu verstehen?

3 Erläutern Sie, warum Essstörungen nach Ansicht von Brigitte Lämmle systemisch zu behandeln sind.

1.3.4.2 Worin besteht systemisches Denken? – Zum Ansatz der Theorie

Charakteristisch für ein operational geschlossenes System sind Selbstreferenz und Rekursivität, d. h. Rückbezüglichkeit. Menschliches Erkennen resultiert aus den eigenen Erkenntnisstrukturen und früheren Erkenntnissen, es ist „strukturdeterminiert“ und nicht etwa determiniert durch die äußere Realität. Diese Rückbezüglichkeit des Erkennens hat aber einen Teufelskreis („circulus vitiosus“) zur Folge. Metaphorisch gesprochen: Wir drehen uns im Kreis, die Katze beißt sich in den eigenen Schwanz. Diesen Zirkel hat M. Escher in dem Bild einer Hand, die eine Hand zeichnet, dargestellt. Diese Selbstreferenz äußert sich in *autologischen Formulierungen* (z. B. „wir beobachten unsere Beobachtung“, „wir sehen nicht, was wir nicht sehen“) und *Paradoxien* (wörtl. para doxa: gegen die Meinung), d. h. widersinnigen Aussagen (z. B. „ich weiß, dass ich nichts weiß“, wir erkennen, dass wir nichts erkennen können).

Häufig wird die paradoxe Behauptung des Kreters Epimenides zitiert: „Alle Kreter sind Lügner.“ Wenn das stimmt, ist auch Epimenides ein Lügner, dann aber stimmt seine Feststellung nicht.

Die Paradoxie ergibt sich daraus, „dass eine Aussage, die wir über etwas machen, nicht ein konstitutives Element dieses Etwas sein sollte [...]. Um im Bild zu bleiben: Nur ein Nichtkreter kann eine (nicht paradoxe) Aussage über die Kreter machen.

Paradoxe Sätze lassen sich nur auflösen, wenn man aus der Selbstreferenz heraustritt und den Standpunkt eines „Beobachters II. Ordnung“ einnimmt. Aus dieser Metaposition lässt sich die zugrunde liegende Leitdifferenz (z. B. Lügner/ Nicht-Lügner) in Frage stellen. Doch auch diese Außenperspektive ändert nichts an der grundsätzlich paradoxen Struktur rekursiven Erkennens.

(Aus: Horst Siebert: Über die Nutzlosigkeit von Belehrungen und Bekehrungen. Beiträge zur konstruktivistischen Pädagogik, hrsg. vom Landesinstitut für Schule und Weiterbildung. Soest, 2. Auflage 1997, S. 67)

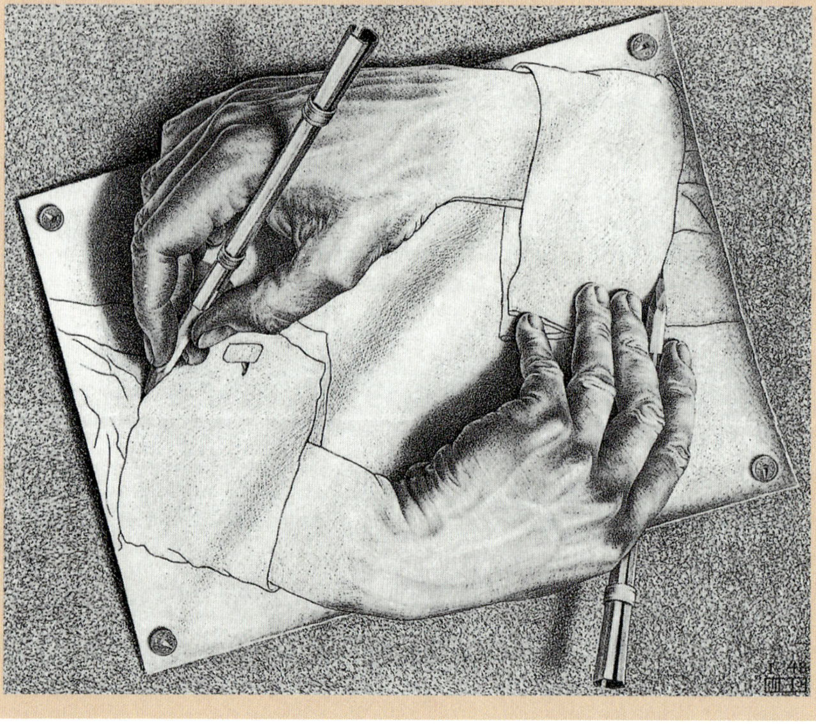

M. C. Escher: Drawing hands (1948). Lithografie 28,5 x 34 cm.

© 1995 M. C. Escher Cordon Art-Baarn. Holland

1.3.4.3 Was sind die Grundannahmen systemischer Therapie?

Die systemische Therapie beruht auf Erkenntnissen der modernen Systemwissenschaften wie Kybernetik, System- und Regelungstheorie, Informations- und Kommunikationstheorie sowie der Spieltheorie. Vor allem die Palo-Alto-Gruppe (Bateson 1972, 1981; Haley 1963, 1976; Watzlawick et al. 1974; Fisch et al. 1987) und die Mailänder Gruppe (Selvini Palazzoll et al. 1978, Boscolo et al. 1987) machten diese Erkenntnisse für die therapeutische Praxis nutzbar. So wurden herkömmliche Grundannahmen in Frage gestellt, psychische Störungen neu verstanden und neue therapeutische Vorgehensweisen entwickelt.

Die im Folgenden dargestellten Grundannahmen der systemischen Therapie sind nicht vollständig. Wir greifen lediglich die uns am wichtigsten erscheinenden heraus:

1. Wir betrachten nicht isolierte und durch die Sprache verdinglichte Phänomene, sondern Wechselbeziehungen. Dadurch „verflüssigen" sich individuelle Eigenschaften („Maria ist magersüchtig" oder „Maria hat eine Magersucht") zu Elementen eines dynamischen Geschehens: Sie zeigen sich als Verhaltensbeiträge zur Organisation eines Systems sowie als Ausdruck und Folge kontextgebundener Etikettierungen und Zuschreibungen. Aus solcher System- oder Beziehungssicht ließen sich dann die in den genannten Eigenschaftszuweisungen implizierten Tatbestände folgendermaßen beschreiben: „Wenn der Vater Maria ermahnt, mehr zu essen, wenn die Mutter sie dann in Schutz nimmt und die Schwester vorwurfsvoll schaut, verweigert Maria weitere Nahrungsaufnahme."

2. Dem derart auf Wechselbeziehungen gerichteten Blick eröffnen sich neue Zusammenhänge: Wir konstruieren nicht mehr einseitig gerichtete Ursache-Wirkungs-Ketten (verkürzt: lineare Kausalität), sondern versuchen zu beschreiben, wie sich Verhaltensweisen gegenseitig bedingen (wir nennen das verkürzt Zirkularität oder Rekursivität). Ein solches zirkuläres Verständnis von Beziehungsprozessen ergab sich vor allem aus der Anwendung kybernetischen Denkens auf psychosoziale Systeme und verdankt sich insbesondere Gregory Bateson (1972, 1981). Bateson hatte aber auch in Deutschland Vorläufer. Viktor von Weizsäcker (1987), der zuletzt in Heidelberg wirkende Internist und Psychosomatiker, beschrieb schon 1927 einen „Gestaltkreis", das heißt einen „Kreisprozess, in dem die Kette der Ursachen und Folgen in sich zurückläuft in Bezug auf das Gestaltetsein des Vorganges".

Wesentliches Charakteristikum lebender Systeme ist also ihre Selbstreferenz: Annahmen- und Verhaltensweisen wirken auf sich selbst zurück. Diese Sicht wirkt nicht nur einem für lebende Systeme unangemessenen linearen Ursache-Wirkungs-Denken entgegen, sie entzieht auch den damit verbundenen einseitigen Schuldzuweisungen den Boden.

3. Wechselwirkendes menschliches Verhalten gerinnt zu Mustern und zeigt sich Regeln unterworfen. Es ist nur aus dem Kontext heraus zu verstehen, in dem es auftritt. Sähe zum Beispiel ein des Fußballspiels unkundiger Mensch einen Film, in dem ausschließlich das Verhalten eines Schiedsrichters während eines Fußballspiels gezeigt wird, so käme er vermutlich zu dem Schluss: Hier übt sich ein Mensch in totaler Irrationalität (Simon 1985).

Erst die Einbeziehung des Kontextes und die Kenntnis der Regeln, denen die Beteiligten folgen, gibt dem Verhalten des Schiedsrichters Sinn. In ähnlicher Weise wird ein als anorektisch etikettiertes Verhalten erst dann verstehbar, wenn wir die Muster und Regeln betrachten, nach denen die jeweiligen Interaktionen ablaufen.

4. Die Erkenntnis von der Vernetztheit der Verhaltensabläufe führt den systemischen Therapeuten nicht zu dem Schluss, dass individuelle Entscheidungsfähigkeit und Eigenverantwortlichkeit aufgehoben sind. Im Gegenteil. Wir gehen davon aus, dass jeder Mensch seine Situation mit gestaltet und nicht (nur) Opfer einer Krankheit, innerer oder äußerer Umstände ist. Wir fragen daher nicht: „Warum bekam Maria ihre Magersucht?", sondern:

Harald Hauswald: ohne Titel (Berlin 1982)

© Ostkreuz, 1999

„Wann hat sich Ihrer Meinung nach Maria entschieden, in einen Hungerstreik zu treten?"

5. Unser Verhalten wird aber nicht nur vom Verhalten anderer beeinflusst, sondern auch von den Ideen und Bedeutungsgebungen, die die Handlungen der Mitglieder eines Systems leiten und koordinieren. Je begrenzter und verdinglichter diese sind, umso enger werden auch die Handlungsspielräume.

6. Auch die Ideen davon, was Realität darstellt, bestätigen, erhalten und verändern sich durch rekursive Prozesse. Sie wirken oft als sich selbst erfüllende Prophezeiungen und führen zu Problemlösungsversuchen, die Probleme aufrechterhalten, anstatt sie zu beseitigen. Je drastischer zum Beispiel ein Elternteil versucht, das trotzige Verhalten einer Magersüchtigen zu ändern, desto wahrscheinlicher wird sich diese dagegen wehren und sich noch trotziger zeigen.

7. Ein System ist das, was ein Beobachter als „geordnete Ganzheit" definiert. Ein Problem ist das, was eine Person als Schwierigkeit oder als Quelle eines Unbehagens definiert. Diese (Problem-)Sicht kann man allein haben oder mit anderen teilen. Wir fragen uns also stets, welches System als behandlungsrelevante Ganzheit zu wählen ist und welche Personen als Problemdefinierer und -mitgestalter in die Therapie einzubeziehen sind. Also: Wer gehört „zum Problemsystem", wer gestaltet es in Sprache und Handeln mit? (Anderson et al. 1986)

Oft erweist sich als nützlich, auch nicht zur Familie gehörende Personen – etwa betreuende Ärzte, Sozialarbeiter, Kollegen am Arbeitsplatz – dem Problemsystem zuzurechnen.

In den letzten Jahren haben Theoretiker mit unterschiedlichem Forschungshintergrund die systemische Therapie beeinflusst. Dazu rechnen Heinz von Foerster (1979, 1985), Humberto Maturana und Francisco Varela (1987). Deren für die Systemtherapie wohl wichtigste Erkenntnis ist, dass es keine vom Beobachter unabhängige Wirklichkeit gibt, dass bereits der Vorgang der Beobachtung das ändert, was beobachtet wird. Man spricht in diesem Zusammenhang von der „zweiten Kybernetik" (Auerswald 1971; Keeney 1983). Der therapeutische Kontext und die Beziehungen zwischen Therapeuten und behandeltem System zeigen sich darin als Elemente, die in jedem Augenblick den therapeutischen Prozess mitgestalten (Simon und Weber 1987b). In diesem Prozess geht es wesentlich darum, Wirklichkeiten zu eröffnen oder zu erzeugen, die Wahlmöglichkeiten erweitern und so der Entwicklung (des Einzelnen wie der Familie) neue Wege weisen.

(Aus: Gunthard Weber, Helm Stierlin: In Liebe entzweit. Ein systemischer Ansatz zum Verständnis und zur Behandlung der Magersuchtsfamilie. Rowohlt Verlag: Reinbek bei Hamburg 1991, S. 75–78)

1 Welche Grundannahmen erscheinen Ihnen diskussionswürdig?

2 Sehen Sie auch Probleme bei systemischem Denken?

1.3.5 Jugendliche Magersucht aus psychoanalytischer Sicht

1.3.5.1 Zum Kranheitsbild in psychoanalytischer Deutung

Hermann Fahrig und Hildegard Horn stellen ihre psychoanalytische Deutung der Magersucht bei Kindern und Jugendlichen dar. – Zu Hintergrundinformationen bez. der Thematik „Psychoanalyse" ist auf entsprechende Materialien aus „Lernen und Entwicklung" sowie „Entwicklung und Sozialisation in der Kindheit" hinzuweisen.

Das Krankheitsbild der Magersucht ist bei Kindern und Jugendlichen sehr unterschiedlich. Es variiert vor allem hinsichtlich auslösender Situation, Schwere der Erkrankung und Abwehrformen der zugrunde liegenden Konflikte. In der Mehrzahl der Fälle besteht ein Ablösungskonflikt sowie eine verhältnismäßig stark gestörte Ehebeziehung der Eltern. Die Beziehung zum eigenen Körper ist häufig gestört. Die Neurosenstruktur der Patienten prägt durch ihre Abwehrformen das Erscheinungsbild der Krankheit.
Entwicklungspsychologisch gesehen befinden sich die Jugendlichen, um die es hier geht, in einer Phase mit erheblicher Konfliktverstärkung durch Veränderung der körperlichen Erscheinung, Zunahme der Triebstärke und dadurch Labilisierung der Ich-Organisation, Veränderung der Beziehung zu den Eltern und Geschwistern, Hinwendung zum anderen Geschlecht. Damit verbunden ist die Auflösung der primären und das Eingehen einer sekundären Bindung. Für die Jugendlichen bedeutet diese Veränderung eine große Anforderung an ihre physische und geistige Anpassungsfähigkeit. [...]
Die psychischen Folgen der Veränderungen des Körperzustandes sind eine Neugestaltung der Körpervorstellung und eine Neuentwicklung des Selbstkonzeptes. Sie werden begleitet von Unsicherheit und affektiver Gespanntheit, gesteigerter Empfindlichkeit gegenüber Äußerungen über ihr Erscheinungsbild, einer Neigung, die eigene Körperentwicklung mit der der Altersgenossen zu vergleichen und rigorose Maßnahmen zu ergreifen, um zu große Unterschiede zu vermeiden.
Die Pubeszens ist oft von körperlichen Symptomen begleitet wie Akne, Dysmenorrhoe und Übergewicht verschiedensten Ausmaßes. Diese Erfahrungen können dazu führen, dass der Heranwachsende den Wunsch, erwachsen zu werden, zurückstellen möchte. Bei Mädchen führt das oft dazu, dass sie mit verschiedenen Diäten experimentieren und eine passagere Dysmorphophobie entwickeln. Der Begriff Dysmorphophobie umfasst gestörte Erlebensweisen, die in Zusammenhang mit Vorstellungen auftreten, dass ein Organ nicht richtig ausgebildet, unschön, dass die Nase zu lang, die Brust zu groß oder, wie bei der Magersucht, der ganze Körper zu dick, zu raumgreifend sei. Im Beziehungserleben wird diesem Organ oder der Beschaffenheit des Körpers eine störende Funktion zugeschrieben. In erster Linie wird dabei der den Makel aufdeckende Blick des anderen gefürchtet, der das Selbstwertgefühl mindert oder zerstört.
In bizarrer Weise versuchen Jugendliche oft ihre Unsicherheit über die äußere Veränderung aufzuheben, indem sie eine Art Uniform tragen, eine Art „Stützkorsett", das sie mit der Gruppe, der sie sich zugehörig fühlen, gemein haben. Die quantitative Veränderung der Triebstärke und die qualitativ neuen genitalen Regungen fordern veränderte Abwehrstrategien (A. Freud 1957, 1970).
Es geht nicht um die Abwehr eines bestimmten Triebwunsches, sondern um Abwehr der Triebe an sich. Die Quantität der Triebe wird gefürchtet, nicht die Qualität. Daher kann die Abwehr total sein, lebensverneinend und selbstzerstörerisch wie bei der Magersucht werden. Ängste, verrückt zu werden und durchzudrehen, treten auf.
Der lange und schmerzliche Trennungsprozess von den Eltern stellt eine Hauptaufgabe dieser Periode dar. Folgen dieses Prozesses sind Einsamkeitsgefühle, Leere, Isolationsgefühle, Schuldgefühle und gesteigerte Aggressivität und depressive Verstimmungen. Der Verlauf dieser Phase hängt sehr davon ab, welche Trennungserfahrungen der Jugendliche in seinem bisherigen Leben gemacht hat und ob er einen Platz in einer Peergroup findet. Hier kann er zunächst primitive Identifizierungen vornehmen als Übergang zur Gestaltung neuer Objektbeziehungen und ebenso primitive und verzerrte Über-Ich-Ideale

Boris Schmalenberger, Stuttgart

(Aus: Peter Feierabend [Hrsg.]: Photography Index II. Kösemann Verlagsanstalt, Köln 1999) finden, um der Entleerung seines Über-Ichs durch das Aufgeben der Identifikation mit den Eltern zu begegnen. Diese Ich- und Über-Ich-Identifizierungen dienen der Abwehr der beschriebenen Ängste und dem Aufbau einer neuen Identität. Der so genannte Idealismus der Jugendlichen, das Streben nach Vollkommenheit im Aussehen und Verhalten, scheint mit der Überbesetzung der Ich- und Über-Ich-Ideale zusammenzuhängen.

Mädchen zeigen in diesem Alter (ca. 14–17 Jahre) aggressives, überzeichnetes pseudoheterosexuelles Verhalten, vermutlich um aus der Mutter-Kind-Beziehung mit einem Sprung in die Position der beneideten jüngeren Rivalin zu gelangen. Diese Erfahrungen stärken das Selbstbewusstsein, lindern, wenn auch nur vorübergehend, den Trennungsschmerz und kompensieren Schuldgefühle, die beim Rivalisieren und Sich-Distanzieren von der Mutter auftreten (Blos 1983). Wenn die partielle Loslösung von den Eltern in diesem Entwicklungsabschnitt noch nicht gelungen ist oder wenn der Vater die Tochter zu sehr als Frau betrachtet und in der Beziehung auch so behandelt, kann die Tochter verstärkt unter Schuldgefühlen der Mutter gegenüber zu leiden haben und es nötig haben, Abwehrstrategien in Gang zu setzen, die ihre weitere Entwicklung blockieren oder eine regressive Entwicklung einleiten. [...]

Bei vorwiegend schizoiden Strukturen ist die Körperwahrnehmung besonders stark beeinträchtigt und die Krankheitseinsicht fehlt. Beim Untersucher entstehen in der Gegenübertragung Gefühle von Entfremdung, Unmöglichkeit, sich in den Patienten einzufühlen, und Angst vor dem Übergang der Krankheit in eine Psychose.

Bei den zwanghaft strukturierten Patienten steht die strenge Kontrolle des Körpergewichts im Dienste der Abwehr von Sexualität, Aggressivität, Scham- und Schuldgefühlen [...]. Die Sexualabwehr kann Onanieabwehr sein oder Abwehr von erotischen, auch inzestuösen Fantasien, die begünstigt werden durch eine Verlagerung des Interesses des Vaters von seiner Ehefrau auf seine Tochter bei entsprechend gestörter Ehebeziehung der Eltern. Das Interesse des Vaters, besonders an der gerade in die Pubertät eintretenden Tochter, kann ganz unterschiedlich sein. Der Vater zeigt sich beispielsweise gerne mit seiner Tochter, geht allein mit ihr essen, fotografiert sie in allen möglichen Posen, spricht stundenlang über ihre Probleme mit ihr, aber auch über seine, die er mit der Ehefrau hat, zeigt besonderes Interesse an der Stimmungslage der Tochter, lässt sich von ihr den Rücken waschen, massiert sie, kauft ihr teure Parfüms. Entscheidend ist nach unserer Erfahrung die gleichzeitige Vernachlässigung der Ehefrau durch den Vater, ihre Abwertung und Demütigung.

Eine andere Gruppe von Magersüchtigen strebt ein ästhetisch vollkommenes Körperbild an, das durch entsprechende gesellschaftliche Trends noch unterstützt wird. Diese Entwicklung wird begünstigt durch die ohnehin starke narzisstische Besetzung des Körpers und der eigenen Person in der Pubertät. Auslösende Situation kann eine kränkende Bemerkung über das Aussehen sein, ein subjektiv empfundenes, vermeintlich schlechteres Aussehen im Vergleich zu anderen, ein tatsächliches Übergewicht, aber auch eine Krankheit, beispielsweise eine Grippe, oder eine Operation, in deren Verlauf Abmagerung eintrat und als angenehm empfunden wurde. Auslösende Situation kann eine Abmagerungskur sein, die sich ab einem gewissen Untergewicht dann fast regelhaft verselbstständigt und der Betreffenden aus der Hand gleitet. Ablösungskonflikt und narzisstische Besetzung der eigenen Person gehören insofern zusammen, als der Jugendliche durch die Ablösung von den Eltern plötzlich auf sich selbst gestellt ist und bei noch fehlender Bestätigung durch berufliche Erfolge oder Partnerschaft zum Ausgleich nur die narzisstische Besetzung der eigenen Person übrig bleibt. Diese Formen haben mit zunehmendem Alter und tatsächlich erreichter Verselbstständigung eine günstige Prognose.

Anorektische Reaktionen sehen wir vor allem nach Schlankheitsdiäten, die der Kontrolle entgleiten, sowie nach Essstörungen im Rahmen einer depressiven Pubertätskrise. Diese Formen sind prognostisch relativ günstig. Schizoide und zwanghafte Patienten sind am schwersten zu behandeln, da sie meist keinerlei Krankheitseinsicht haben, wortkarg sind, mürrisch, rigide, unbeweglich, sodass der Therapeut oft über längere Zeit das Gefühl hat, nichts erreichen zu können,

Hintergrund: Freund

völlig aufzulaufen. Dennoch sagen Patienten nach Abschluss der Behandlung oft, wie wichtig es für sie gewesen sei, dass der Therapeut nicht aufgegeben habe. Die narzisstischen und stärker hysterischen Patienten reden mehr, sind farbiger und können Eltern und Therapeuten durch viele Tricks immer wieder mit scheinbarer Krankheitseinsicht und Versprechungen über Gewichtszunahmen täuschen. Bei diesen Behandlungen wird die narzisstische Zufuhr durch den nicht resignierenden Therapeuten kommentarlos angenommen und zeigt nach längerer Zeit Wirkung. Obwohl sich in der Therapie scheinbar nichts bewegt, kommen die Kranken gerne und zuverlässig.

Bei mehreren Fällen haben wir erlebt, dass die Gesundung eingeleitet wurde durch die zufällige Konfrontation der Kranken mit einer ebenfalls Magersüchtigen. Das Ausmaß der Erkrankung und Gefährdung konnte am eigenen Körper nicht wahrgenommen werden, wohl aber bei jemand anderem.

(Aus: Hermann Fahrig und Hildegard Horn: Magersucht bei Kindern und Jugendlichen. In: Günter H. Seidler [Hrsg.]: Magersucht. Öffentliches Geheimnis. Vandenhoeck & Ruprecht: Göttingen-Zürich 1993, S. 10–14)

1 Verdeutlichen Sie sich die Ausführungen von Hermann Fahrig und Hildegard Horn durch ein Schaubild. (Sie können dieses auf Overheadfolie schreiben, vor dem Kurs präsentieren, erläutern und diskutieren.)

2 Vergleichen Sie den psychoanalytischen Ansatz bei der Sicht von Essstörungen mit dem systemischen.

1.3.5.2 Therapeutische Gesichtspunkte bei Magersucht

Jugendliche wollen sich auf dem Weg zum Erwachsenwerden von Erwachsenen einerseits abgrenzen, ablösen und deren Meinung in der Regel gerade nicht übernehmen, andererseits aber verkörpern die Eltern noch den Schutz, die Geborgenheit und die Repräsentanz der eigenen Identität. In diesem Spannungsfeld findet Therapie mit Jugendlichen statt. Bei Magersüchtigen kann man auf Grund klinischer Erfahrung davon ausgehen, dass die Identitätsproblematik ganz im Vordergrund steht. Der Wunsch, die Abhängigkeit von den Objekten zu überwinden, spielt dabei die größte Rolle, wobei das Erleben existenzieller Abhängigkeit von den Eltern auf die das Überleben sichernde Nahrung verschoben wird. Hunger, Essen, Nichtessen werden dadurch zum Ersatzobjekt, das überwältigende Bedeutung bekommt. Möglicherweise ist dieser Vorgang als Ergebnis eines Ablösungsimpulses zu verstehen. Dieser Schritt mündet aber nicht, wie altersgemäß zu erwarten wäre, in eine Distanzierung von den Eltern und eine Aufwertung der eigenen Person, sondern ist zu verstehen als symbolische Darstellung des Erlebens: Wenn ich diesem Entwicklungsimpuls folge, muss ich mich vom Leben überhaupt trennen. Im klassisch psychoanalytischen Sinn entspricht dies einer Unfähigkeit zur Umwandlung von Objektlibido in narzisstische Libido als Durchgangsstadium zur sekundären Objektbesetzung.

Offensichtlich ist bei Magersuchtpatienten das Verhältnis von Abhängigkeit und Autonomieanspruch im Gegensatz zu anderen Krankheitsbildern auf dem Hintergrund des Abhängigkeits-Autonomie-Konfliktes von existenzieller Brisanz. Die Entscheidung zur Trennung von den Eltern ist mit der Verschiebung auf das Objekt Nahrung schon gefallen um jeden Preis, auch um den des Lebens. Mit dieser rigorosen Entscheidung ist auch ein weitgehendes Sichlossagen von Kreatürlichem, eine Hinwendung zum Körperlosen, Vergeistigten verbunden, eine Forderung, die in vielen Religionen enthalten ist als Forderung nach Abtötung der Begierden zur Überwindung des Leibes, um die eigentliche Identität zu erlangen. Mit anderen Worten liegt diesem dramatischen Vorgang ein gestörtes Ich- und Beziehungserleben zugrunde, bei dem in nicht wenigen Fällen zur Kompensation des Selbstwertverlustes sogar die Grenze zum Tod überschritten wird.

Bei der Therapie magersüchtiger Patienten halten wir einige Merkmale für wichtig:

1. Der Therapeut stellt sich als Objekt zur Verfügung, ohne besondere Erwartungen zu signalisieren hinsichtlich Kontinuität, Verbindlichkeit und Dauer der Beziehung. Dies ermöglicht dem Patienten, eine ausreichende Distanz aufrechtzuerhalten, in die ein Klinikaufenthalt einbezogen sein kann.

2. Der Patient kann in der Beziehung erleben, dass Getrenntsein nicht tödlich ist. Der Therapeut erweist sich für ihn als eine relativ stabile, belastbare, in der Beziehung zu ihm wenig bedürftige, mit der Realität gut vertraute Person.
3. In der Gegenübertragung fühlt sich der Therapeut über lange Strecken nicht als Gegenüber wahrgenommen, sondern als Garant für den Rahmen einer unabhängigen Existenz und später als Quelle narzisstischer Zufuhr. Schließlich kommt es zur Bearbeitung von Realkonflikten mit Einbeziehung des Therapeuten als Fachmann.

(Aus: Hermann Fahrig und Hildegard Horn: Magersucht bei Kindern und Jugendlichen. In: Günter H. Seidler [Hrsg.]: Magersucht. Öffentliches Geheimnis. Vandenhoeck & Ruprecht: Göttingen-Zürich 1993, S. 10–14)

1 Suchen Sie aus der Fallstudie „Beate" Elemente, die mit Hilfe des psychoanalytischen Ansatzes gedeutet werden können.
2 Wann dürfte ein psychoanalytische, wann eine systemische Sicht vorzuziehen sein? (Führen Sie gegebenenfalls eine Pro-und-Kontra-Debatte.)

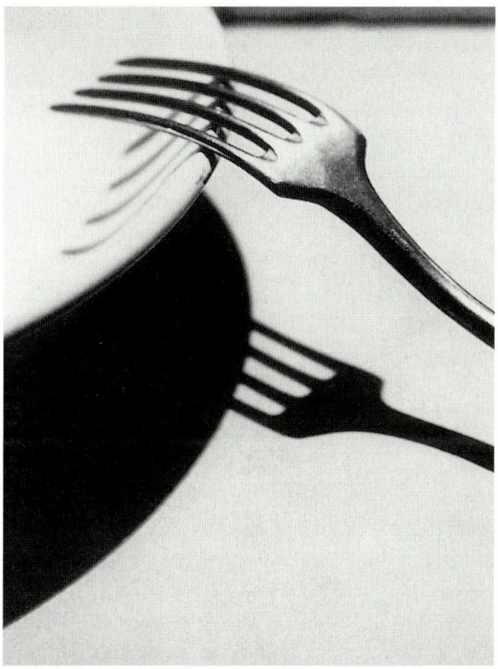

André Kertész: Die Gabel (1928, Ausschnitt).
Museum Ludwig, Köln, © Ministère de la Culture (AFDPP), Paris

1.3.5.3 Was ist Psychoanalyse? – Was kann sie bei Essstörungen leisten?

Ende des 19. Jahrhunderts wurde die Psychoanalyse als erstes systematisch angewandtes Psychotherapieverfahren von dem Wiener Nervenarzt Sigmund Freud für die Behandlung von seelisch kranken Menschen entwickelt. Man unterscheidet heute zwischen individualpsychologischer Tiefenpsychologie (Alfred Adler), analytischer Psychologie (Carl Gustav Jung) und der Psychoanalyse (Sigmund Freud). Offene Gespräche, freie Assoziationen, Besprechung von Träumen, Übertragung und Wiederbelebung verdrängter Beziehungsmuster und Konflikte, Bearbeitung von Widerständen, Gegenübertragung und Deutung durch die Analytikerin bzw. den Analytiker sind konstitutiv für eine analytische Psychotherapie. Die Analytikerin oder der Analytiker bietet eine Projektionsfläche; eine gegenseitige reale Beziehung ist nicht möglich. Die Arbeit konzentriert sich auf innerpsychische Prozesse; den Signalen des Körpers und der Körperlichkeit überhaupt wird wenig Bedeutung beigemessen. Dies heißt, dass für essgestörte Frauen, die ihr inneres Erleben deutlich körperlich darstellen, die Gefahr besteht, dass sie zwar theoretisch „nachreifen", ihre Körperlichkeit und die damit verbundenen Probleme aber auf der Strecke bleiben können.
Ein großer Leidensdruck und die starke Motivation zur persönlichen Veränderung sind Voraussetzung für die Behandlung. Ein analytisches Vorgehen bei Essgestörten ist nur dann günstig, wenn das eigentliche Symptom nur gelegentlich auftritt und die Analysandin nicht zu sehr beeinträchtigt. Auch ist ein psychischer Leidensdruck und eine Bereitschaft zur Veränderung bei Magersüchtigen beispielsweise meist nicht gegeben. Bei Essgestörten, die durch ihre Erkrankung häufig in eine soziale Isolation geraten sind und deren Erkrankung u.a. ja gerade auch Ausdruck ihrer mangelnden Beziehungsfähigkeit ist, reicht das Beziehungsangebot in der klassischen Analyse im Allgemeinen nicht aus.

(61ff) psychoanalytischer ↑↑
+ systemischer Ansatz u.w.S.
(S. 52)

Eine Psychoanalyse zu machen bedeutet, sich zeitweise einer starken Belastung auszusetzen; auch ist ihre Wirkung nie eine sich unmittelbar einstellende. Deswegen sind ein gewisser Gesundheitszustand und ein unterstützendes soziales Umfeld (z. B. eine Selbsthilfegruppe) sowie eine zusätzliche Auseinandersetzung mit dem eigenen Körper (z. B. durch körpertherapeutische Arbeit) wichtige Voraussetzungen bzw. Begleitfaktoren für eine erfolgreiche Analyse bei Essgestörten. Eine analytisch orientierte Kindertherapie, bei der durch Spiele unbewusste Vorgänge und Konflikte bewusst gemacht werden (Spieltherapie), ist für die Behandlung von Essstörungen bei Kindern von guter Wirkung, doch eine Familientherapie sollte dennoch immer vorrangig angestrebt werden.

(Aus: Sylvia Baeck: Essstörungen bei Kindern und Jugendlichen. Ein Ratgeber für Eltern, Angehörige, Freunde und Lehrer. Lambertus Verlag: Freiburg i. Br. 1994, S. 72/73)

1.3.5.4 Weitere therapeutische Ansätze – auf dem Wege zur Methodenintegration

Bislang wurden nur zwei Sichtweisen von Essstörungen näher betrachtet. Es gibt aber eine kaum zu übersehende Anzahl von Therapien, die Hilfen versprechen. Die folgenden Ausführungen sollen Ihnen einen groben Überblick verschaffen, wie vielfältig das komplexe Krankheitsbild von Essstörungen im Jugendalter wissenschaftlich und therapeutisch angegangen werden kann.

Eine gründliche Aufklärung über die verschiedenen therapeutischen Verfahren, die im Folgenden kurz vorgestellt werden, sollte jeder Entscheidung für ein bestimmtes therapeutisches Vorgehen vorausgehen. Die erste grundsätzliche Entscheidung, die die Betroffene treffen muss, ist die, ob sie eine ambulante oder eine stationäre Therapie beginnen möchte.
Der behandelnde Arzt kann einschätzen, inwieweit ihr körperlicher Zustand es erlaubt, noch ambulant zu arbeiten, oder ob eine intensivmedizinische Versorgung bereits unbedingt erforderlich ist. Wenn eine stationäre Versorgung unumgänglich ist, sollte der Arzt – sofern er nicht entsprechende Vorerfahrungen hat – bei der Klinikauswahl eine Beratungsstelle zu Rate ziehen. Auch bei der Entscheidung für eine ambulante Therapie ist eine Beratung bezüglich der Therapierichtung notwendig. Die Ärzte nehmen sich dazu häufig zu wenig Zeit, sodass auch hier das Aufsuchen einer Beratungseinrichtung sehr hilfreich sein kann. [...]

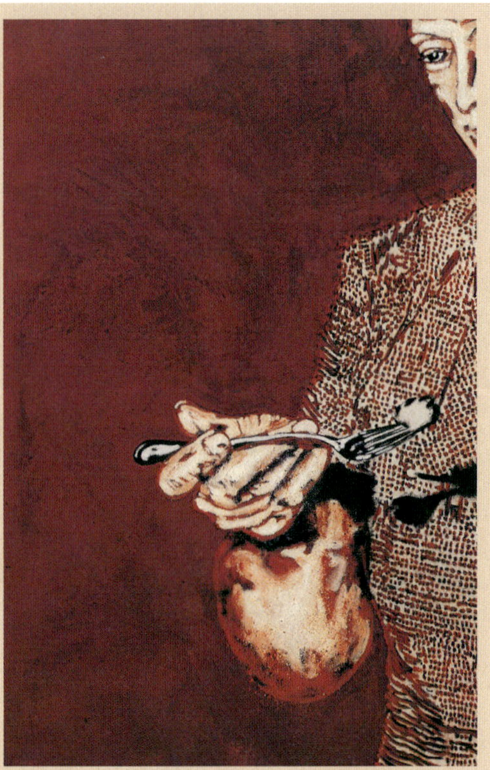

Tony Bevan, Once (1989)

Klientenzentrierte Gesprächspsychotherapie
Carl Rogers (USA) entwickelte vor fast 50 Jahren die Gesprächspsychotherapie. Diese Form der Psychotherapie geht davon aus, dass drei Momente eine konstruktive Veränderung bei einem Menschen herbeiführen: Einfühlungsvermögen (Empathie) des Therapeuten bzw. der Therapeutin, Annahme und Wertschätzung (Akzeptanz) des Klienten oder der Klientin durch den Therapeuten bzw. die Therapeutin und Wahrhaftigkeit des Therapeuten bzw.

der Therapeutin. Die solchermaßen bestimmte Beziehung zum Therapeuten oder zur Therapeutin soll dem Klienten ermöglichen, korrigierende Beziehungserfahrungen zu machen. Insbesondere für Menschen mit Essstörungen ist dies wichtig und heilsam, da sie überwiegend doppelbödige und widersprüchliche Beziehungen erlebt haben, die von Verunsicherung, Verurteilung und Nicht-Akzeptanz geprägt waren und ihnen die Ausbildung eines ausreichenden Selbstwertgefühls erschwert oder unmöglich gemacht haben.

Psychische Störungen treten dann auf, wenn Erfahrungen ignoriert, geleugnet oder verzerrt werden müssen, weil das Selbstbild einer Person nicht mit ihrer Wahrnehmung in Beziehung gebracht werden kann, weil Selbst- und Fremdwahrnehmung nicht übereinstimmen. Der Konflikt zwischen zwei psychischen Instanzen, dem Selbstbild und dem Erleben, erzeugt Spannungen und Ängste, die dann wiederum zu nicht angemessenen Handlungsmustern führen. Klienten sollen durch die Gesprächspsychotherapie befähigt werden, sich selbst zu erforschen und ihr Selbstbild mit Hilfe neuer Erfahrungen und Bewertungen zu korrigieren. Das Ziel der Therapie ist erreicht, wenn die Klienten nur noch geringen seelischen Spannungen ausgesetzt sind, auf äußere Bedrohungen möglichst immun reagieren und zu einer konstruktiven Auseinandersetzung mit ihren Lebensbedingungen fähig sind, dazu gehört dann auch, dass sie über ein gutes Maß an Selbstkontrolle und Verständnis für sich und andere Menschen verfügen. [...]

Verhaltenstherapie

Die Verhaltenstherapie wurde in der Zeit des Zweiten Weltkriegs entwickelt und erschütterte die Position der klassischen Analyse nachhaltig. Sie ist eine symptomorientierte Therapie und geht davon aus, dass problematisches Verhalten „erlernt" ist und damit auch wieder „verlernt" werden kann. Als therapeutisches Mittel wird zur Festigung des Verhaltens Belohnung, zum Löschen des Verhaltens Nicht-Belohnung und für eine zeitweilige Unterdrückung auch Bestrafung eingesetzt. Zu Beginn der Behandlung wird eine Verhaltens- und Bedingungsanalyse erstellt: Welches Verhalten ist gestört und welche Bedingungen erhalten dieses Verhalten aufrecht?

Ein verhaltenstherapeutisches Konzept zur Behandlung von Magersucht könnte beispielsweise so aussehen: Systematische Desensibilisierung der Angst vor einer Gewichtszunahme, vertragliches Festsetzen des Gewichtsanstiegs, positives Verstärken des gewünschten Essverhaltens, Belohnung durch soziale Kontakte und Ausflüge, negative Verstärkung bei Nichterreichen eines Ziels, tägliches Feed-back über die allmählich zunehmende Nahrungsmenge, deren Kaloriengehalt und das Körpergewicht wird als Methode der positiven Beeinflussung gewertet. Hält die Magersüchtige Vereinbarungen nicht ein und nimmt z. B. ab, so wird sie mit Kontakteinschränkungen bis hin zum Kontaktentzug bestraft.

Bei der Bulimie steht die Selbstbeobachtung und Protokollierung des Essverhaltens im Vordergrund, mit ihrer Hilfe werden Selbstkontrollen aufgebaut, die Auslöser für die Heißhungerattacken und das Erbrechen gesucht. Dies fördert die Einsicht der Betroffenen in ihr eigenes Essverhalten. Reizkontrolltechniken sollen Verhaltensänderungen fördern.

Die Kosten für eine Verhaltenstherapie werden in der Regel von jeder Krankenkasse übernommen. Deshalb wird dieses Behandlungsverfahren sehr häufig eingesetzt. Eine Verhaltenstherapie zielt vorrangig auf die Wiederherstellung der Funktionsfähigkeit eines Menschen; seine emotionalen oder psychischen Prozesse interessieren weniger. Daher ist die klassische Verhaltenstherapie für Menschen mit Essstörungen nicht unbedingt anzuraten. Ein Abtrainieren des Symptoms führt in der Regel nur zu einer Symptomverschiebung, d.h., es ist wahrscheinlich, dass einfach andere Essstörungen oder andere Formen von Abhängigkeit entwickelt werden. Inzwischen gibt es jedoch auch Verhaltenstherapeuten bzw. Verhaltenstherapeutinnen, die modifiziert arbeiten, d.h. auch gesprächstherapeutische Elemente integrieren.

Körpertherapie
Es gibt unterschiedliche Körpertherapieformen, die jedoch alle eines gemeinsam haben: Sie bearbeiten Defizite und Störungen in der Körperwahrnehmung und wollen die Betroffenen dazu befähigen, Emotionen und Wahrnehmungen adäquat auszudrücken. Die Psyche wird über den Körper erfahrbar gemacht. Seelische Fehlfunktionen bewirken körperliche Fehlfunktionen. Essstörungen werden häufig den präverbalen Störungen zugeordnet. Körperarbeit bietet die Chance, präverbale Erlebnisse erfahrbar und damit auch dem Bewusstsein zugänglich zu machen. Die gestörte Wahrnehmung von körperlichen Signalen (z.B. Hunger oder Sättigung) und die extreme Ablehnung des eigenen Körpers sollen durch die körpertherapeutische Arbeit positiv verändert werden. Das soziale Umfeld, die Ursachen und psychischen Zusammenhänge der Störung werden dabei aber nicht berücksichtigt. Körperorientierte Therapieverfahren haben sich im Essstörungsbereich vor allem als Ergänzung zu anderen therapeutischen Verfahren sehr bewährt. Leider werden die Kosten für körpertherapeutische Behandlungen selten von den Krankenkassen übernommen. Sie sollten jedoch trotzdem auf jeden Fall versuchen, zumindest einen finanziellen Zuschuss von den Kassen zu erhalten. Zur Körpertherapie gehören u.a. folgende Therapieformen: Gestalttherapie, Psychodrama, konzentrative Bewegungstherapie (KBT), Atemtherapie, Bioenergetik, Musiktherapie und Gestaltungstherapie. Zu erwähnen sind in diesem Zusammenhang auch Entspannungstechniken wie Yoga und autogenes Training, die eine wichtige Therapieergänzung darstellen können.

Selbsthilfe
Der Weg in die Selbsthilfegruppe führt häufig über eine Beratungsstelle. Interessant ist, dass viele der heutigen Beratungsstellen in den 80er-Jahren aus der Selbsthilfebewegung heraus entstanden sind. Selbsthilfe ist ein niedrigschwelliges Unterstützungsangebot, das in den letzten Jahren insbesondere im Zusammenhang mit der Behandlung von Essstörungen wichtige Funktionen übernommen hat. Sie zeichnet sich nicht nur dadurch aus, dass kaum Kosten entstehen, die Selbsthilfe fördert auch sehr die Übernahme von Eigenverantwortung und das Erweitern von Handlungskompetenzen, da sie ohne Mitarbeit und Mitbestimmung der Betroffenen natürlich überhaupt nicht funktionieren kann.

(Aus: Sylvia Baeck: Essstörungen bei Kindern und Jugendlichen. Ein Ratgeber für Eltern, Angehörige, Freunde und Lehrer. Lambertus Verlag: Freiburg i. Br. 1994, S. 66–75)

1 Die Autorin Sylvia Baeck steht den verschiedenen Therapieformen nicht neutral gegenüber. In ihren Ausführungen sind Bewertungen erkennbar. Verdeutlichen Sie dies am Text und setzen Sie sich mit diesen Bewertungen auseinander.
Es kann Ihnen helfen, wenn Sie dazu eine Tabelle erstellen. Hier ein Beispiel:

	Klientenzentrierte Gesprächspsychotherapie	**Verhaltens-therapie**	**Körper-therapie**	**Selbst-hilfe**
Wesentliche Elemente der Therapieform in der Darstellung von Sylvia Baeck				
Bewertung der Therapieform durch Sylvia Baeck				
Eigene Bewertung der Therapieform				

2 Im vorliegenden Textauszug wird zwischen ambulanter und stationärer Therapie unterschieden. Erörtern Sie, wann eine Essstörung Ihrer Auffassung nach ambulant, wann stationär behandelt werden soll.

3 Verfassen Sie einen Elternratgeber zum Thema „Essstörungen von Jugendlichen". Sie können sich an folgender Gliederung orientieren:
1. Einleitung
2. Was sind Essstörungen? Gemeinsamkeiten und Unterschiede
3. Die Situation der Angehörigen
4. Von der Verleugnung zur Akzeptanz der Krankheit
5. Hilfen und Behandlungsmöglichkeiten
6. Wer hilft weiter? Adressen (müssten Büchern oder dem Internet entnommen werden.)
7. Literatur

(Vielleicht kann dieser Elternratgeber im Rahmen einer Facharbeit oder eines Projektes gestaltet werden. Zur Präsentation könnte der Ratgeber ins Internet gestellt werden.)

Gerhard Richter: Betty (1988)

1.4 Aggressive Jugendliche – Fakten, Theorien, Hintergründe und methodische Zugangsweisen zu einer vornehmlich bei Jungen auftretenden Problematik

1.4.1 Hinführung: Anna Massek (15 Jahre), Wunsch und/oder Wirklichkeit

Ich stehe mit einer brennenden Gauloise vor dem Haus und teile mir mit meiner Freundin ein Bier. Da kommt meine Mutter heraus.
Ich erschrecke nicht, obwohl ich weder rauchen noch trinken dürfte.
Sie läuft auf mich zu und fängt an zu schreien. Ich höre sie nicht. Ich verstehe sie nicht. Ich höre nur meinen eigenen Atem, der den Rauch meiner Geliebten bis in die letzte Ecke meiner Lunge verteilt.
Weil es mich wirklich nicht interessiert, was meine Mutter zu erzählen hat, drehe ich mich um und gehe.
Doch plötzlich sind nur noch sie und ich übrig. Ich frage: „Was würdest du tun, wenn ich Selbstmord begehen würde?"
Sie: „Ich würde deine Möbel und den Rest wegschmeißen und mir in deinem Zimmer einen Arbeits- und Aufenthaltsraum einrichten."
Da wache ich auf.
In meiner Hand ein Messer. Es ist blutverschmiert, genau wie meine Hände, mein T-Shirt. Vor mir liegen meine Eltern, tot. Erstochen. Von ihrer fünfzehnjährigen Tochter, die sich nun abwendet und wegläuft. In den Tunnel, dessen Ende sich in der Hölle befindet.

(Aus: Anna Massek: 15 Jahre, Wunsch und/oder Wirklichkeit. In: Anne Teuter und Abraham Teuter [Hrsg.]: Wie erziehe ich meine Eltern? Erzählungen junger Autorinnen und Autoren über fliegende Fetzen, knallende Türen und echte Enttäuschungen – aber auch über Liebe. touchdown Alib-aba Verlag: Frankfurt/Main 1999, S. 137. © bei den Autorinnen und Autoren)

1 Interpretieren Sie die Geschichte auf dem Hintergrund Ihrer Kenntnisse über Pubertät und Jugendalter.

2 Gewaltfantasien – typisch für Mädchen? Gewaltausübung – typisch für Jungen? Nehmen Sie differenziert Stellung zu diesen Alternativen.

1.4.2 Zur geschlechtsspezifischen Verteilung von Straftaten aggressiven Charakters

1.4.2.1 Statistische Angaben

Um zu Erkenntnissen über die Verteilung von Gewalttaten bei Jungen und Mädchen zu gelangen, kann man Kriminalitätsstatistiken heranziehen. Man sollte sich dabei allerdings bewusst sein, dass „aggressives Verhalten" auf diese Art nicht immer eindeutig identifizierbar ist. Franz und Ulrike Petermann geben zu bedenken:

Aus unserer praktischen Arbeit mit aggressiven Kindern wissen wir, dass so unterschiedliche Phänomene wie Aggression und soziale Unsicherheit nicht voneinander losgelöst betrachtet werden dürfen. Sie bilden oft auf der Ebene der sozialen Motive, die solche Verhaltensweisen begründen, eine Einheit und im Hinblick auf beobachtbares Verhalten unterschiedliche Pole einer Dimension auffälligen Sozialverhaltens. [...] Unter Sozialverhalten versteht man das Handeln, das auf einen Partner ausgerichtet ist und von bestimmten Zielen geleitet wird. Solche Ziele beziehen sich normalerweise darauf, mit anderen in Kontakt zu kommen, zu kooperieren, zu helfen, und auf das eigene Bedürfnis nach Nähe und Geselligkeit. Von einer Verhaltensstörung spricht man, sofern diese Ziele gar nicht oder mit unangemessenen Mitteln angestrebt werden. Es kommt dann vor, dass ein Sozialverhalten nicht (defizitär), kaum oder zu stark (exzessiv) ausgeprägt ist. Ein Verhaltensmangel liegt zum Beispiel vor, wenn man bei kontaktscheuen und sozial unsicheren Jugendlichen initiativeloses, passives, gleichgültiges und sich zurückziehendes Verhalten feststellt. Hingegen stehen Formen von Aggression und Delinquenz für Verhaltensweisen, die zu stark ausgeprägt sind. Vielfach wird der Begriff „Verhaltensstörung" auf aggressives und delinquentes Verhalten beschränkt. Dies hängt vermutlich mit der starken Verbrei-

Straftat	Altersklasse*					
	bis 14 Jahre		bis 18 Jahre		bis 21 Jahre	
	m	w	m	w	m	w
Mord, Totschlag	0,3	0,0	4,9	0,3	11,8	0,5
Raub, räuberische Erpressung, räuberlscher Angriff auf Kraftfahrer	4,7	0,5	22,8	2,5	16,6	0,8
Körperverletzung (leicht und schwer)	5,0	1,0	21,4	4,0	21,4	1,7
Diebstahl (ohne erschwerende Umstände)	7,0	2,9	11,4	4,9	6,6	2,3
Diebstahl (unter erschwerenden Umständen)	5,7	0,5	23,3	1,6	18,8	0,9
Brandstiftung	19,3	2,5	9,2	1,2	5,3	0,5
Sachbeschädigung	9,9	1,1	19,6	1,7	11,9	0,7
Rauschgiftdelikte	0,2	0,0	7,5	1,2	17,3	2,0
Straftaten gegen das Waffen- und Kriegswaffengesetz	1,3	0,1	11,8	0,3	12,7	0,2

*) Prozentualer Anteil einzelner Altersklassen als Tatverdächtige. Differenziert werden die Straftaten und das Geschlecht der Betroffenen (m = männlich; w = weiblich). Bundeskriminalamt, 1995

Rebecca Horn: High Moon (1991). Installation in der Maria Goodman Gallery, New York. Zwei Winchestergewehre, zwei Plexiglastrichter, rote Farbe, Stahltrog, Säge, Metallkonstruktionen, Motoren (Dimensionen je nach Standort variabel)

(Aus: Edvard Lucie-Smith: Kunst heute. Kindler Verlag: München 1995) tung dieser Verhaltensweisen und ihrem hohen Maß an Bedrohung zusammen. Wie aus Kriminalstatistiken zu entnehmen ist, sind junge Menschen unverhältnismäßig häufig kriminell aufgefallen. So stellen die unter 25-Jährigen fast die Hälfte aller von der Polizei registrierten Tatverdächtigen (Pfeiffer 1990; Walkenhorst 1990). Der Waffenbesitz nimmt in dieser Altersgruppe deutlich zu. In einer Umfrage unter Chemnitzer Jugendlichen gaben 3 % an, eine Pistole zu besitzen, 6 % einen Baseballschläger, 6 % eine Gaspistole, 21 % Reizgas, 41 % ein Messer und 14 % eine andere Waffe. Fast alle Jugendlichen äußerten Angst, abends das Haus zu verlassen (Starke & Starke 1995).

(Aus: Franz Petermann/Ulrike Petermann: Training mit Jugendlichen. Förderung von Arbeits- und Sozialverhalten. 5., überarbeitete und erweiterte Auflage. Beltz Psychologie Verlags Union: Weinheim 1996, S. 16/17)

1 Interpetieren Sie die Tabelle unter der Fragestellung geschlechtsspezifischer Verhaltensweisen aggressiver Art.

2 Stellen Sie Hypothesen auf, wie das von Ihnen gefundene Ergebnis zu erklären sein könnte.

„Jugendliche können auch ohne Abitur glücklich werden"

Postkarte. Loriot Design GmbH: Stuttgart

1.4.2.2 Von den Unzulänglichkeiten der Statistik – am Beispiel der polizeilichen Kriminalstatistik

Die polizeiliche Kriminalstatistik spiegelt das offizielle Bild von Kriminalität, wie es der Polizei, dem Bundesgrenzschutz und dem Zoll aus Anzeigen der Bevölkerung und der eigenen Kontrolltätigkeit zur Kenntnis gelangt ist. Nur das, was diese Behörden an Kriminalität wahrnehmen, wird auch von ihnen beschreibend statistisch aufbereitet. Die Taten werden gezählt, die Tatverdächtigen nach Delikten, Alter und Nationalität erfasst, die Opfer werden registriert und die Schäden vermerkt. Nach Bundesländern und Ortsgrößen wird die Kriminalität eingeordnet und die Entwicklung der Kriminalität im Verlauf der Jahre aufgezeigt. Ist aber diese Statistik ein Spiegel der Kriminalität in Deutschland?

Eigentlich seit es polizeiliche Kriminalstatistiken gibt, werden auch Einwände gegen diese erhoben, wird ihre Aussagefähigkeit hinterfragt, die Verlässlichkeit der Daten und die Klarheit ihrer Auswertung in Zweifel gezogen. Es werden ihre politische Funktion kritisiert, die Entstehungsgrundlagen und ihre Strukturierung skeptisch betrachtet. Insgesamt wird der PKS vorgeworfen, nicht das widerzuspiegeln, was sie vorgibt, statistisch zu erfassen: die Kriminalität.

Sicherlich müssen sich auch die PKS-Kritiker fragen lassen, ob sie mit ihren Forderungen an die PKS nicht ein Optimum anmahnen, das im landwirtschaftlichen Bereich der Eier legenden Wollmilchsau entspräche. Gleichwohl gilt es die Unzulänglichkeiten bewusst zu halten, um nicht dem Trugschluss aufzusitzen, dass das offizielle Bild der Kriminalität der kriminellen Wirklichkeit entspräche. Denn dies tut sie keinesfalls.

Die gewichtigsten Vorwürfe betreffen den Erfassungsbereich der PKS, der sich – wie oben benannt – auf die Kenntnisnahme durch Polizei, Bundesgrenzschutz und Zoll beschränkt. Neben diesem sog. Hellfeld der Kriminalität findet sich noch ein Grau- und Dunkelfeld an Delikten, die zwar geschehen, aber aus unterschiedlichsten Gründen nicht zur behördlichen Wahrnehmung gelangen, vermutet werden, aber nicht nachweisbar sind.

Mit der Abbildung soll veranschaulicht werden, wie sich das Hellfeld der Kriminalität von dem Gesamtbild unterscheidet:

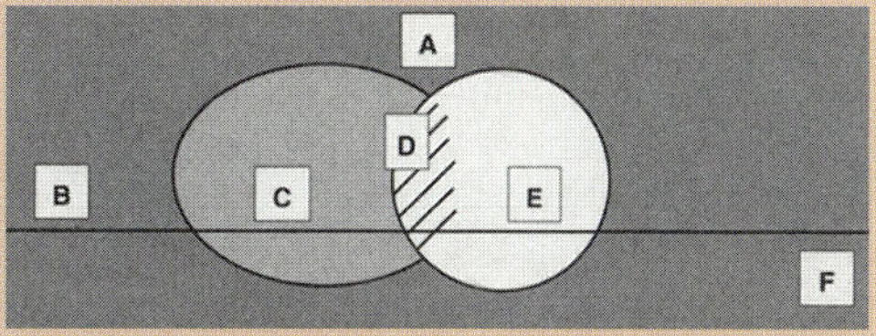

Dunkel- und Hellfeld der Kriminalität

A = absolutes Dunkelfeld = weder durch die PKS noch durch Dunkelfeldforschung aufzuhellen (außerhalb der Kreise, oberhalb der Linie)

B = „Kriminalität" (Verstöße gegen StGB und strafrechtliche Nebengesetze (oberhalb der Linie)

C = relatives (z. B. durch crime surveys aufgehelltes) Dunkelfeld = insbesondere Massenkriminalität von eher geringer Schwere mit in der Regel Privatpersonen als Opfer

D = angezeigte und in crime surveys berichtete Straftaten

E = PKS (offizielles Hellfeld) = angezeigte und registrierte, nicht in crime surveys erfasste Kriminalität (z. B. „opferlose" Straftaten, Straftaten z. B. gegen Reisende, Kinder oder Randgruppen, vollendete Tötungsdelikte)

F = unterhalb der Linie = Ereignisse, die nicht als „Kriminalität" (Verstöße gegen StGB und strafrechtliche Nebengesetze) zu bewerten sind.

(BKA 1998 b: 8)

Neben dem offiziellen PKS-Hellfeld befindet sich das Graufeld mit einigen Überschneidungen zum Hellfeld.

In diesem Bereich, der durch so genannte Dunkelfeldforschung ausgeleuchtet wird, finden sich z. B. Delikte, bei denen die Opfer auf eine Anzeige verzichtet haben, wie z. B. die leichte Körperverletzung, bei der das Opfer mit dem sprichwörtlichen blauen Auge davonkam, der versuchte Einbruch, bei dem der Täter gestört wurde und, ohne richtigen Schaden anzurichten, unerkannt entkam, oder die vielen kleinen Delikte, bei denen Opfer und Täter einander kennen und bei denen erfolgreich auf eine interne Lösung des durch die Tat ausgelösten Konflikts gesetzt wurde. Dieses Graufeld wird in crime surveys mittels Bevölkerungsbefragungen beleuchtet, wobei die Bürger nach

Opfererfahrungen und ihrem Anzeigeverhalten befragt werden.
Noch größer als das durch crime surveys aufgehellte Graufeld dürfte das absolute Dunkelfeld der Kriminalität sein, über das nicht berichtet wird: Dies reicht vom „perfekten Mord“, der als normaler Todesfall betrachtet wird, über Verbrechen an Verbrechern (die sich hüten, wegen einer Körperverletzung oder eines schweren Diebstahls in Kontakt mit der Polizei zu treten) bis zu der inventurbedingten Feststellung von starkem Ladendiebstahl, der aber weder zeitlich noch gar persönlich eingegrenzt werden kann. Auch die opferlosen Delikte wie illegale Einreise, Urkundenfälschungen, heimlicher Drogenkonsum und vieles andere werden nicht erfasst.
Das relative Verhältnis von Hell-, Grau- und Dunkelfeld ist alles andere als statisch, sondern je nach Delikten, dem Rechtsgefühl der Bevölkerung, den Rahmenbedingungen polizeilicher Arbeit sowie weiteren Faktoren (wie z. B. auch dem Vertrauen des Bürgers in die Polizei) sehr unterschiedlich. Wesentlichen Einfluss hat das Anzeigeverhalten der Bürger, das durch verschiedene Faktoren beeinflusst wird:

- Bei verschiedenen Delikten, wie z. B. Wohnungseinbruch, ist das Anzeigeverhalten von den Bedingungen einer evtl. abgeschlossenen Hausratversicherung abhängig. Ist jemand versichert, so fordert die Assekuranz den Nachweis der polizeilichen Anzeige, bevor sie in Ersatzleistungen eintritt. Daraus folgt, dass Einbruchsopfer mit Versicherungsschutz eher eine Anzeige erstatten (und damit das Delikt ins Hellfeld bringen) als Opfer ohne Versicherungsschutz, die (nicht unberechtigt) davon ausgehen, dass eine polizeiliche Verfolgung der Tat wenig erfolgversprechend ist (Aufklärungsquote 1997: 17,5 %).
- Die Betroffenheit eines Opfers, das daraus resultierende Straf- und Sühnebedürfnis sind ebenfalls von Belang. Wird die Körperverletzung während einer Disko-Prügelei begangen und war das Opfer selbst auch unter den Austeilenden, so ist die Anzeige weniger wahrscheinlich, als wenn ein Überfall begangen wurde und das Opfer sich als schuldlos betrachtet.
- Die soziale Nähe des Opfers zum Täter beeinflusst weiterhin die Anzeigebereitschaft. Gerade bei Sexualdelikten, bei denen der Täter aus dem Verwandtschafts- oder Bekannten- oder Kollegenkreis stammt oder ein andersartiges Abhängigkeitsverhältnis besteht, wird seltener angezeigt als bei Fremdtätern.
- Die allgemeine Sensibilisierung für bestimmte Delikte wirkt sich auch auf das Anzeigeverhalten aus. Sexueller Kindesmissbrauch und Kinderpornografie, lange verschwiegen und – im wahrsten Sinne des Wortes – unter der Decke gehalten, wurde nach dem belgischen Kinderschänderskandal 1997 und zwei stark publizierten Fällen in Deutschland anschließend häufiger angezeigt.

Veränderungen im Anzeigeverhalten haben direkten Einfluss auf die Größe des Hellfeldes und damit auch auf die registrierte Kriminalität.
Die in der PKS dokumentierte Steigerung oder auch Abnahme von Kriminalität muss also nicht mit tatsächlichen Veränderungen in der Delikthäufigkeit einhergehen.
Doch nicht nur die Anzeigen aus der Bürgerschaft beeinflussen die Größe der registrierten Kriminalität. Auch Veränderungen in der Kontrolltätigkeit der Polizei wirken sich direkt aus. Will die Polizei z. B. das örtliche Drogenmilieu in einer Großstadt vom Bahnhof vertreiben, wird sie dort intensiver kontrollieren, Dealer und Fixer stärker verfolgen, vermehrt Anzeigen ausfertigen und im Rahmen der Kontrolle auch anderen Straftaten und Verstößen gegen strafrechtliche Nebengesetze nachspüren, sodass durch diese Arbeit die Deliktzahlen erhöht werden. Umgekehrt kann es sein, dass die Polizei, z. B. aus Personalmangel oder in Erwartung kommender Entkriminalisierung von Delikten, auf Kontrollen verzichtet und damit Deliktzahlen senkt. Die Toleranzbreite der Strafverfolger hat also unmittelbare Wirkung auf die registrierte Kriminalität. Und weiter: Je mehr Polizisten von den Bundesländern eingestellt werden, desto intensiver wird Strafverfolgung ausgeübt und desto größer wird auch die

Zahl registrierter Verbrechen – dies ist politisch schwer zu verkaufen.

Die Größe des Hell- bzw. Dunkelfeldes ist demnach von mehreren Variablen abhängig, sie ist politisch, publizistisch und polizeilich beeinflussbar – und damit auch manipulierbar.

Neben diesem Grundproblem der polizeilichen Kriminalstatistik lassen sich noch weitere Schwierigkeiten auflisten, die die Aussagefähigkeit in Frage stellen.

Wenn z. B. die Gesamtkriminalität mit den Delikthäufigkeitszählungen dargestellt wird, hat jedes Verbrechen und jeder Verstoß gegen eine Strafrechtsnorm das gleiche Gewicht. Der Ladendiebstahl zählt ebenso viel wie der Mord. Wenn jemand als notorischer „Schwarzfahrer" in der Straßenbahn erwischt wird, findet dies den gleichen Niederschlag in der Statistik wie die illegale Ausfuhr von Massenvernichtungswaffen. Und der Handtaschenraub wird genauso gewichtet wie der Terroranschlag.

Die hier fehlende qualitative Gewichtung der Kriminalität wirkt sich deutlich auch bei den Tatverdächtigenzählungen aus. Die große Zahl kleiner Kriminalität von Jugendlichen und Heranwachsenden wird demnach stärker hervorgehoben als die „Erwachsenenstraftaten" von Mord über Betrug, Korruption und Spionage bis zur umweltgefährdenden Abfallentsorgung.

Ohne noch auf viele weitere Probleme, Aussagegrenzen und Fehlerquellen der PKS einzugehen [...], sollen nur zwei weitere Aspekte näher betrachtet werden.

[...] Jugendliche, Ausländer und Angehörige der unteren sozialen Schichten sind für die Polizei leichter zu überführen, sie sind den Verhörtechniken der Polizei weniger gewachsen, verstricken sich schneller in Widersprüche in ihren Aussagen, sind eher geständig und verzichten häufiger auf eine Rechtsvertretung durch einen Wahlanwalt als erwachsene Angehörige der (gebildeten und finanziell gesicherten) Mittelschicht. Das von der polizeilichen Kriminalstatistik gezeichnete Tatverdächtigenbild ist demnach nicht repräsentativ für die tatsächliche Täterschaft [...]. Diese Ungleichheit der verschiedenen sozialen Gruppen muss insbesondere bei der Betrachtung „der Jugendkriminalität" und „der Ausländerkriminalität" berücksichtigt werden. Jugendliche und Ausländer unterliegen einer stärkeren sozialen Kontrolle, werden häufiger Gegenstand polizeilicher Wahrnehmung und werden demnach schneller als Tatverdächtige ins Auge gefasst. Sie sind vielleicht gar nicht krimineller, sondern werden nur leichter und häufiger erwischt.

[...]

Die PKS registriert nur Tatverdächtige, ob sie der Tat aber wirklich schuldig sind, entscheidet ausschließlich die unabhängige Gerichtsbarkeit. Die PKS kann deshalb nur vorläufige Erkenntnisse vermitteln, während die Strafverfolgungsstatistik der Justiz definitiv (wenn auch nicht umfassend) über die Kriminalität informiert.

Beide Statistiken, also die PKS wie auch die Strafverfolgungsstatistik, geben nur einen Einblick in die Kriminalität, deren tatsächlicher Umfang überhaupt nicht erfasst werden kann. Zwischen den Taten, der polizeilichen Ermittlung und den gerichtlich verfügten Strafen sind viele Ausfilterungen festzustellen: Taten werden nicht entdeckt oder nicht angezeigt, die Polizei kann viele Verbrechen nicht aufklären, es fehlen nicht selten stichhaltige Beweise, die zu einer Bestrafung führen könnten, Tatverdächtige werden vor Gericht freigesprochen etc. [...].

Polizisten, Politiker und Kriminologen wissen um die Schwächen der polizeilichen Kriminalstatistik – aber keiner vermag sich von ihr zu lösen.

Verschiedene Ansätze zu ihrer Verbesserung wurden vorgeschlagen, konnten sich jedoch (bisher?) nicht durchsetzen. Und so bleibt dem an der Kriminalitätsentwicklung Interessierten nur der Blick in die PKS und das Unbehagen über ihre offenkundigen Schwächen.

(Aus: Bernhard Frevel: Kriminalität. Gefährdungen der Inneren Sicherheit. Leske und Budrich: Opladen 1999, S. 46–51)

1.4.3 Erklärungsmodelle für aggressives Verhalten – Protokoll eines fiktiven Symposiums

Es war eine erregte und allgemeine Debatte damals, die Debatte um die Ursachen der menschlichen Aggression, die der Verhaltensforscher und nachmalige Nobelpreisträger Konrad Lorenz 1963 losgetreten hatte.

Schon der Titel seines Bestsellers war ein kleiner Skandal gewesen: „Das so genannte Böse" ... Sollte es etwa Gesichtspunkte geben, unter denen Aggression nur scheinbar böse war? Ja, war die ungewohnte Antwort des Ethologen. Dass es unter Tieren Aggressivität gebe, sei keine bloße boshafte Laune der Natur. Aggression im Tierreich gebe es, weil sie eine Funktion habe. Sie diene nützlichen Zwecken – zum Beispiel und vor allem verteile sie die Individuen einer Population über das zur Verfügung stehende Terrain, indem sie für Abstand sorge. Aber hieß das, dass auch die menschliche Aggression ihr Gutes haben könnte?

Verallgemeinerungen auf den Menschen sind in diesem Punkt immer besonders heikel gewesen. Der Mensch hat sich schließlich Lebensbedingungen geschaffen, unter denen seine natürlichen Anpassungen, sollten sie noch immer vorhanden sein, funktionslos geworden sein könnten, unsinnig, gefährlich.

Wie viele Debatten verlief auch jene irgendwo im Sand. Was aber ist aus ihren Argumenten geworden? Wie sieht die Wissenschaft die Dinge heute? Das folgende Dramolett gibt die Antwort. In Form eines Hearings stellt es die wesentlichen Aggressionstheorien dar, die bisher miteinander konkurriert haben. Die einzelnen Herren vertreten sinngemäß die Ansichten, die sie tatsächlich vertreten haben oder vertreten; alles Kursive sind sogar wörtliche Zitate. Keinem wurde ein Gedanke unterstellt, der nicht tatsächlich der seine war.

(Ein Kongresssaal. Stühlescharren, Stimmengewirr)

Vorsitzender: Meine Damen und Herren! (Es wird noch nicht ganz ruhig) Damen sehe ich nicht, also meine Herren! (Stille)

Hiermit erkläre ich das internationale und interepochale Hearing über die Wurzeln menschlicher Gewalttätigkeit für eröffnet. Ich begrüße die illustren Gelehrten, die von weither angereist sind, um ihre Theorien vorzustellen und uns Gelegenheit zu geben, sie miteinander zu vergleichen. Ganz besonders begrüße ich jene, die den unendlich weiten Weg aus dem Totenreich nicht gescheut haben. Es geht also um Aggression, ein Thema, das uns allen aus nahe liegenden Gründen auf den Nägeln brennt oder brennen sollte. Ich nehme an, dass wir uns hier nicht auf unfruchtbare semantische Erörterungen einlassen müssen, da alle Versammelten ja wohl ganz genau wissen, was unter Aggression zu verstehen ist ... (Gemurmel, wachsende Unruhe)

Zurufe: Was denn wohl? Das ist überhaupt nicht klar? Diskutieren!

Vorsitzender: Ich verstehe unter Aggression jedenfalls den tätlichen Angriff auf einen anderen Menschen.

Zurufe: Wenn ich jemanden mit dem Auto anfahre, ist das auch ein tätlicher Angriff, aber doch keine Aggression. Zur Aggression gehört, dass sie in voller Absicht geschieht.

- Es gibt auch eine reine verbale Gewalttätigkeit. Wer jemanden anschnauzt, ist sehr wohl aggressiv. Er greift jemanden seelisch an, will ihn seelisch verletzen.
- Ich verstehe nicht, wie man überhaupt die Verletzungen zum springenden Punkt machen kann. Wer Aggression als absichtsvolle körperliche oder seelische Verletzung eines anderen definiert, schließt die instrumentale Aggression aus. Nämlich die Aggression, die man als Werkzeug einsetzt, um einen Vorteil für sich selber zu erlangen. Besitz, Ansehen, Macht, was weiß ich. Sie ist nicht auf Verletzung aus, sondern nimmt sie nur in Kauf. Ist das Ziel erreicht, erlischt sie. Wahrscheinlich ist die instrumentale Aggression sogar häufiger als die feindselige.
- Gibt es Aggression gegen Tiere? Oder nur gegen Artgenossen? Ist eine Fuchsjagd nicht eine verdammt aggressive Handlung?
- Ist nicht auch aggressiv, wer gar nichts tut, sondern nur Rachefantasien brütet?
- Ja, gehört zur Aggression denn nicht immer die Wut? Gibt es auch eine kalte, bloß berechnende Aggression?
- Sie mit Ihrer Wut. Ist es etwa eine Aggression, wenn man einen Angriff wütend zurückschlägt?

• Das Wort Aggression kommt doch von adgredi, an jemanden oder etwas herangehen. Also auch: etwas anpacken, etwas in Angriff nehmen, etwas durchsetzen. Wenn man sie so versteht, geht es gar nicht ohne Aggression. Immer packen wir etwas an. Wer sie abschaffte, brächte das Leben überhaupt zum Stillstand.

• Was ist der schlimmste Fall von Aggression, den wir uns heute vorstellen können, der GAU menschlicher Gewalttätigkeit? Nicht wahr, der Atomkrieg. Und nun stellen Sie sich einen Soldaten im Raketensilo vor, der den Schalter umlegt und damit eine Waffe auf den Weg schickt, die Hunderttausende zerfetzen, verbrennen, zerstrahlen wird. Er kennt die Opfer nicht. Er ist ihnen gegenüber nicht notwendig feindselig eingestellt. Er befindet sich weder im Zustand der Wut noch dem der Angst. Er sucht auch keinen persönlichen Vorteil, abgesehen vielleicht von dem mageren Vorteil, keine Scherereien mit dem Vorgesetzten zu bekommen. Ist das Umlegen des Schalters überhaupt eine aggressive Handlung? Gibt es heute nicht eine sozusagen unpersönliche, dienstliche Aggression? Hat bei der die Suche nach psychischen Motiven irgendeinen Sinn?

Vorsitzender: Meine Herren! Ich nehme meine Ansicht zurück, der Begriff „Aggression" sei problemlos. Gestatten Sie trotzdem, dass ich die interessante Diskussion abbreche. Ich fürchte, wenn wir auf diese Weise weiterdiskutieren, weiß am Ende niemand mehr, was er einmal unter Aggression glaubte verstehen zu dürfen. Das wäre bedauerlich für den Fortgang dieses Hearings. Es übertriebe aber auch unsere Verlegenheit, glaube ich. Wie die meisten Begriffe wird auch der Begriff Aggression zu den Rändern hin immer unschärfer. Wir sind nicht sicher, was er alles umfassen kann. Aber nicht strittig unter uns ist, was er ganz bestimmt umfasst, was sozusagen den Prototyp von Aggression darstellt. Die willentliche körperliche oder seelische Schädigung eines Artgenossen würde jeder von uns eine Aggression nennen. Und damit wollen wir es bewenden lassen, damit wir nun endlich zur Sache kommen können.

Ich schlage vor, dass wir bei allem eine prototypische Aggression im Auge haben, warum nicht gleich die prototypischste: Kain. Wie wir alle wissen, war der Bauer Kain neidisch auf seinen Bruder, den Hirten Abel. „Und es begab sich, da sie auf dem Felde waren, erhob sich Kain wider seinen Bruder und schlug ihn tot."

(Aus: Dieter Zimmer: Kain und Konsorten. Über die Wurzeln der Aggression. In: Experimente des Lebens, Haffmans Verlag: Zürich 1989, S. 217–254)

1 Der Begriff „Aggression" – ein problemloser Begriff?

2 Welche Begriffsdefinition bevorzugen Sie? Begründen Sie Ihre Auffassung.

1.4.3.1 Das Gruppenpuzzle – eine Alternative zu herkömmlicher Gruppenarbeit

Sie können die folgenden vier Aggressionstheorien (Freud, Dollard, Lorenz, Bandura) in Gruppen erarbeiten. Empfehlenswert ist die Methode des Gruppenpuzzles:

Wer nach der Methode Gruppenpuzzle arbeiten will, verfährt zunächst nicht anders als bei der Organisation herkömmlicher arbeitsteiliger Gruppenarbeit. Die Klasse teilt sich in Kleingruppen von drei bis fünf Schülern auf. Diese Kleingruppen, im Zusammenhang mit dem Gruppenpuzzle „Expertengruppen" genannt, erhalten unterschiedliches Arbeitsmaterial (Texte, Statistiken, Karikaturen u. Ä.) mit Arbeitsaufträgen. Jeder Schüler beschäftigt sich sorgfältig mit dem ihm vorliegenden „Expertenmaterial" und tauscht sich anschließend mit den anderen Experten seiner Gruppe über den Inhalt aus. Jede Expertengruppe bearbeitet die ihr gestellten Arbeitsaufträge, fixiert ihre Ergebnisse und überlegt sich, wie man das Erarbeitete anderen Schülern prägnant und anschaulich erklären kann.

So weit nichts Ungewöhnliches. Die Auswertung der Kleingruppenarbeit würde nun üblicherweise, mehr oder weniger geschickt organisiert, im Plenum stattfinden – mit all den bekannten Nachteilen und Problemen. An dieser Stelle verfährt das Arbeitsmodell Gruppenpuzzle anders:

Die Gruppen teilen sich neu auf. Aus den bisherigen Expertengruppen, die jeweils einen Teilaspekt eines Themas bearbeitet haben, geht jeweils nur ein Vertreter in die so genannte „Diskussionsgruppe", um dort das in der Expertengruppe Erarbeitete seinen Mitschülern weiterzuvermitteln.

Als dieses Verfahren mir selbst das erste Mal erklärt wurde, erschien es mir zunächst recht kompliziert; ich will es deshalb grafisch veranschaulichen. Die nachfolgende Skizze illustriert das beschriebene Prinzip der Gruppenbildung am Beispiel einer Schulklasse mit 20 Schülern, die sich erst in 4 Expertengruppen à 5 Schüler und anschließend in 5 Diskussionsgruppen à 4 Schüler aufteilt. Aus Gründen der Übersichtlichkeit habe ich nur die Zusammensetzung der Diskussionsgruppe I durch Pfeile markiert. Bei der Bildung der Diskussionsgruppen II–V wäre analog zu verfahren.

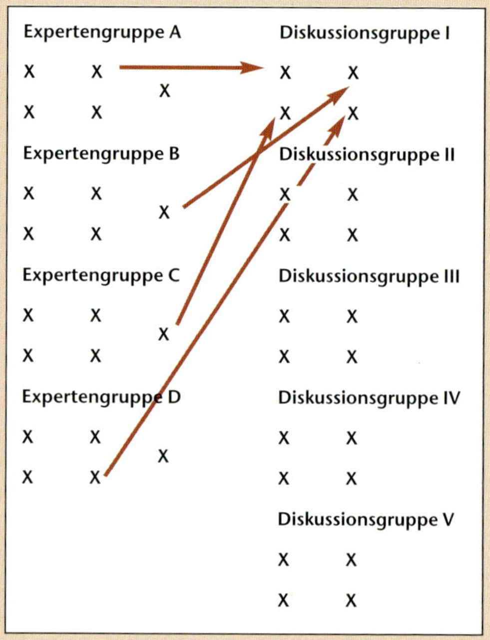

Das Gruppenpuzzle eignet sich als Methode besonders gut für die Erarbeitung von Inhalten, die den Schülern neu sind, die eine komplexere Struktur haben und zu denen sich Material finden lässt, das sie ohne Hilfe des Lehrers verstehen können. Das Thema sollte in sich ergänzende, eventuell auch überlappende Segmente aufteilbar sein. Wenn die Teilthemen dann auch noch einen gemeinsamen „roten Faden" haben, liegen optimale Voraussetzungen vor. [...]

Die *Vorteile der Methode* Gruppenpuzzle, die Schülern ein „Lernen durch Lehren" ermöglicht, liegen auf der Hand:

- Jeder Schüler ist für sein „Puzzlestück" verantwortlich und wird von den anderen Mitgliedern seiner Diskussionsgruppe auch dafür verantwortlich gemacht. Wer seine Arbeit in der Expertengruppe nicht gründlich erledigt, enthält seiner Diskussionsgruppe wichtige Informationen vor. Das Flüchten in passive Zuschauerrollen wird für den Schüler nahezu unmöglich.

- Die langwierige und oft wenig ergiebige Phase des Zusammentragens im Plenum wird durch intensive Schüler-Schüler-Kommunikation in der Diskussionsgruppe ersetzt. Die Schüler lernen, wie man Informationen und Einsichten so aufarbeitet und formuliert, dass auch die anderen, die sich noch nicht mit der betreffenden Thematik beschäftigt haben, sie verstehen können. Die schwierige Aufgabe der Integration der Ergebnisse, die sonst der Lehrer zu bewältigen hat, wird an die Schüler selbst zurückgegeben.

- Der im Zusammenhang mit Gruppenarbeit oft beklagten Zunahme von Disziplinschwierigkeiten wird dadurch entgegengewirkt, dass jeder Schüler eine präzise, nachprüfbare und [...] wichtige Aufgabe zu erfüllen hat. In gewisser Weise werden also die Vorteile einer differenzierten Einzelarbeit mit den Vorteilen von Gruppenarbeit kombiniert.

- Noch mehr als bei der üblichen Form der Gruppenarbeit lassen sich durch geschickte und sorgfältig reflektierte Gruppeneinteilung eingefahrene Interaktionsmuster aufbrechen und neue Interaktionsmöglichkeiten fördern.

- Im Unterschied zur herkömmlichen Gruppenarbeit dauert die Erarbeitung des Stoffes oft nicht länger als im Frontalunterricht.

Als problematisch könnten sich beim Umgang

mit dem Gruppenpuzzle unter Umständen folgende Punkte erweisen:

- Die Erstellung der Expertenmaterialien ist relativ zeitintensiv. Sie wird jedoch nach meinen Erfahrungen durch ein wesentlich konstruktiveres Unterrichtsklima, das nicht zuletzt auch Nerven und Energien des Lehrers schont, ausgeglichen. [...]
- Die Schüler müssen sich an die Arbeit mit der neuen Methode unter Umständen erst gewöhnen. Anfangs erscheint das dem Gruppenpuzzle zugrunde liegende Organisationsmodell manchem vielleicht etwas verwirrend. Im Grunde verhält es sich jedoch nicht anders als beim Erlernen von Spielregeln eines unbekannten Spiels. Beim zweiten oder dritten Mal gibt es kaum noch Probleme.
- Die sonst übliche zentrale Ergebnissicherung an der Tafel oder am Overheadprojektor tritt in den Hintergrund oder entfällt sogar ganz. Dadurch ergeben sich unter Umständen ungewohnte Schwierigkeiten im Hinblick auf Klassenarbeiten und Klausuren. Amerikanische Untersuchungen ergeben eindeutig, dass Lernen nach dem Modell Gruppenpuzzle bei den Schülern nicht nur zu einer deutlichen Verbesserung des Sozialverhaltens, des Selbstwertgefühls und der Schulzufriedenheit, sondern auch zu einem signifikant höheren Leistungsniveau führen. Um hier zu einem klaren Bild zu kommen, wären auch an bundesdeutschen Schulen detaillierte Untersuchungen und vermutlich auch eine kritische Überprüfung unserer Art der Lernerfolgskontrolle notwendig.
- Wie alle anderen Methoden eignet sich das Gruppenpuzzle nicht für alle Themen und Zwecke. So gibt es zweifellos Themen, bei denen eine stärkere Lenkung durch den Lehrer angebracht ist. Man denke etwa an die sorgfältige Analyse eines schwierigen [...] Textes. Und auch da, wo z. B. Kenntnisse und Fähigkeiten eingeübt werden müssen, hat das Gruppenpuzzle seine Grenzen.
- Erwähnt sei schließlich auch, dass es bei großen Klassen in engen Klassenzimmern schwierig werden kann, Gruppen zu bilden, die sich gegenseitig bei ihrer Arbeit nicht stören. Manchmal können Gruppen in die Schülerbibliothek, in Oberstufenarbeitsräume u. Ä. ausweichen, generell ist aber festzuhalten, dass schon die Architektur und Ausgestaltung von Schulgebäuden oft entscheidende, bis zum heutigen Tag in der Regel negative pädagogische Vorgaben machen.

(Aus: Peter Kliemann: Impulse und Methoden. Calwer Verlag: Stuttgart 1997, S. 40–45)

Im Blick auf die Erarbeitung der Aggressionsthematik könnten folgende *Expertengruppen* eingerichtet werden:

Expertengruppe A: 1. 4. 3. 2 Sigmund Freud in der Diskussion – zur Auseinandersetzung mit der Psychoanalyse

Expertengruppe B: 1. 4. 3. 3 Die Frustrations-Aggressions-Hypothese von Dollard im Gespräch

Expertengruppe C: 1. 4. 3. 4 Konrad Lorenz und die Debatte über seine verhaltensbiologische Aggressionstheorie

Expertengruppe D: 1. 4. 3. 5 Albert Bandura – Vertreter des lerntheoretischen Ansatzes (Textbearbeitung nur der ersten Hälfte bis S. 89)

Mögliche **Aufgabenstellung für alle Expertengruppen** – allerdings jeweils nur auf die eine zu bearbeitende Theorie bezogen:

a) Was ist die grundlegende Annahme/Hypothese der jeweiligen Aggressionstheorie?
b) Wie wird diese Annahme begründet?
c) Welche Gegenargumente werden angeführt?
d) Wie stark fallen diese Argumente ins Gewicht?

Mögliche **Aufgabenstellung für alle Diskussionsgruppen** – auf alle vier Aggressionstheorien bezogen:

a) Welche Geltung dürfen die Theorien beanspruchen?
b) Welche Theorie vermag am ehesten zu überzeugen?
c) Wo liegen die Probleme bei den Theorien?
d) Was darf als Ertrag des fiktiven Symposiums angenommen werden?

1.4.3.2 Sigmund Freud in der Diskussion – zur Auseinandersetzung mit der Psychoanalyse

Das Wort erteile ich dem Begründer der Psychoanalyse, dem Wiener Arzt Dr. Sigmund Freud. Wenn ich bitten darf.

Freud (wienerisch): *Wenn das Objekt Quelle von Lustempfindungen wird ...*

Vorsitzender: Objekt? Was für ein Objekt?

Freud: ... wenn ein anderer Mensch meine Lust erregt, *so stellt sich eine motorische Tendenz heraus, welche denselben dem Ich annähern, dem Ich einverleiben will ...*

Vorsitzender: Soll das heißen, man holt ihn an sich heran, um ihn aufzufressen?

Freud: Als Psychoanalytiker waren wir Hohn und Unverständnis von Anfang an gewöhnt und wir haben derlei als Bestätigung für unsere Annahmen zu deuten gelernt. Immerhin bitte ich Sie, uns ausreden zu lassen. *Wir sprechen dann auch von der „Anziehung", die das Lust spendende Objekt ausübt, und sagen, dass wir das Objekt „lieben". Umgekehrt, wenn das Objekt Quelle von Unlustempfindungen ist, bestrebt sich eine Tendenz, die Distanz zwischen ihm und dem Ich zu vergrößern... Wir empfinden die „Abstoßung" des Objekts und hassen es; dieser Hass kann sich dann zur Aggressionsneigung gegen das Objekt, zur Absicht, es zu vernichten, steigern ...*

Vorsitzender: Also doch. Wenn jemand Lustgefühle in uns erregt, dann gehen wir gern nah heran, und das nennen wir dann Liebe. Und wenn er Unlustgefühle hervorruft, dann suchen wir das Weite oder wir werden aggressiv, und hinter dieser Aggression steht unser Wunsch, ihn zu vernichten. Also wir meiden oder attackieren, wer unsere Unlust erregt. Ja?

Freud: Bitte schön, wenn Sie wollen. Das war aber nur unsere erste Theorie der Aggression. Um 1920 haben wir unsere Ansicht geändert. Wir müssen ein wenig ausholen, um begreiflich zu machen, worauf es uns ankommt. In unserer Theorie nehmen wir an, *dass es ein Bestreben des seelischen Apparates ...*

Vorsitzender: Apparats? Welches Apparats?

Freud: ... also dass es ein Bestreben der Seele *sei, die in ihr vorhandene Quantität von Erregung möglichst niedrig oder konstant zu halten.* Diese zumeist aus dem Innern kommenden Nervenerregungen heißen wir Triebe. Sie treiben uns zu ihrer Beseitigung. Die Beseitigung erzeugt Lust. Doch Lust ist nichts anderes als die Beseitigung solcher Erregungsspannungen. Die Triebe sind also immer darauf gerichtet, einen früheren Zustand wiederherzustellen, den Zustand, der herrschte, bevor die Erregungsspannung ihn störte. Darum dürfen wir sie konservativ nennen. Und nun möchte ich *einer weit ausholenden Spekulation* nachgehen. Es war doch *gewiss das Leblose früher da als das Lebende,* das Anorganische früher als das Organische. So darf man von dem Organismus erwarten, dass er auch einen Trieb besitzt, in den früheren Zustand der Leblosigkeit zurückzukehren. Wir wollen ihn den Todestrieb nennen. Somit haben wir Veranlassung, zwei Gruppen von Trieben im Menschen anzunehmen: jene, *welche die Schicksale der das Einzelwesen überlebenden Keimzellen in Acht nehmen,* also die Fortpflanzung sichern. Es sind dies die Sexual- oder Lebenstriebe. Und jene anderen, die *die Unbelebtheit wiederherstellen wollen – die Todestriebe.* Eros und Thanatos in ewigem Widerstreit. *Die eine Triebgruppe*

Salvadore Dalí: Bildnis Sigmund Freud (1938)

Salvadore Dalí: Anthropomorpher Schrank mit Schubladen (1936). Die Schubladen des Unbewussten nach Freuds Theorie. Es handelt sich hier um „eine Art Allegorie, die dazu bestimmt ist ..., den unzähligen narzisstischen Düften nachzuspüren, die aus jeder unserer Schubladen aufsteigen."

(die Gruppe der Todestriebe) *stürmt nach vorwärts, um das Endziel des Lebens möglichst bald zu erreichen, die andere schnellt an einer gewissen Stelle dieses Weges zurück, um ihn ... nochmals zu machen und so die Dauer des Weges zu verlängern.* Um nun auf die Aggression zurückzukommen – sie ist das Werk der Todestriebe, die von der eigenen Person abgezogen und auf andere Objekte verschoben wurden.

Vorsitzender: Kain wollte eigentlich Selbstmord begehen, hat dann aber stattdessen seinen Bruder erschlagen? Kann man so sagen?

Freud: 1933 habe ich an Albert Einstein geschrieben: *Interessenkonflikte unter den Menschen werden prinzipiell durch die Anwendung von Gewalt entschieden. Der Gegner soll ausgeschaltet, am besten getötet werden ...*

[...] Und zweitens: *Die Tötung des Feindes befriedigt außerdem* – außerdem! – *eine triebhafte Neigung.*

Vorsitzender: Also sind die Menschen aus doppeltem Grund aggressiv. Erstens um eines Nutzenkalküls willen. Zweitens, weil auch noch ein Trieb sie dazu anhält. (Starke Unruhe)

Bemerkungen: Ach du meine Güte! Das kann er doch nicht ernst meinen! Beweise!

Zurufe: Dieser angebliche Todestrieb ist ja wohl *das bizarrste Monster aus Freuds gesamter Monstergalerie!* (William McDougall) – Die Todestriebtheorie *widerspricht einfach allen biologischen Prinzipien.* (Ernest Jones)

– *Freuds gewundene Äußerungen über den Todestrieb können mit aller Sicherheit in den Mülleimer der Geschichte geworfen werden.* (Ernest Becker)

– *Mystik!* (Irenäus Eibl-Eibesfeldt)

– *Der einzige Beweis für den Todestrieb ist, dass Organismen sterben. Warum sterben sie? Wegen ihres Todestriebs. Das Argument dreht sich im Kreis. Wenn die Psychoanalyse eine wissenschaftliche Disziplin werden will, dann muss sie sich von den Lebens- und Todestrieben trennen!* (Paul Kline)

Vorsitzender: Ihre Todestriebtheorie scheint ja nicht einmal bei Psychoanalytikern viel Anklang gefunden zu haben. Bleibt die These, dass Aggression dazu da sein soll, sozusagen der Lust den Weg freizumachen.

(Aus: Dieter Zimmer, a. a. O., S. 217–254)

1 Beschreiben Sie die Freudsche Vorstellung von Aggression mit eigenen Worten.

2 Was halten Sie von den Einwänden gegenüber Sigmund Freud?

1.4.3.3 Die Frustrations-Aggressions-Hypothese von Dollard im Gespräch

Unser nächster Referent hat dazu 1939 eine explizite Hypothese vorgetragen. Das Wort hat der Psychologe John Dollard.

Dollard: Meine Herren, ich spreche hier nicht nur für mich allein, sondern für ein ganzes Team von Psychologen an der Yale-Universität. Wir haben in der Tat eine Hypothese vorgelegt, die sich von den wolkigen Sittengemälden, die uns bisher vorgesetzt wurden, wie wir hoffen, wohltuend unterscheidet. Und die sogar testbar sein sollte. Sie lässt sich in einem einzigen Satz zusammenfassen: *Aggression ist immer die Folge einer Frustration.* Sie haben sich nicht verhört: immer, immer! *Auftreten von aggressivem Verhalten setzt immer die Existenz einer Frustration voraus und umgekehrt führt die Existenz einer Frustration immer zu irgendeiner Form der Aggression.*

Vorsitzender: Würden Sie Aggression bitte doch einmal definieren?

Dollard: Jede Verhaltenssequenz, deren Zielreaktion die Verletzung eines Organismus (oder Organismusersatzes) ist.

Vorsitzender: Und Frustration?

Dollard: Ein Zustand, der eintritt, wenn eine Zielreaktion eine Interferenz erleidet.

Vorsitzender: Also wenn jemand etwas tun möchte und ein anderer kommt ihm in die Quere und hindert ihn daran?

Dollard: Geht man von alltäglichen Beobachtungen aus, erscheint es plausibel, anzunehmen, dass die gewöhnlich beobachteten Formen aggressiven Verhaltens immer rückführbar sind auf ... irgendeine Art von Frustration. Jedoch ist es keinesfalls so offensichtlich, dass Aggression in irgendeiner Form und von einem gewissen Intensitätsgrad unausweichlich auftritt, wann immer eine Frustration vorausgeht. Häufig beobachtet man bei Erwachsenen und selbst bei Kindern, dass sie sich unmittelbar nach einer Frustration anscheinend mit der Situation abfinden und sich ihr anpassen ... Man darf jedoch nicht vergessen, dass eine der ersten Lektionen, die der Mensch aufgrund des sozialen Zusammenlebens lernt, darin besteht, seine offenen aggressiven Reaktionen unter Kontrolle zu bringen. Dies bedeutet jedoch nicht, dass solche Reaktionstendenzen dadurch beseitigt werden; vielmehr findet man, dass diese Reaktionen nicht zerstört werden, obgleich sie vorübergehend komprimiert, verzögert, entstellt, verschoben oder sonst irgendwie von ihrem unmittelbaren und logischen Ziel abgelenkt werden. Unsere Frustrations-Aggressions-Theorie – wir nennen sie kurz F-A-Theorie – erlaubt es uns im Prinzip, genau vorherzusagen, wie stark die Bereitschaft zur Aggression sein wird. Nämlich: je größer die Frustration, desto stärker die Aggressionstendenz. Und die Größe der Frustration hängt von dreierlei ab: wie sehr mir daran gelegen war, wir sagen: wie sehr ich dazu instigiert war, das zu tun, woran ich gehindert wurde; wie stark die Verhinderung war und ob mehrere solcher Verhinderungen zusammenkamen, denn Frustrationen summieren sich.

Vorsitzender: Das hört sich ja nun wirklich mächtig wissenschaftlich an. Ich fühle mich instigiert, Sie um ein paar Beispiele für Frustrationen zu bitten.

Dollard: Das Leben in unserer Gesellschaft ist voll davon. Der Säugling wird oft jäh von der Mutterbrust entwöhnt. Das Sauberkeitstraining verläuft harsch. Das Erkundungsbedürfnis des Kleinkinds, seine Beweglichkeit wird oft eingeschränkt. Dem Kind wird das Onanieren verboten. Ihm wird die Geschlechtsrolle anerzogen, die seine Gesellschaft von ihm erwartet. Die Disziplin in der Schule. Die Rivalität unter Mitschülern. Die Monogamie. Die lange Berufsausbildung. Der Anblick von Bessergestellten. Kriege. Revolution. Naturkatastrophen. Krankheit. Tod.

Vorsitzender: Na, da sind wir denn ja wohl immer in der einen oder anderen Weise frustriert, von der Wiege bis zur Bahre ohne Unterlass. Aber warum sind wir dann nicht auch immer aggressiv?

Menninger: Karl Menninger, Psychoanalytiker aus Topeka, Kansas. Ich möchte zu diesem Punkt etwas beisteuern, das ich auch praktisch für sehr wichtig halte. *Aus der Beobachtung von kleinen Kindern und dem Persönlichkeitsprofil vieler Erwachsener, die mit ihrem Leben nicht zurechtgekommen sind, geht hervor, dass es gewisse auffällige und unbestreitbare Korrelationen zwischen dem Verhalten des Erwachsenen und den Traumata seiner frühen Kindheit gibt. Es stellt sich ganz einheitlich heraus: Die Unfähigkeit Erwachsener, alltägliche*

Keine Lust auf Frust
© Kulturrecycling

Frustrationen zu ertragen, hängt regelmäßig damit zusammen, dass sie in der Kindheit zu stark, zu rasch oder zu inkonsequent (wie im Fall des „verzogenen" Kindes) frustriert wurden und sich auf diese Weise aggressive Verhaltensmuster überstark entwickelten. Diese Kinder werden nicht nur von der Brust, sondern auch von den nachfolgenden Befriedigungen (zum Beispiel der Defäkation und dem Verschmieren ihres Kots) in einer Art entwöhnt, dass sie sich beraubt und betrogen fühlen… Darum raten wir: Wenn ihr friedliche Kinder haben wollt, dann dürft ihr sie nicht frustrieren!

Vorsitzender: Hierzu gleich eine Wortmeldung des Psychologen Paul Kline aus Exeter.

Kline: Der verehrte Kollege Menninger sprach eben von auffälligen unbestreitbaren Korrelationen zwischen frustrierenden Erziehungspraktiken beim Abstillen und bei der Sauberkeitsgewöhnung einerseits, der späteren Aggressivität andererseits. Ich habe sämtliche empirischen Studien gesichtet, die diese Zusammenhänge untersuchten, und ich muss, bei aller Sympathie für die Psychoanalyse, hier ein Märchen berichtigen: Diese Korrelation gibt es einfach nicht. *Zwar gibt es Beweise für die Existenz von Persönlichkeitsdimensionen, die dem so genannten oralen und analen Charakter ähneln, aber es gibt keinerlei Beweis dafür, dass diese mit … bestimmten Erziehungspraktiken in Verbindung stünden.* (Unruhe)

Vorsitzender: Meine Herren! Bitte sehr! Darf ich aus dieser Bemerkung entnehmen, dass der Anwendung der Frustrations-Aggressions-Theorie bei der Kindererziehung kein Erfolg beschieden war? Möchte jemand dabei bleiben, dass unfrustrierte Kinder zu friedlichen Menschen heranwachsen? (Schweigen) Nein? Dann scheint das ja irgendwie entschieden zu sein. Aber wir wollen zur F-A-Theorie selber zurückkommen. Herr Dollard, wenn jedes Leben von Anfang bis Ende eine ununterbrochene Folge von Frustrationen ist und nach Ihrer Theorie jede davon zur Aggression führt, warum sind dann nicht alle Menschen ständig und im gleichen Maß aggressiv?

Dollard: Wahrscheinlich sind diejenigen, die am

stärksten dazu neigen, jede Frustration sofort mit offener Aggression zu beantworten, jene Menschen, die ... nicht gelernt haben, dass sich eine belohnende Alternativreaktion ergeben wird; oder sie leiden anhaltend durch ihnen selbst verborgene Quellen schwerer Frustration ...

Vorsitzender: Wenn ich das einmal auf den Fall Kain anwenden darf. Er wäre aggressiv geworden, weil er frustriert war. Und er hätte keine mildere Aggression gewählt, sondern wäre gleich zu einem Brudermord „instigiert" gewesen, weil er entweder durch verschiedene andere Erlebnisse ganz besonders stark frustriert war, ohne selber etwas davon zu wissen, oder weil er nicht gelernt hatte, dass es glimpflichere Weisen gibt, seine Frustration loszuwerden. Was hat ihn frustriert? Dass Gott sein Opfer nicht so geschmeckt hat wie das seines Bruders Abel. Jetzt weiß ich, was mir an der F-A-Theorie nicht so recht gefallen will. Sie nennt einfach alles, was je zur Aggression führt oder führen könnte, Frustration. Damit lautet die Theorie eigentlich nur: Die Ursachen der Aggression sind alles, was zur Aggression führt, und wir sind so schlau wie vorher. Ja? Herr Berkowitz?

Berkowitz: Mein Name ist Leonard Berkowitz, Psychologe an der Universität Wisconsin. Mir scheint die Theorie nicht völlig falsch, aber in der ursprünglichen Form nicht haltbar. *Das Vorhandensein einer Frustration führt nicht immer zu irgendeiner Form von Aggression und aggressives Verhalten setzt nicht notwendig das Vorhandensein einer Frustration voraus.* Frustration ist nur ein Faktor unter mehreren, die zu Aggressionen führen können – können, wohlgemerkt, nicht müssen. Vor allem aber stört auch mich *die Vagheit des Begriffs Frustration.* Ist das immer eine äußere Behinderung? Oder auch das Ausbleiben einer gewohnten Belohnung? Diese Vagheit hat viel Verwirrung angerichtet. Ich selber neige zu der Ansicht, dass Frustrationen durchaus zu Aggressionen führen können, aber nicht direkt, sondern nur, insofern sie die Person wütend machen, wenn ich das einmal so simpel und salopp sagen darf. Die Emotion – die Erregung, der Zorn – stellt eine Zwischenvariable zwischen Frustration und Aggression dar.

Scott: Scott, Bewling Green, Ohio. Die F-A-Theorie ist nicht ganz falsch, aber stark übertrieben. Aus Tierexperimenten wissen wir doch ganz genau: Manchmal führt eine Frustration zur Aggression, manchmal aber nicht. Um nur kurz ein Experiment des Kollegen Tinbergen anzuführen: *Wenn sich einem Stichlingsmännchen, das sein Nest verteidigt, ein männlicher Artgenosse nähert, ist es zwar hochgradig erregt und aggressiv, aber auch stark motiviert, sein Nest weiter zu hüten. Der Stichling ist also offensichtlich frustriert, doch statt zu kämpfen, beginnt er vielleicht, mit dem Maul ein zweites Nest in den Sand zu graben. Hier führt die Frustration also nicht zur Aggression, sondern zu Nestbauverhalten.*

Vorsitzender: Ich glaube, wir können die F-A-Theorie hiermit verlassen. Es scheint etwas Wahres dran zu sein, aber die Universalerklärung für jede Aggression liefert sie jedenfalls nicht.

(Aus: Dieter Zimmer: Kain und Konsorten. Über die Wurzeln der Aggression. In: Experimente des Lebens. Haffmans Verlag: Zürich 1989, S. 217–254)

1 Was ist die Kernaussage der Frustrations-Aggressions-Hypothese der Aggressivität?
2 Welche Geltung kann dieser Aggressionstheorie zugesprochen werden?

1.4.3.4 Konrad Lorenz und die Debatte über seine verhaltensbiologische Aggressionstheorie

Das Wort erteile ich nun einem der Pioniere der Verhaltensforschung, der 1963 mit seinem Buch „Das so genannte Böse" die Aggressionsdebatte so befeuert hat wie kein Zweiter. Konrad Lorenz, bitte!

Lorenz: Bisher haben wir die Ansichten von Philosophen und Psychologen gehört. Ich möchte das Phänomen der Aggression nun aber einmal aus der Sicht des Biologen angehen. Gestatten Sie mir, dass ich mich hier auf drei Punkte beschränke, die mir besonders wichtig sind. Punkt eins. Aus der Sicht ihres Opfers ist eine Aggression gewiss eine unerfreuliche und schmerzliche Tatsache. Das verstellt uns leicht den Blick dafür, dass Aggression, wenn auch nicht in jeder Form, ein biologisch sinnvolles Phänomen ist. Hätte Aggression keine sinnvolle Funktion, so hätte der Artenwandel sie ausgemerzt oder gar nicht erst entstehen lassen. Wir müssen immer nach den Zwecken fragen. Was sind die Zwecke der innerartlichen Aggression, über die wir hier sprechen? Gegenseitige Abstoßung verteilt die Tiere über den Lebensraum. *Wir dürfen als sicher annehmen, dass die gleichmäßige Verteilung gleichartiger Tiere im Raum die wichtigste Leistung der intraspezifischen Aggression ist.* Hierher gehören alle Formen der territorialen Aggression: Jedes Tier verteidigt sein Revier, also den Teil des Lebensraums, den es zu seinem Überleben benötigt; die Konkurrenten müssen andere Reviere aufsuchen. Innerhalb der Gruppe etabliert die Aggression Rangordnungen und erhält sie aufrecht. Die Rangordnung aber sorgt wiederum dafür, dass die Stärkeren die meisten Nachkommen haben, dass also die natürliche Zuchtwahl zu *besonders großen und wehrhaften Familien- und Herdenverteidigern führt* und dass die größte Bedeutung innerhalb der Gruppe den erfahrensten Tieren zukommt.

Vorsitzender: Wollen Sie sagen, dass wir schlecht beraten waren, Aggression immer für etwas Böses zu halten?

Lorenz: Sie ist durchaus nicht der Teufel, das vernichtende Prinzip, ... sondern ganz eindeutig Teil der system- und lebenserhaltenden Organisation aller Wesen, der zwar, wie alles Irdische, in Fehlfunktionen verfallen und das Leben vernichten kann, der aber doch vom großen Geschehen des organischen Werdens zum Guten bestimmt ist. Damit aber bin ich schon bei Punkt zwei. Es haben sich vielfältige Tötungshemmungen entwickelt, die die Folgen der Aggressivität abmildern. Auch sind die innerartlichen Kämpfe zumeist so ritualisiert, dass sie nicht tödlich ausgehen. *Niemals haben wir gefunden, dass das Ziel der Aggression die Vernichtung der Artgenossen sei, wenn auch durch einen unglücklichen Zufall gelegentlich im Revier- oder Rivalenkampf ein Horn ins Auge oder ein Zahn in die Halsschlagader dringen kann und wenn auch unter unnatürlichen Umständen – ... zum Beispiel in Gefangenschaft – aggressives Verhalten vernichtende Wirkungen entfalten kann.*

Vorsitzender: Sehen Sie beim Menschen etwa natürliche Tötungshemmungen?

Lorenz: Das Furchtbare ist, dass den Menschen eben keine *instinktive oder moralische Hemmung daran hindert,* Waffen, Fernwaffen zu gebrauchen. Seine natürlichen Hemmungen waren und sind auf den körperlichen Kampf, auf die *natürliche Bewaffnung abgestimmt.* Mit der kulturellen Entwicklung der Waffen haben sie nicht Schritt gehalten. Schon auf die Wirkung des Faustkeils waren sie nicht zugeschnitten. Ob Kain *betreten war, als der ... Bruder tot vor ihm lag? Wir dürfen es mit Sicherheit annehmen.*

Und nun zu Punkt drei. Herr Dollard sprach wie die meisten Psychologen immer von *Reaktionen.* Aggression aber ist keine bloße Reaktion, sie ist ein Trieb. *Gerade die Einsicht, dass der Aggressionstrieb ein echter, primär arterhaltender Instinkt ist, lässt uns seine volle Gefährlichkeit erkennen: Die Spontaneität des Instinktes ist es, die ihn so gefährlich macht. Wäre er nur eine Reaktion auf bestimmte Außenbedingungen, was viele Soziologen und Psychologen annahmen, dann wäre die Lage der Menschheit nicht ganz so gefährlich ... (wachsende Unruhe im Publikum), dann könnte man grundsätzlich die reaktionsauslösenden Faktoren erforschen und ausschalten. Aber wie viele andere Instinkte quillt auch der Aggressionstrieb „spontan" aus dem Inneren des Menschen.* (Tumultartige Unruhe)

Zurufe: Biologist! Dann können wir ja gleich einpacken! Dann hilft uns nichts! Beweise! Bringen Sie Beweise!

Lorenz: Sie wollen Beweise. Gut. Wenn ein Organismus längere Zeit nicht aggressiv war, staut sich sein Aggressionstrieb und erzeugt eine wachsende Appetenz auf aggressive Akte. Sein Schwellenwert für aggressionsauslösende Reize sinkt. Eventuell kommt es sogar zu dem, was wir in der Verhaltensforschung Leerlaufhandlungen nennen. Das Tier verhält sich ohne Anlass aggressiv. Ich denke da zum Beispiel an die Stare, die schließlich sogar nach nicht existenten Fliegen schnappen.

Vorsitzender: Das ist aber ein Fall von Beuteverhalten und gar keine innerartliche Aggression. Außerdem sollten Sie wohl bei einer so wichtigen Frage nicht in Tieranalogien sprechen, von denen immer unsicher ist, in welchem Maße sie auf den Menschen übertragbar sind. Welche Beweise führen Sie an, dass sich ein spontaner menschlicher Aggressionstrieb staut und entladen muss?

Lorenz: Eine sehr liebe Tante von mir hat alle acht bis zehn Monate ihr Dienstmädchen hinausgeworfen. (Gelächter)

Vorsitzender: Anekdoten über Tanten werden,

Johannes Muggenthaler: Vergiss, dass du ein Wolf warst. Foto 1990

wenn ich das recht sehe, in der Wissenschaft nicht als Beweismittel anerkannt.

Lorenz (unbeirrt): In der Kriegsgefangenschaft habe auch ich manchmal einen Koller gekriegt. In einer Stituation nämlich, in der man sich nicht mit Menschen auseinander setzen kann, die nicht zum eigenen Freundeskreis gehören, kommt es so weit, dass man seinen besten Freund ohrfeigen könnte. Dagegen hilft nur, dass man *still aus der Baracke schleicht und einen nicht zu teuren, aber mit möglichst sinnfälligem Krach in Stücke springenden Gegenstand zu Schanden haut.*

Vorsitzender: Ist das die Möglichkeit! Gibt's noch einen Beweis?

Lorenz: Die Ute-Indianer leiden *schwer an einem Übermaß aggressiver Triebe.* Als *Prärieindianer* haben sie ein wildes, fast *nur aus Krieg und Raub bestehendes Leben geführt,* das bei ihnen in wenigen Jahrhunderten die Herauszüchtung *größter Aggressivität* zur Folge hatte. Da sie diese heute nicht mehr ausleben können, *leiden sie so häufig* an Neurosen wie keine andere menschliche Gruppe sonst... *Gewalttätigkeit und Totschlag gegen nicht zum Stamme Gehörige sind an der Tagesordnung.*

Vorsitzender: Das wäre ja nun in der Tat ein schlagendes Beispiel. Aber hierzu haben wir nun gleich eine Wortmeldung von einem Ute-Experten.

Stewart: Omer Stewart, Anthropologe. Alles Märchen. Erstens sind die Ute keine Prärieindianer. Zweitens sind sie Büffeljäger gewesen, die zwar auch Kriege und Raubzüge unternahmen, aber nur im Rahmen des unter Bergindianern Üblichen. Drittens haben sie sich niemals besessen der Neigung hingegeben, Stammesfremde zu töten; vielmehr wurden sie in früher historischer Zeit zu einem freundlichen, kooperationswilligen Händlervolk. Viertens sind Neurosen bei ihnen kaum häufiger als bei anderen Stämmen. Fünftens gibt es bei ihnen heute zwar leider viele Verbrechen und Unfälle, aber der Grund dafür ist der gleiche wie bei anderen Indianern: übermäßiger Alkoholgenuss.

Vorsitzender: Sehe ich es recht, möchte sich noch ein anderer Anthropologe zu Herrn Lorenz' These vom spontanen Aggressionstrieb äußern.

Sipes: Richard Sipes, Buffalo. Wenn sich ein Aggressionstrieb im Menschen staute, müsste er sich durch aggressive Handlungen abreagieren lassen. Herr Lorenz hat selber einmal empfohlen, dass die Leute Sport treiben sollen, um ihren Aggressionsstau loszuwerden. Je mehr Sport betrieben wird, desto weniger andere Aggressionen wären also zu erwarten. Ich habe zwanzig Naturvölker daraufhin untersucht. Das Ergebnis widerspricht Lorenz' Theorie. Sport treibende Völker sind nicht die, die besonders wenige Kriege führen. Das genaue Gegenteil ist der Fall – je mehr kämpferischer Sport, desto mehr Kriege, desto mehr interne Aggressionen, Selbstverstümmelungen, schwarze Magie gegen Stammesgenossen, Härte gegenüber Normverletzern. Ganz offenbar leitet der Sport keinen Aggressionstrieb ab.

Tinbergen: Verzeih, Konrad, in dieser Sache kann auch ich dir einfach nicht folgen. Ach so: Niko Tinbergen, Verhaltensforscher, Oxford. Als Freund und Kollege muss ich Konrad Lorenz widersprechen. Du *betonst unser Wissen* – ich möchte betonen, dass unsere Wissenschaften sehr viel eben noch gar nicht wissen. Du *benutzt den unglückseligen Begriff „Spontaneität des Instinktes" … Aber Kämpfe zwischen Tieren können von einer Vielzahl von Faktoren ausgelöst werden. Einige von ihnen sind innere, andere äußere …* Ich kann einfach nicht glauben, dass du nur die inneren siehst, dass du nicht genau weißt: Aggression wird auch von der Situation verursacht.

Wenn wir die Ursache der Aggression suchen, müssen wir aber nicht nur innere und äußere Variablen in Betracht ziehen und zwischen offensiver und defensiver Aggression unterscheiden. Wir müssen uns auch in drei Zeitmaßstäben bewegen. Wir müssen den Moment absuchen, die Sekunden und Minuten der Aggression. Wir müssen die Lebensgeschichte absuchen und fragen, wie ein Tier im Laufe seines Lebens dazu gekommen ist, sich aggressiv zu verhalten. Und wir müssen schließlich den Zeitmaßstab der Evolution anlegen und fragen, wie und warum sich bei einer Art bestimmte Formen aggressiven Verhaltens entwickelt haben. Konrad, du erweckst den Eindruck, als sähest du nur die momentanen und die evolutionären Ursachen; die dazwischen ignorierst du. Was wir brauchen, wäre *eine Embryologie des Verhaltens.* Bisher gibt es dazu aber höchstens Ansätze. Ich fürchte allerdings, Konrad, du wirst *trotz* (deiner) *verfrühten Siegesgewissheit und* (deiner) *Tatsachenirrtümer* in einem wichtigen Punkt Recht behalten: *Unseren inneren Kampfdrang durch Erziehung auszumerzen wird schwer, wenn nicht unmöglich sein.*

Montagu: Ashley Montagu, Anthropologe aus Princeton. Ich finde Herrn Lorenz' Theorie ganz und gar unerträglich. Es dürfte doch langsam dem Letzten klar geworden sein, dass der Mensch kaum angeborene Triebe oder Instinkte besitzt. Aber *in einer Welt, in der Feindseligkeit und Aggression zu jedermanns Natur zu gehören scheinen, in der individuelle und Gruppengewalt der unwiderlegliche Beweis für das Kainsmal zu sein scheinen, das jeder an seiner Stirn trägt, hört man wohl sehr gern, dass das so ist und auch so sein muss. Wenn einem die Aggressivität angeboren ist, kann sie einem schließlich nicht zum Vorwurf gemacht werden.* Herrn Lorenz' Theorie ist ein Ruhekissen. Sie predigt uns: Der Aggressionstrieb ist angeboren, da kann man nichts machen, und er hat ja schließlich sogar seine guten Seiten. Sie will uns lehren, uns mit dem Unerträglichen abzufinden. Sie ist politisch zutiefst verwerflich. (Starke Unruhe. Teils wilder Beifall)

Widerspruch: Nun mal langsam! Demagogie! Schneidige politische Deklarationen dienen nicht der Wahrheitsfindung!

Vorsitzender: Wenn wir Menschentiere von einem spontanen inneren Trieb zur Aggression gedrängt werden, wäre Aggression in der Tat unvermeidlich. Diese Frage ist so wichtig, dass dazu noch ein Experte angehört werden soll. Das Wort hat Professor Robert Hinde aus Cambridge.

Hinde: Die These, es gebe einen spontanen Aggressionstrieb, beruht auf einem Energiemodell der Motivation. Im Organismus soll sich irgendetwas aufstauen, das zwar nicht Energie im Sinne der Physik ist, aber gewisse Eigenschaften der physikalischen Energie hat. Derlei Energiemodelle sind überholt. Warum sie unbrauchbar sind, wird einem am ehesten klar, wenn man sich ansieht, wie ein Verhalten zu einem Ende kommen kann. *Wenn das Verhalten auf einer inneren Energiequelle beruht, so kann es nur dadurch zu einem Ende kommen, dass jene Energie durch Handlungen aufgebraucht wurde. Also müssen wir erwarten, dass jede Verhaltenssequenz beendet ist, wenn die entsprechende Energie abgeführt wurde. Aber was geschieht wirklich? Zum Beispiel dies: Wenn wir müde genug sind, suchen wir Geborgenheit, Ruhe und Dunkel, und wenn wir sie gefunden haben, schlafen wir ein. Auch kommt ein Verhalten oft dann zum Ende, wenn neue Reize wahrgenommen werden ... – eine Tatsache, die sich mit Energietheorien ebenfalls nicht leicht vereinbaren lässt.* Ich muss aber auch davor warnen, „Hunger", „Durst", Aggressivität" und so weiter zu verdinglichen. Es sind keine Dinge, die wir klar umrissen in der Natur vorfinden, es sind Konstrukte, die wir uns selber bilden. Wir wissen nur, dass manche Arten von Input zu manchen Arten von Output führen.

(Aus: Dieter Zimmer: Kain und Konsorten. Über die Wurzeln der Aggression. In: Experimente des Lebens. Haffmans Verlag: Zürich 1989, S. 217–254)

1 Zeichnen Sie den Verlauf der Debatte mit Konrad Lorenz nach.
2 Überzeugen Sie die Argumente von Konrad Lorenz?

1.4.3.5 Albert Bandura – Vertreter des lerntheoretischen Ansatzes

Vorsitzender: Bisher haben wir ja nicht sehr viel in der Hand behalten. In der Natur hat Aggression ihren Sinn; Frustration könnte vielleicht manchmal zu Aggressivität führen – das ist so ziemlich alles. Den endogenen Theorien der Aggression ist es schlecht ergangen. Versuchen wir es also einmal anders. Ich bitte wieder einen Psychologen um sein Statement, Professor Albert Bandura von der Universität Stanford.

Bandura: Danke. Was wir bisher gehört haben, waren alles Triebtheorien der Aggression. Doktor Freud hat uns das Gerücht vom Todestrieb vorgetragen. Professor Lorenz glaubte einen spontanen Aggressionstrieb dingfest gemacht zu haben. Selbst Professor Dollards Frustrations-Aggressions-Theorie lässt sich am ehesten als eine Triebtheorie verstehen: Beliebige Frustrationen erzeugen einen Aggressionstrieb, der sich in beliebigen Aggressionen verausgaben muss. Alle diese Herren suchen die Ursachen der Aggression also im Innern. Und nun halten Sie sich fest, meine Herren. *Die Aggression hat ihren Ursprung gar nicht im Innern.* Aggression stammt von außen, aus der Gesellschaft. Aggression wird gelernt.

Welche Arten des sozialen Lernens gibt es?

Es gibt einmal das Lernen durch eigene Erfahrung. Das wird reguliert durch die unterschiedliche Belohnung oder Bestrafung bestimmter Handlungen. Wenn Kinder für Aggressionen gelobt und belohnt werden, werden sie darin bestärkt. In der Sprache der Lerntheorie: ihr aggressives Verhalten wird verstärkt. So zieht man aggressive Menschen heran.

Und es gibt das Lernen durch Nachahmung eines Modells. Das Modell – das Vorbild, wenn Sie so wollen – lehrt neue Verhaltensweisen und es stärkt oder schwächt bestehende Hemmungen. Wenn das Kind andere bei Akten der Aggression beobachtet, Eltern, Mitschüler, Film- und Fernsehhelden, gehen diese Formen der Aggression potenziell in sein eigenes Verhaltensrepertoire über, und die Wahrscheinlichkeit, dass sie auch angewendet werden, ist dann besonders hoch, wenn die beobachteten Aggressionen unbestraft blieben oder sogar gerechtfertigt oder verherrlicht wurden. Im Falle der Aggression spielt das soziale Lernen am Modell die größere Rolle. Der Mensch aber ist ein kognitiv so begabtes Wesen, dass bei ihm auch die im Geist vorweggenommene Belohnung eine große Rolle spielt. Das heißt, er ist aggressiv oft, weil er sich Vorteile von seinem Verhalten verspricht und sich gute Erfolgschancen ausrechnen kann.

Dies alles ist keine bloße Spekulation. Es ist auf ein solides empirisches Fundament gebaut. Zahlreiche Kollegen, ich selber auch, haben in den letzten Jahrzehnten eine Vielzahl von Studien im Labor und im Feld durchgeführt, die alle zeigten, wie sehr Modellimitation und Verstärkung das aggressive Verhalten formen. Bei einem typischen Versuch wurden Kindern Filme gezeigt, in denen sie ein „Modell" bei einer für sie neuartigen Aggression beobachten konnten.Wenn das „Modell" belohnt worden war, waren auch die Kinder im Anschluss aggressiver. Am aggressivsten aber waren sie, wenn sie selber ebenfalls zur Aggression ermutigt wurden.

Vorsitzender: Wie wäre Gewalt also zu vermindern oder zu verhindern?

Bandura: Das kann ich Ihnen sagen. Wer Aggression eindämmen will, muss verhindern, dass die Menschen durch soziales Lernen aggressive Verhaltensmuster erwerben. Kinder dürfen keine Gelegenheit bekommen, Aggressionen zu beobachten, vor allem keine erfolgreichen. Sie dürfen nicht belobigt oder sonst wie belohnt werden, wenn sie sich selber aggressiv verhalten. Aggression darf sich niemals lohnen. Von Bestrafungen verspreche ich mir weniger, denn die meisten Strafen sind selber wiederum Modell von Aggression.

Vorsitzender: Ich danke Herrn Bandura sehr für diese klaren Worte. Da sie auch empirisch wohl begründet sind, dürfte es in Zukunft kaum mehr möglich sein, die sozialen Ursachen der Aggression zu ignorieren. Ich frage mich allerdings, ob die Theorie ausreicht. Sie zeigt, dass Aggressionsverhalten durch soziales Lernen veränderbar ist, aber nicht eigentlich, woher es kommt. Nur ein Beispiel: Gewaltdarstellungen im Film scheinen also nicht etwa, wie die Katharsistheorie behauptet, einen inneren Aggressionsdrang abzuleiten und damit die Aggressivität im Leben zu senken; vielmehr scheinen sie die Gewalttätigkeit im Leben zu fördern. So weit reicht die Lerntheorie. Aber warum sehen sich die Leute das überhaupt an? Warum finden sie Gewaltdarstellungen spannender als Aufnahmen vom Pilzesammeln? Darauf gibt sie keine Antwort. Den Fall Kain erklärt sie auch nicht; also warum Gewalt auch unter Menschen vorkommt, die keine Gelegenheit hatten, sie irgendwo zu lernen. Die Lerntheorie zeigt ferner nicht, warum die Menschen, die heute doch alle etwa den gleichen „Modellen“ ausgesetzt sind, trotzdem so verschieden aggressiv sind. Warum immer und überall Jungen und Männer im Schnitt aggressiver sind als Mädchen und Frauen. Kurz, sie ignoriert eventuelle endogene Ursachen eigentlich noch konsequenter, als die früheren Theorien die äußeren ignoriert haben. Hierzu ein Wort, Herr ...?

Hacker: Friedrich Hacker, Psychiater, Kalifornien. *In der polarisierten Vereinfachung auf das Entweder-oder von Biologie oder Sozietät ... tritt jene Gewalt zu Tage, die es durch das Bedenken aller einander wechselseitig bedingender Faktoren, durch Tolerieren der Komplexität und Betrachtung des Gesamtphänomens der Aggression zu verhindern gilt.*

Vorsitzender: Ich ahne, was Sie sagen wollen. Wir sollen Einseitigkeiten meiden, sonst sind wir selber sozusagen aggressiv. Dieser Regel kann man immer unbesehen zustimmen. Biologie *oder* Sozietät – das ist sicher nicht die Frage; es müssen biologische *und* gesellschaftliche Ursachen in Betracht gezogen werden und wie sie sich gegenseitig bedingen. Bisher hatten wir: zwei Instinkttheorien der Aggression, die von Herrn Lorenz und in gewisser Weise auch von Herrn Freud, die Frustrations-Aggressions-Theorie von Herrn Dollard und Herrn Berkowitz, und Herrn Banduras Lerntheorie. Sehe ich recht, ist es keiner dieser Theorien so richtig gut ergangen. An jeder scheint etwas dran zu sein, aber die volle Wahrheit trifft offenbar keine. Damit will es die Psychologie doch sicher nicht bewenden lassen, oder?

(Aus: Dieter Zimmer: Kain und Konsorten. In: Experimente des Lebens. Haffmans Verlag. Zürich 1989, S. 217–254)

1 Was besagt der lerntheoretische Ansatz im Blick auf die Erklärung aggressiver Verhaltensweisen?

2 Wie wird die Theorie von Albert Bandura von den Teilnehmern des Symposiums gewürdigt? Wie sehen Sie selbst das lerntheoretische Modell?

3 Setzen Sie sich mit den folgenden weiterführenden Aspekten aus dem Gespräch mit Herrn Kornadt auseinander.

Bitte, Herr Kornadt, Saarbrücken.

Kornadt: Man gewinnt tatsächlich den Eindruck, dass die empirische Forschung etwas richtungslos geworden ist und dass vor allem das theoretische Verständnis keine besonderen Fortschritte mehr gemacht hat. Das hat auch unangenehme praktische Folgen. Jede der drei konkurrierenden Theorien gibt den Leuten nämlich einen anderen Ratschlag, wie Aggressivität zu vermeiden wäre. Die Triebtheorie sagt: *Man muss den Kindern Gelegenheiten zum Ausleben der Aggression (wenn auch in harmloser, vielleicht ritualisierter Form) bieten.* Die Frustrations-Aggressions-Theorie empfiehlt, *dass man Frustrationen vermeiden muss, damit kein Anlass zum Lernen von Aggression entsteht,* impliziert aber auch, dass Aggression *nicht unterdrückt werden darf, weil dies wiederum eine aggressionssteigernde Frustration wäre.* Und die Lerntheorie rät: Man *darf gerade* keinerlei *Gelegenheit zum Aggressionsverhalten bieten,* und schon gar nicht zu erfolgreichem. Aus dieser Verlegenheit kann uns nur eine integrative psychologische Theorie helfen, die aus jeder der drei anderen Theorien das

Boris Schmalenberger, Stuttgart

(Aus: Peter Feierabend [Hrsg.]: Photography Index II. Kösemann Verlagsanstalt: Köln 1999)

Richtige herausfiltert und es miteinander verbindet. Es kommt darauf an, *dass nicht nur ein Nebeneinander verschiedener theoretischer Prinzipien grundsätzlich eingeräumt wird, sondern dass auch erklärt wird, wie diese Prinzipien und ihre Wirkungsweise miteinander systematisch zusammenhängen.* Den theoretischen Rahmen dafür gibt es im Übrigen längst. Es ist die Motivationstheorie, wie sie seit den frühen Fünfzigerjahren von David McClelland für die Leistungsmotivation entwickelt wurde. Ihn und seine Kollegen interessierte, welche Bedingungen es sind, die manche Menschen – und auch manche Kulturen – stärker zur Leistung motivieren als andere.

Vorsitzender: Kein Mensch kann je ein Motiv sehen. Es lässt sich nur indirekt erschließen: Wir beobachten ein bestimmtes Verhalten und wir schließen aus ihm auf einen bestimmten inneren Zustand. Sehe ich recht, ist Motivation eine Zwischenvariable: Auf der einen Seite haben wir physiologische Zustände und psychische Bedürfnisse, auf der anderen das Verhalten. Dazwischen nehmen wir psychische Zustände an, Motive wie Hunger, Durst, Angst, Liebe, Leistungswillen. Die Motivationstheorie reicht also von der Biologie bis zum Verhalten; sie setzt Biologie und Psychologie miteinander in Beziehung.

Kornadt: Die neuere Motivationstheorie geht von einem intentionalistischen und interaktionistischen Grundkonzept aus. Nach ihr werden Ziele erwogen, gesetzt und angestrebt, Situationen werden interpretiert und aufgesucht oder gemieden, Reaktionen des Partners als Konsequenzen eigenen Handelns antizipiert beziehungsweise während der Handlung – diese modifizierend – berücksichtigt; und Erfahrungen hierüber werden gespeichert und bilden als Teile generalisierter Zielsysteme beziehungsweise von Handlungsmustern einen Teil des überdauernden Motivs. Die Motivationstheorie sieht also einmal die Person, zum anderen die Situation – und die Wechselwirkung zwischen beiden.

Ich – und nicht nur ich – finde, die Motivationstheorie lässt sich sehr schön auf die Aggression übertragen. Meine Theorie nimmt an, dass Aggression in der Tat eine biologische Basis hat, dass es ein überdauerndes psychisches Motiv oder besser Motivsystem der Aggression gibt und dass dieses zwei selbstständige Komponenten hat. Aufsuchen und Meiden, Aggression und Aggressionshemmung. Genauer gesagt: *Die Motivation zu einer bestimmten situationsbezogenen Aggressionshandlung ist eine Funktion des überdauernden Aggressionsmotivs, der Erwartung, die in Frage stehende Aggressionshandlung in der Situation erfolgreich ausführen zu können, und des antizipierten Anreizes, den eine Erreichung des konkreten Aggressionsziels hat – sowie andererseits des überdauernden Motivs, Aggressionen zu vermeiden, und der Erwartung negativer Konsequenzen (Strafe, Schuld) der in Frage stehenden Handlung sowie des (negativen) Anreizes (oder der Bedeutung), den die antizipierten negativen Konsequenzen einer Erreichung des konkreten Aggressionszieles haben.*

Vorsitzender: Uff! Zu einem aggressiven Akt kommt es also, wenn alles in allem das Aggressionsmotiv stark und das Hemmungsmotiv schwach genug ist. Logisch.

Kornadt: Ja. Aber das Aggressionsmotiv ist kein fester Charakterzug, kein *trait*, und auch keine Augenblicksreaktion, kein *state*. Es ist als ein System zu verstehen, das ständig – und nicht unbedingt bewusst – viele Faktoren miteinander verrechnet, Gefühle, Überlegungen, moralische Werthaltungen, Vorbilder, Erwartungen, Gelegenheiten, Aussichten.

Vorsitzender: Gibt es dazu ein bisschen Empirie?

Kornadt: Wir arbeiten seit Jahren an einem Kulturvergleich. Frustrationen und Beeinträchtigungen machen die Menschen ärgerlich. Das ist überall so und es ist wohl die biologische und letztlich vermutlich genetische Basis für das Aggressionsmotiv. Aber was dann mit dem Ärger geschieht, das ist von Mensch zu Mensch und von Kultur zu Kultur verschieden. Deutsche sind auch nach objektiven Kriterien äußerst aggressiv, Schweizer schon weniger, in Japan ist die Aggressivität sonderbar gering, obwohl gewiss nicht weniger äußere Anlässe bestehen. Wir haben bisher vor allem untersucht, ob Mütter in den beiden Kulturen mit ihren kleinen Kindern irgendwie anders umgehen. Das Ergebnis: Ja, sie tun es. Konflikte werden in Japan anders gehandhabt als in Mitteleuropa. Provoziert ein deutsches Kind seine Mutter, so *gibt es nur Sieger und Verlierer; bestenfalls* wird *ein (meist fauler) Kompromiss* zwischen ihnen ausgehandelt. Der Konflikt eskaliert also und wird am Ende nicht aufgelöst; das Kind wird in der Regel zurückgewiesen oder ausgeschimpft und damit in seinem Selbstwertgefühl gekränkt. Japanische Mütter lassen es dagegen meist gar nicht zum Machtkampf kommen. Sie sind vor allem darauf bedacht, im Kind keine *negativen Gefühle entstehen* zu lassen. Sie wittern nicht prinzipiell Aufruhr, der nur unterdrückt werden kann, ärgern sich nicht so sehr über das Kind, gehen über die Provokation hinweg, einigen sich mit dem Kind oder geben seinen Wünschen schrittweise nach. So wachsen japanische Kinder von Anfang an in einem viel harmonischeren Klima auf, und dieser Umstand ist es wohl, der sie später weniger aggressiv macht. *Das Aggressionsmotiv kann trotz seiner biologisch bedingten universalen Ausgangsbasis nur schwach ausgebildet werden, wenn die aggressionsfördernden Sozialisationsbedingungen fehlen.*

Vorsitzender: Ein interessanter Vergleich. Obwohl zu prüfen bleibt, ob das geringere Aggressionsniveau und der größere Harmoniebedarf in Japan nicht teilweise ebenfalls biologisch bedingt sind. Ehe wir zum Schluss kommen, soll nun aber auch das Volk noch das Wort erhalten. Es ist ja nicht so, dass der Nicht-Psychologe völlig rat- und fassungslos vor einem Phänomen wie der Aggression steht. Es gibt für vieles psychologische Alltagstheorien, die möglicherweise nicht richtig sind, in denen möglicherweise aber auch eine Weisheit steckt, zu der sich die Wissenschaft erst durchkämpfen muss. Herr Langfeldt aus Würzburg, Sie können uns sagen, wie sich das Volk aggressives Verhalten erklärt?

Langfeldt: „Das Volk" ist zu viel gesagt. Der deutsche Normalbürger. Genauer: jüngere deutsche Frauen im Jahre 1988. Für die mit Abstand wichtigste Ursache aggressiven Verhaltens halten sie Frustrationen und frustrierende Bedingungen wie Überforderung und akute Schwierigkeiten. Die zweitwichtigste Ursache ist ein aggressiver Charakter. Die drittwichtigste ist eine Situation, die Aggressionen provoziert. Die viertwichtigste

Ursache sind negative Gefühle – Unsicherheit, Unzufriedenheit und vor allem Angst. Die fünftwichtigste Ursache ist das Lernen am Modell.
Einiges ist auffällig an diesen Alltagstheorien. *„Angst" taucht als wichtige Bedingung auf. In psychologischen Theorien spielt sie – bei wenigen Ausnahmen – nur eine untergeordnete Rolle. Sind Wissenschaftler an dieser Stelle blind? In den Alltagstheorien wird „Lernen" als Bedingungskomplex relativ wenig genannt. Demgegenüber spielt (Nachahmungs-)Lernen in psychologischen Theorien eine herausragende Rolle. Sind Alltagstheoretiker an dieser Stelle blind? Alltagstheorien enthalten nahezu keine kognitiven Elemente, während kognitive Theorien immer bedeutsamer werden. Unterstellen Wissenschaftler in diesem Zusammenhang zu viel Rationalität?*
Vorsitzender: Da wären also noch ein paar Fragen. In der Allgemeinheit, von der hier eben die Rede war, hat die Kontroverse, die auch in diesem Hearing wieder im Mittelpunkt stand, oft die Form von zwei einander entgegengesetzten Glaubenssätzen angenommen. Der eine sagt: Aggression – das ist ein biologischer Trieb. Der andere: Aggression wird uns von der Gesellschaft anerzogen. Das ist sicher eine falsche Alternative und ich habe den Eindruck, dass alle unsere Wissenschaften noch weit entfernt sind, die Interaktion von inneren und äußeren Ursachen erklären zu können. Sie haben bisher nur Spuren.
Trotz aller Gräuel scheint mir der Mensch alles in allem ein ziemlich friedfertiges Wesen zu sein. Was die Menschheit plagt, womit sie sich selber plagt, das ist das maschinelle Töten, die industrielle Menschenvernichtung – die sozusagen unpersönliche Aggression, die Aggression, bei der auf der einen Seite keine oder nur schwache aggressive Gefühle bestehen, auf der anderen aber der unbekannte Feind oder Gegner massenweise verstümmelt wird oder stirbt. Eine persönliche Aggression ist ein seltener und dramatischer Akt und er wird unweigerlich mit fasziniertem Grausen beredet – ein Zeichen dafür, dass er eben nichts Selbstverständliches hat. Bei einem Akt dieser Art erwarten wir, dafür auch eine dramatische einzelne Ursache aufspüren zu können. Aber wenn dieses Hearing mit seinem verwirrenden Meinungsgeschwirr etwas gezeigt hat, dann ja wohl dies: Diese Ursache werden wir niemals finden. Und zwar darum nicht, weil es sie nicht gibt. Wir müssen mit dem Zusammenwirken vieler Ursachen rechnen.

(Aus: Dieter Zimmer: Kain und Konsorten. Über die Wurzeln der Aggression. In: Experimente des Lebens. Haffmans Verlag: Zürich 1989, S. 217–254)

4 Aus jeder Aggressionstheorie etwas nehmen ... Was halten Sie von einer solchen Integrationstheorie?
5 Wie bewerten Sie die angesprochenen Alltagstheorien?

1.4.3.6 John Paul Scott zieht Bilanz des Aggressionssymposiums

Scott: John Paul Scott, Psychologe. [...] Die Aggression können und müssen wir auf fünf Ebenen untersuchen. Die unterste ist die der Gene: Wie bestimmte genetische Ausstattungen zu bestimmten Graden an Aggressivität disponieren. Die nächste Ebene ist die physiologische, etwa die der Hormone. Darüber liegt die organismische; hier haben wir es dann zum Beispiel mit psychischen Zuständen, also mit Motiven zu tun. Damit verlassen wir das Individuum. Oberhalb der organismischen Ebene gelangen wir in die soziale; hier wissen wir etwa, dass der Zerfall sozialer Strukturen bei Tieren und wohl auch beim Menschen zu vermehrten Aggressionen führt. Die oberste Ebene schließlich ist die ökologische; hier haben wir in Betracht zu ziehen, wie weit Umstände wie Nahrungsknappheit oder zu große Bevölkerungsdichte zu einer verhängnisvollen Zunahme der Aggressionen führen. Dies sind die nahe liegenden, die unmittelbaren, die proximaten Ursachenebenen, die untersucht werden müssen. Dazu aber müssen auch die verschiedenen historischen Ebenen in Betracht gezogen werden. Wir müssen nach der Ontogenese fragen: Wie hat sich aggressives Verhalten bei einem Einzelwesen entwickelt? Wir müssen nach der Geschichte der Kulturtradition fragen, die ja beim Menschen an der Verhaltensformung stark beteiligt ist. Und schließlich müssen wir nach der Phylogenese fragen, also nach der evolutionären Entwicklung der Aggression, nach ihren Zwecken und Funktionen. Früher habe ich mir die Einflüsse der verschiedenen Ebe-

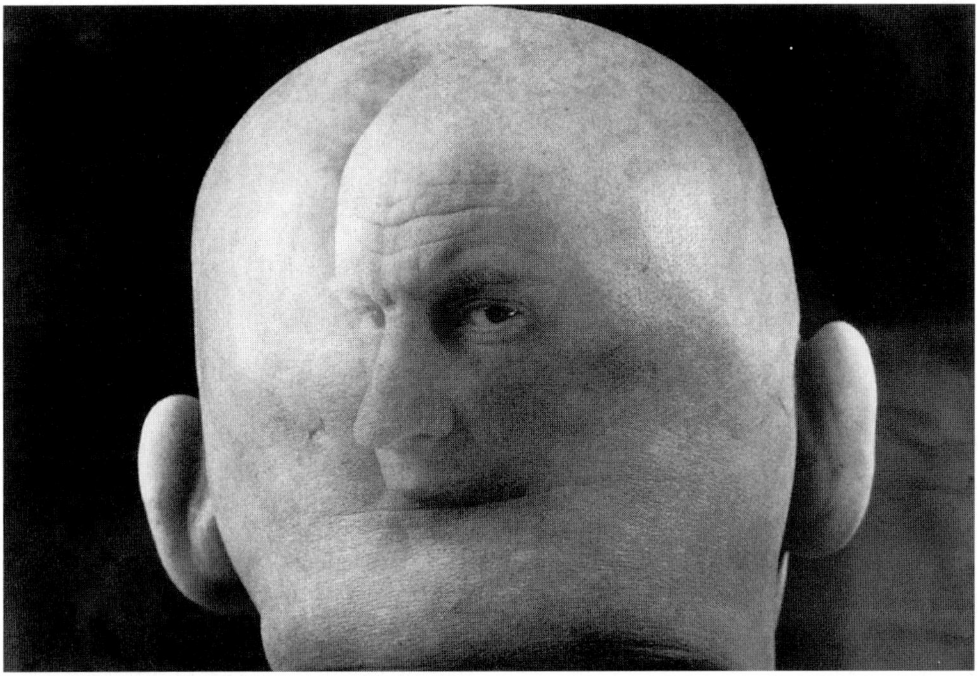

Georgij Petrussov: Karikatur Rodtschenko (1933/1934).
Museum Ludwig, Köln. © 1996 Benedikt Taschen Verlag: Köln

nen als Faktoren gedacht, die sich unabhängig voneinander auswirken. Heute meine ich, dass wir es auf jeder Ebene mit komplexen Regulationssystemen zu tun haben und dass diese Systeme über mehrere Ebenen hinweg Einfluss aufeinander nehmen. Das alles hört sich vielleicht noch etwas abstrakt an. Es ist auch keine Theorie, sondern eher ein Wegweiser für die künftige Forschung.

Vorsitzender: Danke sehr, Herr Scott. Wenn ich Ihre Worte gleich in einen praktischen Appell ummünzen darf, dann möchte ich sagen: Das Phänomen der menschlichen Aggression ist nicht die Domäne ausschließlich einer Disziplin. Es sind nicht die Sozialwissenschaften allein, die sich mit ihr befassen können. Aber es kann auch gar keine Rede davon sein, dass das Thema den Sozialwissenschaften entwunden und der Biologie zugeteilt werden müsste. Sehr wohl haben jene eine Menge dazu zu sagen – oder vielmehr zu ermitteln. Die Soziologie muss sich der Frage annehmen, welche gesellschaftlichen Strukturen Aggression fördern und wie sich deren Zerfall auf das Gewaltpotenzial auswirkt; auch, ob es eine Dichte des Zusammenlebens gibt, die Gewalttätigkeit brütet. Die soziale Lerntheorie muss weiter untersuchen, wie es auf die individuelle Aggressionsbereitschaft abfärbt, wenn man aggressiven „Modellen" ausgesetzt ist; sie muss wohl ihr Augenmerk weiter besonders auf die Medien richten – lohnend scheint mir etwa die Frage, ob die beständige Berieselung mit Akten symbolischer Aggression nicht zu einer seelischen Abstumpfung und Verhärtung führt, die der wirklichen Gewalttätigkeit den Boden bereitet; einige empirische Befunde deuten genau darauf hin. Die Sozialpsychologie muss sich weiter der Deindividuation zuwenden: dem Ausnahmezustand, in dem die Individualität von Tätern wie Opfern reduziert ist. Nur darf keine dieser Wissenschaften meinen, sie allein hätte den Schlüssel in der Hand. Alle sind befugt, alle sind aufgerufen. Die Genetik hat etwas über das in uns in verschiedenem Maß angelegte Gewaltpotenzial zu sagen, die Neurobiologie über die molekularen und zellulären Vorgänge, die das materielle Substrat aggressiven Verhaltens bilden, die Physiologie über die hormonelle

Steuerung der Gewalt, die Ethologie über die Wirklichkeit inner- und zwischenartlicher Aggression, die Evolutionsbiologie und die Ökologie schließlich über den Platz der Aggression in der Natur, ihre Kosten und ihren Nutzen, ihren Sinn und ihren Unsinn.

So viel scheint klar: Es ist falsch, dass der Mensch ein von Natur aus zutiefst friedliches Wesen sei, das nur von bösen gesellschaftlichen Verhältnissen korrumpiert wurde. Seine Vergangenheit dürfte keine ganz und gar unblutige, aber auch keine besonders blutige gewesen sein; in einem Ausmaß, das mit seiner genetischen Mitgift, seiner Erziehung und einer Vielzahl von situativen Faktoren variiert, etwa seiner Frustration oder seiner Angst oder seinem Stress, hat er das Zeug, aggressiv zu agieren und zu reagieren. Es ist ebenso falsch, dass der Mensch von Natur aus zum Kriegführen verdammt sei. Analoges zum menschlichen Krieg – die gemeinschaftliche, systematische, massenhafte, anonyme Vernichtung von Artgenossen, die einen nicht unmittelbar persönlich bedrohen – ist in der ganzen Natur schwer zu finden; schon darum ist es unwahrscheinlich, dass der Krieg ein biologisches Fatum ist. Zwar beruht er unter anderem auch auf solchen menschlichen Verhaltensweisen, die stammesgeschichtliches Erbe sind; aber kein angeborener Trieb erzwingt den Krieg.

Die Zeit der grandiosen Vereinfachungen ist vorbei. Wenn noch einer auftreten sollte und erklärte, er habe sie nun aber doch noch gefunden, die eine wirkliche Ursache der Aggression – dann wissen wir von vornherein, dass er im Irrtum ist. Allerdings, bis das nötige Detailwissen beschafft und zusammengefügt ist, um zu einer großen Synthese schreiten zu können, wird noch so mancher Tag ins Land gehen, und einfach wird die Wahrheit nicht sein. Ich hoffe, die Menschheit wird sie erleben. Für Ihre vereinte Gedankenanstrengung danke ich Ihnen.

(Aus: Dieter Zimmer: Kain und Konsorten. Über die Wurzeln der Aggression. In: Experimente des Lebens. Haffmans Verlag: Zürich 1989, S. 217–254)

1 Was ist der Ertrag des Symposiums?
2 Gibt es (wissenschaftlich gesicherte) Erkenntnisse über das Phänomen „Aggressivität", die pädagogisch bedeutsam sind?

1.4.4 Theorien, Forschungsprojekte und Erhebungsmethoden – am Beispiel von Untersuchungen bei aggressiven Jugendlichen

Die Ergebnisse zu den Theorien von Aggressivität haben bereits deutlich gemacht, wie komplex sich das Forschungsfeld darstellt, wenn man methodisch angemessen vorgehen will.

Ein wesentlicher Gesichtspunkt schließlich, der bei Forschungsaktivitäten zu Ausmaß, Erscheinungsformen und Entwicklungstendenzen von Gewaltphänomenen stets zu bedenken ist, bezieht sich auf die jeweils für probat erachtete Untersuchungsstrategie; dabei wird deutlich, dass der gängige Methodenapparat nicht unerhebliche Probleme bereitet. Oberwittler (1993, S. 22) gelangt beispielsweise für das Gesamtgebiet sozialwissenschaftlicher Gewaltforschung nach Sichtung von knapp zweihundert einschlägigen empirischen Arbeiten und Projektvorhaben neueren Datums zu folgenden Erkenntnissen:

Forschungsprojekte nach Erhebungsmethoden

Untersuchungsstrategie	Häufigkeit *
Interview	41,8 %
Aktenanalyse	27,3 %
Schriftliche Befragung	24,2 %
Inhaltsanalyse	17,0 %
Beobachtung	13,4 %
Psychologischer Test, Experiment	7,2 %
Sekundäranalyse	4,1 %
Aggregatdatenanalyse	2,6 %
*) Mehrfachnennungen	

So stehen bei den Erhebungstechniken seit vielen Jahren die mündliche und schriftliche *Befragung* an erster Stelle (Oberwittler, 1993, S. 21, Hervorhebung v. den Verf.), was „in abgeschwächter Form auch auf die Gewaltforschung" zutrifft (a. a. O.), und auch andernorts (Kühnel, 1995, S. 9, Hervorhebung v. den Verf.) kommt man zu der Einsicht, dass, „vom methodischen Zuschnitt aus betrachtet", solche Forschungsarbeiten überwiegen, bei welchen „auf der Grundlage von *Umfragedaten* zu Einstellungen der Versuch unternommen wird, das Gewaltpotenzial von Jugendlichen herauszufinden" (ebd.). Wie man unschwer anhand der Tabelle (s. o.) erkennt, verlässt man sich demnach in großen Teilen der empirischen Gewaltforschung – wenn man einmal von Aktenanalysen absieht, die ohnedies für psychologische Fragestellungen zur Datengewinnung nur äußerst bedingt geeignet sind und deshalb auch mehrheitlich fast nur im Rahmen rechtswissenschaftlicher Forschungsprojekte eingesetzt werden (Oberwittler, 1993, S. 23) – in ungefähr *zwei Dritteln* aller Fälle auf mündliche und schriftliche Interviewverfahren als alleinige Informationsquelle. Andere Untersuchungsstrategien, wie insbesondere psychologische Testverfahren oder (lebensnahe) experimentelle Ansätze, befinden sich dagegen in einer regelrechten Diaspora (siehe Tab.).

Auf diesem Hintergrund überrascht es nicht, dass auch im Zusammenhang mit Aggression und Gewalt an Schulen kaum andere methodische Zugänge zu konstatieren sind als die bei Oberwittler (1993, S. 23–24) für das *gesamte* Problemfeld sozialwissenschaftlicher Gewaltforschung dominant erscheinenden; allein schon eine kursorische Inspektion einschlägiger empirischer Arbeiten bestätigt zutreffend, dass in der Mehrzahl diesbezüglicher Forschungsprojekte nahezu ausschließlich Fragebogenmethoden und mündliche Interviewtechniken Verwendung finden. [...]

Trotz offenkundiger Vorzüge derartiger Untersuchungsstrategien sind dieselben jedoch mit einer Reihe von Nachteilen behaftet und eine Kritik am Methodenapparat bisheriger Forschungsarbeit zu schulimmanenten Verhaltensauffälligkeiten betrifft im Wesentlichen zwei Aspekte: Fragebogen- und Interviewverfahren als monomethodale Ansätze zur Informationsgewinnung sind im Allgemeinen recht anfällig für *Verfälschungseinflüsse* seitens der untersuchten Personen; bekannt ist etwa die als soziale Erwünschtheit [...] geläufige Tendenz, sich bei der Bearbeitung eines Fragebogens oder in einem mündlichen Interview so darzustellen, wie es bestimmten (vermuteten) sozialen Normen entspricht; dies gilt umso mehr, wenn es sich um solche Verhaltensbereitschaften handelt, die, weil sozial wenig anerkannt, vom gesellschaftlich-interpersonalen Umfeld mit negativen Bewertungen und Konnotationen belegt werden, was ja gewöhnlich auch für aggressiv-gewalttätige Reaktionstendenzen zutrifft; man muss also bei Verwendung von methodischen Ansätzen der zuletzt genannten Gattung vermehrt mit Verzerrungen, Einseitigkeiten oder gar Unwahrheiten rechnen (Plaum, 1997, S. 585). Hinzu kommt, dass es sich beim überwiegenden Teil der vorliegenden Befunde (s. o.) fast ausnahmslos um Datenmaterial handelt, welches an *Gruppen* von Versuchspersonen gewonnen wurde und von daher das einzelne Individuum kaum hinreichend zu berücksichtigen vermag; Gruppentrends können zwar allenfalls zur groben „Orientierung" (Plaum, 1992, S. 5) dienen, sie erlauben „jedoch keine sichere Aussage zum Einzelfall" (a. a. O.), geschweige denn die Ableitung von Handlungsempfehlungen oder Interventionshinweisen, die für *einzelne* Jugendliche tatsächlich optimal sind.

(Aus: Thomas Biedermann/Ernst Plaum: Aggressive Jugendliche. Fakten, Theorien, Hintergründe und methodische Zugangsweisen. Deutscher Universitäts-Verlag: Wiesbaden 1999, S. 4–7)

1 Worin sehen die Autoren methodische Probleme bei Untersuchungen aggressiver Jugendlicher?

2 Als alternative Zugänge zur Informationsgewinnung schlagen die Autoren eine „multimethodale Strategie" vor. Darunter verstehen sie sich gegenseitig ergänzende Methoden (quantifizierender und qualitativer Art). Was halten Sie – ohne die Einzelheiten hier berücksichtigen zu können – ganz grundsätzlich von diesem Gedanken?

Marc Riboud (USA, 1984)

1.4.5 Gewalt und Aggression als pädagogische Herausforderung für Schule

1.4.5.1 Schule als Aggression erzeugendes System? – Zur Diskussion

Gerhard Fels, der Autor des folgenden Artikels, war Schulleiter in Bonn.

Immer wenn Gewalttaten Jugendlicher die Öffentlichkeit aufschrecken, ergeht aus den Kultusverwaltungen der Ruf an die Schulen, sie sollten sich nicht auf die Vermittlung von Wissen beschränken, sondern Erziehungsdefizite ausgleichen. Man kleidet diese Appelle meistens in die Vokabeln „kompensatorische Erziehung", „Wertevermittlung", „Förderung der sozialen Kompetenz" oder sogar „Prävention". Fragen die Adressaten, wie die eingeforderte Bringschuld zu leisten sei, verstummen Politiker wie Ministeriale simultan. Falls sie ihren Mund wieder öffnen, beschwören sie eine Wunschliste des Unerlässlichen und suggerieren, die Wirklichkeit sei begierig, sich ihr entgegenzustrecken. Man muss sich allerdings schon auf das seelische Interieur von Schülern einlassen, um in dieser Frage weiterzukommen.

Alle, die Einsicht in die Situation von Schulen haben, sind sich einig, dass Gewalttätigkeit auf dem Schulgelände ein Randphänomen ist. Diese Aussage ist in zweierlei Hinsicht zu differenzieren: nach Schultypen und dem soziokulturellen Umfeld der einzelnen Schulen. Im Allgemeinen stehen die täglichen Querelen ganz im Vordergrund: Balgereien um nichts, Sachbeschädigungen an unbewachten Fahrrädern oder, schon gewichtiger, Psychoterror von Cliquen, der im Geheimen abläuft. Wenn eine Straftat in die Medien gelangt, ist sie fast immer singulär. Selbst Kritiker, die einräumen, dass das Spektakuläre nicht das Typische ist, beklagen allerdings, dass von einem Einfluss der Schulen auf das außerschulische Verhalten von Schülern keine Rede sein kann. Dem ist zuzustimmen. Das Eingeständnis bleibt jedoch leer, wenn man nicht fragt, was unter den heutigen Arbeitsbedingungen überhaupt noch möglich ist.

Natürlich wäre es schön, wenn Elternhaus und Schule stets zusammenwirkten wie Kette und Schuss. Das ist jedoch ein Ideal, das selten erreicht wird. Denn Schule ist nicht mehr als eine Insel in einem See. Was auf dem See geschieht, geht sie rein rechtlich gar nichts an. Wenn sie sich da einmischt, kann sie sogar verklagt werden; nur mögliche Folgewirkungen muss sie mittragen. Helfen die Eltern dabei nicht mit, ist ein Eklat vorprogrammiert.

Kommt es zu einer üblen Schlägerei, könnte die Schule die Täter sofort mit einer der zugelassenen Schulstrafen belegen. Das wäre aber unklug, denn es liefe auf eine reine Tatbestandsjustiz hinaus. Sie kann etwas beschreiben, erklärt aber nichts. Wenn die Ursachenfrage nicht gestellt wird, kann auch kein Weg zur Besserung beschritten werden. Wenn die Schule in einem solchen Fall die Eltern zu einem Gespräch bittet, kommen als Erste diejenigen, die es am wenigsten nötig haben, anders ausgedrückt, mit denen man schnell ein Einverständnis erzielt. Die Eltern der schwierigsten Fälle kommen entweder gar nicht oder sie versuchen ihre Sprösslinge mit Zähnen und Klauen zu verteidigen. Die Schule hat keinen Rechtstitel, solche Gespräche zu erzwingen. An dem Zopf dieser aufgezwungenen Tradition hängend, mag die Schule darüber räsonieren, in welcher Generation der eigentliche Straftäter zu suchen ist. Äußern darf sie das nicht.

Brennnesseln umtopfen

Inzwischen haben viele Kollegien Skrupel, in dem erwähnten Fall die konventionellen Schulstrafen zu verhängen. Sie wissen freilich aus Erfahrung, dass sie selten etwas nützen. Man kann Straftäter in eine andere Klasse einweisen oder sie für eine Zeit vom Unterricht ausschließen. Beiden Maßnahmen liegt wohl der Gedanke zu Grunde, dass ein Verstoß gegen das Gemeinschaftsleben gesühnt werden soll. Im ersten Fall ist das reichlich naiv. Wenn man eine Brennnessel umtopft, wird daraus keine Taubnessel. Im zweiten Fall gibt man die Aufsichtspflicht eine Zeit lang an die Eltern zurück und überlässt es ihnen, mit ihrem Zögling allein zurechtzukommen. Hier dient ein Rechtstitel dazu, die Ausbildung zu unterbrechen. Kann man darin nicht das Eingeständnis eines institutionell bedingten Scheiterns sehen?

Einstweilen sind es die Schulen selbst, die den in

solchen Fällen angezeigten Gang zum Jugendrichter scheuen. Sie möchten möglichst viel unter der Decke halten, damit die Institution nicht in Verruf gerät. Das hat einen berechtigten Kern: Durch Mundpropaganda in Elternkreisen wird auf die eine oder andere Weise suggeriert, dort, wo die Tat begangen wurde, liege auch ihr Motiv. Gegen eine solche Schlussfolgerung ist die einzelne Schule hilflos. Ist sie immer ganz falsch?

Heutige Schüler wissen zumeist nicht, dass vor mehr als dreißig Jahren der hehre Gedanke der Chancengleichheit in einen Wechsel mit langer Laufzeit umgewandelt wurde, den sich jeder ausstellen lassen kann, der das will. Was er dann erlebt, sind ausschließlich Ungleichheiten. Wenn jemand täglich sein Scheitern bescheinigt erhält, gerät er in eine lang anhaltende Resignation und fragt sich, was ihn in die Misere gebracht hat. Wie soll er wissen, dass die Bildungspolitik in einem grundlegenden Widerspruch befangen ist? Sie verkündet, dass unser Staat nur überleben kann, wenn wir eine Wissensgesellschaft werden. Zugleich suggeriert sie, dass die Wissenswelt eine Plantage ist, in der sich jeder jederlei Früchte pflücken kann. Das sind die Nachwehen jener frohen Hoffnung aus den Sechzigerjahren, das Intelligenzniveau einer beliebigen Population ließe sich beliebig heben. Diese Phantasmagorie ist inzwischen vielfältig widerlegt, dient aber immer noch als Rechtfertigungsgrund, um Schulpolitik in Sozialpolitik aufgehen zu lassen. Die Frage „Welches Wissen für wen?“ darf nicht gestellt werden. Lieber übersieht man die Schicht der Scheiternden, findet sie behütet vor Arbeitslosigkeit und weiß, dass die Warteschleife Schule immer noch leichter zu finanzieren ist als aufwändige Sozialprogramme. In dieser Einstellung befangen, übersieht man, dass Schule ein Aggressionen produzierendes System ist.

Das wird meistens mit dem Leistungsdruck begründet, ist aber nur dann richtig, wenn man das mit diesem Begriff Bezeichnete sich nicht als eine feste, belastende Größe vorstellt, die alle Schüler gleichermaßen empfinden. Für die einen ist Leistungsdruck eine Herausforderung, ja ein Ansporn, etwas im Unterricht Vorgestelltes geistig zu durchdringen, für andere hingegen eine Form von Terror. Meistens trägt er für diese Schüler eine individuelle Maske, die des Lehrers. Manche Lehrer befördern, was sie doch verhindern sollten: Sie erhöhen das Aggressionspotenzial. Wir haben an unseren Schulen ständig eine Schicht von „Grenzgängern“, die wir durch die hohe Plastizität der Note „ausreichend“ zum Ende eines jeden Schuljahres über die Hürden heben. Dabei kommt es zu einer Defizitverschleppung von Jahr zu Jahr und von Stufe zu Stufe und wir überlassen es den Hochschullehrern und den in der Arbeitswelt Verantwortlichen, sich zu wundern, welch unterschiedliche Leistungen mit einem staatlichen Siegel bestätigt werden.

Am Beginn des neunzehnten Jahrhunderts gab es in Nürnberg den Gymnasialdirektor Hegel, der später ein weltberühmter Philosoph wurde. Er hat das Streben nach Anerkennung als wesentliches menschliches Merkmal bezeichnet und es auch dem Schüler zugeschrieben. Er kann sie aber nicht erlangen, wenn der Stoff ihn total überfordert oder wenn ihn eine häusliche Misere so belastet, dass er die Schule nur noch als eine Zumutung betrachten kann. Dann ist es der Lehrer X oder die Lehrerin Y, die ihn mit dem a.c.i. oder quadratischen Gleichungen quälen will. Zwischen ihnen und dem Schüler steht keine Sache mehr, sondern nur ein zur Demütigungskeule umfunktionierter Stoff. Das ist kindlich, aber Realität.

Verstockte und Empörer

Bei den sich Verweigernden gibt es grob zwei Grundtypen. Da sind erstlich die Empörer, die die Institution Schule in Frage zu stellen scheinen. Sie haben einen Vorzug: Sie reden und deshalb kann man sich mit ihnen auseinander setzen. Anders steht es mit den total Verstockten, die im Unterricht nur noch düster vor sich hin brüten. Sie sind selbst durch das freundlichste Zureden nicht dazu zu bewegen, über ihre Situation Auskunft zu geben. Um einen Satz von Marx abzuwandeln: Diese Kinder sind in der Schule außer sich und nur außerhalb der Schule bei sich. Sie wollen ganz bewusst ein Robinson sein und ahnen zugleich, dass das unmöglich ist. Aus diesem Zwiespalt erwächst Hass. Sein Quellgrund ist immer die Enttäuschung, die sie in Schule und Elternhaus erfahren. Wenn sie sich mit 18 Jahren ihre Entschuldigungen selbst schreiben dürfen, nehmen sie Urlaub nach Belieben, treiben sich

Karikatur: Das Sonntagsblatt/Gerhard Mester

herum oder haben ihre Treffs an den bekannten Örtlichkeiten. Einige geraten in die Drogenszene oder werden Kleinkriminelle. Andere werden Hooligans. Sie glauben ihr seelisches Gleichgewicht nur erlangen zu können, wenn sie von Zeit zu Zeit bei Massenveranstaltungen Unschuldige zusammenschlagen. Sie suggerieren sich gegenseitig, dass sie ein Recht auf Fun haben und dass dieser Fun nur zum ultimativen Kick gedeihen kann, wenn Blut fließt.

Einige wenige werden rechtsradikal. Als äußeres Zeichen ihrer inneren Einstellung sammeln sie einschlägige Embleme und tapezieren ihr Zimmer mit Hitlerbildern.

In der öffentlichen Diskussion wird viel zu stark herausgestellt, diese Jugendlichen sähen für sich keine Zukunftschancen und gingen deshalb auf die Barrikaden. Wie soll das mit der Tatsache zusammenstimmen, dass viele andere von dieser Furcht geplagt werden und sich eben nicht zum Nazi stempeln? Die Schläger haben auch nicht immer autoritäre Väter, manche sogar ausgesprochene Memmen, denen sie etwas beweisen wollen. Vor allem aber sind sie gar nicht immer die Ärmsten der Armen, auch wenn sie sich als deren Vorkämpfer ausgeben. Das ist für sie ein Motiv, sich von Schuld freizustellen, wenn sie „Türken klatschen" oder jüdische Friedhöfe schänden. Das Erste tun sie nur, wenn sie in der Überzahl sind, das Zweite im Schutze der Dunkelheit. Ihnen ist nicht beizubringen, dass sie sich einzig durch den Hass auf Minderheiten definieren, die nicht sind wie sie. Sie können nicht mehr realisieren, dass sie das genaue Gegenteil von Helden sind, und erst recht nicht, dass sie indirekt die Notwendigkeit des Rechtsstaates bestätigen.

[...]

(Aus: Gerhard Fels: Wo sitzt der Täter? Die Schule als Aggression erzeugendes System. In: Frankfurter Allgemeine Zeitung vom 27. März 2000, Nr. 73, S. 56)

1 Zeigen Sie den Gedankengang des Artikels auf.
2 Was halten Sie – auf dem Hintergrund der Ihnen bekannten Aggressionstheorien – von dem Aufsatz?
3 Wie kann Schule auf das Gewaltproblem eingehen?
4 Verfassen Sie einen Leserbrief, in dem Sie Stellung zu dem Artikel nehmen.

1.4.5.2 Mediation in der Schule

Gewalt unter Jugendlichen ist an der Tagesordnung. Konflikte werden immer häufiger nicht mehr verbal, sondern mit Fäusten ausgetragen. Etwa jeder vierte Schüler zwischen 14 und 18 Jahren in Hannover ist im vergangenen Jahr ein Opfer krimineller Gewalt geworden: beraubt, bedroht, erpresst, geschlagen oder vergewaltigt von Altersgenossen. Diese alarmierende Bilanz geht aus einer jüngst veröffentlichten Studie des Kriminologischen Forschungsinstituts Niedersachsen (KFN) hervor. Die Kriminologen in der niedersächsischen Landeshauptstadt befragten rund 2200 Schüler der neunten Klassen aus insgesamt 57 Schulen zu ihren Gewalterfahrungen, Ängsten, Lebensstilen und Perspektiven.

Die Umfrage ist Teil einer europaweit bislang einmaligen Studie, mit der Gewalt unter Schülern erforscht werden soll.

Die Befragung habe gezeigt, dass der größte Teil der Gewaltdelikte nicht bei der Polizei angezeigt werde, berichtet KFN-Direktor Christian Pfeiffer. Stattdessen greifen viele Jugendliche offenbar zur Selbsthilfe. Ein Drittel der Befragten gab an, gelegentlich Messer oder Schlagring bei sich zu tragen, 19 Prozent verschaffen sich Tränengas, zehn Prozent erklärten sogar, gelegentlich eine Schusswaffe bei sich zu haben. Um den amerikanischen Zuständen Einhalt zu gebieten, will die von Pfeiffer initiierte „Bürgerstiftung Hannover" Geld für die Ausbildung von Schülern als „Konfliktlotsen" zur Verfügung stellen. Mithilfe der Mediation sollen sie lernen, Konflikte zwischen Altersgenossen zu schlichten. Ziel der Vermittlung durch einen unparteiischen Dritten ist eine faire Lösung, bei der es weder Gewinner noch Verlierer gibt.

Ein ähnliches Pilotprojekt des Kinderschutzbundes Mannheim hat sich bereits bewährt. Mit finanzieller Unterstützung des Kinderschutzbundes startete die Geschwister-Scholl-Realschule bereits im vergangenen Jahr ein Pilotprojekt. An Wochenenden und Nachmittagen ließ sich etwa die Hälfte des 29-köpfigen Kollegiums von der Psychologin Diemut Hauk als Konfliktschlichter ausbilden. Anschließend gaben die Lehrer ihr

Bruce Davidson, USA (1983)

neu erworbenes Wissen in Sachen Mediation an interessierte Schüler der Jahrgangsstufen neun und zehn weiter.

Seit Schuljahresbeginn stehen an der Mannheimer Realschule jeweils zwei Mediatoren eine Stunde pro Tag für Schlichtungsgespräche zur Verfügung. Die Schule richtete eigens einen Schlichtungsraum ein, wo sich die Kontrahenten auf neutralem Boden treffen können. „Gibt es in einer Stunde Krach, dann kann der Pädagoge die Streithähne zu seinen Schlichterkollegen schicken und seinen Unterricht ungestört fortsetzen", erläutert Hauk die Vorteile der neuen Anlaufstelle aus Lehrersicht: „Und für die Schüler bedeutet ein bewältigter Konflikt einen freien Kopf für die Unterrichtsstunden."

Aufgabe des neutralen Vermittlers ist, zunächst eine vertrauensvolle Atmosphäre zu schaffen, den Prozess der Konfliktbearbeitung in Gang zu bringen und zu steuern. Im Gespräch ermutigt er die Kontrahenten, ihre Gedanken und Gefühle zu beschreiben, mit dem Ziel, die Konfliktparteien für die Perspektive der Gegenseite zu sensibilisieren. Das sei schließlich Voraussetzung für eine freiwillige Einigung, bei der es keinen Sieger und keinen Verlierer gebe, betont Hauk, ein Grundprinzip der Mediation: „Am Ende steht ein Kompromiss, mit dem alle leben können."

Seitdem die Mannheimer Lokalpresse über das erfolgreiche Pilotprojekt an der Geschwister-Scholl-Realschule berichtet hat, verzeichnet die Psychologin und Gründerin des Mannheimer „Zentrums für Mediation" eine sprunghafte Nachfrage von Schulen und Jugendhilfeeinrichtungen in der Region, die sich in Sachen Mediation weiterbilden.

(Aus: Dagmar Sobull: Mediation in der Schule. In: Psychologie heute. Beltz Verlag: Weinheim, Dezember 1998, S. 34)

1 Welche Erwartungen weckt der Text von Dagmar Sobull?

2 Erproben Sie Mediation einmal in einem Rollenspiel – vielleicht lässt sich dann schon eher darüber urteilen.
Orientieren Sie sich zuerst an den Hinweisen 1.4.5.3 zum Rollenspiel allgemein, sodann auch an den konkreten Anregungen für eine Mediation.

1.4.5.3 Rollenspiele im Pädagogikunterricht – am Beispiel eines Mediationsspiels

Was kann ein Rollenspiel leisten?

Das Rollenspiel gehört zu den Methoden, mit deren Hilfe in der Gruppe Erfahrungen gemacht werden können. Aufgrund dieser Erfahrungen mit eigenen Einstellungen und eigenem Verhalten erleben Einzelne das Problem als für sich wichtig. Durch Rollenspiele ist so soziales Lernen möglich, also Lernen, durch das Einstellungen und Verhaltensweisen geändert werden können. Es wird spielerisch Realität simuliert, es wird zur Probe (also ohne Folgen in der Realität) gehandelt.

Rollenspiele können dazu beitragen,

- Beobachtungsfähigkeit und die Fähigkeit zur sozialen Wahrnehmung zu entwickeln,
- Konflikte in der Gruppe und in anderen Lebensbereichen darzustellen und zu analysieren,
- neue Verhaltensweisen einzuüben,
- den gesellschaftspolitischen Zusammenhang individuell erlebter Probleme bewusst zu machen.

Zur Durchführung von Rollenspielen

Aufwärmphase

1. Spielsituation

Neugier wecken, Problem stellen. Erfahrungen ansprechen, betroffen machen, Rahmen vorgeben, Stellungnahme provozieren, Spontanreaktionen erzielen.

2. Rollenanalyse

Rollen beschreiben, Rollen markieren, Rollen üben: Gestik, Mimik, Sprache usw., Kernsätze erarbeiten, Verlauf fixieren.

Spielphase

3. Rollenzuteilung

Spielrollen, Beobachterrollen, Publikum.

4. Spiel

Die Spielerinnen und Spieler nehmen ihre Rollen an, erleben die Situation und reagieren auf die Reden und Handlungen der anderen so, wie sich ihrer Ansicht nach Menschen in diesen Rollen verhalten würden.

Reflexionsphase

5. Spielkritik
Beobachterinnen und Beobachter berichten, Bewertung der gespielten Rollen, Befragung der Akteure.

6. Rollendistanz
Das Rollenspiel wird in anderer Besetzung wiederholt, der Verlauf des Spiels wird verändert oder die Rahmenbedingungen werden verändert (in einem anderen Land, in einer anderen Zeit ...).

7. Transfer
Bewusstwerdung, Reflexion und Infragestellung der im Rollenspiel getroffenen Entscheidungen und Handlungsweisen.

Zur Auswertung

Auf der Rollenebene:

Wie haben sich die Einzelpersonen in ihren Rollen verhalten (Gestik, Mimik, Sprache ...)? Wie wurde die Rolle gespielt (engagiert, lässig, gar nicht ...)? Wie fühlten sich die einzelnen Spielerinnen und Spieler in ihren Rollen?

Auf der Gruppenebene:

Was bedeutet dieses Spiel für die Gruppe?
Welche Konsequenzen ergeben sich daraus für die weitere Arbeit der Gruppe?

Auf der Situationsebene:

Welche Ziele will (welche wird) die Einzelne bzw. der Einzelne erreichen, wenn sie bzw. er sich in der gespielten Weise verhält?
Wie müsste das Verhalten aussehen, um zu einem besseren Ziel zu kommen?
Welche Alternativen wären denkbar?

Auf der gesellschaftspolitischen Ebene:

Welche Vorurteile und Einstellungen gegenüber Personengruppen oder bestimmten Situationen zeigten sich im Spiel?
Welche sozialen Mechanismen lassen sich erkennen?

(Aus: Günther Gugel: Manual. Handlungsmodelle und Methoden für politisch-soziales Lernen in Schule und Lehrerfortbildung. Hrsg. vom Landesinstitut für Schule und Weiterbildung, Schriftenreihe zur Lehrerfortbildung. 3. Auflage, Soest 1995, S. 264)

Der Fall „Anna und Sahand"

Allgemeine Information:

In der 11. Klasse eines Wirtschaftsgymnasiums gibt es einen heftigen Konflikt. Zwei der Schüler/-innen, Anna und Sahand, sind seit langem zerstritten. Ihr Streit ist ein Hinweis auf das allmähliche Auseinanderfallen der Klassengemeinschaft, vielleicht sogar eine seiner Ursachen. Aber auch für die beiden ist der Leidensdruck mittlerweile recht hoch.
Nachdem Anna sich ausführlich mit einer Freundin besprochen hat, wendet sie sich an ein Mitglied der Streitschlichter-AG, die es an ihrer Schule gibt. Sie bittet darum, dass die Streitschlichter/-innen ihr und Sahand behilflich sind, den Konflikt zu lösen.

Rollenkarte Anna:

Anna kommt aus einer spanischen Familie, die noch nicht lange in Deutschland lebt. Anna, die in Madrid eine gute Schülerin war und sich auf das Leben in Deutschland gefreut hatte, spricht noch nicht besonders gut Deutsch – ihre Stärke sind eher die mathematisch-naturwissenschaftlichen Fächer. Die Sprache ist ein größeres Hindernis, als sie dachte.
Anna fühlt sich von ihren Mitschüler/-innen nicht ernst genommen – die haben noch nicht kapiert, dass sie aus einem modernen, westlichen Land kommt. Es verletzt Anna, wenn sie mit Mädchen in einen Topf geworfen wird, denen sie sich überlegen fühlt, zum Beispiel Mitschülerinnen aus Dörfern in Anatolien oder in Marokko.
Besonders unangenehm benimmt sich Sahand, der keine Gelegenheit auslässt, Anna herabzusetzen. Bei dem gut aussehenden Sahand, der selbst aus einer ausländischen Familie kommt, kränkt sie das besonders.
Trotzdem lässt Anna nicht locker mit Versuchen, in der Klasse die richtige Position zu erlangen. So meldet sie sich zum Beispiel, um beim Schulfest ein anspruchsvolles Gedicht vorzutragen. Anschließend muss sie erleben, wie Sahand vor der gesamten Klasse ihren Akzent und die wenigen Aussprachefehler nachäfft. Das ist für Anna zu viel. Sie bricht in Tränen aus und läuft aus dem Klassenraum.

Checkliste für Mediator/-innen

Kommunikationsrichtungen

1. Phase:
Einleitung

- Vertraulichkeit zusichern
- Regeln erklären
- Ziel der Mediation verdeutlichen
- Verfahren erläutern, Rolle der Mediator/-innen erklären
- nachfragen, ob alle damit einverstanden sind

Ausgangssituation

2. Phase:
Sichtweise der einzelnen Konfliktparteien

- Konfliktparteien tragen Standpunkte vor
- spiegeln, zusammenfassen, wenn nötig umformulieren
- Punkte aufschreiben, Reihenfolge besprechen
- abschließend: Zusammenfassung

Kommunikation über die Mediatorin/den Mediator sichern

3. Phase:
Konflikterhellung

- nachfragen, klären
- Motive und Gefühle herausfinden
- abschließend: Wie geht es euch jetzt? Welche Wünsche habt ihr?

Schrittweise direkte Kommunikation herstellen

4. Phase:
Problemlösung

- Brainstorming
- Lösungen diskutieren und bewerten
- nach Konsens suchen

Seite an Seite nach Lösungen suchen

5. Phase:
Vereinbarung

- genau formulieren
- Vereinbarung vorlesen
- alle unterschreiben

Ohne fremde Hilfe wieder miteinander auskommen

Es gibt ein paar Mädchen in der Klasse, mit denen Anna sich gut verständigen kann. Ihnen hat sie in letzter Zeit auch davon erzählt, wie sehr sie sich gekränkt fühlt, vor allem von Sahand. Sie hat ihren Freundinnen (eigentlich sind es nur Bekannte) das Versprechen abgenommen, dass sie Sahand links liegen lassen. Bei einem dieser Gespräche tauchte dann auch der Vorschlag mit der Mediation auf. Anna will es versuchen. Aber es ist ihr wichtig, dass sie dabei nicht als das arme ausländische Opfer dasteht – das wäre eine weitere Demütigung. Sie ist sich nicht sicher, ob es ihr gelingen wird, cool zu bleiben, denn eigentlich ist sie mit den Nerven völlig fertig.

Rollenkarte Sahand:
Sahand kommt aus einer iranischen Familie. Er ist in Deutschland geboren und spricht Hochdeutsch und außerdem den örtlichen Dialekt fast wie zwei Muttersprachen. Sahand ist ein pfiffiger Bursche, er kommt im Unterricht gut klar. Er und Eike sind die Klassenbesten. Da muss man schon aufpassen, dass man nicht als Streber gilt. Deshalb – und weil es ihm überhaupt liegt – risikiert Sahand ganz gerne oft eine große Klappe und macht viele Witze. Weil er gut aussieht und auch wirklich charmant ist, kommt das oft gut an.
Eigentlich fühlt sich Sahand in dieser Klasse wie ein Fisch im Wasser. Aber in letzter Zeit gab es Trübungen. Viele Mitschülerinnen lachen nicht mehr so mit ihm wie früher und ein paar von den Mädchen scheinen ihn richtig zu schneiden. Nach der Sache beim Schulfest, wo Anna sich so aufgeregt hatte, hat Eike ihm dann zugeflüstert, er habe gehört, die Anna habe schon die halbe Klasse gegen ihn, Sahand, mobilisiert, vor allem die Mädchen. Plötzlich ist Sahand klar, was da läuft und dass er in Gefahr ist, das Opfer einer Intrige zu werden.
Auf das Mediationsverfahren will er sich einlassen, weil das vielleicht eine gute Gelegenheit ist, diesen ganzen Mist aufzudecken.

(Aus: Kurt Faller, Dr. Wilfried Kerntke, Maria Wackmann: Konflikte selber lösen. Verlag an der Ruhr 1996, S. 148 und 153)

1.4.6 Sozialpädagogische Gewaltarbeit in Projekten außerhalb von Schulen

Ging es im Vorhergehenden um Aggressionen im Kontext von Schule, so sind nun außerschulische Lebenswelten von Jugendlichen angesprochen.

1.4.6.1 Methoden pädagogischer Intervention

Gewaltarbeit setzt an den jugendkulturellen Lebenswelten an.
Sie ist mit ihren Angeboten den Jugendlichen bei der Eroberung von Räumen, Zeit und sozialen Strukturen behilflich und versucht,

- ihnen neue Erfahrungen zu verschaffen, sie mit etwas Neuem, Unbekanntem zu konfrontieren,
- (Grenz-)Situationen zu schaffen, die den „Kick", den Gewaltausübung für viele Jugendliche bedeutet, auf verträglichere Art und Weise ermöglichen,
- den Jugendlichen konkrete Hilfen zur Bewältigung ihres Alltags anzubieten,
- die Handlungskompetenzen der Jugendlichen zu erweitern und bisher versteckte Kompetenzen zu fördern,
- die Konfliktfähigkeit der Jugendlichen zu stärken: das Aushalten von Widersprüchen zu üben und gewaltfreie Konfliktlösungsmuster zu entwickeln.

Gewaltarbeit hat keine neuen Methoden kreiert, sondern greift auf vorhandene Ansätze zurück und bündelt sie. Eine wichtige Rolle spielen dabei u. a. Sport- und Erlebnispädagogik, Reisen, Medien- und Kulturarbeit sowie Werkstattangebote, um nur einige zu nennen.
Im Rahmen dieser Aktivitäten werden auch die Wünsche der Jugendlichen nach Eroberung von Räumen, Zeit und sozialen Strukturen aufgegriffen und ihre Aneignungsstrategien sozialverträglich variiert.
Der gemeinsame Ausbau des Projektes beispielsweise bedeutet die Erschließung eines neuen Raumes. Diese Phase verläuft meist unproblematisch. Ist sie abgeschlossen, stellt sich für die Sozialarbeiter/-innen die Aufgabe, zu anderen Aktivitäten überzuleiten, sodass die Energie der Jugendlichen nicht verpufft.

Aktionen können den Jugendlichen auch einen anderen Umgang mit Zeit aufzeigen. Jugendliche erleben eine Alternative zum Nichtstun, zur häufig auftretenden Langeweile, wenn ihrer Zeit eine Struktur gegeben wird – beispielsweise durch regelmäßige Trainings- oder Probentermine.

Viele Aktivitäten ermöglichen den Jugendlichen, ihre sozialen Handlungskompetenzen zu erweitern und ihnen unbekannte soziale Strukturen zu erobern.

Im Folgenden wird anhand von Praxisbeispielen veranschaulicht, welche Bedeutung Aktivitäten wie z. B. Reisen, Abenteuerfahrten und Sport in der Arbeit mit „schwierigen" Jugendlichen haben, welche Chancen sich eröffnen und welche Probleme auftreten können.

(Aus: Reinhard Koch/Sabine Behn: Gewaltbereite Jugendkulturen. Theorie und Praxis sozialpädagogischer Gewaltarbeit. Beltz Verlag: Weinheim und Basel 1997, S. 187/188)

1.4.6.2 Beispiel 1: Räume aneignen

Der Weg zu unserem Jugendtreff „Planet" war konfliktreich, aber auch sehr spannend. Projekte entstehen aus Erfahrungen und Bedürfnissen. Genauso ist es auch bei uns gewesen. Aus den Erfahrungen eines Überfalls von Skinheads auf Punks heraus wurde unser Projekt ins Leben gerufen.

Zuerst wurden zwei Streetworkstellen geschaffen [...]. Wir sind dort eingestiegen und haben, da wir keine eigenen Anlaufpunkte hatten, uns erst einmal im Neubaugebiet umgeschaut. Was gibt es dort für Anbieter, was für Einrichtungen? Wie sind die Jugendlichen dort drauf? Wie sind die Kontakte zwischen den verschiedenen Häusern? Diese Zeit war für unsere spätere Arbeit unwahrscheinlich wichtig. Die Kontakte auf der Straße und die Kontakte zu den Einrichtungen waren wichtig, weil die Skinheadszene in Neustadt zu diesem Zeitpunkt relativ stark war. Da waren Skins, die noch aus der Vorwendezeit stammten; da gab es Leute, die ursprünglich aus der Punkerszene kamen und dann in die Skinheadszene gewechselt sind; da waren neu aufkeimende Gruppen mit faschistoiden Tendenzen. [...]

Wir haben dann durch einen Zufall eine Hallenzeit bekommen, wo wir einmal in der Woche Fußball spielen konnten. Diese Hallenzeit wurde von den Jugendlichen rege genutzt. In dieser Zeit – das war etwa so ein Jahr – gab es eine ziemliche Fluktuation in der Gruppe. Es kamen neue Jugendliche in die Gruppe hinein, andere fielen wieder raus. Es gab allerdings einen festen Kern, der sich heute noch im Haus aufhält. Wir wechselten dann auch die Einrichtungen, sind aus dem einen Haus heraus, weil es dort zu einem Überfall auf Skinheads kam und dieser Jugendklub anschließend für die Jugendlichen der Skinheadszene tabu war. Wir sind dann in eine andere Einrichtung hinein und haben versucht, dort für uns ein Büro einzurichten und aus diesem Haus heraus weiter in Neustadt zu arbeiten. Das ging eine ganze Zeit lang gut, bis wir gemerkt haben, dass die Jugendlichen diese Anlaufstelle überhaupt nicht mehr genutzt haben, was sich aus früheren Querelen, die mit diesem Klub zusammenhingen, erklären ließ. Der Klubleiter sagte dann auch: „Ich habe etwas gegen diese Szene und die Jugendlichen kommen hier nicht mehr hin, Schluss, Punkt."

Da war für uns der Punkt gekommen, eigene Räumlichkeiten zu organisieren. Wir haben versucht, mit den Jugendlichen zusammen Räumlichkeiten für sie zu finden. Nur Streetwork zu leisten war nicht unser Ziel. Unser Ansatz ist begleitende Jugendarbeit, das heißt, aus einem festen Gebäude heraus Jugendliche nach außen zu begleiten. Aufgrund diverser Schwierigkeiten – ungeklärte Eigentumsverhältnisse, störrische Amtsleitung – hat es sich als ziemlich schwierig erwiesen, Räume in Neustadt zu finden, obwohl einige Plattenbauten leer standen.

Als wir dann endlich Räumlichkeiten hatten, sind wir mit den Jugendlichen von der Straße in das Haus rein und haben etwa von August bis Ende November in diesem Haus gebaut. Es ist ein Flachbau mit zwei langen Räumen. Wir haben einen neuen Sanitärtrakt eingebaut und den großen Raum mit Tresen und allem, was dann noch dazugehört, eingerichtet. In diesem Haus gab es während der Bauphase unwahrscheinlich viele gruppendynamische Prozesse von unschätzbarem Wert. Es sind dort Sachen abgelaufen, die auch für uns einen Erfahrungsprozess

„Der Rächer von Dresden". Auf der Augustusbrücke in Dresden, Juni 1996. Der Text lautet: „Ich bin der Rächer der Entnervten. Den Jugendklub gibt's nicht mehr. Ich treff mich jeden Abend mit meinen Kumpels auf dem Parkplatz. Fehlt nur noch ein Container mit 'nem Fernseher, dann wär vielleicht Ruhe ... Diese Demonstration, das nehmen die Politiker doch gar nicht ernst, da lachen die doch drüber. Ich kleb denen den Mund zu – und dann nehmen wir alles selber in die Hand."

(Aus: Bettina Flitner: Mitten ins Herz. Edition Braus 1998)

bedeutet haben – hinsichtlich der gegenseitigen Akzeptanz und des Umgangs miteinander. Diese Erfahrungen haben allerdings auch unsere ursprünglichen Vorstellungen über den Haufen geworfen. Wir haben teilweise unseren autoritären Stil hinterfragt und versucht, ein neues Konzept des Umgangs untereinander zu entwickeln. Daraus erwuchsen ziemlich viele Strukturen, die auch heute noch das Miteinander im Haus bestimmen. Zum Beispiel finden regelmäßig Gruppenbesprechungen im Haus über alle anstehenden Fragen statt. Mit Leuten in Problemlagen werden Gespräche geführt. Wenn es wirklich kriselt, setzen wir eine Haussitzung an, auf der wir uns dann gemeinsam mit dem Problem auseinander setzen. Solche Diskussionen laufen nicht hinter dem Rücken einiger, weil wir festgestellt haben, dass dies Gerede über Dritte sehr viel zerstört. Die Gruppensitzungen haben wir dogmatisch durchgezogen. Wer nicht kommt, hat Pech. Wir haben aus dieser Erfahrung heraus kein umfangreiches Regelwerk für das Haus erstellt, wir haben keine Hausordnung entworfen – das haben die Jugendlichen rigoros abgelehnt, das wollten sie nicht. Wir haben gesagt, okay, dann setzen wir drei Punkte fest: Es gehen keinerlei Gewalttaten von diesem Haus aus und finden hier nicht statt. Es werden keine Waffen in dieses Haus reingebracht. Es finden keine politischen Aktionen jedweder Art in diesem Haus statt. Diese drei Punkte haben wir ihnen vorgeschlagen und sie haben sie so mehr oder weniger murrend hingenommen. Wir stehen auf dem Standpunkt, es ist euer und unser Haus, aber wir tragen letztlich die juristische Verantwortung, und deshalb schreiben wir das fest. Diese Regeln hängen nirgendwo aus, sie werden stillschweigend akzeptiert und anderen vermittelt. Alkoholverbot haben wir nicht, bei uns gibt es Bier im Klub, aber keine harten Sachen.

Als der Laden dann lief, haben wir uns aus der Jugendklubarbeit etwas zurückgezogen und ein Schwergewicht auf die sozialpädagogische Beratungsarbeit und die Einzelfallhilfe gelegt. Wir haben einigen von den Jugendlichen, die von Anfang an dabei sind, den ganzen Gastronomiebereich auf ehrenamtlicher Basis übertragen, gegen ein minimales Honorar. Das lief und läuft gut. Allerdings hat sich in den letzten Monaten diese Arbeitsteilung ein bisschen zerschlagen, indem ein Pärchen, das ohnehin in der Gastronomie tätig ist und auch einen hohen Stellenwert in der Szene hat, diesen Bereich an sich gezogen hat.
Unser großes Ziel ist es, zu erreichen, dass wir quasi Gast in unserem eigenen Haus sind, dass wir es schaffen, die Jugendlichen dahin zu bewegen, dass sie ihren eigenen Verein gründen, das Haus in eigene Regie übernehmen. Wir hätten natürlich weiterhin ein Büro dort und wären als Berater oder Ansprechpartner, als Vertrauenspersonen für sie da. Sie sollen organisatorisch das Haus in eigener Regie leiten. Sie sollen das Haus für sich selber haben, das ist unser Ziel. Und es sind auch schon Ansätze vorhanden, das so zu machen. So haben wir ihnen manchmal für einige Tage die Schlüsselgewalt gegeben, wenn wir nicht selber vor Ort sein konnten. Das haben wir bis jetzt jedes Mal richtig eingeschätzt, es ging bisher nie gegen den Baum. Wir haben auch Verträge mit den Jugendlichen abgeschlossen, richtige Nutzungsverträge, in denen wir namentlich benannt haben, wer für welchen Bereich verantwortlich ist. Wie haben eine Kassenprüfung vorher gemacht, eine hinterher; wir haben den Schlüsselverantwortlichen mit den konkreten Aufgaben und mit dem Hausrecht vertraut gemacht. Das hat bisher immer funktioniert und das bestärkt uns in unserem Ansatz.
Um Jugendprojekte dort einzurichten, wo wirklich ein Bedarf besteht, ist es nötig, die Kommune bzw. den Stadtteil und die dort schon existierenden Angebote, sowohl sozialpädagogische als auch kommerzielle, zu kennen, einen Blick für die Jugendlichen zu entwickeln, für ihre Wünsche und für das, was ihnen womöglich fehlt. Nur selten besteht die Möglichkeit, eine umfassende Sozialraumanalyse vorzunehmen, sodass von daher die Erkundung des Stadtteils und seiner Bewohner/-innen im Normalfall zu den unverzichtbaren Aufgaben von Sozialarbeitern und -arbeiterinnen gehört. Dabei muss der Sozialraum unter verschiedenen Gesichtspunkten betrachtet werden, um ihn so in seinen verschiedenen Dimensionen fassbar zu machen. Konkret heißt das, die Kommune, den Stadtteil beispielsweise unter folgenden Aspekten zu untersuchen:

- als Netzwerk: Wie verhalten sich Familienstrukturen und Nachbarschaften zueinander? Wie verläuft die Entwicklung von jugendlichen Cliquen und Szenen? Wo und wie können gewachsene Netze unterstützt werden?;
- als Kommunikationsraum: Wo bestehen Möglichkeiten zur Kommunikation? Welche Störungen verhindern sie? Wie können niedrigschwellige Kommunikationsangebote geschaffen werden?;
- als Reservoir von Ressourcen: Über welche Ressourcen für die verschiedenen Bevölkerungsgruppen verfügt der Sozialraum (Spielplätze, Ausbildungsplätze, Diskotheken etc.)?

Streetwork ist eine Methode, die gut geeignet ist, einerseits den Stadtteil zu erschließen, andererseits erste Kontakte zu knüpfen. Diese müssen nicht auf Dauer angelegt sein, sondern können sich auch wieder lockern [...]. Sie können aber auch den Ausgangspunkt für eine längerfristige Arbeit bilden. Häufig dienen erste Kontakte im Sinne des „snowballing“ auch dazu, weitere Kontakte herzustellen und die Sozialarbeiter/-innen im Stadtteil bekannt zu machen. [...]
Der eroberte Raum bildet ein neues soziales Lernfeld. Die Jugendlichen sind gefordert, miteinander klarzukommen, mit Meinungsverschiedenheiten umzugehen, Kompromisse zu entwickeln. Sie werden mit Situationen konfrontiert, die sie sonst häufig mit Gewalt zu „lösen“ pflegen, und sehen sich jetzt gezwungen, andere Modelle der Konfliktbearbeitung zu entdecken. Die Sozialarbeiter/-innen sind hier gefordert, nicht sofort einzugreifen, wenn der Prozess ins Stocken gerät oder die Gruppe einen „Fehler“ macht, sondern gemeinsam die Situation zu reflektieren und mögliche Lösungen zu erarbeiten. Wenn es gelingt, die Kommunikations- und Auseinandersetzungsstrukturen aus der oft euphori-

schen Anfangszeit in den Projektalltag hinüberzuretten, kann damit eine stabile Grundlage für die weitere Arbeit gelegt sein. Auf dieser Basis können Regeln entwickelt werden, die für die Einrichtung gelten sollen. Und die Jugendlichen können verstärkt in die Projektarbeit einbezogen werden, sei es, indem sie (zeitweise) die Schlüsselgewalt erhalten und selbstbestimmt über die Nutzung der Räume entscheiden, sei es, indem sie Thekendienst etc. in eigene Regie übernehmen.

Der neu eroberte Raum ist einmal Schutz- und Rückzugsraum, bildet jedoch auch Ausgangspunkt für die Erweiterung des Handlungsraumes der Jugendlichen und damit auch ihres Verhaltensrepertoires. Das kann durch Wochenendfahrten oder längere Reisen, durch erlebnispädagogische Aktionen oder durch Sportangebote erfolgen – Aktivitäten, die Spaß machen, Abenteuer, Spannung und Action bieten und neue Erfahrungen vermitteln.

(Aus: Reinhard Koch/Sabine Behn: Gewaltbereite Jugendkulturen. Theorie und Praxis sozialpädagogischer Gewaltarbeit. Beltz Verlag: Weinheim und Basel 1997, S. 189–195)

1 Inwiefern ist das Aneignen von Räumen nach Reinhard Koch und Sabine Behn wesentlich für die Praxis sozialpädagogischer Gewaltarbeit?
2 Welche Schwierigkeiten sehen Sie, diesen Ansatz in die Praxis umzusetzen?

1.4.6.3 Beispiel 2: Action, Erlebnis und Sport

Der alltägliche Lebensraum von Jugendlichen ist meist recht eingeschränkt. Erlebnisdefizite lassen die Jugendlichen nach besonderen, Sinn stiftenden, riskanten Erfahrungen suchen: nach dem „Kick", der sie das Leben spüren lässt, nach Möglichkeiten, die eigenen Grenzen – und die der anderen – kennen zu lernen und den eigenen Körper zu erleben.

Der Psychologe Csikszentmihalyi hat in diesem Zusammenhang den Begriff „Flow-Erlebnis" geprägt für Erlebnisse, die riskant, aber nicht übergefährlich sind und den Menschen an die Grenzen seiner Fähigkeiten treiben. Die Verschmelzung von Handlung und Bewussstsein, die völlige Konzentration der Aufmerksamkeit auf eine bestimmte Sache und das Aufgehen in diesem Tun führen zu einem „reinen Glücksgefühl" (Csikszentmihalyi 1985). Diese Erlebnisse holen sich Jugendliche häufig bei gewalttätigen Auseinandersetzungen oder bei risikoreichen Aktionen wie S-Bahn-Surfen oder Auto-Crashen. Im Rahmen von Gewaltarbeit versuchen die Jugendarbeiter/-innen Situationen zu schaffen, die „Flow" auf eine etwas weniger gefährliche Weise ermöglichen.

Körper- und bewegungsorientierte Arbeit bietet Jugendlichen die Chance, Erfahrungen zu machen, die für sie im Alltag nur schwer möglich sind. Beispielsweise

- sind die wenigsten gezwungen, sich körperlich anzustrengen, erfahren sich nicht in ihrer Körperlichkeit, treiben nur selten oder nie den Körper an seine Grenzen.
- Ein allgemeines Sicherheitsdenken führt dazu, Risiken, wo möglich, zu minimieren, kein überflüssiges Risiko einzugehen. „Pass auf" ist einer der häufigsten Sprüche, mit denen ein Kind aufwächst.
- Das Gefühl, sich aufeinander verlassen zu können, füreinander einzustehen, wird meist weder in der Schule noch im Ausbildungsbetrieb gefördert.
- Ein Großteil der Erfahrungen von Kindern und Jugendlichen ist nicht authentisch, sondern stammt aus „zweiter Hand" – aus Fernsehen, Video etc.
- Mitbestimmung und -gestaltung sind im Alltag der meisten Jugendlichen Fremdwörter.

Da überrascht nicht, dass das Bedürfnis von Jugendlichen nach Aktivitäten, die ihnen diese sonst vorenthaltenen Erfahrungen versprechen, groß ist. Bewegungsorientierte Angebote ermöglichen entsprechende Kontrasterfahrungen hinsichtlich der alltäglichen Lebenswelt, einen Ausbruch aus der Routine. Wichtige Elemente einer Jugendarbeit mit Körper und Bewegung sind […]:

- Das Bedürfnis nach Bewegung, Austoben und Körpererfahrung kann ausgelebt werden.
- Die Jugendlichen können Grenzerfahrungen machen, ohne sich in überriskante Situationen zu begeben, und erleben, dass sie diese Situationen meistern können. Eine Klettertour beispielsweise enthält spannungsgeladene Momente, die

Entscheidungen erfordern – die Jugendlichen sind jedoch im Falle eines falschen Griffs durch das Seil abgesichert.

- Die Notwendigkeit von gegenseitiger Unterstützung in der Gruppe wird konkret erfahren. Dies schafft eine günstige Voraussetzung zur Erlernung sozialen Verhaltens. Beim Segeln z. B. muss sich jeder auf den anderen verlassen – alleine ein größeres Segelboot zu manövrieren ist nicht möglich.
- Es handelt sich um eigene, selbst gelebte Erfahrungen, denen man sich – im Gegensatz zu medial vermittelten – nicht entziehen kann.

Die Jugendlichen gestalten die Unternehmungen aktiv mit, sind nicht in der Konsumentenrolle. Ein gutes Beispiel hierfür sind Projekte zum Eigenbau von Geräten wie Flößen, die dann zu Flussfahrten genutzt werden.

Die Auseinandersetzung mit nicht alltäglichen Lebensweisen führt zu einer Erweiterung des Erfahrungshorizonts. Viele Projekte gewinnen die Erkenntnis, dass eine Aktion, die die Jugendlichen aus ihrem Alltag herausholt, Verhaltensweisen weckt, die sie ansonsten eher selten zeigen. So kann sich während einer Klettertour ein allgemeines Gefühl des Aufeinander-Achtens in einer Gruppe entwickeln, die sonst durch Rücksichtslosigkeit auffällt. Während einer Kanuwanderung können Jugendliche, die sonst eher die anderen für sich arbeiten lassen, die ersten sein, wenn es heißt, die Kanus über Land zu schleppen, um den nächsten See zu erreichen. Hier wird deutlich, wie neue Erfahrungen Verhaltensrepertoire und Handlungsspielraum erweitern.

Neben den oben genannten Aspekten sind körper- und bewegungsorientierte Aktivitäten jedoch auch von Bedeutung für einen anderen Umgang mit Zeit. Hektik und/oder Langeweile prägen den Alltag von Jugendlichen. Hektik be-

Felix Nussbaum: Antikenpark (1931). Öl auf Leinwand, 60 x 72 cm

stimmt oft das Leben in Schule, Ausbildung oder Arbeit, Langeweile durchzieht häufig die Freizeit und bei arbeitslosen Jugendlichen den ganzen Tag. Zwar greift es mit Sicherheit zu kurz, S-Bahn-Surfen oder Car-Racing nur als irrationales Zeittotschlagen von nicht ausgelasteten Jugendlichen zu sehen, aber ein Zusammenhang von Action und Zeit drängt sich dennoch auf. Dieser Zusammenhang kann im Rahmen von körper- und bewegungsorientierten Aktivitäten genutzt werden, um Jugendlichen die Möglichkeit zu geben, ein anderes Zeitgefühl zu erfahren. Abenteuerfahrten mit ihren Extremsituationen haben ihre eigenen Bedingungen und ihre eigene Zeit, der man sich nicht ohne weiteres entziehen kann. Bedächtigkeit und gar Langsamkeit sind gefragt statt alltagsüblicher Hektik und Schnelligkeit. Sich darauf einzulassen schafft die Voraussetzung für eine situationsspezifische Nutzung von Zeit. Nur langsam macht ein Kletteranfänger seine ersten Erfahrungen mit Steigeisen, Bergwand und Sicherung – er kann diesen Prozess nicht beschleunigen, sondern muss sich anpassen […].

Die Gefühle von Spannung, Angst, Stolz und Glück, die Bewegungsabenteuer erzeugen, können jedoch auch dazu verleiten, die Herausforderungen permanent zu steigern und ein Abenteuer an das andere zu reihen, um dieses „Bad der Gefühle" dauerhaft zu erhalten. Eine Nonstopproduktion von Erlebnissen jedoch macht aus einer „vom Abenteuer erfüllten Zeit eine vom Abenteuer gefüllte Zeit" (P. Becker 1993, S. 11).

Der Umgang mit der Sucht nach immer wiederkehrenden Erlebnissen gehört zu den schwierigsten Aufgaben von Sozialarbeitern und -arbeiterinnen. Eine Möglichkeit, dieses Wiederholen umzusetzen, ist das Erzählen. Ebenso wie beispielsweise die gewalttätigen Auseinandersetzungen mit gegnerischen Fans in der Erinnerung besonders aufregend sind und in Fanzines lebendig beschrieben und ausgeschmückt werden, können Fahrten und andere Aktionen in der Erzählung noch einmal erlebt werden: zwar selektiert, aber dafür erweitert durch eine Vergewisserung der empfundenen Gefühle.

Bei bewegungs- und körperorientierten Aktivitäten, die nur über einen begrenzten Zeitraum gehen, stellt sich häufig das Problem des Transfers des dort Erlebten in den Alltag. Die Jugendlichen machen in relativ kurzer Zeit viele neue Erfahrungen – es fällt ihnen jedoch nicht leicht, sie mit ihrem Alltag zu verknüpfen. Die Verankerung der neuen Erfahrungen in der eigenen Biografie durch Erzählen stellt eine Möglichkeit dar, sie in das „normale" Leben zu integrieren.

Bei der Durchführung von sportlichen Aktivitäten, die sich durch Regelmäßigkeit auszeichnen, stellt sich dieses Problem der Übertragbarkeit nicht. Hier greift die Maßnahme direkt in das Leben ein, indem sie einen eigenen Rhythmus schafft und den Jugendlichen die Möglichkeit bietet, der Langeweile, die häufig ihre Tage bestimmt, zu entkommen. Die Abfolge von Training und Spiel strukturiert das Leben neu und hat Auswirkungen in verschiedene andere Lebensbereiche. Sinn und Zweck von Vorgaben sind einsichtig – ohne regelmäßiges Training kann man nicht spielen – und nicht von außen aufgesetzt. Für das selbst gesteckte Ziel werden sonst eher ungeliebte Festlegungen – z. B. von Trainingszeiten – akzeptiert. Diese selbst bestimmte Strukturierung von Zeit kann auch eine Form von Aneignung sein.

(Aus: Reinhard Koch/Sabine Behn: Gewaltbereite Jugendkulturen. Theorie und Praxis sozialpädagogischer Gewaltarbeit. Beltz Verlag: Weinheim und Basel 1997, S. 195–199)

1 Worin sehen Sie den Wert der geschilderten Aktivitäten für die Praxis sozialpädagogischer Gewaltarbeit?

2 Vergleichen Sie die sozialpädagogische Vorgehensweise dieses Abschnitts mit den Ideen von Kurt Hahn (aus der Schilderung von Klaus Hurrelmann in Abschnitt 1.2.4 dieses Buches).

1.4.6.4 Beispiel 3: Reisen

Nicht nur bewegungsorientierte Aktivitäten bieten einen Rahmen für neue Erfahrungen. Den stellen beispielsweise auch Reisen her, die eine Chance bieten, den Horizont zu erweitern und andere soziale Kontakte zu knüpfen als im Alltag normalerweise möglich. Eine Fahrt in eine unbekannte Umgebung und das Zusammentreffen mit Fremden sind für viele Jugendliche völlig ungewohnte Erlebnisse und bewirken einen Bruch

Keith Haring (1958–1990)

mit den alltäglichen Ritualen. Dabei hängt die Wirkung nicht unbedingt davon ab, ob man weit weg ins Ausland fährt oder in eine Jugendherberge im Bayerischen Wald.

Die Notwendigkeit, ein Gemeinschaftsleben zu entwickeln und miteinander auszukommen, stellt viele Jugendliche vor große Herausforderungen, ist eine ebenso neue und bereichernde Erfahrung wie die Konfrontation mit dem Fremden.

Viele Jugendliche kennen nur ihr eigenes Viertel bzw. ihre Kleinstadt. Die Fahrt mit der Gruppe an einen unbekannten Ort bedeutet für sie eine Grenzüberschreitung, die ihnen nicht leicht fällt.Während der Fahrt werden gebündelt in kurzer Zeit viele jener Erfahrungen möglich, die sie im Rahmen der alltäglichen Projektarbeit eher spontan und zufällig machen. Die Gruppe muss sich darauf einstellen, mehrere Tage miteinander auszukommen, denn sich dem Gruppenleben zu entziehen ist im Prinzip nicht möglich. Es müssen Regeln gefunden werden, wie der Alltag zu organisieren ist. Konflikte müssen auf gruppenverträgliche Art bearbeitet und geklärt werden.

Die Jugendlichen erfahren somit, dass die Freiheit von den Begrenzungen des Alltags – die viele sich von der Fahrt erhoffen – erfordert, selbstverantwortlich zu handeln und mit den selbst gesetzten Grenzen umzugehen. […]

Die Begegnung mit fremden Menschen bedeutet für viele Jugendliche, die sich vorwiegend in ihrer Jugendkultur aufhalten, Aufregung und Stress. Die Fremden sind nicht sofort einzuordnen in das vertraute Freund-Feind-Schema. Das verunsichert. Noch verunsichernder wirkt es, wenn vertraute Feindbilder nicht mehr passen. Ein Beispiel: Die tolle Kneipe entpuppt sich als beliebter Schwulentreffpunkt.

Aber auch die Abwesenheit von als „feindlich“ zu identifizierenden Personen wirkt nicht unbedingt beruhigend. Im Gegenteil: Ohne die bekannten Feindbilder stimmt das Leben auch nicht mehr, also müssen sie gesucht werden. […]

Ebenso wie über die eigene Kultur identifizieren die Jugendlichen sich über die Abgrenzung von den „anderen“, von den „feindlichen“ Szenen. Und sie sind auf die Konfrontation mit ebendiesen anderen Kulturen angewiesen, um ihre Sicht auf die Welt – zweigeteilt in Freunde und in Gegner – aufrechtzuerhalten. Eine Reise in eine andere Umgebung zeigt auf, dass das Leben auch ohne die bekannten Feinde möglich ist. Sicher zunächst eine beängstigende und verunsichernde Erfahrung, die jedoch auch öffnend und befreiend wirken kann, entlastend von dem Zwang, durch Sprüche und Aktionen täglich aufs Neue die bekannten Feindbilder festzuschreiben. Unter solchen Vorzeichen sind Kontakte, auch freundschaftliche, zwischen sonst eher verfeindeten Kulturen eher denkbar und möglich als zu Hause. Die gegenseitige Attraktivität kann ansatzweise ausgelebt, Beziehungen können „ausprobiert" werden. Auf einer Reise bietet sich Raum für solche Versuche – direkte Konsequenzen für den Alltag in der Heimatstadt sind kaum zu befürchten.

Auf der anderen Seite erfahren die Jugendlichen auch, was es bedeutet, in einem ihnen nicht vertrauten Terrain als Bedrohung aufzutreten. Das gilt natürlich insbesondere für Skins und andere Jugendkulturen mit ähnlich martialischem Auftreten, die gerne provozieren und erschrecken. Sie kennen die Reaktionen in ihrer Heimatstadt, verlassen sich auf ähnliche in der Fremde und machen dabei manchmal völlig neue Erfahrungen.

Auf Reisen bewegen Jugendliche sich in einem ihnen unbekannten, in einem neu zu erobernden Raum. Sie erfahren Angst und Unsicherheit und erleben aufs Neue, was Aneignung von Räumen bedeutet. Fahrten ins Ausland verstärken diesen Effekt. Das zu erschließende Territorium unterscheidet sich deutlich von dem vertrauten zu Hause. Die Kommunikation ist erschwert. Die Jugendlichen erleben am eigenen Leibe, was es heißt, Ausländer zu sein, als Ausländer betrachtet zu werden, sich nicht oder nur schlecht verständigen zu können, als Bedrohung oder Belastung angesehen zu werden. Aber sie machen auch die Erfahrung, dass solche Fronten aufzubrechen sind: Sie erleben Gastfreundschaft, erfahren, dass sie anderswo trotz ihres Aussehens angenommen werden, vielleicht sogar problemloser als zu Hause, wo beispielsweise Skins aus ihrer Stigmatisierung nicht mehr herauskommen. Sie suchen nach Verständigungsmöglichkeiten ohne Sprache und finden welche; sie entdecken neue Wege, soziale Kontakte zu knüpfen. Gelingt dieser Prozess von gegenseitiger Akzeptanz und Herstellung von Beziehungen in einer fremden Umgebung, haben die Jugendlichen sich tatsächlich neue soziale Strukturen erobert. Sie machen Erfahrungen, aus denen neue Einstellungen, die auch im Alltag wirksam werden können, erwachsen.

Reisen, deren Schwerpunkt auf der Begegnung mit anderen Kulturen liegt, können in der Arbeit mit gewaltbereiten Jugendlichen allerdings ein Vabanquespiel sein und sind häufig mit zu hohen Erwartungen belastet. Die Konfrontation mit dem Fremden kann auch Vorurteile bestärken oder der Kontakt zur einheimischen Bevölkerung lässt sich eben nicht herstellen. Dieses Risiko soll nicht entmutigen, Fahrten mit Begegnungscharakter durchzuführen – solange die Jugendarbeiter/-innen sich nicht allzu ehrgeizige Ziele setzen und bereit sind, viel Energie in eine intensive Vor- und Nachbereitung zu investieren.

Dass auch gewagte Projekte möglich sind, zeigt der Bericht von Sahabettin Atli über eine Reise von türkischen Jugendlichen aus Schleswig-Holstein mit deutschen rechten Jugendlichen aus zwei ostdeutschen Städten in die Türkei [...] – eine ungewöhnliche Art des Jugendaustausches, die einerseits ein politisches Zeichen setzen sollte und andererseits einen Kontakt zwischen deutschen und türkischen Jugendlichen initiierte und Berührungsängste überwinden half. Allerdings geraten solche Aktionen leicht in die Gefahr, zu einer Inszenierung für die Medien zu werden, in der die beteiligten Jugendlichen zu Statisten werden. Auch das muss bei der Vorbereitung bedacht werden.

Der Freiraum, den Reisen bieten, kann genutzt werden, um Jugendliche an Aktivitäten heranzuführen, denen sie im Alltag eher skeptisch gegenüberstehen.

(Aus: Reinhard Koch/Sabine Behn: Gewaltbereite Jugendkulturen. Theorie und Praxis sozialpädagogischer Gewaltarbeit. Beltz Verlag: Weinheim und Basel 1997, S. 199–204)

1 Welche Erfahrungen sollen Jugendlichen durch Reisen ermöglicht werden?

2 Gewaltarbeit durch Reisen – wirklich erfolgreich? Beziehen Sie begründet Stellung zu den Überlegungen des Textes.

1.5 Mit fünfzehn schon ein Baby? – Jugendliche vor dem ethischen Konflikt, mit allen Konsequenzen Eltern zu werden oder einem Schwangerschaftsabbruch zuzustimmen

1.5.1 Hinführung: Renate Günzel-Horatz, Katharinas Entscheidung

Aus einem Jugendbuch:

Sie konnten nicht schlafen in dieser Nacht. Katharina war daran gewöhnt, ihr Bettzeug bis zur Nasenspitze hochzuziehen, sich wie eine Mumie darin einzuwickeln und auf den Bauch zu rollen. Aber in Rachels französischem Polsterbett gab es nur eine gemeinsame große Daunendecke. Wenn Rachel sich bewegte, wachte Katharina auf. Wenn Katharina im Halbschlaf die Decke um sich zog, weckte sie ihre Schwester. Der Funkwecker auf Rachels Nachttisch projizierte mit einem scharf gebündelten Lichtstrahl leuchtende Ziffern an die Zimmerdecke. Eine Eins, eine Drei und eine Null.

Noch sechs Stunden, dachte Katharina.

Kannst du auch nicht schlafen?, fragte Rachel und streckte ihren Arm aus. Katharina vergrub ihr Gesicht in seiner Beuge.

Ich wünschte, es wäre schon vorbei, flüsterte sie. Ich habe solche Angst vor morgen früh. Manchmal hoffe ich noch, es wäre nur ein schlechter Traum. So wie früher. Weißt du noch? Als ich Muttis goldene Abendschuhe anprobiert habe und der Absatz abgebrochen ist? Da habe ich mich sofort ins Bett gelegt, habe mir die Decke über den Kopf gezogen und mir eingeredet, am nächsten Morgen wäre der Schuh wieder heil.

Oder als du sehen wolltest, woher die Stimme deines Teddybären kam, und du ihn von oben bis unten aufgeschlitzt hast. Da bist du so verdächtig schnell und freiwillig in deinem Bett verschwunden, dass ich misstrauisch wurde. Rachel lachte leise. Ich kann mich heute noch an dein verdutztes Gesicht erinnern, als der Teddy am Morgen wieder heil auf deinem Kissen lag.

Hat Mutti ihn damals geflickt?

Nein. Ich natürlich. Du weißt doch, wie miserabel sie näht.

Ein leises Klacken. Die roten Ziffern über Katharinas Kopf sprangen weiter. Eine Zwei und zwei Nullen. Noch fünf und eine halbe Stunde.

Wo ist eigentlich Johannes?

Bei seinen Eltern. Sagt er jedenfalls. Und wenn nicht, dann ist es mir auch egal.

Vielleicht ist er ärgerlich, weil ich schon wieder hier bin.

Nein, nein. Mach dir keine Sorgen. Es hat nichts mit dir zu tun. Wir streiten uns oft in letzter Zeit und in den vergangenen zwei Wochen ist es ganz schlimm geworden. Ich weiß selbst nicht, warum. Aber als er sagte, dass er über Ostern nach Hause fährt, war ich richtig erleichtert. Er war kaum aus dem Haus, da habe ich seinen Schlafanzug, seine Handtücher, seinen Bademantel und das Bettzeug in die Waschmaschine gestopft. Ich konnte nicht einmal mehr seinen Geruch ertragen.

Katharina schwieg. Was sollte sie sagen? Sei froh, wenn du ihn loswirst? Im Dunkeln streichelte sie sanft über den Oberarm und die Schulter ihrer Schwester und vergrub dann ihre Finger in den dichten langen Strähnen ihrer Haare.

Rachel lag ganz still. Ihre Atemzüge wurden ruhig und gleichmäßig. Katharina zog vorsichtig ihre Hand zurück.

Bitte nicht aufhören, kraule mich noch ein bisschen weiter. Ich mag das so gerne.

Du bist wie eine Katze, sagte Katharina, fehlt nur, dass du zu schnurren anfängst. Weißt du eigentlich, wie spät es ist?

Noch etwas mehr als vier Stunden, murmelte Rachel.

Und wenn ich einfach nicht hingehe?

Was sagst du?

Wenn ich nicht hingehe. Wenn ich das Kind behalte. Wenn ich es austrage. Die Frau Dewald sagt, es gäbe …

Blödsinn! Rachel setzte sich mit einem Ruck auf und zerrte die Decke zu sich herüber. Totaler Blödsinn! Mit den paar Mark und einer Babyausstattung ist es nicht getan. Die hat ja keine Ahnung. Wie soll das gehen, wenn einem niemand hilft? Wenn der Freund keinen Job hat? Wenn er das Kind nicht will und sagt, er fühle sich hereingelegt? Nicht die Spur einer Ahnung hat diese Frau. Die kann jetzt gut reden, aber nachher bist du allein. Ganz und gar allein. Du

Johannes Muggenthaler: Liebesleid. Das Nichts umarmen. Farbfotografie (1989)

(Aus: Johannes Muggenthaler: Der Liebe Pilgerfahrt. Fotografische Schautafeln zur Seelenforschung. Schirmer/Mosel: München, Paris, London 1992)

kannst es mir glauben, Katharina, es gibt keine andere Lösung.

Vielleicht doch. Vielleicht, wenn ich früher mit Mutti darüber gesprochen hätte …

Hast du aber nicht. Und warum nicht? Weil sie es gar nicht wissen will. Sie hat genug mit sich selbst zu tun. Oder hat sie gefragt, warum du schon wieder zu mir gefahren bist? Ausgerechnet am Ostermontag, an dem sie mal zu Hause ist, an dem die Zugverbindungen miserabel sind und an dem ich Dienst hatte. Hat sie gefragt?

Nein, sagte Katharina, hat sie nicht. Wir sprechen schon seit ein paar Tagen nicht miteinander. Wir haben uns gestritten.

Sie erinnerte sich genau. Es war am vergangenen Mittwoch. Ihre Mutter kam später als sonst nach Hause. Die feinen Falten um ihren blassen Mund erschienen schärfer als sonst, aber ihre Augen strahlten. Stellt euch vor, sagte sie, ich fahre mit zu den Verhandlungen über die Drehbuchrechte nach Kopenhagen. Gleich nach Ostern. Für drei Tage! Der Schmike hat es mir erst heute Morgen gesagt. Ich muss mir unbedingt vor den Feiertagen noch etwas Neues zum Anziehen kaufen. Und zum Friseur muss ich auch. Ich weiß gar nicht mehr, wo mir der Kopf steht. Kopenhagen! Tivoli! Die kleine Meerjungfrau! Wie findet ihr das?

Beschissen!, sagte Katharina. Dein Chef, dein Büro, deine Verhandlungen, deine Klamotten und dein Friseur, dieser blöde Rummelplatz und die verkitschte Blechnixe – das kann mir alles gestohlen bleiben! Dein ganzer Kram interessiert mich nicht die Bohne!

Ich weiß, hatte ihre Mutter gesagt und der Glanz war aus ihren Augen verschwunden.

An der Decke leuchtete eine Vier, eine Drei und eine Acht. Die Straßenlaternen verloschen. Morgenlicht drang zögernd durch den Vorhangspalt. Der Verkehrslärm schwoll an, eine Straßenbahn quietschte. Katharina lag immer noch wach. Rachel schien zu schlafen. Sie atmete tief. Vielleicht etwas zu gleichmäßig.

Noch knapp drei Stunden.

Mach dir keine Sorgen, ich passe schon auf, hatte Philipp gesagt und sie hatte ihm vertraut. Offenbar war er erfahrener in diesen Dingen. Dazu war ja auch nicht viel nötig. Für sie war es das erste Mal gewesen. Für Philipp allerdings auch. Aber das sagte er ihr erst viele Male später. Und dass sie sich doch lieber die Pille besorgen sollte, sagte er auch erst später, denn so ganz sicher sei das auf die Dauer wohl doch nicht mit dem Aufpassen.

Und was ist mit Kondomen?

Bloß keine Gummis, hatte Philipp geknurrt, dieses peinliche Gefummel tötet die Romantik. Da übernehme ich lieber die Rezeptkosten.

Darum ging es aber nicht. Der Arzt würde eine detaillierte Rechnung an ihren Vater schicken. Sie war über seine private Krankenkasse mitversichert. Bei Mandelentzündung, Armbruch und Ohrenschmerzen hatte sie das nicht problematisch gefunden. Aber eine eingehende gynäkologische Untersuchung – wie sollte sie das erklären? Philipp hatte mit den Schultern gezuckt. Er wusste auch keine Lösung.

Noch zweieinhalb Stunden.

Katharina stand auf. Auf Zehenspitzen schlich sie zur Schlafzimmertür, drückte behutsam die Klinke herunter und öffnete die Tür mit einem raschen Ruck, um das unvermeidliche Quietschen der Angeln zu verkürzen. Die Fliesen des Flurs und des kleinen Badezimmers waren eiskalt unter ihren nackten Füßen. Sie setzte sich auf den mit blauem Frotteestoff bezogenen Deckel der Toilette, zog die Beine dicht an den Körper und umschlang sie mit beiden Armen. Sie fror. Am liebsten hätte sie jetzt heiß geduscht. Aber die Wohnung war hellhörig und sie wollte Rachel nicht aufwecken. Sie legte den Kopf auf die verschränkten Arme und horchte auf die vielen unbekannten Geräusche des Hauses.

Noch etwas mehr als zwei Stunden.

Dann würde sie die rotbraun lackierte Holztreppe zur Arztpraxis im ersten Stock hochsteigen und auf den Messingknopf der Klingel drücken. Sie würde der blond gefärbten Frau hinter der Rezeption den Umschlag mit dem Geld und den Beratungsschein zuschieben.

Und dann? Sie hatte nur zwei Fragen gestellt, als sie den Termin vereinbarte: Bekomme ich eine Narkose und wie teuer ist der Abbruch? Das schien ihr damals das Wichtigste zu sein. Die Frau hatte geantwortet, dass eine lokale Betäubung üblich sei und dass die Krankenkasse zumindest einen Teil der Kosten übernähme. Aber Katharina bestand auf Barzahlung. Nur keine

Spuren hinterlassen. Die Frau war irritiert. Sie musste erst fragen, ob das möglich sei. Es war möglich, und es kostete weniger, als Katharina erwartet hatte. Den größten Teil der Summe hob sie von ihrem Sparbuch ab, den Rest gab ihr Rachel.

Lokale Betäubung – hieß das, dass sie bei vollem Bewusstsein blieb? Wie würde eigentlich der Eingriff genau vor sich gehen?

Wie lange würde er dauern? Konnte sie anschließend nach Hause fahren oder musste sie liegen? Wie lange? Würde sie Schmerzen haben? Konnte es Komplikationen geben?

Katharina war wütend auf sich selbst. Warum hatte sie sich nicht genauer erkundigt! Sie musste unbedingt als Erstes den Arzt nach all diesen Dingen fragen.

Aber ihre wichtigste Frage konnte er nicht beantworten. Die Frage hieß: Will ich das wirklich tun?

Noch knapp zwei Stunden,

Sie nahm Rachels weißen Bademantel vom Haken und wickelte sich darin ein. Sie fror noch immer. Irgendwo klingelte ein Wecker, Türen klappten, ein Radio begann zu spielen. Alles seltsam nah.

Wahrscheinlich übertrug der Entlüftungsschacht des Badezimmers die Geräusche. Stimmen waren zu unterscheiden. Ein Mann, eine Frau. Sie konnte die Worte nicht verstehen, nur ein helles Fragen und ein dunkles Antworten. Oder waren es ein Mann und ein Kind? Oder waren es drei? Vater, Mutter und Kind? Sie horchte so angestrengt, als ob von dieser Frage etwas Wichtiges abhinge.

Die verspiegelte Badezimmertür öffnete sich.

Was machst du hier?, fragte Rachel. Du wirst dich noch erkälten. Verschwinde mal kurz, ich muss zur Toilette und dann will ich duschen. Wenn ich fertig bin, mache ich uns ein erstklassiges englisches Frühstück.

Ich glaube, ich muss nüchtern bleiben, sagte Katharina.

Natürlich, Rachel fuhr sich mit dem Handrücken über Stirn und Augen, das hatte ich schon ganz vergessen.

[...]

(Aus: Renate Günzel-Horatz: Katharinas Entscheidung, Patmos Verlag: Düsseldorf 1999, S. 72–77)

1 Schreiben Sie die Geschichte von Renate Günzel-Horatz weiter. Wie wird sich Katharina entscheiden?

2 Vergleichen Sie die von Ihnen erfundene Fortsetzung mit der von Renate Günzel-Horatz, wie sie im folgenden Kapitel des Romans deutlich wird:

Du musstest heute gar nicht arbeiten, stimmt's?

Stimmt, sagte Rachel.

Wolltest du nicht mitkommen, weil du selbst schon einmal dort warst?

Stimmt auch, sagte Rachel.

Und du bist noch nicht drüber weg.

Stimmt absolut.

Ich habe es nicht machen lassen, sagte Katharina. Sie schob die Schüssel und das Tuch zur Seite und setzte sich dicht neben ihre Schwester. Frag mich nicht, warum. Ich konnte es auf einmal nicht tun. Verstehst du das? Als die Stimme der Arzthelferin aus dem Lautsprecher des Wartezimmers kam: Die Nächste bitte!, da bin ich aufgestanden und gegangen. Ich habe nicht darüber nachgedacht, wie es weitergehen soll, ich musste einfach nur weg. Frau Fenger, was ist denn los?, hat die Blonde hinter mir hergerufen. Und: Ihr Geld, Frau Fenger, Ihr Geld! Aber ich konnte nicht stehen bleiben, ich bin gerannt und gerannt. Bis ich Seitenstechen kriegte. Und dann habe ich eine Telefonzelle gesucht.

Aber du hast nicht angerufen, sagte Rachel und unternahm den vergeblichen Versuch, ihre Haare zu glätten. Ich hätte mich dann ... sie nahm das Papiertaschentuch und wischte ihren roten Clownsmund weg, ... ich hätte dich dann abgeholt.

Du kannst doch gar nicht mehr fahren. Du hast zu viel getrunken. Machst du das oft?

(Aus: Renate Günzel-Horatz: Katharinas Entscheidung. Patmos Verlag: Düsseldorf 1999, S. 86/87)

3 Beurteilen Sie den Text von Renate Günzel-Horatz unter Berücksichtigung der literarischen Qualität.
Bedenken Sie auch, wie die Autorin Renate Günzel-Horatz die Entscheidungssituation von Katharina psychologisch/pädagogisch gestaltet hat.

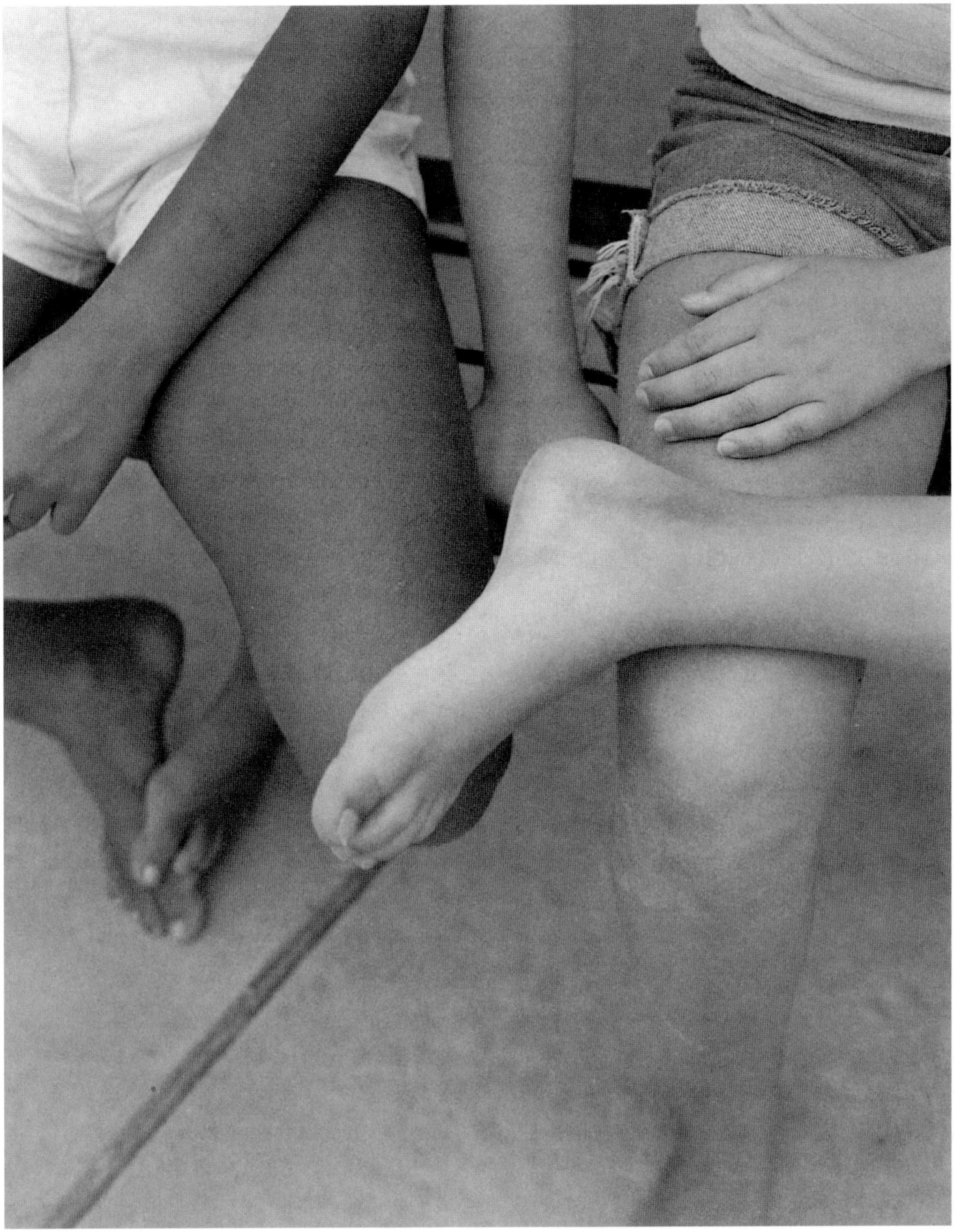

Jan Groover, ohne Titel (o. J.)

(Aus: Jan Groover: Photographs, A Bulfinch Press Book, Little, Brown and Company, Borton-Toronto-London 1993, Plate 23)

1.5.2 Zugänge zur Problematik

1.5.2.1 „Ein Kind? Jetzt echt nicht!" – Meinungen

Katharina, 15, und ihre Freundinnen Eva, 16, Samai, 17, und Irina, 15, diskutieren übers Kinderkriegen.

Irina: Ich bin jetzt 15 und da ist alles noch so offen. Jetzt schwanger zu sein wäre echt doof.

Samai: Schwanger? Jetzt echt nicht. Ich könnte mir auch nicht vorstellen, wahnsinnige Gewissensbisse zu haben, wenn ich einen Abbruch machen würde. Ich würde nicht lang überlegen.

Katharina: Gewissensbisse vielleicht nicht. Aber ich wäre psychisch fertig.

Samai: Das behaupten ja immer alle, dass man danach psychisch fertig ist. Ich kann's mir nicht ganz vorstellen.

Eva: Ich schon. Aber mit meinem Freund würde ich das echt nicht besprechen. Ich weiß nicht, auf die Jungen kann man sich irgendwie nicht verlassen.

Katharina: Erst sagen sie: Ey, das ist überhaupt kein Problem. Und dann, wenn's passiert ist, heißt es auf einmal: Spinnst du? Was denkst du dir, damit zu kommen!

Samai: Also ich würde das schon mit meinem Freund besprechen, wenn ich schwanger wär. Aber ich würde mich auch nicht unbedingt auf meinen Freund verlassen. Man kann sich einfach nicht auf die verlassen.

Eva: Die Schwangerschaft und das ganze Drumherum hängt am Ende ja doch an dem Mädchen.

Samai: Also, wenn ein Mädchen das Kind haben will, finde ich das bewundernswert. Aber auch ein bisschen dumm, ehrlich gesagt. Es ist zu früh. [...]

Eva: Am wichtigsten finde ich die Frage, ob das Kind mit einer so jungen Mutter in dieser Situation auch glücklich sein kann. Und umgekehrt.

Samai: Ja gut, aber mit 15 Jahren kann man das doch noch gar nicht wissen.

Katharina: Ein Kind aufzuziehen, das schafft man in dem Alter doch gar nicht alleine. Und von den Großeltern versorgt zu werden ist auch nicht so toll. Wenn ich schwanger würde, nachdem ich mit der Schule fertig bin, würde ich das Kind schon wollen.

Irina: Mit 15 eine Lösung zu finden kommt mir extrem schwierig vor. Schule und Ausbildung abbrechen. Wie soll das gehen?

(Aus: Christine Wolfrum: Ich und ein Baby? Gefühle, Gedanken, Erfahrungen. dtv pocket reader. Deutscher Taschenbuch Verlag: München 1999, S. 38/39)

1 Wie stehen Sie zu den Meinungen?

2 Im Vorfeld eine Schwangerschaft ausschließen – welche Möglichkeiten sehen Sie?

1.5.2.2 Chaos um die fruchtbaren Tage – der Sexualwissenschaftler Norbert Kluge klärt auf

Eine Studie des Sexualwissenschaftlers Norbert Kluge bringt es ans Licht: Jungen wissen oft nicht, wann die besonders fruchtbaren Tage eines Mädchens sind. Fünf Jahre nach dem ersten Samenerguss, also etwa mit 17, weiß noch nicht einmal jeder Zweite Genaues darüber. Ein Drittel der Jungen gibt eine falsche Antwort. Für sie ist die fruchtbarste Zeit am Anfang oder am Ende des weiblichen Zyklus oder sogar während der Periode. Ein Mädchen kann erst schwanger werden, wenn es einen Eisprung hat. Denn dann kann der männliche Same ein Ei befruchten, aus dem ein Kind entsteht. Bei manchen Mädchen ist das schon mit 9 Jahren der Fall, bei anderen erst mit 13 oder später. Das heißt, dann entwickelt sich in der ersten Hälfte des monatlichen Zyklus eines Mädchens in einem ihrer Eierstöcke ein Ei. Wenn es reif ist, wandert es in den Eileiter, von dort weiter in die Gebärmutter. Diese Reise dauert bis zu fünf Tage. Während dieser Zeit ist die Frau fruchtbar. Wird das Ei nicht von einem männlichen Samen befruchtet, löst es sich auf und es kommt am Ende des Zyklus zu einer Blutung, der Menstruation. Dabei wird überschüssige Gebärmutterschleimhaut abgestoßen. Der Kreislauf kann von neuem beginnen: Ein Ei reift heran.

Der monatliche Zyklus soll in der Regel 28 Tage dauern. Die Wirklichkeit sieht meistens anders aus: Im Normalfall schwankt er zwischen 26 und 32 Tagen, das ist von Mädchen zu Mädchen verschieden und oft sogar von Monat zu Monat. Besonders zu Beginn der Pubertät spielen die Hormone verrückt, der Eisprung ist unregelmäßig.

Die Tage des Eisprungs sind die fruchtbaren Tage bei Mädchen und Frauen. Sie sind häufig in der Mitte des Zyklus. Viele Mädchen rechnen deshalb zwischen dem 12. und 16. Tag nach Beginn der monatlichen Blutung mit der größten Fruchtbarkeit. Das kann so sein, muss aber nicht. Und manche Mädchen werden schwanger, obwohl sie ausdrücklich die „kritischen" Tage zwischen dem 12. und dem 16. Zyklustag ausgelassen haben, wenn sie mit ihrem Freund schliefen. Was ist passiert? Das mit dem Rechnen haut nicht hin, es ist zu unzuverlässig. Wenn der Zyklus länger ist, klappt es mit dem einfachen Abzählen nicht, und auch wenn er kürzer ist, geht es schief. Außerdem haben Wissenschaftler herausgefunden, dass die männlichen Samen locker bis zu fünf Tage in der Gebärmutter und im Eileiter überleben können. Wenn ein Junge und ein Mädchen am zehnten Tag nach Einsetzen der Blutung miteinander schlafen, können die Spermien am 15. Tag – also in der fruchtbarsten Zeit – noch quicklebendig sein. Und manchmal reift ein Ei früher oder wesentlich später heran und kann zu dieser „Ausnahmezeit" auch

Balthus (Balthasar Klossowski): Thérese (1938)

The Metropolitan Museum of Art: New York © VG Bild-Kunst: Bonn 1999 befruchtet werden. Fazit: Ohne Verhütung ist nichts sicher. […]

Georg, 15, ist sich unsicher: „Es sieht doch doof aus, wenn ich plötzlich ein Kondom aus der Hosentasche fische. Als ob ich die ganze Zeit nur auf diese Situation hingearbeitet hätte."

Simon, 14, ist überzeugt, dass er vorher mit seiner Freundin über Verhütung reden würde, wenn er denn eine hätte.

Jugendliche beschäftigen sich heute weitaus häufiger mit dem Thema Verhütung als noch vor zehn oder zwanzig Jahren. Vor dem ersten Mal sind sich beinahe 100 Prozent der Jugendlichen sicher, auf jeden Fall zu verhüten. Danach gibt aber immerhin fast ein Drittel zu, es doch nicht geschafft zu haben. Sexualforscher, immer auf der Suche nach exakten Zahlen, fanden heraus, dass heute 81 Prozent der Mädchen und 72 Prozent der Jungen beim ersten Mal Kondom und/oder Pille benutzten. Warum klappte es bei den anderen nicht? Gründe gibt es genug dafür: „Ich wollte die tolle Stimmung nicht verderben und mit einem Kondom rumfummeln." – „Es wird schon nichts passieren beim ersten Mal." – „Ich dachte, mein Partner passt schon auf." – „Ich wollte, dass er bei mir bleibt und sich nicht eine andere sucht, die es mit ihm macht." Und häufig kommt das Argument: „Es hat sich in der Situation einfach ergeben."

Verhütung ist der Spagat zwischen Vernunft und purer Lust, zwischen bewusstem Planen und romantischer Verliebtheit. In dem Moment, wo du intensive Gefühle erlebst, musst du gleichzeitig an die technische Seite der Liebe denken. Verhütung ist also eine komplizierte und auch intime Sache, wie Sexhaben selbst.

„Es ist doch schwierig, den Jungen vorher darauf anzusprechen. Sollen wir Mädchen sagen: ‚Komm, setz dich mal her, wir wollen darüber reden'", fragt lachend *Katharina.* „Na ja, das Thema schreckt ja auch ein bisschen ab", findet *Irina.* „Wenn man schon vorher darüber redet, kann es doch leicht sein, dass der Junge sagt: Eh, okay und tschüss." Die 17-jährige Samai, die schon mehrmals mit einem Freund geschlafen hat, bringt es für sich auf den Punkt: „Ich glaube nicht, dass die Jungen da so großen Wert darauf legen, mitreden zu können. Und eigentlich bin ich froh, wenn sie sich da nicht einmischen."

Samais Erfahrungen decken sich mit denen anderer Mädchen. Leider ist es noch häufig so, dass Jungen das Thema Verhütung gern den Mädchen überlassen.

(Aus: Christine Wolfram: Ich und ein Baby? Gefühle, Gedanken, Erfahrungen. dtv pocket reader, Deutscher Taschenbuch Verlag: München 1999, S. 40–43)

1 Werten Sie die von Norbert Kluge gefundenen Daten aus.

2 Stimmt das, was Norbert Kluge über die mangelnde „Aufklärung" bei Jugendlichen herausgefunden hat, mit Ihren Eindrücken überein?

1.5.3 „Und wenn's passiert ist …?" – Ein Blick in Ratgeberliteratur

1 Vergleichen Sie die beiden folgenden Auszüge aus Ratgebern miteinander.

2 Welche Ratschläge enthalten bereits Wertungen, welche ermutigen dazu, eigene Werte zu finden?

3 Schreiben Sie selbst einen alternativen Ratgeber, der sich von pädagogischen Gesichtspunkten leiten lässt. Diskutieren Sie zuvor implizierte Normen- und Wertefragen.

1.5.3.1 „Keine Panik!"– Ratschläge für betroffene Jugendliche

Aus spielerischen Gedanken, was wäre, wenn ich schwanger wär, kann schnell Ernst werden. Immerhin werden in Deutschland pro Jahr bis zu 18 000 Mädchen zwischen dem 13. und 18. Lebensjahr schwanger. „Ich konnte nicht übers Verhüten reden und dachte, er wird schon aufpassen. Aber dann wurde ich gleich beim ersten Mal schwanger" sagt Maria, 15.

Bist du schwanger, ist es ganz normal, dass Panik aufkommt. Denn eine Schwangerschaft wirft die gesamte Lebensplanung erst mal über den Haufen. Panik ist aber ein schlechter Ratgeber. Den Kopf in den Sand zu stecken hilft auch nicht weiter. Und Schuldgefühle oder Angst vor den Eltern vernebeln nur den Kopf. Ein klarer Kopf ist aber genau das, was du jetzt dringend brauchst. Mach zunächst einen Schwangerschaftstest, wenn deine Menstruation überfällig ist. Es gibt verschiedene Tests, die du dir aus der Apotheke besorgen kannst. Wenn dich die Leute im Ort kennen und du nicht möchtest, dass sie es erfahren, fahr in den Nachbarort oder in einen anderen Stadtteil, um ihn dort zu kaufen. In Beratungsstellen wie *Pro Familia* arbeiten Ärztinnen, die dich untersuchen und ebenfalls einen Test machen können. Hab keine Angst vor einem Termin. Die Frauen dort haben tagtäglich mit solchen Problemen zu tun und können dir weiterhelfen. Sie unterstützen dich auch tatkräftig, wenn du dein Kind bekommen möchtest. Und sie erklären dir beispielsweise, von welchen Stellen du finanzielle Unterstützung bekommen kannst. Lass nicht zu viel Zeit vergehen, in der du hoffst, deine Schwangerschaft sei nur ein dummer Spuk oder eine Magenverstimmung. Viele Mädchen besitzen ein untrügliches Gespür dafür, dass diesmal im Körper etwas anders abläuft als sonst, wollen es aber nicht wahrhaben. Je früher du dir Sicherheit über deinen Zustand verschaffst, desto mehr Zeit hast du, dir zu überlegen, was für dich die richtige Entscheidung ist. Ist das Ergebnis des Schwangerschaftstests positiv, überlege gemeinsam mit deinem Freund, deinen und seinen Eltern, was ihr machen könnt. Spiele sämtliche Möglichkeiten gedanklich für dich durch. Was kannst du selbst schaffen? Wer kann dich unterstützen? Vielleicht helfen Verwandte oder Freunde? Wenn du mit deiner Familie und deinem Freund nicht gut darüber sprechen kannst, such dir anderswo jemanden, dem du vertraust, eine Freundin zum Beispiel. Manchmal hilft es auch, eine neutrale, außen stehende Person, etwa eine Psychologin, zu bitten, dich bei der Suche nach der richtigen Entscheidung zu unterstützen. Adressen bekommst du in jeder Beratungsstelle oder beim Berufsverband Deutscher Psychologen e.V. in Bonn [...].

Vielleicht wollen dich deine Eltern zu einem Ab-

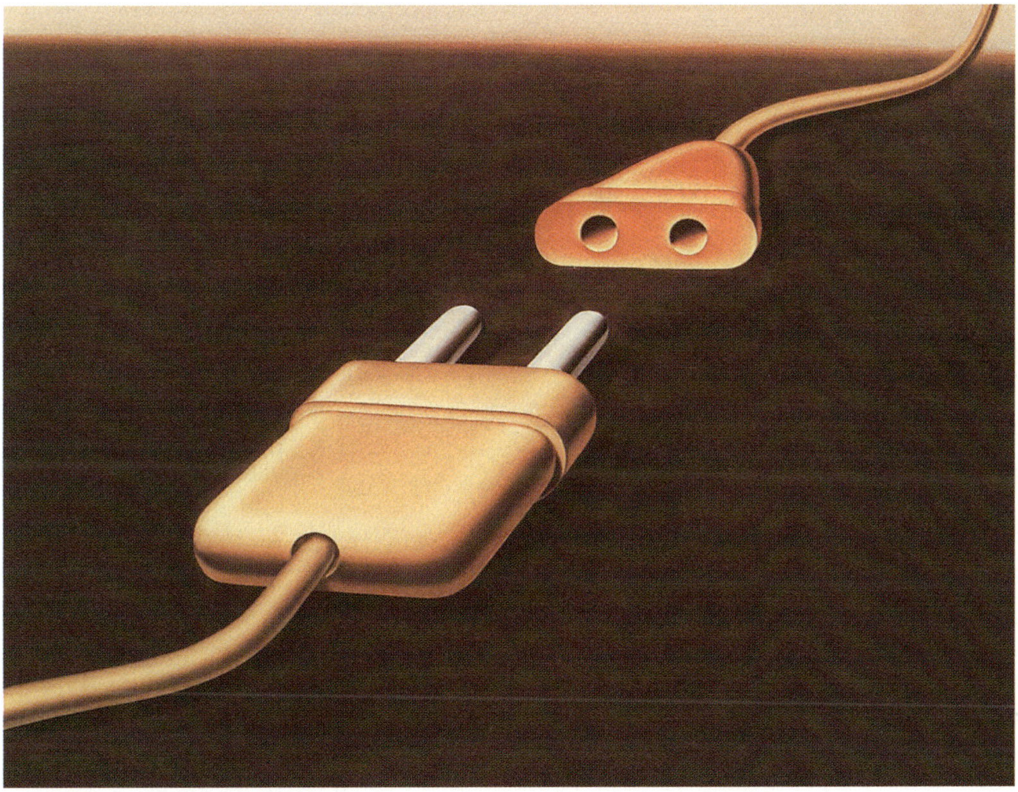

Konrad Klapheck: Die Begegnung (1982)

bruch drängen – viele Mütter versuchen das. Sie fürchten, dass sich ihre Tochter mit dieser frühen Schwangerschaft die Zukunft verbaut. Lass dir das aber nicht einreden, wenn das für dich der einzige Grund wäre, die Schwangerschaft abzubrechen. Mit Kind wird es nur etwas komplizierter.

Aber auch wenn du das Kind nicht behalten willst und dich für einen Abbruch entscheidest, sollte dir niemand Schuldgefühle machen. Vielleicht bist du danach traurig. Und es wird sicher einige Zeit dauern, bis du das Erlebnis als einen Teil deines Lebens und deiner Vergangenheit akzeptierst. Ein Schwangerschaftsabbruch bedeutet aber nicht, dass du keine Kinder magst oder keine mehr bekommen wirst. Wenn die Schwangerschaft schon weit fortgeschritten ist oder ein Abbruch aus anderen Gründen nicht in Frage kommt, drängen Eltern häufig darauf, dass du dein Kind weggibst. Auch diesen Schritt solltest du dir sehr genau überlegen.

(Aus: Christine Wolfrum: Ich und ein Baby? Gefühle, Gedanken, Erfahrungen. dtv pocket reader, Deutscher Taschenbuch Verlag: München 1999, S. 52–55)

1.5.3.2 „Hilfe, meine Tochter ist schwanger!" – Ratschläge für betroffene Eltern

1. Keine Panik! Sie sind wahrscheinlich verzweifelt, aber halten Sie durch!
Es gibt Hoffnung – und vor allem braucht Ihre Tochter Sie jetzt ganz besonders.
2. Lieben Sie sie weiterhin! Ganz gleich, was Sie jetzt fühlen, Ihre Tochter braucht Ihre vorbehaltlose Liebe; also lieben Sie sie! Die Fragen haben Zeit bis später.
3. Holen Sie sich Hilfe! Reden Sie mit einem guten Freund, einer guten Freundin, mit Leuten, denen Sie vertrauen, über die Situation. Sprechen Sie über Ihre Gefühle. Das brauchen Sie.
4. Ziehen Sie den Vater des Kindes zu den Gesprächen bei. Ob Sie ihn mögen oder nicht, er ist der Vater des Kindes, das Ihre Tochter erwartet, und er hat bei dem Ganzen auch etwas zu sagen. Isolieren Sie ihn nicht.
5. Falls Ihre Tochter noch zur Schule geht, sprechen Sie mit den Lehrpersonen! Holen Sie sich Rat bei Ihrem Hausarzt und Ihrem Pfarrer.

(Aus: Christine Wolfrum: Ich und ein Baby? dtv pocket reader: München 1999, S. 56/57)

Bemühen Sie sich um alle Hilfe und Unterstützung, die Sie für Ihre Tochter mobilisieren können.

6. Irgendwann kommt vielleicht auch einmal die Frage einer Abtreibung auf. Das ist eine heiße Frage, um die gerungen werden muss. Eine Abtreibung ist keine Blinddarmoperation. Sie hat enorme Konsequenzen, auch und besonders für Ihre Tochter, auch für das werdende Kind im Mutterbauch und für Ihre ganze Familie. Reden Sie mit Ihrem Arzt und mit weisen Freunden, denen Sie vertrauen. Beziehen Sie ethische, moralische und religiöse Standpunkte in Ihre Überlegungen mit ein. Entscheiden Sie nicht aus dem Affekt heraus, sondern nehmen Sie sich Zeit zum Nachdenken. Ich selbst plädiere *immer* dafür, das Kind auszutragen.

7. Was immer geschieht, hören Sie nie auf, Ihre Tochter zu lieben!

(Aus: Paul Francis: Wenn du dein Kind nicht mehr verstehst. Ein Crashkurs für Eltern von Teenagern. Aus dem Englischen von Wolfgang Steinseifer. Brunnen Verlag: Basel und Gießen 1999, S. 128/129)

1.5.4 Wenn die Entscheidung für das Kind getroffen wird … – aus Bens Tagebuch

Eine männliche Sicht:

Ben, 22 Jahre, erzählt in seinem Tagebuch davon, wie es ihm mit seiner schwangeren Freundin Juana und später mit dem Kind gegangen ist.

Donnerstag, 31. Juli

Juana ist schwanger. Mein erster Gedanke: Hoffentlich entscheidet sie sich für das Kind. Ich weiß, ich bin irgendwie mitverantwortlich dafür, wie ihre Entscheidung ausfällt. Mein Argument: Es ist richtiger, sich fürs Leben zu entscheiden. Und schließlich war ich ja schon mal in der Situation. Dass sich Simone damals für eine Abtreibung entschieden hat – damit bin ich nie richtig klargekommen. Und bald danach war ja auch Schluss mit uns beiden.

Mittwoch, 13. August

Mir fällt ein Stein vom Herzen. Juana hat sich für das Kind entschieden. Ich tanze vor Freude in der Wohnung herum und könnte vor Glück schreien. Gleichzeitig weiß ich, dass einiges auf mich zukommt. Viele Jahre meines Lebens werde ich gefangen sein.

Samstag, 16. August

Ich möchte nicht darüber nachdenken, wie sich mein Leben verändern wird. Als ich meinen Kumpels sagte, dass ich Vater werde, fanden die, ich wäre ja total verrückt. „Da hast du doch keine Freizeit mehr, keine Freunde, alles ist vorbei“, hat Sebastian gesagt. Die andern haben die gleiche Platte aufgelegt: „Mit einem Kind ist dein ganzes Leben kaputt“, haben sie gemeint. Da habe ich doch Angst bekommen und mich gefragt, ob die Entscheidung wirklich richtig war. Ich ärgere mich, weil ich so unselbstständig bin und so abhängig von der Meinung anderer. Vielleicht werde ich durch unser Kind konsequenter und kompromissloser.

Montag, 8. September

Früher haben wir nächtelang geredet. Unsere Traumwelt war so intensiv. Durch die Schwangerschaft wird unsere Welt irgendwie handfester, konkreter. Juana wird es oft schlecht. Sie ist auch launisch und ungerecht.

Freitag, 19. September

Juana riecht anders. Manchmal mag ich ihren Körpergeruch überhaupt nicht. Er ist so abweisend, als ob sie sexuell nicht mehr bereit wäre. So wie im Tierreich – erst wird das Männchen angelockt, aber wenn es seinen Job erledigt hat, wird es verjagt, gefressen oder durch abstoßenden Geruch vertrieben.

Freitag, 3. Oktober

Jemand hat mal erzählt, dass Ungeborene mit der Mutter mitträumen. Wenn die Mutter einen Albtraum hat, verfolgen das Baby im Bauch auch schlimme Träume. Ich weiß ja nicht, wie ein Kind träumt.

Donnerstag, 16. Oktober

Meine Freunde begreifen mich nicht mehr. Aber ich denke, wenn die in meiner Situation wären, würden sie schon verstehen. Noch vor wenigen Jahren habe ich mir beim Gedanken an Kinder auch nur Arbeit vorgestellt. Schließlich kenne ich das alles schon in etwa: Wir waren zu Hause ja zu sechst und ich kann mich noch ziemlich gut erinnern, wie das war, als die Kleinen kamen …

Eileen Cooper: Baby Talk (1985). Öl auf Leinwand, 121,9 x 91,4 cm.
Courtesy Benjamin Rhodes Gallery, London

Sonntag, 23. November

Juana ist sehr enttäuscht und bedrückt. Total euphorisch wollte sie gestern, dass ich ihr Kind – unser Kind – spüre und fühle. Aber für mich ist es nicht wirklich da. Ich habe keine Vorstellung von dem Baby da drin. Tut mir Leid. Mir fehlt die Verbindung zu ihm. Hoffentlich bleibt das Gefühl nicht. Juana hat Angst, ich aber auch ein bisschen. Juanas Bauch ist wärmer als damals der eiskalte von meiner Mutter.

Sonntag, 7. Dezember

Jana findet ihren Bauch schrecklich. Ich hab versucht sie zu trösten: Schließlich musste ich auch mal damit fertig werden, dass mir wie bei einem Affen am ganzen Körper die Haare wachsen. Damals hab ich ihn glatt rasiert und war geschockt, als die Haare wieder zu sprießen anfingen.

Freitag, 19. Dezember

Ich rede nicht mit Juana darüber. Aber ich fühle mich schlecht, weil ich dem Kind gegenüber so desinteressiert bin. Das ist nicht böse gemeint, sondern eher in der Art, mal sehen, was daraus wird. Ich hab keine Erfahrung damit, wie ich mich als Vater anstelle. Man kann so viele Fehler machen. Da ist so ein winziges Wesen im Bauch und wird ein Mensch.

Montag, 12. Januar

Das Kind mag es, wenn ich Gitarre spiele. Juana sagt, es wird dann quicklebendig. Das Kind ist die Verbindung zwischen uns, egal, wie's weiter läuft. Schließlich ist nicht alles Friede, Freude, Eierkuchen. Falls wir uns später mal trennen sollten, suchen wir uns zwei Wohnungen in der Nähe voneinander. Das Kind kann mit der Vorstellung aufwachsen, dass es Mutter und Vater hat. Getrennt leben ist besser als ständig ein Krisenverhältnis zu haben. Dieser Gedanke, dass eigentlich nichts schief gehen kann, weil wir eine enge freundschaftliche Beziehung haben, ist sehr beruhigend.

Freitag, 23. Januar

Wir gehen zur Geburtsvorbereitung. Dort treffen wir andere junge Paare, denen es so geht wie uns. Zum ersten Mal wurde mir dort klar: Wenn du etwas nicht weißt, kannst du dich auch nicht damit beschäftigen. Das trifft auch auf die Geburt zu. Juana fürchtet sich davor und ich stelle mir am liebsten überhaupt nichts vor. In der siebten Klasse haben wir mal einen Film darüber gesehen. Da floss so viel Blut zwischen den Beinen. Es war schrecklich. Ich glaub, ich hab davon einen echten Schaden weg. Nur wegen diesem blöden Film habe ich doch ein unangenehmes Gefühl.

Donnerstag, 5. Feburar

Langsam werde ich nervös. Die nächsten drei Jahre werden es zeigen, ob ich es lerne, ein richtiger Vater zu werden. Die Erfahrung gehört dann zu meinem Leben. Was ist, wenn es nicht so gut läuft? Käme ich damit klar? Es ist alles noch so fremd, so unbekannt.

Samstag, 28. Februar

Gestern Nacht wurde Jana, unsere Tochter, geboren. Juana hat sich tapfer durch die Geburt gekämpft. Ich saß hinter ihr und hab versucht ihr zu helfen, wie ich konnte. Immer wieder hab ich ihr gesagt: Du schaffst es! Mach weiter, bleib dran!

Und dann kam für mich das Aha-Erlebnis: Das Kind kam heraus. Da hab ich erst begriffen, was in den letzten Monaten passiert ist. Es war da, real und wirklich. Ich war total überwältigt. Und dann hat die Hebamme es mir in die Arme gelegt, unser kleines schrumpeliges Baby. Jetzt wurde mir erst richtig klar: Für dieses Menschlein willst du sorgen, dich um es kümmern.

Samstag, 7. März

Die Unklarheiten, meine Unsicherheit sind wie weggeblasen. Im Moment gibt es keine diffusen Ängste: Was wird kommen? Da mache ich mir keinen Riesenkopf mehr, denn der eigentliche Mittelpunkt von allem ist Jana geworden.

Sonntag, 29. März

Es ist wirklich extrem. Wir müssen rund um die Uhr für die Kleine da sein. Das schlaucht, vor allem weil ich tagsüber in der Arbeit fit sein muss. Ich merke, wie mir manchmal die Konzentration abgeht. Oft bin ich nur noch fix und fertig. Jede Nacht aufstehen, sich kümmern. Wenn Jana den Schnuller verliert, wird sie wach und weint. Oder sie träumt schlecht. Dann muss einer von uns sie in die Arme nehmen, beruhigen und wieder hinlegen, ganz langsam, damit sie nicht aufwacht. Eine kleine Unaufmerksamkeit, und sie öffnet erschreckt die Augen – und das Ganze fängt von vorne an.

Freitag, 10. April

Diese Nervosität und Anspannung. Ich würde gerne mal abends nach dem Job abschalten, nur

Herbert Matter, ohne Titel (o. J.)

(Aus: Herbert Matter: Foto-Grafiker. Sehformen der Zeit. Hrsg. von der Schweizerischen Stiftung für Fotografie. Verlag Lars Müller: Baden/Schweiz 1995, Abbildung 43) noch ins Bett gehen und schlafen. Eigentlich möchte ich gerade am Freitag den Tag vergessen, die Woche loslassen. Das geht leider nicht. Jana fordert noch Aufmerksamkeit. Ich muss mir einen gewaltigen Schubs geben.

Freitag, 1. Mai

Unsere Beziehung hat sich entspannt. Seit Jana da ist, verstehen wir uns viel besser. Natürlich kommt auch immer wieder der Punkt, an dem wir vor Müdigkeit ungemütlich und unfreundlich zueinander werden. Aber irgendwie ist es inniger zwischen uns, wir fühlen uns mehr miteinander verbunden. Durch das Kind ist unser Verhältnis eindeutiger geworden, nicht mehr so abgehoben und traumtänzerisch. Vorher haben wir eigentlich nicht so richtig zusammengepasst. Wir haben jetzt weniger Zeit füreinander, aber die leben wir intensiver, bewusster und durchdachter.

Sonntag, 17. Mai

Nur wenn Jana schläft, kann ich malen oder Musik hören. Andererseits merke ich, wie beruhigend es für mich ist, abends mit Jana zu sein, sie auf dem Schoß zu haben. Wir reden richtig miteinander, spielen mit Lauten und ziehen Grimassen. Das ist etwas völlig Neues und Unbekanntes für mich. Wenn ich mich mit Jana beschäftige, lerne ich einen ganz langsamen Rhythmus kennen, der mir vorher fremd war.

Samstag, 30. Mai

Jana bekommt jetzt Flaschennahrung. Das ist gut, denn dann können wir uns beim Füttern abwechseln.

Viele Leute geben uns „gute Ratschläge". Dabei hat kein Mensch sie darum gebeten! Da bekommt man ein Baby, und alles, was ich bisher gehört habe, ist: Ach, und dann kommen die furchtbaren Koliken. Und warte erst ab, bis die Kleine mit dem Zahnen beginnt. Ich wundere mich immer nur und frage mich: Was wollen die Leute damit eigentlich sagen? Wollen sie mich entmutigen? Stimmt doch alles nicht! Ist alles nicht wahr. Jedenfalls nicht bei Jana. Wir haben mit der Kleinen Riesenglück. Wenn sie schreit oder etwas will, kommen wir bald drauf, was es sein könnte. Sie ist so lieb und freundlich.

Mittwoch, 17. Juni

Jeden Tag nehme ich mir Zeit für Jana. Es ist schön zu erleben, wie sich ein kleines Kind von Tag zu Tag verändert. Ich merke auch, dass die Kleine in diesem Alter so wahnsinnig viele Fortschritte macht. Und ich wachse innerlich mit. Juana will die Schule weitermachen. Das wird wahrscheinlich wieder etwas anstrengender. Aber wir schaffen das schon!

Sonntag, 5. Juli

Jana verändert sich ständig. Und sie lässt einen nicht schlafen. Leider auch nicht am Wochenende. Spätestens um sechs Uhr ist sie wach. Und dann will sie, dass wir uns mit ihr beschäftigen. Eine Weile hält sie es noch in ihrem Kinderbett aus, brabbelt fröhlich vor sich hin. Dann streckt sie ihre Ärmchen aus und will zu uns ins Bett. Und da weiß ich schon, was passiert: Sie rollt auf einen drauf, und wenn man sich wegdreht, zupft sie an einem rum. Als wenn sie sagen wollte: Jetzt bin ich da, kümmert euch mal um mich.

Sonntag, 2. August

Obwohl meine Tage viel stärker verplant sind, seit es Jana gibt, macht mir das nichts aus. Von Monat zu Monat wird es leichter mit ihr. Ich wünsche mir so sehr, dass wir sie fördern können und nicht nur genug für sie tun, sondern mehr als das. Ich selbst hatte eigentlich gar keine Erziehung, darum hatte ich es in der Schule und später im Beruf ziemlich schwer. Da waren keine Grundlagen da. Und es war sehr hart für mich, das später mühsam zu lernen. Jana soll es nicht so gehen. Ihr möchte ich klare Grenzen setzen, nicht zu hart, die goldene Mitte, wenn so was geht. Ich würde mir wünschen, später zu sehen, dass wir es richtig gemacht haben. Das ist für mich das Wichtigste überhaupt.

(Aus: Christine Wolfrum: Ich und ein Baby? Gefühle, Gedanken, Erfahrungen. Dtv pocket reader. Deutscher Taschenbuch Verlag: München 1999, S. 73–79)

1 Diskutieren Sie die im Tagebuch angesprochenen Erfahrungen und Einstellungen.

2 Befragen Sie junge Eltern bezüglich ihrer Erfahrungen vor und nach der Geburt des ersten Kindes.

3 Vergleichen Sie diese mit denen aus Bens Tagebuch.

4 Entwickeln Sie einen Tagebucheintrag aus der Perspektive von Juana. Wie dürfte sie die im Tagebuch von Ben geschilderte Zeit erlebt haben?

1.5.5 Wenn die Entscheidung gegen das Kind ausfällt ...

1.5.5.1 Thema Schwangerschaftsabbruch: „Ich entscheide letztlich nach meinem Gefühl!" – Oder: Wie erlernt man es, sich nach eigenen Werten auszurichten?

Samai: Ich kenne niemanden, der abgetrieben hat. Bis auf meine Mutter. Die hat zweimal abgetrieben, bevor sie meinen Bruder gekriegt hat. Ich finde, die Frau hat ein Recht dazu und auch die Verantwortung gegenüber dem Kind.
Meine Mutter hat erzählt, dass es schrecklich für sie war. Anscheinend ist es wirklich belastend. Psychisch. Ich glaube, sie hatte keine moralischen Bedenken. Trotzdem ging's ihr schlecht.
Katharina: Ich glaube, keine Frau nimmt einen Schwangerschaftsabbruch locker.
Samai: Ich kann nicht glauben, dass das kleine Menschenwesen wirklich tot ist. Das Kind, das man nicht auf die Welt gekriegt hat. Ich glaube an Seelenwanderung. Es lebt dann ein anderes Leben. Und das ist besser.
Eva: Meine Mutter hat mir auch erzählt, wie sie abgetrieben hat. Ziemlich offen hat sie mit mir darüber geredet. Sie hat auch gemeint, dass es schwer war. Damals war sie noch mit meinem Vater zusammen. Aber es war schon klar, dass sie auseinander gehen würden. Und da wollte sie es einfach nicht, also nicht die hohen Beweggründe.
Irina: Allein ein Kind aufzuziehen finde ich ziemlich schwer. Das ist doch ein Grund. Der Freund sollte einem dabei helfen. Vielleicht kann man gemeinsam was tun?
Samai: Aber er kann nichts daran ändern. Es ist ganz natürlich: Die Frau bekommt nun mal die Kinder und nicht der Mann!
Irina: Stimmt, ein Junge ist nicht unbedingt damit konfrontiert.
Eva: Da hängt dann alles an der werdenden Mutter.
Katharina: Ich würde aber darüber reden wollen: Hör mal zu, ich bin schwanger und will es vielleicht abtreiben. Was hältst du davon?
Irina: Einfach so: Hallo, ey ...?
Katharina: Nee, aber wenn man so was Wichtiges in einer Beziehung total verschweigt, dann ist das nicht in Ordnung. Er hat ein Recht darauf, es zu wissen.
Irina: Ja, es ist ja auch sein Kind. Aber ich finde, jede Frau soll sich selbst entscheiden. Es ist ihr eigenes Leben, das sie damit festlegt.
Eva: In so einer schwierigen Zeit merkt man, wie sehr man auf sich selbst gestellt ist.
Katharina: Ich würde auch meine Eltern fragen, was die davon halten, und auch meine Freundinnen. Dann habe ich verschiedene Meinungen und entscheide letztlich nach meinem Gefühl.

(Aus: Christine Wolfrum: Ich und ein Baby? Gefühle, Gedanken, Erfahrungen. dtv pocket reader, Deutscher Taschenbuch Verlag: München 1999, S. 120/121)

1 „Ich glaube, jede Frau sollte selbst entscheiden ..." – Überlegen Sie, wie Entscheidungen verantwortlich getroffen werden können. Welche pädagogischen Wege gibt es, solche Entscheidungen zu ermöglichen?

2 Bedenken und diskutieren Sie folgenden Beitrag der Pädagogen Louis E. Raths, Merrill Harmin und Sidney B. Simon zur Werteerziehung.

Weil das Leben, bedingt durch Zeit und Raum, verschieden ausfällt, können wir nicht wissen, welche Werte, welche Lebensweise für einen Menschen am geeignetsten wären. Wir haben jedoch einige Vorstellungen davon, durch welche Verfahren Werte am wirksamsten erlangt werden können. Diese Vorstellungen erwachsen aus der Annahme, dass – egal welche Werte erreicht werden – jeder so wirksam wie möglich daran arbeiten sollte, seine Beziehung zu seiner Umwelt auf zufrieden stellende und intelligente Art und Weise zu gestalten.
Aus dieser Annahme formulieren wir den Vorgang des Bewertens. Ein Blick auf diesen Vorgang erklärt, wie wir einen Wert definieren. Wir sprechen nicht von einem Wert, wenn nicht alle sieben der unten aufgeführten Kriterien zusammentreffen. Gemeinsam beschreiben sie den Vorgang des Bewertens.
1. Frei wählen. Wenn etwas einem Leben Richtung geben soll, dann muss dies ein Ergebnis freier Wahl sein. Wenn Zwang ausgeübt wird, ist das Ergebnis wahrscheinlich nicht von langer Dauer, besonders dann, wenn man außerhalb des

(Aus: Christine Wolfrum: Ich und ein Baby? dtv pocket reader: München 1999)

Einflussbereiches dieses Zwanges ist. Werte müssen frei gewählt werden, wenn sie für den Menschen wirklich einen Wert darstellen sollen.

2. Auswahl unter verschiedenen Möglichkeiten. Diese Definition der Werte besagt, dass gewählt werden muss, und offensichtlich kann keine Wahl getroffen werden, wenn es keine Alternativen gibt, zwischen denen man auswählen kann. Es ergibt beispielsweise keinen Sinn, den Vorgang des Essens zu wählen. Man hat in diesem Falle wirklich keine Wahl. Was man wählen kann, sind bestimmte Arten von Nahrung oder bestimmte Formen des Essens, aber nicht das Essen selbst. Wir alle müssen Nahrung zu uns nehmen, um leben zu können; es erübrigt sich, zu entscheiden. Nur wenn eine Wahl möglich ist, wenn es eine Alternative zur Auswahl gibt, sagen wir, dass sich ein Wert ergeben kann.

3. Auswahl nach sorgfältiger Überlegung der Konsequenzen jeder Alternative. Impulsives oder gedankenloses Wählen führt nicht zu Werten, so wie sie hier definiert sind. Wenn etwas unser Leben sinnvoll leiten soll, muss es aus Verstehen und Abwägen entstehen. Nur wenn die Folgen aller Alternativen genau verstanden werden, kann eine kluge Wahl getroffen werden. Ein Wert kann sich nur ergeben, wenn die Tragweite der Alternativen und die Folgen einer Wahl sorgfältig überlegt werden.

4. Hochschätzen. Wenn wir auf etwas Wert legen, hat es einen positiven Klang. Wir würdigen es, hegen es, schätzen es hoch, achten und lieben es. Wir sind glücklich mit unseren Werten. Selbst wenn wir eine Wahl freiwillig und sorgfältig getroffen haben, kann es sein, dass wir darüber nicht glücklich sind. Wir können wählen, in einem Krieg zu kämpfen, aber gleichzeitig bedauern, dass diese Wahl durch die Umstände gerechtfertigt ist. In unserer Definition sind Werte das Resultat einer von uns gern getroffenen Wahl. Wir würdigen und hegen die Leitbilder des Lebens, die wir Werte nennen.

5. Bejahen. Wenn wir nach Erwägung der verschiedenen Möglichkeiten etwas frei gewählt haben und wenn wir stolz auf unsere Wahl sind und uns gern damit identifizieren, dann bejahen wir diese Wahl wahrscheinlich, wenn wir darüber befragt werden. Wir sind bereit, unsere

Johannes Muggenthaler: Verlorenes Taschentuch. Farbfotografie 1989

(Aus: Johannes Muggenthaler: Der Liebe Pilgerfahrt. Fotografische Schautafeln zur Seelenforschung. Schirmer/Mosel: München, Paris, London 1992)

Werte offen zu bestätigen. Vielleicht sind wir sogar bereit, dafür zu kämpfen. Wenn wir uns einer Wahl schämen, wenn wir – entsprechend befragt – unseren Standpunkt nicht bekannt geben würden, hätten wir es nicht mit Werten, sondern mit etwas anderem zu tun.

6. *Danach handeln.* Wenn wir einen Wert haben, zeigt er sich in den Aspekten unseres Lebens. Wir können etwas lesen über Dinge, die wir schätzen. Wahrscheinlich werden wir Freundschaften gründen oder Organisationen angehören, die uns in unseren Werten stärken. Wir können Geld für etwas ausgeben, auf das wir Wert legen. Wir planen unsere Zeit und Energie für unsere Werte ein. Kurzum, damit ein Wert vorliegt, muss das Leben selbst berührt werden. Nichts kann ein Wert sein, was nicht tatsächlich dem eigentlichen Leben Richtung gibt. Der Mensch, der über etwas spricht, sich aber nie danach richtet, befasst sich mit etwas anderem als einem Wert.

7. *Wiederholen.* Wenn etwas die Stufe eines Wertes erreicht, dann wird es wahrscheinlich bei einer Anzahl von Gelegenheiten im Leben des Menschen, der es hat, wieder erscheinen. Es zeigt sich in vielen verschiedenen Situationen, zu verschiedenen Zeiten. Wir würden an etwas nicht als Wert denken, das nur einmal im Leben und dann nie wieder erscheinen würde. Werte neigen dazu, beständig zu sein und in jedem einzelnen Menschenleben ein Schema zu bilden.

Um diese Definition noch einmal zu überblicken: Werte begreifen wir als auf drei Vorgängen beruhend: wählen, schätzen und danach handeln.

Wählen:
(1) frei
(2) zwischen verschiedenen Möglichkeiten
(3) nach sorgfältiger Überlegung der Konsequenzen jeder Alternative

Hochschätzen:
(4) daran festhalten, glücklich sein mit der Wahl
(5) gewillt sein, das Gewählte öffentlich zu bestätigen

Danach handeln:
(6) etwas mit dem Gewählten tun
(7) wiederholt, in einer Art von Lebensschema

Diese Vorgänge definieren gemeinsam das Bewerten. Ergebnisse des Bewertungsvorganges nennt man Werte.

(Aus: Louis E. Raths/Merrill Harmin/Sidney B. Simon: Werte und Ziele. Methoden zur Sinnfindung im Unterricht. Verlag J. Pfeiffer: München 1976, S. 44–46)

3 Wie sind diese Überlegungen auf einen Schwangerschaftskonflikt anwendbar? Entwickeln Sie einen entsprechenden Fragenkatalog – gegebenenfalls modifiziert nach eigenen Vorstellungen.

1.5.5.2 Freigabe des Kindes zur Adoption? – Aus der Praxis des Jugendamtes

Gerhild Harrer, stellvertretende Leiterin des Adoptions- und Pflegekinderdienstes München, berichtet über ihre Arbeit.

Wann kommen Mädchen zu Ihnen?
Auf die Idee, zum Jugendamt zu gehen, kommen Jugendliche selten. Sie haben Angst davor. Meistens werden sie durch Ärzte, Pro Familia und durch die evangelischen und katholischen Beratungsstellen auf uns aufmerksam gemacht.

Welche Mädchen sind es?
Oft sind es ganz junge Mädchen, die lange nicht wahrhaben wollten, dass sie schwanger sind. Viele verheimlichen die Schwangerschaft sogar bis zur Geburt. Und wissen dann nicht, was sie tun sollen.

Und wie geht es weiter?
Wir machen einen Termin und befragen zunächst die junge Frau. Was wissen die Eltern, der Arbeitgeber? Je offener das gehandhabt wird, desto schneller können wir Hilfen anbieten. Vielleicht ist ein Mutter-Kind-Heim das Richtige, vielleicht eine befristete Pflegestelle. Wir zeigen auch, mit welchen finanziellen Hilfen die junge Frau rechnen kann, zum Beispiel mit Erziehungsgeld und Wohngeld, und wir helfen auch beim Antrag auf Möbel. In manchen Fällen wird daran gedacht, das Kind zur Adoption wegzugeben. Bloß keine Panikentscheidung, das ist für uns ein wichtiger Beratungsansatz.

Wie sieht es bei einer Adoption aus?
Ab 14 kann eine junge Mutter ohne Einwilligung der Eltern ihr Baby zur Adoption geben. Sie muss

Marc Chagall: Blaue Landschaft (1949). Gouache und Aquarell über Bleistift/Karton, 79 x 57 cm.
Von-der-Heydt-Museum, Wuppertal

aber ihre Eltern darüber informieren. Wir suchen mit der Frau eine passende Klinik für die Geburt, kümmern uns um Vorsorge und Krankenversicherung. Die Freigabe des Kindes sollte im siebten, achten Schwangerschaftsmonat als „vorläufige Einwilligungserklärung" vorliegen. Nach der Geburt gibt es noch mal eine Bedenkzeit von mindestens acht Wochen.

Wollen viele Frauen ihr Baby nach der Geburt behalten?

Ja. Die Rücknahme der Freigabe ist relativ häufig. Denn die Adoption ist ein endgültiger Schritt.

Welche Adoptionsform bevorzugen Sie?

Ich finde, die „halboffene" ist eine gute Mischung. Die Daten der Adoptiveltern sind geschützt. Aber die leibliche Mutter kann Briefe über das Kind, Fotos vom Kind – immer auf dem Weg über das Jugendamt – erhalten. Manchmal finden auch Treffen zwischen Mutter und Adoptiveltern statt. Auch dann ist immer eine Sozialarbeiterin des Jugendamtes dabei.

(Aus: Christine Wolfrum: Ich und ein Baby? Gefühle, Gedanken, Erfahrungen. dtv pocket reader, Deutscher Taschenbuch Verlag: München 1999, S. 168/169)

1 Wägen Sie Vorzüge und Nachteile der verschiedenen Adoptionsformen gegeneinander ab.

2 Laden Sie einen Mitarbeiter des örtlichen Jugendamtes ein und befragen Sie ihn zu seiner Arbeit bezüglich Schwangerschaftskonflikten und Adoptionen. Informieren Sie sich auch über diese Themen hinaus über die Arbeit des Jugendamtes. (Evtl. kann ein Berufspraktikum in dieser Institution absolviert werden.)

1.5.6 Jugendliche und Sexualität aus der Sicht eines Sexualwissenschaftlers

Der Sexualwissenschaftler *Prof. Norbert Kluge* beschäftigt sich besonders mit Fragen zum Thema Jugendliche und Sexualität. Hier beschreibt er wichtige Erkenntnisse aus seiner wissenschaftlichen Arbeit:

Warum werden Mädchen so früh schwanger?

Zum einen ist das Problem natürlich unsachgemäße Verhütung. Darüber hinaus haben wir aber festgestellt, dass junge Mütter häufig in der Familie, mit dem Freund, in Schule und Beruf Schwierigkeiten hatten. In solchen Situationen wird eine Schwangerschaft unter Umständen unbewusst herbeigewünscht. Teenagerschwangerschaften sind deshalb sicher auch die Antwort auf Konflikt- und Krisensituationen, die für die betroffenen Mädchen allerdings zu ungeahnten neuen Problemen führt.

Wieso entscheiden sich junge Mädchen, wenn sie schwanger geworden sind, häufig für das Kind? Gibt es über die Motive wissenschaftliche Erkenntnisse?

Untersuchungen zu diesem Thema sind schwierig, weil die Familienangehörigen die betroffenen Mädchen oft abschirmen, um sie zu schützen. Das ist besonders bei „intakten" Familien der Fall. Nach langem Bemühen konnten wir 43 schwangere Mädchen aus sozial schwierigen Familienverhältnissen interviewen. Sie gaben folgende Gründe für das Austragen ihrer Schwangerschaft an: Etwa die Hälfte (20) ist prinzipiell gegen Abtreibung. Dies sei – so sagen sie – „Mord". Einige wenige begründen ihre Entscheidung für das Kind damit, nicht von anderen als „Mörderin" verschrien werden zu wollen. Andere sagten, der Abbruch sei rechtlich nicht mehr möglich gewesen, da die Schwangerschaft zu spät bemerkt worden sei.

Gibt es einen Zusammenhang zwischen der Entscheidung für oder gegen das Kind und der Haltung im Elternhaus oder im sozialen Umfeld?

Ja. Eltern und Schule sind heute etwas toleranter gegenüber einem ledigen Teenager, der ungewollt schwanger geworden ist, als noch vor Jahrzehnten. Eine Gymnasiastin braucht meistens nicht mehr allein deswegen, weil sie als unverheiratete Frau ein Kind erwartet, die Schule zu verlassen. Eltern von werdenden Teenagermüttern oder andere Verwandte bieten den jungen Schwangeren häufiger als früher an, das Kind eine Zeit lang aufzuziehen. Trotzdem gibt es Elternteile, die von der Tochter erwarten oder verlangen, dass sie einen Schwangerschaftsabbruch vornehmen lässt – nicht zuletzt deswegen, um der Familie die „Schande" zu ersparen.

Gilt es denn heute noch als Schande, so frühzeitig schwanger zu werden?

In gewisser Weise schon. Ledige Teenagermütter werden in unserer Gesellschaft (Arbeitsplatz, Schule, Sozialamt) nicht gerade wohlwollend behandelt. Die Tatsache einer unerwünschten Schwangerschaft zieht offen oder verdeckt Strafmaßnahmen nach sich. Als Grund für dieses ungerechtfertigte Vorgehen hört man dann: Heute müsse bei sachgerechter Verhütung niemand mehr ungewollt ein Kind bekommen.

Wo bleiben die Väter?

Die werdenden oder jungen Väter fallen allzu häufig dadurch auf, dass sie die Freundin verlassen. Nicht wenige sind überfordert, für sich die Konsequenzen aus der ungeplanten Schwangerschaft zu ziehen. Oft zerbricht die Beziehung daran, dass der junge Mann nicht bereit ist, die elterlichen Aufgaben gemeinsam beziehungsweise partnerschaftlich zu übernehmen, oder dass er schlicht auf lieb gewordene Annehmlichkeiten nicht verzichten will. Diese Männer wollen nicht, dass ihre eigene Lebensplanung durch den „Schicksalsschlag" beeinträchtigt wird. Denn schließlich kann sich der Mann den pflegerischen Aufgaben eher entziehen als die Frau.

Was müsste man ändern, damit männliche Jugendliche sich bei der Verhütung und bei ungewollter Schwangerschaft der Partnerin verantwortungsbewusster verhalten?

Jungen sollten im Elternhaus, aber auch in der Schule besser über Schwangerschaftsverhütung aufgeklärt werden. Während 1998 nur jeder zweite Junge zwischen 14 und 17 Jahren etwas darüber von Mutter oder Vater erfuhr, waren es bei den gleichaltrigen Töchtern immerhin zwei Drittel. Jungen halten sich immer noch für weniger zuständig, zur Verhütung einen eigenen Beitrag zu leisten beziehungsweise sie partnerschaftlich mit der Freundin zu gestalten. Aus neuesten Untersuchungen wissen wir, dass Jungen und Mädchen zwar beim ersten Geschlechtsverkehr besser verhüten. Ein oder zwei Jahre später sind die Verhütungsmaßnahmen aber laxer geworden – verliebte Mädchen sollten ihre Freunde in die Pflicht nehmen und mit ihnen über die für Jugendliche möglichen Verhütungsmittel (Kondom, Pille) offen sprechen und Absprachen treffen.

(Aus: Christine Wolfrum: Ich und ein Baby? Deutscher Taschenbuch Verlag: München 1999, S. 114–116)

1 Fassen Sie die Erkenntnisse von Norbert Kluge mit eigenen Worten zusammen.
2 An welchen Stellen werden Tatsachen dargestellt, wo sind seine Ausführungen normativ?
3 Nehmen Sie Stellung zu seinen normativen Vorstellungen.
4 Was könnte/sollte – Ihrer Auffassung nach – pädagogisch geschehen, um die Situation zu verbessern?

„Alles, was ich wollte, war eine harmonische Zweierbeziehung!"

Pepsch Gottscheber

(Aus: Edward Lucie-Smith: Kunst heute. Kindler Verlag: München 1995)

1.5.7 Zur Aufgabe von Beratung – grundsätzliche theoretische Erwägungen

Im folgenden Textauszug werden in der Alltagssprache abgewertete und verpönte Begriffe „moralisch" und „sittlich" verwendet. Im philosophisch-ethischen Zusammenhang haben diese Begriffe keine negativen Zwischentöne. Hier bezeichnen sie menschliches Handeln, insofern es unter der Differenz von „gut" und „böse" steht.

Die Teilnehmer an einer *ethischen Diskussion* haben es sich zum Ziel gesetzt, entweder durch gemeinsames Überlegen erstmalig zu einem begründeten sittlichen Urteil in einer moralischen Frage zu gelangen oder, wenn sie sich bereits vorgängig ein Urteil gebildet haben, den anders Denkenden durch Argumente von der Richtigkeit ihrer eigenen Position zu überzeugen sowie diese den vielleicht noch nicht bedachten Gegenargumenten anders Denkender auszusetzen, um sie so zu überprüfen. Dabei sind die Diskutierenden prinzipiell gleichrangige Partner, außerdem keine persönlich unmittelbar Betroffenen (wenn doch, wird davon abgesehen). Idealtypische ethische Diskussionen finden statt (oder sollten doch stattfinden) unter Ethikern und Moraltheologen. Charakteristisch ist für sie weiterhin, dass solche Auseinandersetzungen nicht unter unmittelbarem Handlungsdruck stehen, d.h., man kann sich Zeit lassen, die Fragen ausdiskutieren und braucht nicht schon sehr bald zu irgendeinem Handlungsentschluss zu kommen.

Demgegenüber sind *moralische Beratungssituationen* prinzipiell von anderer Art. Zwischen Rat Suchendem und Beratendem besteht ein Gefälle von Unterlegenheit zu Überlegenheit, zwar nicht in jeder, wohl aber in bestimmter Hinsicht (der Arzt ist beispielsweise an medizinischem Wissen überlegen). Beim Rat Suchenden handelt es sich immer um jemanden, der von einem moralischen Problem persönlich unmittelbar betroffen ist. Sein Wunsch ist es, zu einem so gut wie möglich begründeten Handlungsentschluss zu kommen; der Beratende soll ihm mit dazu verhelfen. Wegen der persönlichen Betroffenheit steht eine solche Beratung immer mehr oder weniger unter Handlungsdruck: Es muss ein Entschluss gefasst werden, selbst wenn noch nicht alle Fragen ausdiskutiert werden konnten oder eine Lösung zum gegenwärtigen Zeitpunkt überhaupt nicht in Sicht ist. Selbstverständlich gehen viele Elemente einer ethischen Diskussion (Klärung und Darstellung von Grundpositionen und Voraussetzungen, Ausräumen von Irrtümern und Unvereinbarkeiten) auch in eine Beratungssituation mit ein, allerdings nur so weit, wie sie dem Rat Suchenden eine Hilfe sein können, zu einem begründeten Handlungsentschluss zu gelangen. Aufgabe des Beratenden ist es nicht, seine eigene Auffassung zu vertreten und ihr Geltung zu verschaffen; oft genug scheint es sogar ratsam, dass sich der Beratende einer eigenen Stellungnahme ganz enthält. Ein abschließendes Urteil wie: „Ich an Ihrer Stelle würde ... treibt den Rat Suchenden gewöhnlich ungebührlich in die Enge. Eine persönliche Stellungnahme […] sollte höchstens von der Art sein: „Ich in meiner Lage würde vielleicht ..." Da in einer Beratung gerade die persönlichen oft komplexen Lebensumstände des Rat Suchenden eine entscheidende Rolle spielen, kann dieser nach einer solchen Stellungnahme immer noch sicher sein, dass der Beratende auch einen entgegengesetzten Handlungsentschluss wenigstens tolerieren würde. Die wichtigste Aufgabe des Beratenden scheint darin zu bestehen, sich ganz in die Situation des Rat Suchenden zu versetzen und diesen im Gespräch auf Gesichtspunkte aufmerksam zu machen, die er vielleicht ganz übersehen oder nicht genügend gewürdigt hat. […]

(Aus: Rudolf Ginters: Werte und Normen. Einführung in die philosophische und theologische Ethik. Vandenhoeck & Ruprecht: Göttingen; Patmos Verlag: Düsseldorf 1982, S. 39–40)

1 Worin sieht Rudolf Ginters das Spezifische von Beratungssituationen?
2 Was halten Sie von seinen Überlegungen?
3 Simulieren Sie eine Beratungssituation in einem pädagogischen Rollenspiel.

1.6 Zusammenfassender Überblick: Pubertät und Jugend als Krisenzeiten

Der Sozialwissenschaftler Klaus Hurrelmann ist Professor an der Fakultät für Gesundheitswissenschaften und Sprecher des Sonderforschungsbereichs „Prävention und Intervention im Kindes- und Jugendalter“ an der Universität Bielefeld.

Jugend ist heute eine Lebensphase eigener Form und eigener selbst erlebbarer Qualität, die sich in ihrer inneren Gestalt deutlich von den vorangehenden und nachgehenden Lebensabschnitten unterscheidet. Es handelt sich um eine Lebensphase mit einem charakteristischen Stellenwert im menschlichen Lebenslauf, die sich nicht zuletzt auch aus den vielfältigen Vorgaben gesellschaftlicher Art ergibt.
Zweifellos kann der Jugendphase eine eigenständige Bedeutung im menschlichen Lebenslauf zugesprochen werden. Weder ist die Jugendphase als eine bloße Verlängerung der Kindheitsphase zu verstehen noch als eine reine Durchgangsphase zum Erwachsenenalter. Unzweifelhaft werden die grundlegenden Strukturen der Persönlichkeit auch schon in der Kindheit ausgebildet, doch kommt es durch die charakteristische Umbruchsituation der Jugendphase zu einer Neubestimmung der Persönlichkeitsdynamik, die die vorhergehenden Strukturen erheblich verändert und in ein neuartiges und andersartiges Gesamtgefüge einbettet. Unzweifelhaft ist das Jugendalter auch dadurch charakterisiert, dass die Fähigkeiten und Fertigkeiten erworben werden müssen, die für den anschließenden Erwachsenenstatus typisch und selbstverständlich sind.
Zugleich aber kommt es wegen der im Jugendalter charakteristischen unvoreingenommenen Aneignungs- und Auseinandersetzungsprozesse keinesfalls zu einer einfachen Übernahme von gesellschaftlichen Vorgaben oder zu einer Reproduktion von Sozialcharakteren von einer Generation zur nächsten. Vielmehr ist gerade in diesem Lebensabschnitt das Ausmaß von kreativer und eigenständiger Gestaltung, von produktiver und aktiver Auseinandersetzung mit den inneren und äußeren Lebensbedingungen von sehr großer Bedeutung. Wahrscheinlich sind es gerade die unabgeschlossenen und offenen Verhaltensweisen, die als typisch für die Jugendphase angesehen werden müssen. Deshalb ist es auch in pädagogischer Sichtweise gar nicht wünschenswert, die Jugendphase einseitig als eine Übergangsphase zum „vollwertigen Reifestadium“ des Erwachsenen zu verstehen, die möglichst schnell abgeschlossen werden sollte. Viele Experimentier- und Erfahrungsräume würden damit abgeschnitten – ganz unabhängig von der problematischen Annahme, mit dem Erwachsenenstatus sei so etwas wie eine „menschliche Vollreife“ verbunden, die – einmal erworben – ein Leben lang anhalte.
In der Lebensphase Jugend kulminieren die Anforderungen an Individualisierungsprozesse. Die Standardabfolge von Übergangsereignissen wie das Durchlaufen und die Beendigung der Schulzeit, der Eintritt in Ausbildung und Erwerbsarbeit, Auszug aus dem Elternhaus und Heirat ist heute nicht mehr selbstverständlich und kann individuell variiert werden. Zugleich aber müssen die mit diesen Variationen verbundenen Verarbeitungs- und Interpretationsleistungen individuell geleistet werden. Hieraus ergeben sich außerordentlich hohe Anforderungen an die biografische Selbstgestaltung der Lebensphase Jugend. Ob die sich heute abzeichnenden Tendenzen eher in Richtung einer Vergrößerung oder einer Abschwächung der Chancen für die Stärkung von Individualität und Identität weisen, das ist in der Fachdiskussion bislang umstritten.

Die Spannung zwischen Individualisierung und Integration

Die Lebensphase Jugend birgt wegen des Zusammentreffens von Individuations- und Integrationsprozessen ein erhebliches positives Stimulierungspotenzial, aber zugleich auch ein hohes Belastungspotenzial in sich. Jugendliche müssen eine schnelle Veränderung ihrer psycho-physischen Disposition, also der Struktur ihrer Motive, Gefühle, Denkweisen und Reaktionsmuster, bewältigen und mit dem Aufbau von Selbstbild und Identität in Verbindung bringen. Im gleichen Zeitraum, in dem sich diese wichtigen biopsychischen Gestaltveränderungen und individuellen Persönlichkeitsformungen abspielen, werden von ihnen mit massivem Nachdruck soziale Integrationsleistungen verlangt, insbesondere soziokulturelle Anpassungsleistungen und ökonomisch relevante Qualifizierungs- und Leistungsanforderungen. Aus diesem Zusammenprall von psychisch-biologischen und sozialökologischen Anforderungen in einem knappen Zeitraum der Lebensspanne können sich Belastungen ergeben, wenn die Bewältigungsstrukturen nicht ausreichen.

Zugleich ist die Lebensphase Jugend durch die lebensgeschichtlich erstmalige Chance gekennzeichnet, eine Ich-Identität zu entwickeln. Im Unterschied zum Kindesalter wird es im Jugendalter möglich, die Individualität im sozialen und ökologischen Kontext zu entwickeln, indem Jugendliche in einen Prozess der Kommunikation mit anderen über Werte, Normen und soziale Strukturen eintreten und diese mit ihren eigenen Interessen, Neigungen und Handlungsmöglichkeiten in Verbindung bringen. Sie werden zur Teilnahme an sozialen Interaktionen fähig, indem sie sich lebensgeschichtlich zum ersten Mal nicht nur als handelndes Subjekt empfinden, sondern sich selbst im Prozess des Handelns auch als Objekt wahrzunehmen vermögen. Sie bauen auf diese Weise ein erstes Bild von sich selbst auf, indem sie alle Ergebnisse der bisherigen Interaktionen auswerten und zu einem in sich stimmigen und schlüssigen Entwurf als „Selbstbild" („Selbstkonzept") zusammenfügen.

Der Individuations- und der Integrationsprozess folgen jeweils einer eigenen, voneinander abweichenden Dynamik. Um das hieraus resultierende Spannungsverhältnis abzuarbeiten, sind angemessene und flexible individuelle Bewältigungsstrategien notwendig. Unter den heutigen Lebensbedingungen in Industriegesellschaften sind die Chancen und Möglichkeiten für den Aufbau der personalen Identität sehr hoch, insbesondere, weil traditionelle Vorgaben an Rollenverhalten und Wertorientierungen entfallen sind. Zugleich sind hiermit aber auch die Ansprüche an jedes Individuum – und zwar auch schon im Jugendalter – gestiegen, eine eigene Lösung für die vielfältigen Aufgaben und Probleme der Alltagsbewältigung zu finden. So sind etwa mit der Übernahme eines neuen sozialen Teilstatus (z. B. „Auszubildender") neue Interaktionsfelder mit neuen Verhaltensanforderungen zu erschließen, die eine Erweiterung der vorhandenen Handlungskompetenzen verlangen.

Die Bedeutung der sozialen Unterstützung

Um das Spannungsverhältnis von Individuations- und Integrationsanforderungen abzuarbeiten, sind neben individuellen Bewältigungsfähigkeiten auch wirkungsvolle und vielseitige soziale Unterstützungen durch die wichtigsten Bezugsgruppen notwendig. Jugendliche, die sich noch im Aufbau ihrer Persönlichkeit befinden, sind mit den Widersprüchen und Inkonsistenzen der Erwartungen aus der sozialen Umwelt konfrontiert. Sie sind dabei auf die organisierende Kraft von sozialen Definitionen und Traditionen angewiesen, die ihnen Hinweise bei der Bewältigung von situations- und rollenspezifischen Anforderungen geben.

Die einzelnen Statuspassagen, die jeweils eine Neuorganisation der Persönlichkeitsstruktur und der Handlungskompetenzen erfordern, werden heute dadurch erschwert, dass die normativen Vorgaben und Erwartungen sehr komplex oder sogar widersprüchlich sind und auch nicht eindeutig von der sozialen Umwelt an die Jugendlichen herangetragen, sondern oft durch eigenaktives Verhalten erschlossen werden müssen. Erfolg und Versagen bei den Problemlösungen und Bewältigungsstrategien, die sie einschlagen, werden den Jugendlichen individuell zugerechnet. Besonders bei der Gestaltung ihrer eigenen Schullaufbahn, die als Vorstufe zur Übernahme eines beruflichen Status gilt, erfahren die Jugendlichen, wie weit reichend die von ihnen erwarteten Formen der Selbstorganisation eigener Aktivitäten sind.

Wie Jugendliche mit diesen Anforderungen zurechtkommen, hängt in entscheidendem Ausmaß von den Hilfestellungen ihrer sozialen Umwelt ab. Wichtig ist es dabei, dass Spielräume für verschiedene Lösungsversuche der Spannungszustände und probeweises Handeln bereitstehen und erlaubt sind. Die Existenz solcher Spielräume kann das vorübergehende Einschlagen eines vom Erwartungsspektrum abweichenden Entwicklungsweges für die Bewältigung von Überforderungen ermöglichen – bis hin zur vorübergehenden Weigerung, eine Entwicklungsaufgabe anzugehen und eine vorgesehene Rolle zu übernehmen. In Familie, Schule, Freundeskreis und anderen wichtigen Bezugsgruppen müssen möglichst flexible, wenn auch in ihren Kernstrukturen eindeutige und „Mindeststandards“ festlegende Haltepunkte für die Gestaltung der sozialen Beziehungen vereinbart werden.

Diese Mischung aus dem Einräumen von Spielräumen und dem Festlegen von Mindeststandards ist in vielen sozialen Beziehungsnetzen heute aus der Balance geraten. Einseitig liberalistische oder einseitig autoritäre Impulse sind für die Stabilisierung der Persönlichkeit im Jugendalter nicht hilfreich. Vielmehr ist eine ausgewogene Mischung zwischen der Anregung von Selbstständigkeit auf der einen Seite und der Übernahme von Verantwortung und dem Einhalten von gesellschaftlichen Regeln auf der anderen Seite notwendig, um den Prozess der Identitätsbildung zu fördern. Hierbei spielt die Unterstützung und Hilfe durch die unmittelbare Umwelt, in die ein Jugendlicher gestellt ist, eine entscheidende Rolle. Die formellen und informellen Arten der Hilfe im emotionalen, instrumentellen und sozialen Bereich sind dann besonders wirksam, wenn sie sich zu einem Unterstützungsnetzwerk verbinden, das auf vielfältige Ausgangssituationen mit unterschiedlichen Belastungen unterschiedlich angemessene Hilfsimpulse bereithält.

(Aus: Pädagogikunterricht, 20. Jahrgang, Heft 1, Februar 2000, S. 4–7)

Freimut Wössner: Schwarzfahren.

Inkognito, Erkelenzdamm 11–13, 10999 Berlin

Pablo Picasso: Akrobat und junger Harlekin (Paris 1905).
Gouache auf Karton. 105 x 76 cm.
Privatsammlung

Als ich vierzehn war,
war mein Vater so dumm,
dass ich ihn kaum ertragen konnte.
Mit einundzwanzig war ich erstaunt,
wie viel er
in den vergangenen sieben Jahren
gelernt hatte.

Mark Twain

2. Pädagogisches Denken und Handeln aufgrund von Erkenntnissen über Pubertät und Jugendalter

2.1 Hinführung: Cathérine Decker, Erziehung – aus der Perspektive einer Jugendlichen

Seitdem ich die Pubertät hinter mir habe, bin ich zu folgender Erkenntnis gekommen: Nicht die Kinder werden in dieser Zeit schwierig, sondern die Eltern. Sobald die „lieben Kleinen“ nämlich halbwegs trocken sind und sich auf die Suche nach ihrer Individualität begeben, werden die Eltern für gewöhnlich sonderlich und versuchen ihre Kinder mit nichts sagenden Phrasen nach ihrem Vorbild zu formen.

In manchen Wohnzimmern herrscht der Absolutismus und Mami und Papi von Gottes Gnaden haben die unumschränkte Macht und die Nachkommenschaft muss sich ihnen unterwerfen. Jede kleinste Bemerkung wird als Affront gegen die elterliche Autorität gewertet. Das Begehren der Eltern ist unantastbar!

Der gängigste Satz, der dieser Erziehungsmethode die Krone aufsetzt, lautet nach wie vor: „Solange du deine Füße unter meinem Tisch hast, hast du dich an unsere Regeln zu halten!“ Demokratie? No chance!

So ist es nicht verwunderlich, dass sich die Kinder ihrer Eltern ab und zu entledigen wollen. Hierzu gibt es eine effektive, wenn auch eine etwas kostspielige Methode: Man kauft seinen Eltern einfach zwei Eintrittskarten, zum Beispiel für eine Operette, für die städtischen Bühnen, für einen Galaabend oder für Oldie Peter Kraus, dann hat die liebe Seele ihre Ruhe und die Eltern weiß man wenigstens für ein paar Stunden in guten Händen. Dann kann man das tun, was man schon immer tun wollte, was aber nie gebilligt wurde: endlich die geliebten Fernsehsendungen gucken, ohne dass jemand ein Veto einlegt und ohne dass das Zuhören durch zu lautes Schnarchen seitens des Vaters unmöglich gemacht wird.

Ich habe es diesbezüglich einfach: Meine Schwester hat bereits ein eigenes Einkommen und kann dieses Vorhaben zwar nicht immer, aber immer öfter finanzieren.

Ein weiterer nerviger Aspekt ist die Tatsache, dass Eltern immer Ordnung haben wollen, obwohl sie selbst nicht die Ordentlichsten sind.

Wenn meine Mutter ihre Arme in die Hüften stemmt und ihren bösen Blick aufsetzt, der scharf genug ist, um mich an die Wand zu nageln, weiß ich: Ich war wieder unordentlich, das Zimmer sieht aus wie ein Schlachtfeld und ich böses, böses Kind soll abstauben und aufräumen.

Die Ausrede, dass mir die Nachlässigkeit in die Wiege gelegt wurde und ich somit von Natur aus eine Chaotin sei, zieht bei ihr nicht. Abteilung marsch zum Ordnungmachen! Ich komme mir manchmal wie bei der Bundeswehr vor.

Allerdings liegt der Staublappen verwaist in einer Ecke und wartet verzweifelt auf seinen Einsatz. Aufräumen? Wie buchstabiert man das eigentlich?

Ich habe wirklich Besseres zu tun, als meine rare Freizeit mit Ordnungmachen zu verplempern, z. B. auf meinem Laptop „Niblles“ oder „Gorilla“ spielen. Es hätte sowieso keinen Sinn, weil spätestens zwei Tage später ohnehin das Chaos wieder meiner Herr ist.

Ein Rat an alle Jugendlichen: Stellt eure Ohren auf Durchzug! Irgendwann geben sie ihre rührigen Bemühungen auf.

Überhaupt, geht es euch nicht manchmal auch so, dass ihr machen könnt, was ihr wollt, und nie, aber auch nie ist es recht?

Meine Mutter beschwert sich des Öfteren, dass ihre Lieben nie einen Finger im Haushalt rühren. Ich bin ausnahmsweise einmal ihrer Aufforderung nachgekommen und habe, man höre und staune, Betten gemacht, den Geschirrspüler im Schweiße meines Angesichts eingeräumt, abge-

staubt und zu guter Letzt sogar die Blumen ertränkt. Als Dank erntete ich einen schiefen Blick. Am Ende fragte meine Mutter, was das denn nun wieder solle, und verkündete, dass sie in Zukunft alles lieber selber mache. Sie könne es auf jeden Fall besser. Ich verstand die Welt nicht mehr. So etwas nennt man Mobbing. Seit diesem Zeitpunkt überhöre ich ihre leisen Anklagen.
Die beste Erziehungsmethode ist also, die Aufforderungen der Eltern nicht allzu wörtlich zu nehmen, sondern immer das krasse Gegenteil zu machen. Jedenfalls so lange, bis sie einen ohne Rückfahrkarte auf den Mond schießen …

(Aus: Cathérine Decker: Erziehung. In: Anne Teuter und Abraham Teuter [Hrsg.]: Wie erziehe ich meine Eltern? Erzählungen junger Autorinnen und Autoren über fliegende Fetzen, knallende Türen und echte Enttäuschungen – aber auch über Liebe. touchdown Alibaba Verlag: Frankfurt am Main 1999, S. 34–36. © bei den Autorinnen und Autoren)

1 Zu welchen Erkenntnissen gelangt Cathérine Decker?
2 Diskutieren Sie ihre Vorstellungen von „Erziehung“.
3 Beurteilen Sie ihren Beitrag. Berücksichtigen Sie dabei auch die literarische Qualität.

2.2 Jugendliche in ihrer Szene – ein Beispiel: Entwicklungen in einer Großgruppe und Drogenkonsum als Gruppenelixier

Für Jugendliche sind die Gleichaltrigen meist wesentlich wichtiger als die Eltern. Um zu Erkenntnissen über jugendliche Verhaltensmuster zu kommen, ist daher die Beschäftigung mit Beziehungen von Jugendlichen in ihrer jeweiligen Lebenswelt außerhalb der Familie hilfreich. Nicole Köckert berichtet von ihrem Versuch, über Interviews Jugendliche in ihrer Szene besser zu verstehen.

2.2.1 Die Motivation zum Interview und die Beschreibung der Interviewgruppe

Aufmerksam auf diese Jugendlichen wurde ich durch meine Honorartätigkeit in einem kleinstädtischen Jugendzentrum. Dort betreute ich von September 1994 bis Juli 1996 das Jugendcafé, einen offenen Treffpunkt für Jugendliche ab 14 Jahre. Zu Beginn meiner Tätigkeit betrug der Besucher/-innenstamm zirka 60 Jugend-

M + V Marketing + Verlags GmbH, Wuppertal

Tony Bevan: Black Chair (1988)

liche am Abend. Davon gehörten viele einer ortsansässigen Großgruppe an. Meine Kolleg/-innen bezeichneten die Jugendlichen als die „Piper". Der Name leitete sich von dem damaligen Treffpunkt an der Halfpipe ab, einer Rampe für Skateboardfahrer. Damals zählten etwa 40 bis 50 Jugendliche im Alter zwischen 15 und 25 Jahren zu dieser Gruppe. In der Kleinstadt fielen die „Piper" durch ihre Gruppengröße und durch ihren Drogenkonsum der Bevölkerung auf.

Meine Motivation für dieses Interview

Als Betreuer/-in bekam man nur sehr schwer Kontakt zu den „Pipern", da sie sich als Gruppe von anderen Jugendlichen wie auch von Erwachsenen deutlich abgrenzten. Zugleich war die Gruppe keineswegs so homogen, wie sie nach außen auftrat. Denn bei den „Pipern" waren ganz unterschiedliche Typen vertreten, von eher unauffälligen bis hin zu delinquenten Jugendlichen.

Einen ersten Zugang zu Einzelnen aus der Gruppe bekam ich durch eine Sprayaktion im Jugendzentrum. Bei der Organisation und Durchführung verschiedener Technopartys konnte ich sie dann näher kennen lernen. Dabei klappte die Zusammenarbeit mit ihnen sehr gut. Ich kam mit Einzelnen persönlich ins Gespräch.

Im Rahmen unseres Feldforschungsprojektes entschloss ich mich, diese Jugendlichen zu interviewen, weil ich etwas über die Entstehung und den Verlauf der Gruppe erfahren wollte. Die Gruppengröße faszinierte mich; mir war unklar, was die so unterschiedlichen Jugendlichen zusammenhielt. Auch fragte ich mich, was hinter dem Gerede steckte, dass in der Gruppe viele Drogen konsumiert wurden. Zudem wollte ich den schon bestehenden Kontakt zu den Jugendlichen intensivieren.

Das Gespräch kam mit den Jugendlichen recht einfach in Gang und erhielt durch die Gruppe eine eigene Dynamik. Mich erfreute ihre Gesprächsbereitschaft und das mir entgegengebrachte Vertrauen. Sie spürten vermutlich mein Interesse ihnen gegenüber. Die Interviewatmosphäre war sehr entspannt.

Ich habe meinen Blick – jenseits des negativen Meinungsbildes in der Bevölkerung – auf die Persönlichkeiten gerichtet und eine direkte Auseinandersetzung mit der Absicht gesucht, mir die Gruppenzusammenhänge erfahrbar und verständlich zu machen. Dazu war die Methode des offenen Interviews geeignet.

Beschreibung der Interviewgruppe

Zum Interview kamen acht männliche Jugendliche im Alter von 16 bis 21 Jahren, zwei Spanier, ein Tscheche, ein Rumäne und vier Italiener. Alle sind in Deutschland geboren und aufgewachsen. Sechs von ihnen haben den Hauptschulabschluss, einer (Jan) die Berufsfachschulreife und von einem (Paul) weiß ich nichts über seine schulische Laufbahn. Zum Zeitpunkt des Interviews befanden sich Peter, Rüdiger, Toni und Andreas in der Ausbildung zu einem handwerklichen Beruf. Bob, der Jüngste der Gruppe, besuchte das Berufsgrundbildungsjahr im Bereich Wirtschaft und Verwaltung. Jan befand sich auf Ausbildungssuche zum Werbetechniker und jobbte als Gärtner. Zranco, ein gelernter Koch, war damals arbeitslos. Paul arbeitete als Kassierer in einem Möbelmarkt.

Die Beziehungen der acht untereinander waren unterschiedlich intensiv. [...] Nur über die Aktivitäten der „Pipergruppe" hatten alle acht Jugendlichen miteinander zu tun.

Die Jungen legten viel Wert auf ihre äußere Erscheinung und kleideten sich ähnlich. [...] Einige bezeichneten Musikauflegen als ihr Hobby.

Ich habe das Interview als Gruppendiskussion im Mai 1996 in den Räumen des Jugendzentrums durchgeführt.

(Aus: Nicole Köcker: Entwicklungen in einer Großgruppe und Drogenkonsum als Gruppenelixier. In: Achim Schröder/Ulrike Leonhardt [Hrsg.]: Jugendkulturen und Adoleszenz: Was Jugendliche suchen und was sie brauchen. Hermann Luchterhand Verlag: Neuwied, Kriftel 1998, S. 94–96)

1 Beschreiben Sie die Motivation von Nicole Köcker für ihre Interviews mit den Jugendlichen.

2 Was erscheint Nicole Köcker an der Gruppe beschreibenswert, was nicht?

3 Welche Interviewfragen würden Sie stellen, um Informationen über Jugendliche zu erhalten?

2.2.2 Von der „Half" zum „Park" – zwei unterschiedliche Treffpunkte und Gruppenphasen

Die Jungen erzählten zu Beginn des Interviews, wie sie mit etwa fünfzehn Jahren regelmäßig nach der Schule ihre Freizeit zu zweit oder dritt verbrachten. Gemeinsam spielte man Fußball, hing an öffentlichen Plätzen herum und begann, ab und an einen Joint zu rauchen. Im Laufe der Zeit traf sich eine Vielzahl von Jugendlichen jeden Tag an der Halfpipe. Diese wurde über ein Jahr lang zu ihrem zentralen Treffpunkt. Meine Kolleg/-innen im Jugendzentrum bezeichneten die sich dort treffenden Jugendlichen als die „Piper", sie selbst nannten sich nicht so.

Keith Haring, o.J.

Als sich die Schwierigkeiten mit Polizei, Anwohnern und Platzwart wegen Lärm, Müll und offenem Feuer an der Halfpipe zuspitzten, waren die „Piper" gezwungen, ihren alten Treffpunkt aufzugeben. Der im Ortskern gelegene kleine Park entwickelte sich zu ihrem neuen. Die Jugendlichen beschreiben in der folgenden Passage den Charakter dieses Treffpunkts, der sich von dem alten an der Half unterscheidet:

Andreas: Da war's so ma' halt. Da war de Park, da sin' manche mit dem Fahrrad dahin gefahrn. Manche, die halt Auto hatten, sin' da halt hingefahrn, Mopeds, Mofas, Roller, was weiß ich alles, sin' da halt hingefahren. Da hat sich die Sache schon bisschen geteilt. Da warn nemmer, was weiß ich, an de Half war's so, aja, heut' geht's nach W. Und da ham versucht so viel wie möglich nach W. zu kommen. Am Park war's dann, aja ich geh ins Freibad. Aja, ich geh an de See. Aja, un ich geh da hin.

Toni: Aja, wir ham da viel mehr Leute untereinander verteilt.

Jan: Ja, des stimmt. Viel zusammen was ausgemacht, was wir morgen machen und was läuft.

Andreas: Am Park ham sich die Leute nie fest getroffen. Nie sag ich ma' fünf, sechs Leute, sag ich ma', ham sich fest getroffen am Park. Es war immer Zufall, aber jeder hat gewusst, da ist jemand. Also fahr ich ma' hin, so ham die meisten Leute gedacht.

Peter: Wenn net, hast de halt gewartet, irgendjemand ist schon vorbei gekommen.

Andreas: Des war immer zufällig (unverständlich).

Bob: Am Park, am Wochenende waren immer mehr als zwanzig Leute da!

Andreas: Es gab auch Tage, da warn auch vierzig Leute da.

Toni: Alle kamen (wird unterbrochen).

Bob: Ich mein, bevor (wird unterbrochen).

Jan: Freitags abends, bevor wir alle auf 'ne Party gegangen sind.

Bob: Genau bevor wir alle weggefahren sind.

Toni: ... halbe Stunde und dann waren alle weg. Warn wir nur noch fünf Leute, die ... (wird unterbrochen).

Keith Haring, o. J.

Bob: Ich weiß noch: „Ciao, Ciao“. Fünf, sechs Autos sind weggefahren und dann warn immer noch Leute da (Piper, S. 20 f).

Andreas stellt die unterschiedlichen Begebenheiten an der Half und dem Park gegenüber.

An der Halfpipe war es so: Man traf sich dort täglich und beschloss, was unternommen wird, die gemeinsame Aktion stand im Vordergrund. Dort gab es einen festen Zusammenhalt, die Jugendlichen gingen sehr verbindlich miteinander um.

Am Park war es anders, es war nicht mehr so wichtig, immer alles zusammen zu machen. „... Da hat sich die Sache schon ein bisschen geteilt ...“ Es ergaben sich verschiedene Aktivitäten, denen man sich je nach eigener Befindlichkeit anschließen konnte. Beispielsweise fuhr man mit einigen Leuten ins Freibad oder an einen See. An den Wochenenden bot sich die Gelegenheit, auf eine Party zu gehen oder zu einer Disko zu fahren. Feste Verabredungen gab es keine, man ging am Park vorbei und schaute, was los war. Dort konnten die Jugendlichen einfach nur „abhängen“, es war immer zuverlässig jemand da. An ihrem Treffpunkt standen verschiedene Freizeitmöglichkeiten und Personen zur Wahl. Die Jugendlichen konnten individuell entscheiden, auf welche Aktivität sie Lust hatten. Diese Vielfalt trug dazu bei, dass der Park über den Zeitraum von zwei Jahren nicht an Attraktivität verlor. Das eher ungezwungene Sichtreffen am Park stand dem festen, nur gemeinsamen Agieren an der Halfpipe gegenüber.

Anders als in der Presse und in der Fachliteratur beschrieben, bezeichnen sich die Jugendlichen selbst nicht als „Clique“. Sie distanzieren sich vom „gängigen“ Cliquenbild, was für sie bedeutet, gleiche Erkennungssymbole und klare Verbindlichkeiten zu haben. Sie empfinden den Begriff der „Clique“ als in der Öffentlichkeit negativ besetzt. „‚Viele Leut', wenn de des so in de Zeitung liest, Clique und so, denkt gleich wieder jeder, uah, die sind immer zusammen. Hier alle gleiche Jacke und was weiß ich ...“ (Piper, S. 10).

Den Jugendlichen ist ganz offensichtlich wichtig, sich von dem negativen Bild abzugrenzen, von dem sie glauben, dass es ihnen in der Öffentlichkeit zugeschrieben wird. Ihre Selbstwahrnehmung verleugnet jedoch den Teil, durch den sie selbst dieses Bild entstehen lassen: Die Jugendlichen sind täglich an demselben Ort, sie sind dort in großer Zahl anzutreffen und sie tragen eine ähnliche Kleidung und demonstrieren Verbundenheit und Einigkeit. Sie präsentieren sich so wie eine Clique. Das, was von ihnen selbst als loses Zusammentreffen erlebt wird, lässt sich von außen als eine „Einheit“ wahrnehmen, die – wie eine starke Clique – bedrohlich wirken kann.

Mir erscheint es von daher berechtigt, für die Zeit an der Halfpipe mit der festen Gruppenstruktur bei den Pipern von einer „Clique“ zu sprechen. Für die Phase am Park ist der Begriff „Clique“ aufgrund der losen Gemeinschaft, welche sehr spontane und informelle Gelegenheitsstrukturen aufweist, zu eng. Dort hatte das Treffen der Gruppe eher den Charakter einer „Szene“.

Anhand der oben zitierten Textstelle wurde mir deutlich, dass die Gruppe einen enormen Entwicklungsprozess durchgemacht hatte. Die Jugendlichen schafften es, den „Cliquencharakter“ zu überwinden und eine neue Form zu finden, ihre Freizeitaktivitäten selbst zu organisieren. Anders als in vielen anderen Fällen löste sich die Clique nicht auf, sondern ging über in eine Großgruppe mit offenerem Charakter. Und die Gruppengröße machte dann einen wichtigen Teil der Attraktivität aus. Bob beschreibt das so: „Fünf, sechs Autos sind weggefahren und dann warn immer noch Leute da."

Mich selbst fasziniert die Großgruppenphase der „Piper", weil offensichtlich ein Halt durch die Gruppe vorhanden war und man sich fallen lassen konnte, zugleich aber die Gruppe wegen ihres halb offenen Charakters viele Freiräume bot und den Einzelnen wenig einschränkte.

Den Wandel des Charakters ihrer Gruppe machten die Jugendlichen vor allem am Vergleich der beiden Treffpunkte an der „Half" und am „Park" deutlich. Betrachtet man jedoch die ganze Geschichte der Clique, so spielten noch weitere Treffpunkte eine Rolle, von denen sie immer wieder vertrieben wurden. Jan beschreibt das so: „Weil mir immer vertrieben worden sind, weil wir immer so viel Dreck gemacht ham oder so viel gesoffen. Aja, wir warn auch in verschiedenen Orten gewesen" (Piper, S. 6).

(Aus: Nicole Köcker: Entwicklungen in einer Großgruppe und Drogenkonsum als Gruppenelixier. In: Achim Schröder/Ulrike Leonhardt [Hrsg.]: Jugendkulturen und Adoleszenz. Hermann Luchterhand Verlag: Neuwied, Kriftel 1998, S. 96–99)

1 Welche Informationen sind den Interviews zu entnehmen?

2 Sind bereits jetzt Vorteile und Nachteile des Interviewverfahrens erkennbar?

2.2.3 Die Rolle der Drogen in der Pipergruppe

Im Interview kamen Drogen und deren Konsum immer wieder zur Sprache. Die Jugendlichen haben eine Zeit lang viel gekifft und einige von ihnen haben auch harte Drogen wie Speed, Koks, LSD und Ecstasy ausprobiert (Piper, S. 30). Im folgenden Ausschnitt deuten einige der Jugendlichen ihre persönlichen Gründe an, weshalb das *gemeinsame Kiffen* für sie wichtig war:

Rüdiger: Ja, nee. Was heißt Verstand, aber ... zum Beispiel ham viel Piece geraucht und so, weißte.

Andreas: Haste net drüber nachgedacht, was de da machst.

Rüdiger: Ich denk mir ma', ich hab viel Probleme gehabt, weißte, auch zu Hause. Weißte, bin hingegangen und so, um alles zu vergessen, verstehst. Und abends nach Hause gekommen und so, weißte, und wieder drüber nachgedacht und wieder Frust: Ah, Scheiße. Ja, un lieber mit de Freunde zusammen, weißte, anstatt mit de Eltern und so.

Jan: Von ihm kenn ich zum Beispiel seine Lebensgeschichte, weißte. [...]

Aber von andere net. ... Aja, gut, aber ich muss auch sagen, des hat sich auch alles so mit de Zeit so en bisschen aufgelöst. Und da war ich auch eigentlich ganz froh drum. Und ähm, des hat ich auch die ganze Zeit schon vorgehabt, weißte. Weil, es warn auch viele Drogen im Spiel gewesen.

Keith Haring, o. J.

Int.: Ahm, wart' ma. Bevor wir auf die Drogen kommen, wenn ihr des erzählen wollt. Nee, aber, ihr habt so generell gesagt, aber das kommt dann auch mit rein, ihr seid scheiße abgefahren, hast du gesagt. Oder ihr seit halt en bisschen vernünftiger geworden.

Andreas: Auf jeden Fall. Jeder!

Int.: Warum, wart ihr unvernünftig?!

Rüdiger: Ich mein (wird von Peter unterbrochen).

Peter: Ich mein, und wir warn uns zu nichts bewusst. Wir sind einfach weg. Wir ham gelebt, was weiß ich.

Toni: Vernünftiger; nicht unvernünftig.

Andreas: Wir sind vernünftiger geworden, wie wir vorher waren. Wir waren schon vorher vernünftig. Was heißt vernünftig, der Rüdiger hat es schon richtig gesagt, wir sind da hingegangen, um viele Sachen zu vergessen, und hast halt was gekifft.

Rüdiger: Nee, was heißt, des war bei mir so ...

Toni: Des war bei mir net des Problem.

Andreas: Aja, des war von vielen, von vielen Leuten so.

Jan: Bei mir war's nur Spaß (Piper, S. 12).

Für Rüdiger war die Clique ein Fluchtpunkt, um wegzukommen vom Elternhaus. Er hat dort viele Probleme gehabt und wollte sie durchs Kiffen vergessen. Andreas schließt sich dieser Beschreibung an.

Peter und Toni meinen, dass es bei ihnen anders gewesen sei. Sie seien sich „zu nichts bewusst" gewesen. Sie betonen das mit den Drogen verknüpfte Lebensgefühl, sich keine Gedanken machen und einfach leben zu wollen.

Jan verband Spaß mit dem gemeinsamen Konsumieren und Ausprobieren verschiedener Drogen, wie er auch an anderen Stellen im Interview ausgeführt hat. Ihn hat das Experimentieren gereizt und er wollte vermutlich seine eigenen Grenzen wahrnehmen und überschreiten.

Die Jugendlichen haben im Interview viele Andeutungen zu ihrem Drogenkonsum gemacht, die wir in der Auswertungsrunde versucht haben zu interpretieren. Dabei haben sich für uns zwei Erklärungsmuster herauskristallisiert, die sich nicht gegenseitig ausschließen, sondern ergänzen.

Das erste Erklärungsmuster ergibt sich aus den Aussagen einiger Jugendlicher über ihre persönlichen Probleme. Rüdiger und Andreas sehen die Ursachen für ihren Drogenkonsum darin, dass sie „Sachen vergessen" wollten. Rüdiger spricht über die vielen Probleme in seinem Zuhause. Er beschreibt die Probleme nicht genauer. Er und andere bringen nur zum Ausdruck, dass sie verstehen, was gemeint ist, zumindest dann, wenn man wie Jan sagen kann: „Von ihm kenn ich zum Beispiel seine Lebensgeschichte, weißte."

Konflikte mit den Eltern gibt es auch schon in der Kindheit, aber in der Jugendphase bekommen sie eine andere Brisanz, weil die Jugendlichen die Konflikte auch brauchen, um sich abzulösen und eine eigene Identität zu entwickeln. Die daraus resultierenden Gefühle und Bedürfnisse sind jedoch keineswegs eindeutig. Dem Wunsch nach Ablösung stehen die Bedürfnisse nach Anerkennung und Geborgenheit entgegen. Jugendliche können sich phasenweise wie in einer Zerreißprobe empfinden. Ich vermute, dass Haschisch den von mir interviewten Jugendlichen dazu diente, alle Widersprüchlichkeiten, die in ihnen vorhanden waren, zu assimilieren.

Die Aussagen von Peter, Toni und Jan über ihren Drogenkonsum erscheinen mir in einem anderen Licht. Bei ihnen geht es eher um das Ausprobieren von Neuem und Unbekanntem als um die Verdrängung von Problemen. Allerdings hat auch diese Abenteuerlust viel mit der Adoleszenz zu tun. Die Jugendlichen beschreiben ihre Neugierde; sie wollen erfahren und erleben, was mit ihnen passiert, wenn sie Drogen zu sich nehmen. Der Erlebnischarakter und die daraus resultierenden positiven Gefühle, die mittels Drogen verwirklicht wurden, standen im Vordergrund. „... Wir sin' einfach weg. Wir ham gelebt" (Piper, S. 12).

Dieser Drang nach „Leben" ist für mich auch ein Zeichen für deren Bedürfnis, der Langeweile ihres Alltags zu entfliehen. Andere Jungen füllen ihre Freizeit mit sportlichen Aktivitäten aus – beispielsweise Inlineskating oder Streetball – oder schließen sich Sportvereinen an. Die Hauptbeschäftigung der Piper bestand darin, sich an der Halfpipe zu treffen, dort abzuhängen und gemeinsam zu kiffen. „... in der Schule hab ich immer dran gedacht, wie schnell ich an die Halfpipe geh und dort immer gleich..." (Rauch-

Peter Gennard: Ohne Titel (o. J.)

(Aus: Peter Wilkinson [Hrsg.]: Photography Yearbook 1995. Fountain Press. Deutsche Ausgabe Wilhelm Knapp Verlag: Düsseldorf 1994, S. 205)

bewegung wird mit der Hand angedeutet) (Piper, S. 14).

Das zweite Erklärungsmuster unserer Auswertungsrunde hebt die Funktion hervor, die der Haschischkonsum für den Zusammenhalt in der Gleichaltrigengruppe bietet. Dieses ergibt sich aus der Bedeutung, die den Drogen als Bindemittel für die Gruppe zukam. Bei den „Pipern" galt es eine Zeit lang als cool, zu kiffen und andere Drogen zu nehmen. Man gehörte nur „richtig" dazu, wenn man mitmachte. Die Gruppe übte somit einerseits unbewusst Druck auf jeden Einzelnen aus, vermittelte andererseits ein Gefühl von Sicherheit und Stärke. Selbst wenn man dadurch einen schlechten Ruf bei anderen Jugendlichen oder den Erwachsenen im Ort bekam, man machte mit, wie es Jan an einer Stelle beschreibt: „Dann willste halt nur mit deinen Freunden zusammen sein. Da ist dann so alles ziemlich uninteressant für dich. Dein Ruf oder was weiß ich, echt jetzt!" (Piper, S. 27).

Damals war ihnen alles ziemlich egal, sie lebten in den Tag hinein und machten sich über nichts Gedanken. „Die Schule war dir egal in der Zeit, wenn manche schon geschafft ham, war dir scheißegal" (Piper, S. 14). Sie waren sich über die Konsequenzen ihres Tuns entweder nicht im Klaren oder setzten sich über diese einfach hinweg. Der Konsum von Haschisch als gemeinsame Aktion schien über allen anderen Aktivitäten zu stehen. Dazu zählte meines Erachtens auch das Ausprobieren anderer Drogen bis hin zum gelegentlichen Konsum von Ecstasy am Wochenende. Über mögliche gesundheitliche Gefahren haben sie sich, wie sie später sagen, wenig Gedanken gemacht. Der Kopf war wie ausgeschaltet, das Gefühl hat regiert. „Wir warn in 'ner absoluten Scheißegalphase, würd ich sagen" (Piper, S. 14). Insgesamt gewinne ich den Eindruck, dass der Drogenkonsum wie ein Gruppenelixier gewirkt hat, das sie in ihrer „Scheißegalphase" zusammengehalten hat.

Das, was die Jugendlichen ganz treffend ihre „Scheißegalphase" nennen, ist eine Zwischenzeit, in die viele Jugendliche hineingeraten, wenn sie sich von den Eltern und anderen Erwachsenen und deren „Vernunft" absetzen und zeitweise „nicht aus noch ein" wissen. Sie sind dann ein Spielball ihrer schwankenden Gefühle und es scheint ihnen ganz fern zu liegen, sich über ihre Zukunft Sorgen oder Gedanken zu machen.

Zum Zeitpunkt des Interviews messen die Jugendlichen den Drogen nicht mehr so viel Bedeutung bei. Ihre Einstellung hat sich mit der Zeit verändert. Dafür steht stellvertretend der Begriff „Vernunft", der von ihnen mehrfach verwendet wird.

Jan formuliert in einer späteren Textstelle: „Nee. Man sammelt einfach Erfahrungen durch Drogen. Ich weiß net, wie ich des jetzt direkt sagen soll, aber du wirst irgendwie vernünftiger" (Piper, S. 35). An Stelle des grenzenlosen Ausprobierens verschiedener Drogen ohne Antizipation möglicher körperlicher Folgeschäden tritt nun bei einigen ein „verantwortungsvollerer" Umgang mit sich selbst.

Der Gruppe war bewusst, dass sie durch ihre Gruppengröße und ihren offenen Drogenkonsum negativ aufgefallen sind. „... ich mein, des is auch so am Park, da sieht man dreißig Leute. Irgendwelche fahrn vorbei, was denken die Leut', aja, Jugendliche gleich ..." (wird leider unterbrochen) (Piper, S. 24) und „viele denk ich mir, ma' sehn, uah der raucht was" (Piper, S. 9). Auf der einen Seite war ihnen egal, was die Bevölkerung über sie dachte, „die gucken dich an und auf die scheißte halt!" (Piper, S. 24). Andererseits spürt man auch ihre Enttäuschung über das Desinteresse der Öffentlichkeit ihnen gegenüber. Obwohl alle über die Aktivitäten der „Piper" Bescheid wussten, kam es zu keiner Resonanz und direkten Auseinandersetzung seitens der Bevölkerung. „Ich mein, hier kommt keiner an und sagt dir irgendwas ins Gesicht. Ich mein, hier in ‚N.' ist alles hintenrum" (Piper, S. 25).

(Aus: Nicole Köcker: Entwicklungen in einer Großgruppe und Drogenkonsum als Gruppenelixier. In: Achim Schröder/Ulrike Leonhardt [Hrsg.]: Jugendkulturen und Adoleszenz: Was Jugendliche suchen und was sie brauchen. Hermann Luchterhand Verlag: Neuwied, Kriftel 1998, S. 99–102)

1 Nicole Köcker gibt jeweils nach den Interviewauszügen ihre Interpretation dazu ab. Würden Sie andere Akzente bei der Interpretation setzen?

2 Wie schätzen Sie selbst die Bedeutung des Drogenkonsums im Rahmen einer Gruppenbildung bei Jugendlichen ein?

2.2.4 Die Entwicklungsphasen der Pipergruppe im Rückblick der Jugendlichen und die Schlussfolgerungen der Interviewerin

Die Jugendlichen nutzten offensichtlich das Gespräch zur Reflexion ihrer gemeinsamen Vergangenheit. Sie beschrieben den dynamischen Zeitverlauf der Pipergruppe mit dem Durchlaufen verschiedener Entwicklungsphasen. In einer ersten Phase entstand die Gruppe an der Halfpipe, wo die gemeinsame Aktion sowie das Kiffen im Vordergrund standen und alles „scheißegal" war. Die zweite Phase war jene am Park, als die Gruppe einen sehr offenen Charakter hatte und ganz unterschiedliche Aktivitäten zuließ. Als eine dritte Phase möchte ich die Zeit nach der Auflösung in mehrere Kleingruppen bezeichnen. Der Drogenkonsum spielte in allen drei Phasen eine zentrale Rolle, wobei die Bedeutung unterschiedlich war und die Intensität variierte.

Aus der heutigen Perspektive betrachtet, stehen die Jugendlichen ihrem damaligen Drogenkonsum kritisch gegenüber: „Ich hab's mit jeder Droge eigentlich übertrieben" (Piper, S. 34). Sie bereuen das Vergangene aber nicht, da sie nach ihrer Auffassung die Drogen als ein Mittel benutzten, um Erfahrungen zu sammeln. „Man sammelt einfach Erfahrungen durch Drogen. Ich

Quint Buchholz: „Weh dem, der aus der Reihe tanzt", Umschlag zum gleichnamigen Buch von Ludwig Harig.

Carl Hanser Verlag. Edition Inkognito: Berlin

weiß net, wie ich des jetzt sagen soll, aber du wirst irgendwie vernünftiger" (Piper, S. 35). Obwohl sie Drogen inzwischen heftig ablehnten, erschien ihnen das Ausprobieren wie ein wichtiges Durchgangsstadium.

Fazit

Meine Hoffnung, den schon vorhandenen Kontakt zu den Jugendlichen durch das Interview zu intensivieren, hat sich leider nicht erfüllt. Sie sind danach nur ganz selten bei mir im Jugendzentrum aufgetaucht.

Aber ich konnte, wie erwartet, viel über die Entwicklungsgeschichte der Piper erfahren und für mich eine Erklärung finden, welche Bedeutung der Drogenkonsum in der Gruppe spielte.

Aufgrund meiner bisherigen Erfahrungen und Beobachtungen habe ich den Eindruck, dass Pädagog/-innen häufig zum Skandalisieren neigen, sobald illegale Drogen in einer Jugendclique kursieren. Oft wird jeglicher Drogenkonsum zu einem Drogenproblem hochstilisiert und man sieht die Jugendlichen zwangsläufig auf die schiefe Bahn geraten. Es scheint schon entschieden zu sein, dass sie ihr Leben nicht mehr in den Griff bekommen können. Hier scheinen sich in den pädagogischen Haltungen die in der Gesellschaft wiederzufindenden ohnmächtigen Reaktionen auf den illegalen Drogenkonsum niederzuschlagen. Die Pädagog/-innen sind jedoch gefordert, adäquat mit diesem Thema umzugehen. Adäquat in dem Sinne, dass sie weder ein Zuviel an Sorge und Hoffnungslosigkeit den Jugendlichen entgegenbringen noch die Problematik verharmlosen.

Eigene Ängste, Vorbehalte und Unsicherheiten sowie die gesellschaftlichen Erwartungen an uns Pädagog/-innen sollten ausreichend bewusst gemacht werden und in einen Zusammenhang mit der eigenen pädagogischen Haltung gestellt werden. Diese kritische Reflexion hilft uns dabei, für die meiner Meinung nach sehr wichtigen Fragen offen zu werden, welche Funktionen und Hintergründe der gemeinsame Drogenkonsum hat.

Die interviewte Gruppe ist für mich ein Beispiel dafür, dass Drogen als Hilfsmittel benutzt werden, um die Schwierigkeiten der Jugendphase zu überwinden. In dieser Zeit befinden sich Jugendliche in einer Umbruchphase, geprägt von Unsicherheiten und Widersprüchen, die in ambivalenten Gefühlen und Verhaltensweisen zum Ausdruck kommen. Jugendliche greifen vor allem dann auf Drogen zurück, wenn ihnen keine anderen Mittel zur Verfügung stehen, mit denen sie die Unsicherheiten und Ambivalenzen meistern können. Je nachdem, wie sehr die einzelnen Jugendlichen in ihrer Kindheit durch Mangelerfahrungen geprägt wurden und eine gewisse „innere Leere“ bereits mit ins Jugendalter gebracht haben, kann die Verknüpfung zwischen den Defiziten aus der Kindheit und den Verunsicherungen durch die Pubertät zu einer so dramatischen Kluft zwischen den Wünschen der Subjekte und ihren Umsetzungsmöglichkeiten führen, dass die Droge zu einem dauerhaften Ersatzobjekt wird. Diese Gefahren lassen sich nicht anhand eines eher oberflächlich beobachteten Drogenkonsums, sondern nur aufgrund von genaueren Kenntnissen der Personen abschätzen.

Aber bei den Pipern war immerhin sehr offensichtlich, dass sie mehr Beachtung der Erwachsenen ihnen gegenüber erwartet hätten. Auch wenn ihr Drogenkonsum vermutlich für Aufregung sorgte, reagiert haben die Erwachsenen ihnen gegenüber nicht, man hat eher weggeschaut, so, als sähe und höre man nichts. Die Piper empfanden dieses Verhalten der Erwachsenen eher verlogen und meinten: Hier im Ort würde einem keiner „irgendwas ins Gesicht“ sagen (Piper S. 25). Man hat an dieser und an anderen Stellen des Interviews den Eindruck, dass sich die Jugendlichen ein deutliches und selbstbewusstes Reagieren der Erwachsenen gewünscht hätten. Zugleich hätten sie vermutlich fast jeden ausgelacht, der auf sie zukäme, um ihren Drogenkonsum zu kritisieren. Dieses widersprüchliche Verhalten gehört jedoch zu dem Spiel, dass die Jugendlichen mit den Erwachsenen suchen und praktizieren. Sie brauchen es, um sich reiben und auseinander setzen zu können und darüber eine eigene Identität auszubilden.

Das Interview zeigt deshalb hinsichtlich der Drogenthematik, dass nicht ein Umschiffen des Themas durch die Erwachsenen, sondern ein offensives Auseinandersetzen das ist, was die Jugendlichen suchen und brauchen. Das wird im konkreten Fall einer Auseinandersetzung nicht unbedingt direkte Verhaltensänderungen bewirken, aber die zukünftige Einstellung der Jugendlichen prägen. Denn erst durch ein offensives Verhalten gegenüber den Jugendlichen wird ihnen Anerkennung gezollt. Man setzt sich mit ihnen und ihrem Lebensstil auseinander und zeigt dadurch ein Interesse an ihnen. Das ist für deren weiteren Lebensweg äußerst wichtig.

(Aus: Nicole Köcker: Entwicklungen in einer Großgruppe und Drogenkonsum als Gruppenelixir. In: Achim Schröder/Ulrike Leonhardt [Hrsg.]: Jugendkulturen und Adoleszenz: Was Jugendliche suchen und was sie brauchen. Hermann Luchterhand Verlag: Neuwied, Kriftel 1998, S. 105–107)

1 Setzen Sie sich mit den Schlussfolgerungen auseinander, die Nicole Köcker in ihrem Beitrag zieht.

2 Schreiben Sie ein eigenes Fazit angesichts der Interviews. Berücksichtigen Sie dabei Möglichkeiten und Grenzen des Erkenntnisgewinns durch Interviewverfahren unter methodischen Gesichtspunkten (siehe: 2.2.5).

2.2.5 Interviewverfahren und Gruppendiskussionsverfahren: Mittel zur Erforschung jugendlicher Einstellungen

Die verschiedenen Formen des Interviews innerhalb der qualitativen Forschung lassen sich am besten nach dem Grad der Strukturiertheit unterscheiden. Die gegenwärtig in der erziehungswissenschaftlichen qualitativen Forschung am meisten verwendete Form des offenen Interviews ist das narrative Interview. Dieses wurde von Fritz Schütze (1976) im Rahmen eines Projektes zur Analyse kommunaler Entscheidungsprozesse und Machtstrukturen entwickelt und ist inzwischen in der erziehungs- und sozialwissenschaftlichen Biografieforschung zum Standard geworden. Im narrativen Interview soll der Befragte die Möglichkeit erhalten, seine gesamte Lebensgeschichte oder einen bestimmten zeitlichen und theoretischen Ausschnitt aus seiner Biografie zu erzählen. Eröffnet wird das narrative Interview durch eine Erzählaufforderung, z. B.: „Dann würde ich Sie bitten, einfach mal mit Ihrer Lebensgeschichte anzufangen" (Riemann 1987, S. 46). In dieser Phase geht es darum, ohne weitere thematische Intervention des Interviewers lebensgeschichtliche Erzählungen zu generieren und aufrechtzuerhalten. Im anschließenden narrativen Nachfrageteil werden Ansätze zur Erzählung, die bis dahin nicht weiter ausgeführt wurden, oder unklar gebliebene Passagen durch erneute Erzählaufforderungen vom Interviewer aufgegriffen. In der abschließenden Bilanzierungsphase werden vom Interviewer dann zunehmend auch abstraktere, auf Beschreibungen und Argumentationen ausgerichtete Fragen gestellt, die auf theoretische Erklärungen für das Geschehene abzielen. In diesem Teil wird der Interviewte als Experte und Theoretiker seiner selbst genommen (vgl. Schütze 1983, S. 285).

Ein Beispiel für halbstrukturierte Formen des Interviews ist das problemzentrierte Interview, das Witzel (1985) im Rahmen einer Studie zur Berufsfindung von Jugendlichen entwickelt hat. Wie im narrativen Interview wird zwar auch hier das Erzählprinzip herausgestellt. Allerdings wird gleichzeitig dem Interviewer ein offener Leitfaden als Orientierungshilfe zur Verfügung gestellt. Der Leitfaden soll dazu beitragen, den vom Befragten selbst entwickelten Erzählstrang zum Tragen kommen zu lassen. Jedoch ist er vor allem die Grundlage dafür, bei stockendem Gespräch oder thematischer Abweichung dem Gespräch eine neue Wendung zu geben. Der Interviewer soll anhand des Leitfadens entscheiden, wann er zur Ausdifferenzierung der Thematik sein problemzentriertes Interesse in Form von exmanenten Fragen einbringen will (vgl. Witzel 1985, S. 237 f.). Als zentrale Kommunikationsstrategien im problemzentrierten Interview werden der Gesprächseinstieg, allgemeine und spezifische Sondierungsfragen sowie Ad-hoc-Fragen genannt, die zum Abschluss des Interviews vom Interviewer zu Themenbereichen gestellt werden dürfen, die der Befragte bislang noch nicht angesprochen hatte (vgl. Lamnek 1988, S. 76).

Relativ geschlossene Varianten des Interviews sind stark strukturierte, thematisch orientierte Leitfadeninterviews, wie sie etwa im Rahmen von Experteninterviews verwendet werden, um Inhalte des Expertenwissens herauszuarbeiten.

Wenn konkrete Aussagen über einen Gegenstand Ziel der Datenerhebung sind, ist ein Leitfadeninterview sicherlich der effektivste Weg. Allerdings besteht hier auch am ehesten die Gefahr einer Leitfadenbürokratie (Hopf 1978), wenn der Interviewer zu stark am Leitfaden klebt und dadurch den auch in solchen Interviews möglichen Gewinn an Kontextinformationen verschenkt (vgl. Flick 1995, S. 112 f.). [...] Gruppendiskussionsverfahren sind im deutschsprachigen Raum zum ersten Mal von Pollock (1955) im Rahmen des Frankfurter Instituts für Sozialforschung in den Fünfzigerjahren zur Untersuchung von Phänomenen des politischen Bewusstseins der westdeutschen Bevölkerung eingesetzt, von Mangold (1960) in den Sechzigerjahren ausführlich methodologisch diskutiert und in den letzten Jahren vor allem von Bohnsack (1991, 1996) weiterentwickelt und in der Jugendforschung praktisch erprobt worden. Nach Mangold (1960) ersetzt die Gruppendiskussion nicht das Einzelinterview, sondern ist vielmehr dazu geeignet, informelle Gruppenmeinungen zu untersuchen. Dabei kann das Ziel darin bestehen, situationsbezogene Orientierungen und konkrete Aushandlungsprozesse in Realgruppen zu analysieren (vgl. Nießen 1977). Oder es wird versucht, auf der Basis von Diskussionen mit homogenen Gruppen aus gemeinschaftlichen sozialen Milieus die für Großgruppen spezifischen kollektiven Deutungsmuster zu erschließen (vgl. Bohnsack 1991, S. 112).

Der Ablauf von Gruppendiskussionen ist nicht in einem einheitlichen Schema darstellbar, da er von der Dynamik in der Gruppe und ihrer Zusammensetzung wesentlich bestimmt wird. Zwar wird in den meisten Fällen die Gruppendiskussion durch einen Forscher geleitet, der die Diskussion durch einen thematischen Diskussionsanreiz eröffnet und das weitere Gespräch entweder formal leiten oder thematisch steuern oder auch auf die Dynamik der Interaktion Einfluss nehmen kann (vgl. Dreher/Dreher 1991).

Welche Wendungen die Diskussion in ihrem weiteren Verlauf nimmt, ist dennoch kaum vorhersagbar, weshalb die methodischen Interventionen zur Steuerung der Gruppe nur annäherungsweise geplant und ein großer Teil der Entscheidungen in der Datenerhebung nur aus der Situation heraus getroffen werden kann (vgl. Flick 1995, S. 135). Gruppendiskussionen werden ebenso wie Interviews auf Tonband aufgezeichnet und dann nach bestimmten Regeln verschriftlicht. Sie stellen Material bereit, das sowohl die soziale Dynamik der Meinungsbildung in Gruppen als auch kollektive Erfahrungsräume von Gruppen erschließen kann.

(Aus: Heinz-Hermann Krüger: Einführung in Theorien und Methoden der Erziehungswissenschaft. 2., durchgesehene Auflage. Leske & Budrich: Opladen 1999, S. 209/210)

1 Welcher methodische Wert kann Interview- und Gruppendiskussionsverfahren zugemessen werden?

2 Überprüfen Sie anhand der vorausgegangenen Texzauszüge, ob bzw. inwiefern die folgende Einschätzung von Nicole Kröcker bzgl. des Erfolges bei ihrem methodischen Vorgehen mithilfe von Interviewverfahren gerechtfertigt ist.

Nicole Kröcker war es besonders wichtig, erfahren zu haben, wie man sich mit der Methode eines Interviews einen guten Zugang zu Jugendlichen verschaffen kann. Auf diese Weise nehmen wir die Jugendlichen in ihren Lebenswelten wahr und ernst. Die Jugendlichen haben einen Raum erhalten, über sich zu erzählen, soweit sie dies wollten. Und das Erzählendürfen scheint sehr wichtig für die Jugendlichen zu sein. Was Nicole Kröcker für sich selbst positiv mitnehmen konnte, beschrieb sie so: „Bei mir war es so, dass mir der Praxisbezug an meinem Studium gefehlt hatte ... Es war das Praktische, dieses Forschen, nicht nur theoretisch über Feldforschung reden ..., was das denn ist oder was Jugendkulturen sind, sondern wirklich einmal bei den Jugendlichen schauen und anhand von Jugendgruppen sehen, was ist das Adoleszente, das Jugendkulturelle, wo sind die Probleme von ihnen. Und das war das, was mich gereizt hat und was immer noch reizt. ... Wir sind jetzt eine Gruppe geworden, das fand ich auch eine gute Erfahrung." Die Verknüpfung von Theorie und Praxis sowie die Erfahrungen in dem Rahmen einer Gruppe auf sehr unterschiedlichen Ebenen, das hat Erkenntnisgewinn gebracht sowohl über die Jugendlichen als auch über die sozialpädagogischen Handlungsmöglichkeiten mit Jugendlichen. Die Erfahrungen in diesem Projekt wurden als motivierend für die Auseinandersetzung mit der eigenen Berufspraxis erlebt.

(Aus: Achim Schröder/Ulrike Leonhardt: Ein methodisches, ein sozialpädagogisches und ein politisches Resümee. In: Achim Schröder/Ulrike Leonhardt [Hrsg.]: Jugendkulturen und Adoleszenz: Was Jugendliche suchen und was sie brauchen. Hermann Luchterhand Verlag: Neuwied, Kriftel 1998, S. 226)

2.3 Über Drogengebrauch im Jugendalter – oder: Was Sozialpädagogen wissen sollten …

2.3.1 Begriffserklärungen und Erklärungsmodelle zur Entstehung von Sucht – Übersichten

Die Voraussetzung für jede Verständigung und Diskussion ist eine *klare Definition der Grundbegriffe!* So soll nachstehend die bis in die heutige Zeit hineinreichende „Begriffsverwirrung auf dem Gebiet der Sucht“ entwirrt werden.

- Sucht

Im deutschen Sprachgebrauch wird der Begriff „Sucht“ schon seit Beginn des 19. Jahrhunderts verwendet. Einerseits wurde das Wort „Sucht“ von „suchen“, andererseits von „siech“ (= krank) abgeleitet, doch Volksmund und Wissenschaft verwendeten den Begriff unterschiedlich. Insbesondere durch die Psychiatrie und die Psychologie wurde der Suchtbegriff immer mehr ausgeweitet, beispielsweise durch das Einbeziehen „süchtiger Triebentartungen“ wie Naschsucht. Die seit Mitte der 80er-Jahre geführte Diskussion um „neue Süchte“, beispielsweise die Spielsucht, führte zu einer „Inflation des Suchtbegriffes“. Dennoch kann nach heutigem Erfahrungs- und Erkenntnisstand folgende Übersicht der „Süchte“ gegeben werden: (s. Tabelle).

Obwohl in der Umgangssprache das Wort „Sucht“ auch für Krankheiten, beispielsweise Gelbsucht und Schwindsucht, gebraucht wird, bezieht sich die Erklärung der „klassischen Sucht“ auf ein Mittel, eine Droge.

- Droge

Der Begriff „Droge“ (franz. drogue) bezeichnet im engeren Sinne pflanzliche Stoffe wie Blätter, Blüten, Stängel, Wurzeln, Samen u. a. m., im weiteren Sinne Arnzeistoffe pflanzlichen oder tierischen Ursprungs (= Naturdrogen). Hinzugekommen sind halb- und vollsynthetische Drogen. Alle diese Substanzen vermögen im lebenden Organismus eine oder mehrere Funktionen zu ändern. Insbesondere sind solche Substanzen als Drogen zu bezeichnen, die eine Wirkung auf das Zentralnervensystem ausüben.

- Sucht und Gewöhnung

Bis Mitte der 60er-Jahre wurden international die Begriffe „Sucht“ (= addiction) und „Gewöhnung“ (= habituation) verwendet, die 1957 von der Weltgesundheitsorganisation (WHO) wie folgt definiert wurden:

Süchte	
Stoffgebundene **Abhängigkeiten**	Stoffungebundene **Verhaltensstörungen**
1. Illegale Drogen – Cannabis – Halluzinogene – Betäubungsmittel (Heroin, Opiate) – Aufputschmittel (Kokain, Amphetamin) – Synthetische Drogen	1. Gestörtes Essverhalten – Fettsucht – Latente Fettsucht – Ess-Brech-Sucht – Magersucht
2. Legale Drogen – Schnüffelstoffe – Alkohol – Medikamente – Tabak/Nikotin	2. Fernsehsucht 3. Spielsucht 4. Arbeitssucht 5. Geltungssucht/Habsucht/Machtsucht 6. Kaufsucht 7. Sexsucht 8. andere Störungen

Herbert Falken: Rauschgift-süchtiger IV, 11. 1. 73 Grafit, 200 x 100 cm

Sucht ist ein Zustand periodischer oder chronischer Intoxikation (Vergiftung), welcher durch wiederholten Gebrauch einer natürlichen oder synthetischen Droge hervorgerufen wird und zu folgenden psychischen, körperlichen, pharmakologischen und sozialen Phänomenen führt:

- psychische Abhängigkeit:
  ein unbezwingbares, gieriges Verlangen, die Einnahme der Droge fortzusetzen und sie sich unter allen Umständen zu beschaffen,
- Toleranzsteigerung:
  die Tendenz, die Dosis zu steigern,
- körperliche Abhängigkeit:
  eine körperliche Abhängigkeit von den Wirkungen der Droge, die sich beim Absetzen derselben in Abstinenzsymptomen manifestiert,
- Schädlichkeit der Droge:
  nachteilige Wirkungen für den Einzelnen und die Gesellschaft.

Gewöhnung ist ein Zustand, der durch wiederholten Gebrauch einer Droge verursacht wird und folgende charakteristische Merkmale aufweist:

- der Wunsch, jedoch kein Zwang, mit der Droge fortzufahren,
- keine oder eine geringe Tendenz, die Dosis zu erhöhen,
- eine gewisse psychische Abhängigkeit von der Drogenwirkung, jedoch weitgehendes Fehlen einer körperlichen Abhängigkeit und entsprechender Abstinenzsymptome,
- sofern nachteilige Wirkungen auftreten, betreffen sie vor allem das Individuum.

Doch die unklare und unscharfe Abgrenzung von „Sucht" und „Gewöhnung" führte zu Missverständnissen und Irrtümern.

• Drogenabhängigkeit

Um Missverständnisse zu vermeiden, führte die WHO 1964 den Begriff der „Drogenabhängigkeit" (= drug dependence) ein und definierte ihn:

Drogenabhängigkeit ist ein Zustand psychischer oder psychischer und physischer Abhängigkeit von einer Substanz mit zentralnervöser Wirkung, die zeitweise oder fortgesetzt eingenommen wird.

Da nach Art des verwendeten Mittels ganz verschiedene Wirkungen auftreten, beschrieb die WHO sieben verschiedene Drogenabhängigkeitstypen: Morphin-, Cannabis-, Halluzinogen-, Amphetamin-, Kokain-, Barbiturat- und Khat-Typ. (Diese Aufstellung ist offen und es können bei Bedarf weitere Abhängigkeit erzeugende Drogentypen hinzugefügt werden.)

Gemeinsames Charakteristikum aller sieben Drogenabhängigkeitstypen ist die *psychische Abhängigkeit (= psychic dependence),* die als „ein unbezwingbares, gieriges seelisches Verlangen, mit der Einnahme der Droge fortzufahren und sich die Droge um jeden Preis zu beschaffen", umschrieben wurde.

Auch Cannabis kann zur psychischen Abhängigkeit führen!

Somit kommt der psychischen Abhängigkeit eine zentrale Bedeutung zu, führt sie letztendlich doch zum *charakteristischen Merkmal jeder Drogenabhängigkeit, zum „Nicht-mehr-aufhören-Können".*

Die *körperliche Abhängigkeit* mit entsprechenden *Abstinenzsymptomen* (die in Relation zur psychischen Abhängigkeit über viele Jahre überbetont wurde) wurde beim Absetzen der Droge (= Entzug, Entgiftung) nur beim Morphin- und beim Barbiturat-Typ beobachtet.

• Drogenmissbrauch

Alle Arten von Genussmitteln und Medikamenten können missbräuchlich verwendet werden. Als Drogenmissbrauch (= Abusus) bezeichnet die WHO „die Verwendung jeder Art von Drogen ohne medizinische Indikation beziehungsweise in übermäßiger Dosierung".

Die Abgrenzung des „Drogenmissbrauchs" zur „Drogenabhängigkeit" ist bisweilen schwierig. In der praktischen Drogenhilfe wird der Drogenmissbrauch in der Regel als Vorlauf zur (Entstehung der) Drogenabhängigkeit gesehen. Der Drogenmissbraucher gehört somit zum Klienten-(Patienten-)Typ des Drogen*gefährdeten.*

• Entstehungsursache der Drogenabhängigkeit

„Sucht fällt nicht vom Himmel", sie ist vielmehr das Ergebnis einer Entwicklung, in der die Droge (= Mittel), die Persönlichkeit (= Mensch) und die Gesellschaft (= Milieu) die wichtigsten Rollen spielen. Je nachdem, welcher der drei Faktoren eine größere Rolle spielt, kann nach verschiedenen Erklärungsmodellen versucht werden, die Drogenabhängigkeit zu verstehen.

Dieses „Dreieck (Trias) der Entstehungsursache der Drogenabhängigkeit“ der Schweizer Mediziner Paul Kielholz und Dieter Ladewig (1972) wurde 1982 von dem Norweger Helge Kolstad durch die Hinzufügung des Faktors „Markt“ zum „Viereck der Entstehungsursachen“ erweitert. [...]

Dennoch, die Anzahl der „Entwürfe einer einigermaßen zuverlässigen Suchttheorie“ ist kaum noch zu überblicken. Da sich viele Behandlungsmethoden nach unterschiedlichen Suchttheorien orientieren, soll über diese ein kurzer Überblick gegeben werden (s. Auswahl von Suchttheorien).

Deutlich soll noch einmal gesagt werden, dass in der polizeilichen Arbeit den Suchtentstehungsursachen kein großer Stellenwert zugemessen werden kann, liegt doch für die Polizei die Priorität bei den strafrechtlichen Aspekten. So müssen Persönlichkeit und soziales Milieu des Drogenmissbrauchers *für die eigentliche polizeiliche Tätigkeit von nachgeordneter Bedeutung* sein. Für die Tätigkeiten der Drogenhelfer hingegen (Rehabilitationsarbeit) sind die *strafrechtlichen Aspekte von nachgeordneter Bedeutung.* Priorität der Arbeit stellen hier u. a. gerade die sozialen Bedingungen dar.

Auswahl von Suchttheorien
(nach K. Schmitz-Moormann, 1987)

Klasse der Theorien, die als Ausgangspunkt die Beziehung des Menschen zu sich selbst nehmen:

- Persönlichkeitsdefizit-Theorie:
  Bezieht als wesentliche Faktoren die Verfügbarkeit der Drogen, das Syndrom der nicht-adäquaten Persönlichkeit, die Angstreduktion, die Bewältigungs- und Anpassungseigenschaft der Drogen und Abhängigen ein ...

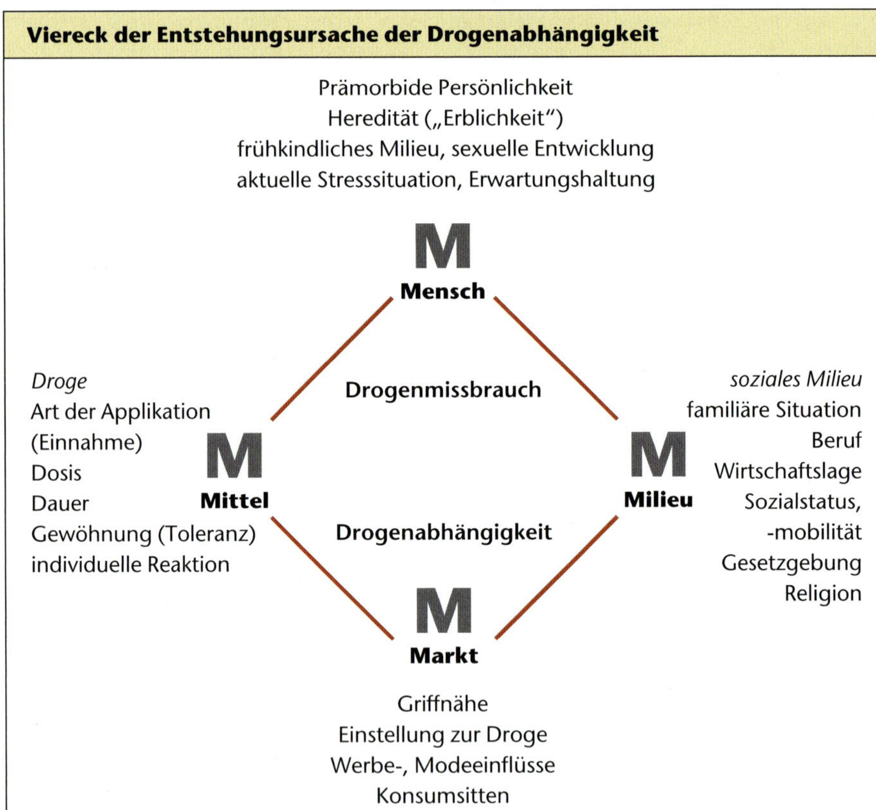

Erklärungsmodelle zur Entstehung der Sucht (Mittelabhängigkeit) (Kolstad 1982)

Boris Schmalenberger, Stuttgart

(Aus: Peter Feierabend [Hrsg.]: Photography Index II. Könemann Verlagsanstalt: Köln 1999)

- „Schlechte Angewohnheit"-Theorie (Bad-Habit-Theory):
  Bezieht sich auf die Wiederholung von schädlichem, halb reflexhaftem Verhalten, welches sich aus einer klassischen Konditionierung von „empfänglichen" Individuen ergibt …
- Allgemeine Abhängigkeitstherapie:
  Der bewusste Gebrauch von Opiaten führt über die physische Abhängigkeit zu den Phänomenen der Süchtigkeit …

Klasse der Theorien, die als Ausgangspunkt die Beziehung des Menschen zu anderen nehmen:

- Theorie der disruptiven Umwelt:
  Sie analysiert die Ursachen des Drogenmissbrauchs vor allem in den Bedingungen der Nachbarschaft (z. B. schlimmes Stadtviertel, zerstrittene Familie).
- Theorie der sozialen Devianz:
  Sie geht davon aus, dass die Abhängigen bereits vor ihrem ersten Kontakt mit dem Stoff (Drogen, Alkohol) erlerntes sozial abweichendes Verhalten zeigen …
- Theorie der psychosozialen Interaktion:
  Geht von den Wechselwirkungen zwischen Gesellschaft, Eltern und Individuum aus …

Klasse der Theorien, die als Ausgangspunkt die Beziehung des Menschen zur Gesellschaft nehmen:

- Theorie des gesellschaftlichen Einflusses:
  Verweist insbesondere auf die Rolle der Rahmenbedingungen (setting), unter denen Drogen genommen werden …
- Lerntheorie des Drogenmissbrauchs:
  Im Ansatz geht diese Theorie von der Annahme aus, dass ein über längere Zeit fortbestehender Zustand der intensiven Stimulierung Angst erzeugt, die ihrerseits wiederum als Sekundärverstärker zur Überwindung dieses Zustandes zur Droge greifen lässt, deren positive Wirkung bereits erlernt wurde …

Klasse der Theorien, die als Ausgangspunkt die Beziehung des Menschen zur Natur (natürliche Vorbefindlichkeit) nehmen:

- Lustabhängigkeits-Theorie:
  Hat den Ansatz, dass unser Verhalten durch eine Reihe von Antrieben gesteuert wird, unter denen der stärkste das Streben nach Lusterfahrungen zu sein scheint …
- Bioanthropologische Theorie der Sucht:
  Geht von dem Befund aus, dass sich (im Labor) jedes Säugetier zumindest süchtig machen lässt. Süchtigkeit wäre demnach nicht an das Vorhandensein eines voll entwickelten Großhirns gebunden, wie es den Menschen auszeichnet …

(Aus: Berndt Georg Thamm: Drogen – legal – illegal. Von Kaffee bis Koks, von Alkohol bis Amphetamin – Daten, Fakten, Hintergründe. Verlag Deutsche Polizeiliteratur: Hüden/Rhld. 1991, S. 72–75)

1 Inwiefern ist begriffliche Klarheit im Blick auf die Auseinandersetzung mit der Drogenproblematik wichtig?

2 Stellen Sie Erklärungsmodelle/Suchttheorien in einer Grafik (Mind-Map-Verfahren) dar.

3 Setzen Sie sich mit den angeführten Erklärungsmodellen/Suchttheorien auseinander. Welche erscheinen Ihnen eher, welche weniger plausibel?
Gibt es überhaupt eine gültige Theorie, die auf alle Süchte gleichermaßen zutrifft?
Überlegen Sie, wie Ihre Präferenzen gegebenenfalls empirisch überprüft werden könnten.

4 Der vorliegende Textauszug ist einem Buch entnommen, das sich vor allem an Polizisten wendet. Welche Auswirkungen hat dies auf die Darstellung der Informationen?

5 Besorgen Sie sich Zusatzinformationen zum Thema „Drogen".
Kostenlose Broschüren erhalten Sie von der Bundeszentrale für gesundheitliche Aufklärung (Referat V-04),
51101 Köln.
Ordern Sie dort die Bestellliste „Materialien zur Suchtprävention" – Bestell-Nr. 33110100.

2.3.2 Mögliche Maßnahmen und Hilfen

2.3.2.1 Ärztliche Maßnahmen zur Früherkennung und Hilfe zum Drogenverzicht – eine medizinische Perspektive

„Meine 14-jährige Tochter ist seit Monaten ständig mit einer Drogenclique zusammen. Zuerst hat sie behauptet, selbst nichts zu nehmen. Ich sah jedoch, wie sie sich veränderte. Allmählich hat sie auch eingeräumt, dass sie ab und an mitraucht. Sie ist mir gegenüber sehr aufsässig geworden. Ihr Kontakt zu meinem Exmann ist hingegen neuerdings bestens. Sie versteht es, sich bei ihm einzuschmeicheln, sodass er ihr hinter meinem Rücken ständig Geld gibt. Ich habe deshalb schon mehrfach mit ihm telefoniert. Er behauptet, das Haschischrauchen sei lediglich eine vorübergehende Angewohnheit, irgendwann werde unsere Tochter das schon wieder aufgeben. Ich muss nun hilflos zusehen, wie es ständig mit ihr abwärts geht. Sie vernachlässigt alles, was sie früher interessiert hat. Von ihrer besten Freundin hat sie sich getrennt, das Mädchen sei ihr zu langweilig. Auch die Schule macht ihr keinen Spaß mehr."
Die Chancen der Mutter, die Tochter zum Drogenverzicht und auch zum Verzicht auf die Drogenfreunde zu bewegen, sind sehr gering. Drogengefährdete und akut Abhängige orientieren sich vornehmlich an jenen Personen, die ihren augenblicklichen Wünschen und Bedürfnissen am bereitwilligsten entgegenkommen. Die Mutter bedarf sofortiger ärztlicher Unterstützung, wobei Beratungsgespräche nicht genügen. Es muss sogleich ein Termin vereinbart werden, an dem die Mutter mit ihrer Tochter in der Praxis vorsprechen kann. […]
Erscheinen Eltern mit ihren Kindern wegen Verdachts auf Drogenmissbrauch in der ärztlichen Sprechstunde, kann nicht erwartet werden, dass die jungen Abusanten geneigt sind, ohne Umschweife mit ihrer Problematik herauszurücken. Hilfreich sind persönliche oder telefonische Vorgespräche der Angehörigen, wobei deren Beobachtungen und Feststellungen bereits mitgeteilt werden. Dies ermöglicht bei fortgesetztem Ausweichen oder Leugnen, gezielte Fragen zu

stellen. Ansonsten sollten Befragung und Untersuchung in üblicher Weise aufgebaut sein. Allerdings muss für den Jugendlichen ausreichend Zeit zur Verfügung stehen. Der Gesamtuntersuchungsgang ist in Tabelle 1 zusammengestellt.

Bei der Befragung zur frühkindlichen Entwicklung und zu den Vorerkrankungen ist die Gegenwart der Mutter sinnvoll, da sie die zuverlässigeren Auskünfte geben kann. Die „aktuelle" Anamnese sollte aber mit dem Jugendlichen „unter vier Augen" erhoben werden, da im Rahmen des Arzt-Patienten-Vertrauensverhältnisses eher die Bereitschaft besteht, auch Angelegenheiten offen zu legen, die gegenüber den Angehörigen verschwiegen wurden. Auch wird dem Jugendlichen hierdurch vermittelt, dass es um ihn ganz persönlich geht, um sein Wohl, und dass er ärztlicherseits ernst genommen wird.

Tabelle 1: Untersuchung bei Verdacht auf Drogenmissbrauch
Anamnese • Frühkindliche Entwicklung • Bisherige Erkrankungen • Aktuelle Störungen und Beschwerden • Biografische Anamnese (schulische u. berufliche Entwicklung) • Drogenanamnese (Nikotin, Alkohol, Medikamente, illeg. Drogen) • Sexualanamnese • Sozialverhalten (persönl. Umfeld, Freundeskreis, Freizeitgestaltung, Umgang mit Taschengeld, evtl. Straftaten) • Familienanamnese • Fremdanamnese
Befund • Psychischer Befund (s. Tab. 2) • Allgemeinkörperlicher Befund (s. Tab. 3) • Neurologischer Befund • Urinanalyse auf Drogenmetaboliten [...] • Zusatzuntersuchungen wie EEG, Tests

Bei der Exploration empfiehlt es sich, zunächst eingehend nach der schulischen und gegebenenfalls beruflichen Entwicklung zu fragen (biografische Anamnese), ehe man zum Missbrauch von Rausch- oder Suchtmitteln übergeht (Drogenanamnese). Bei eventuellem Abblocken kann man schon Fakten aus der biografischen Anamnese aufgreifen und gezielt fragen, weshalb es z.B. plötzlich zu Schul- oder anderen Schwierigkeiten gekommen ist. Niemals sollte man sich auf pauschale Angaben einlassen. Wenn der Jugendliche erklärt, sich mit dem Lehrer oder den Eltern „nicht mehr verstanden" zu haben, soll er dies anhand von Beispielen erläutern. Hierbei zeigt sich meist, dass die zu Schwierigkeiten führenden Veränderungen nicht bei dem Lehrer oder den Eltern eingetreten sind, sondern vielmehr beim Patienten, und dass die Veränderungen zeitlich mit dem Einsetzen des Drogenkonsums zusammenfallen.

Bei der Frage nach Suchtmitteln ist zu empfehlen, mit legalen Substanzen wie Nikotin, Alkohol, Tabletten und Schnüffelstoffen zu beginnen, ehe der heiklere Bereich der illegalen Drogen erörtert wird. Wenn Jugendliche über einen bereits durchgemachten Alkoholrausch berichten, lässt sich daran leicht die Frage nach einem Berauschtheitszustand durch andere Substanzen anknüpfen.

Auch die Sexualanamnese ist wichtig, zumal, wenn bereits Opiode missbraucht werden, die bei Männern zu Libidoverlust führen und bei Frauen zu einer sekundären Amenorrhoe, wodurch bei Drogensucht oft das Eintreten einer Gravidität unbemerkt bleibt. Auch regelmäßiger Stimulantien- oder Haschischmissbrauch hat Auswirkungen auf die Sexualität.

Zu beachten sind ferner Auffälligkeiten im Sozialverhalten.

Bei der Erhebung der Familienanamnese ist es sinnvoll, die Angehörigen hinzuzuziehen.

Schließlich sind Angaben aus dem Schulbereich wichtig.

Die Schweigepflicht darf nicht behindern, dass Eltern und behandelnder Arzt über Gefahren, in die sich Jugendliche begeben, frühzeitig unterrichtet werden.

Der Aufbau des psychischen Befundes ergibt sich aus Tabelle 2. Die Jugendlichen haben ein ausgeprägtes Gespür dafür, ob der Arzt über Sach- und Fachkompetenz im Bereich Rauschdrogen verfügt. Je mehr ärztliches Grundlagenwissen vorhanden ist, desto mehr wird auch die Vorgehensweise respektiert.

Erforderlich ist ferner die praktische Erfahrung, die erst bei gezielter Behandlung und längerfristiger Beobachtung der Abusanten gewonnen werden kann.

Tabelle 2: Psychischer Befund

- Äußeres Erscheinungsbild
- Verhalten, z. B. situationsadäquat, distanzlos
- Bewusstsein und Orientierung
- Antriebsniveau
- Psychomotorik
- Kontaktfähigkeit
- Aufmerksamkeit, Einstellungs- und Umstellungsfähigkeit
- Konzentrationsfähigkeit
- Gedächtnis, Merkfähigkeit, amnestische Lücken
- Denken: logisch, sprunghaft, Ideenflucht, Haften, Perseveration
- Stimmung
- Affekt, beherrscht
- Kritik- und Urteilsfähigkeit
- Pflicht- und Verantwortungsgefühl altersgemäß
- Ehrlichkeit, Offenheit, Zuverlässigkeit
- Werthaltungen, Ideale
- Realitätsbezug
- Abnormes Misstrauen, Paranoia, Halluzinationen
- Sonstiges

Sobald sich bei den jungen Patienten Einsicht und Kooperationsbereitschaft entwickelt haben, gilt es abzuklären, welche Details den Eltern mitzuteilen sind, denn Offenheit und Ehrlichkeit sind nicht nur für die ärztliche Zusammenarbeit wichtig, sondern auch gegenüber jenen Personen, die das therapeutische Bemühen unterstützen sollen. Der Arzt muss Empathie vermitteln; dies bedeutet jedoch nicht, dass er in eine Komplizenschaft eintritt, wenn es um die Gefahren des Drogenmissbrauchs oder anderweitiges Fehlverhalten geht. Alles Suchtunterstützende muss konsequent unterbunden werden, damit das Behandlungsziel erreicht werden kann. [...]
Zunächst ist das äußere Erscheinungsbild zu beachten. Äußerliche Vernachlässigung ist Zeichen einer fortgeschrittenen Abhängigkeit. Bei reiner Inaugenscheinnahme kann oft während des Anfangsstadiums kaum eine Auffälligkeit festgestellt werden. Ohrschmuck bei männlichen Jugendlichen, Nasen- und Brustringe sowie Tätowierungen können auf Kontakte zur Subkultur hinweisen. Dies muss jedoch sehr vorsichtig betrachtet werden, da solcher Schmuck heute zur gängigen Mode gehört.
Die Symptome der Tabelle 3 beziehen sich vor allem auf eine manifeste Abhängigkeit und weniger auf das Prodromalstadium. Manche Zeichen sind jedoch auch bei sporadischem Missbrauch zu beobachten, wie Rötung der Konjunktiven in den ersten Stunden nach Cannabiskonsum oder Fötor nach Missbrauch von Alkohol, Inhalantien oder Nikotin. Beim Übergang auf den intravenösen Drogenkonsum werden in aller Regel zunächst die Ellenbeugen als Injektionsstellen benutzt. Andere Körperstellen wie Unterarm-, Hand-, Fuß- und Halsvenen werden im weiteren Verlauf herangezogen. Die Suche nach Einstichstellen muss bei gutem Licht und manchmal auch mit Hilfe eines Vergrößerungsglases durchgeführt werden, da sie sehr diskret sein können. Opioide verursachen eine fahlgraue Hautfarbe, der Blick wird stumpf. Der auftretende Juckreiz betrifft vor allem die Nasenregion (Tab. 3). [...]
Zu beachten sind die Pupillenweite und die Lichtreaktion. Je nach Drogenart und Intoxikationsgrad können Symptome wie Nystagmus, Ataxie und Hyperreflexie gefunden werden. Bei leichten Intoxikationen kann der neurologische Befund völlig unauffällig sein. [...]
Da Drogenkonsumenten ihren Missbrauch häufig leugnen oder nur unvollständige Angaben machen, ist der analytische Nachweis unverzichtbar. Die Konfrontation mit einem positiven Ergebnis schafft klare Verhältnisse, ein „Vorbeimogeln" an Tatsachen ist nicht mehr möglich.
Zum Nachweis von Drogen und/oder deren Metaboliten können Körperflüssigkeiten wie Urin, Blut und Schweiß, aber auch Hautanhangsgebilde, z. B. Haare, herangezogen werden. Je nach Fragestellung wird das eine oder andere Untersuchungsmaterial bevorzugt.
Als weiteres diagnostisches Hilfsmittel kann ferner die *EEG-Ableitung* dienen, zumal bei akuten Intoxikationen. Auch *Persönlichkeits- und Leistungstests* können Hinweise geben. Die Untersu-

chungen bei Verdacht auf Drogenabusus müssen sorgfältig erfolgen, da auch andere Ursachen Anlass zu Wesens- und Verhaltensstörungen sein können. Neuropsychiatrische Primär- oder Begleitkrankheiten sind bei Drogenkonsumenten keine Seltenheit [...]

Ärztliche Hilfe zum Verzicht

Sofern es sich noch um sporadischen Missbrauch, evtl. Wochenendkonsum handelt, sollten die Jugendlichen zur Untersuchung und zu therapeutischen Gesprächen engmaschig in die Praxis bestellt werden. Der Kontakt ist zu den jungen Patienten am besten aufzubauen, wenn keine toxische Beeinträchtigung des Denkens vorliegt und die Fähigkeit besteht, neue Einsichten zu entwickeln. Dieser Idealzustand ist nicht immer gegeben. Drogeneinfluss erschwert den Kontakt erheblich, denn logisches Denken und Kritikfähigkeit sind behindert. Die Abusanten reagieren mit Pseudoargumenten, Klischees oder globaler Ablehnung. Manche stellen auch erwünschtes Verhalten zur Schau, um sich rasch wieder lästiger Befragung zu entziehen. Wenn Jugendliche den Drogenabusus billigen, [...] ist ihre Beziehung zu diesen Substanzen und zur Drogenszene oft schon sehr eng. [...]

(Aus: Sigrid Schuler: Drogenmissbrauch bei Jugendlichen. Frühdiagnose und Prävention in der ärztlichen Sprechstunde. Deutscher Ärzte-Verlag: Köln 1997, S. 57–65)

Tabelle 3: Allgemeinkörperliche Zeichen bei Drogenmissbrauch

	Symptom	Verdacht auf
Kopf	• tief liegende Augenhöhlen	• Stimulantienmissbrauch
	• gerötete Konjunktiven	• Missbrauch von Cannabis/Inhalantien
	• schlaffe Gesichtszüge	• Missbrauch von Opioiden
	• Miosis	• Missbrauch von Opioiden
	• Mydriasis	• Missbrauch von Stimulantien/ Anticholinergika, Opioidentzug
	• Reizung der Nasenschleimhaut	• Schnüffeln/Sniffen
	• Nasenbluten, -septumdefekt	• Schnüffeln/Sniffen
	• Nasenlaufen	• Opioidentzug
	• Foetor ex ore	• Missbrauch von Alkohol, Inhalantien, Nikotin
	• Gebissschäden	• Missbrauch von Drogen allgemein
	• Reizhusten	• Missbrauch von Opioiden
	• Bronchitis	• Missbrauch von Cannabis, Nikotin
Haut	• fahlgraue Farbe	• Missbrauch von Opioiden
	• Effloreszenzen Mund-Nase-Region	• Missbrauch von Inhalantien
	• Kratzspuren gesichtsbetont	• Missbrauch von Opioiden
	• Kratzspuren allgemein	• Missbrauch von Kokain, Hepatitis
	• Einstichstellen	• i.v. Drogenkonsum
	• Abszess im Venenbereich	• i.v. Drogenkonsum
	• Hyperhidrosis	• Missbrauch von Opioiden, Opioidentzug
Allgemein	• schlechter Allgemeinzustand	• Missbrauch von Kokain, Amphetamin und anderen Drogen
	• Erbrechen	• Intoxikation mit Inhalantien, Alkohol, anderen Drogen, Opioidentzug
	• feinschlägiger Tremor	• Missbrauch von Cannabis, Amphetaminen
	• Fötushaltung	• Opioidentzug (Schmerzen)

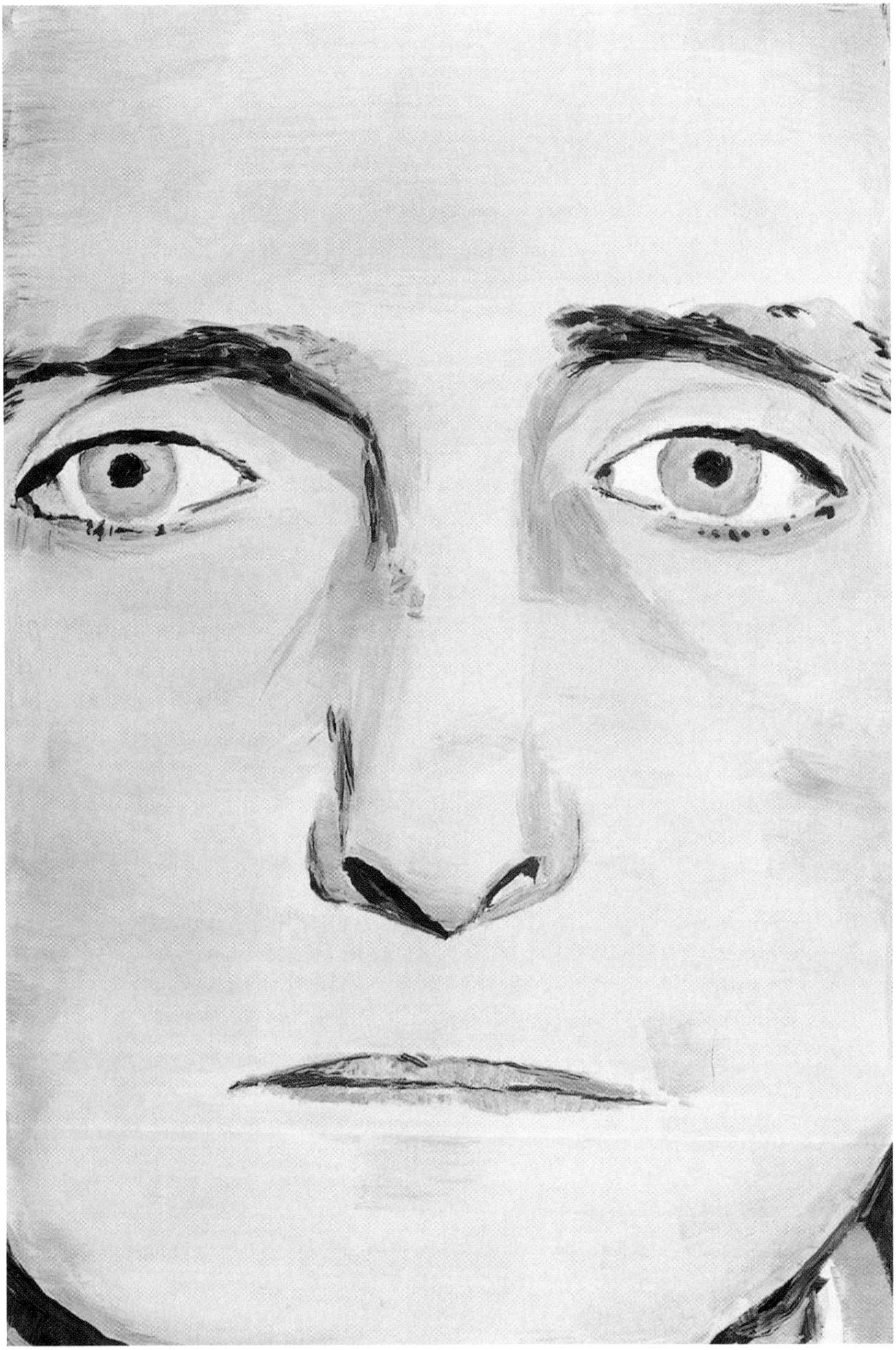

Luc Tuymans: Der diagnostische Blick IV (1992). Öl auf Leinwand, 57 x 38 cm

(Aus: Burkhard Riemenschneider, Uta Grisenick [Hrsg.]: Art at the Turn of the Millenium. Taschen Verlag: Köln 1999, S. 515)

1 Untersuchen Sie den Text daraufhin, welche empirisch-medizinischen Tatsachenaussagen und welche normativen Aussagen er enthält. Diskutieren Sie die normativen Vorschläge für den behandelnden Arzt/die Ärztin.
2 Welche Bedeutung kann dem ärztlichen Gespräch und den medizinischen Untersuchungen im Rahmen verschiedener Interventionsmöglichkeiten beigemessen werden?
3 Welche Rolle schreiben Sie pädagogischem Handeln zu?
4 Über 80 % der Jugendlichen haben Erfahrungen mit Alkohol. Überlegen Sie, ob Sie sich angesichts dieser Zahlen besonders mit dem Phänomen „Jugendalkoholismus" beschäftigen wollen (z. B. in einem Projekt, in einer Facharbeit oder einem Referat).

Eine erste Information aus vornehmlich medizinischer Sicht gibt der folgende Textauszug. Er müsste durch weitere Materialien ergänzt werden.

Auf die komplexe Therapie des Alkoholismus kann hier nur stichwortartig eingegangen werden.
Am Anfang steht die Entgiftung, die am besten in einem Krankenhaus durchgeführt wird. Die Gefahr eines Entzugsdelirs kann durch Medikamentengabe (Distraneurin) gebannt werden. Allerdings können in der Entgiftungsphase häufig Komplikationen auftreten: z. B. Magenbluten bei Alkoholgastritis, plötzliche Herzmuskelschwäche (Herzinsuffizienz), epileptische Anfälle im Entzug und viele andere mehr.
Ziel der Entgiftung ist Abstinenz. In dieser Behandlungsphase sollte auch die Einsicht des Patienten in seine Krankheit angestrebt werden. Nach dieser Phase kommt es darauf an, das Leben alkohol- bzw. medikamentenfrei zu gestalten. Durch eine Langzeitkur oder Entwöhnungsbehandlung, in der man umlernen kann, durch eine ambulante Gruppentherapie und vor allem durch Anschluss an eine Selbsthilfegruppe (AA = anonyme Alkoholiker, Blaues Kreuz, Freundeskreise, Guttempler) bestehen gute Chancen, ein abstinentes Leben zu führen. Aber die Rückfallgefahr bleibt. […]

Körperliche Folgen des Alkoholismus
Hinweis: Die körperlichen Folgeschäden des Alkoholismus treten häufig auch im Zusammenhang mit alkoholbedingten Fehlernährungen auf.

Nervensystem:
- Alkoholpolyneuropathie, d. h. eine alkoholbedingte Erkrankung der peripheren Nerven in Beinen und Armen, die zu Gefühlsstörungen und gar Lähmungen führen kann.
- Delirium tremens, d. h. ein akutes Entzugssyndrom mit Verkennungen, Angst und Unruhe etc.
- Wernicke-Encephalitis, durch Alkoholismus und Vitamin-B1-Mangel mit punktförmigen Blutungen im Gehirn, klinisch wie ein schweres Delirium verlaufend.
- Alkoholdemenz, d. h. Demenz, die auch schon vor dem 60. Lebensjahr nach Alkoholismus auftreten kann […].
- Korsakow-Syndrom oder amnestisches Psychosyndrom, d. h. chronische Gehirnstörung mit Aufhebung des Kurzzeitgedächtnisses.

Herz:
- Kardiomyopathie, d. h. Herzmuskelschwäche.

Leber:
- Fettleber (reversibel),
- Alkoholhepatitis (teilreversibel), d. h. alkoholbedingte Leberentzündung, und
- Leberzirrhose, d. h. narbiger Umbau der Leber.

Verdauungssystem:
- Alkoholgastritis, d. h. alkoholbedingte Magenschleimhautentzündung.
- Pankreatitis, d. h. Bauchspeicheldrüsenentzündung.

(Quelle: Nach Jellinek aus der Schriftenreihe 95 der IG Metall: „Alkoholismus – die Krankheit unserer Zeit")

1 Welche psychischen und sozialen Folgen kann Alkoholismus haben?
2 Diskutieren Sie mögliche pädagogische Interventionen.

Bernard Buffet: Frau mit Weinglas (1955). Öl auf Leinwand, 130 x 97 cm.

Galerie Maurice Garnier, Paris

2.3.2.2 Geschlechtsspezifisches Vorgehen bei drogengefährdeten Jugendlichen – eine gesundheitswissenschaftliche Zugangsweise

Obwohl Mädchen und Jungen unterschiedliche Mortalitäts- und Morbiditätsraten aufweisen, unterschiedliche Befindlichkeiten berichten und unterschiedliches Gesundheits- und Risikoverhalten zeigen, werden die geschlechtsspezifischen Unterschiede im Drogenkonsumverhalten nicht berücksichtigt. Es ist zu vermuten, dass insbesondere Jungen massive und riskante Konsummuster aufweisen und in großem Umfang riskantes Folgeverhalten zeigen. Da für Mädchen und Jungen andere Begleitumstände bei riskantem Konsumverhalten zu erwarten sind, sind sowohl für Jungen als auch für Mädchen geschlechtsbezogene Präventionsmaßnahmen erforderlich.

Insgesamt muss der Fokus in der aktuellen Auseinandersetzung zur Suchtprävention neben der weitgehend geschlechtsneutralen primären und tertiären Prävention ergänzend auf die geschlechtsbezogene Sekundärprävention gerichtet werden (Abbildung).

Epidemiologische Daten müssen zeigen, inwieweit riskanter Konsum bei Jugendlichen verbreitet ist, welche Substanzformen riskanten Konsum klassifizieren und ob und wie Mädchen und Jungen sich in ihren Konsumgewohnheiten unterscheiden.

[...]

Das Experimentieren mit Drogen gehört zum Normalverhalten im Jugendalter. Während es den meisten Jugendlichen gelingt, nach einer Probierphase gemäßigte Konsummuster zu entwickeln, gleiten einige Jugendliche in missbräuchliche Verhaltensmuster ab, die langfristig mit gravierenden Folgeproblemen einhergehen. Verschiedene Faktoren beeinflussen den Umschlagpunkt zur Drogengefährdung. Diese drogengefährdeten Jugendlichen frühzeitig zu erkennen und dann frühzeitig zu intervenieren, sind die Aufgaben sekundärpräventiver Maßnahmen.

Durch das verstärkte Engagement in der Sekundärprävention wird eine Neuorientierung in der Drogenarbeit erkennbar. Die Abkehr von einer abstinenzorientierten Drogenpolitik, die bereits seit einigen Jahren schon im kurativen Bereich sichtbar ist, zeigt sich neuerdings auch im präventiven Sektor. Die Drogenfreiheit postulierende Primärprävention wird um sekundärpräventive Maßnahmen ergänzt, in denen nicht länger Abstinenz, sondern gemäßigter und selbstbestimmter Umgang mit verschiedenen Substanzen oberstes Ziel ist. „When the ‚Just say

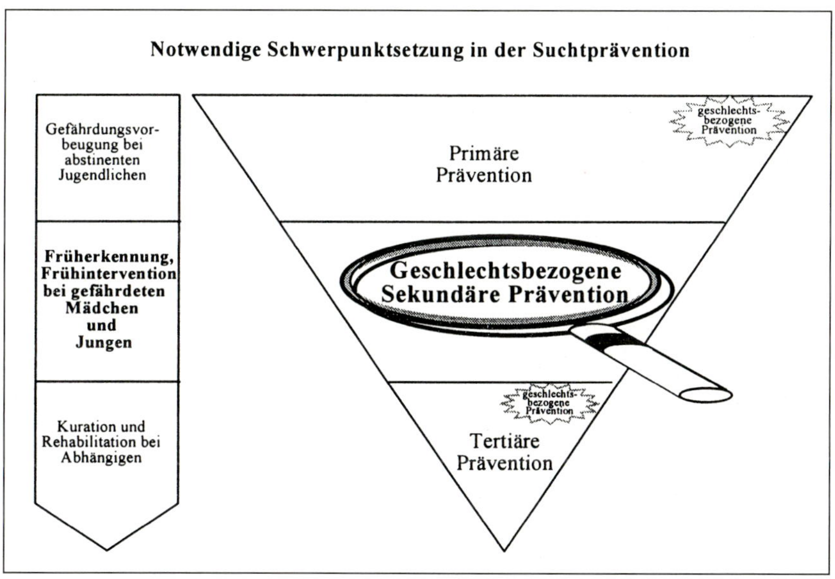

Fokus aktueller Präventionsbemühungen

no' message no longer applies for people who have already said ,Yes', harm reduction provides answers to the next question: ,Just say how'?" (Marlatt, Baer und Larimer, 1995, S. 169). Dieser Wandel ist darauf zurückzuführen, dass lebenslange Drogenfreiheit zunehmend als weitgehend illusionär erachtet wird in einer Kultur, in der zahlreiche psychotrope Substanzen zum Alltagsleben gehören (Bentler, 1992). Die Erstarkung sekundärpräventiver Verfahren zeigt, dass nicht länger davon ausgegangen wird, Drogenkonsum sei generell schädlich, sondern vielmehr Entwicklungsaufgabe, deren gelungene Bewältigung kontrollierter Gebrauch und nicht Abstinenz ist (Newcomb und Bentler, 1988; Gutierres et al., 1994; Shedler und Block, 1990). Epidemiologische Daten stützen die Neuorientierung im präventiven Bereich. Während seit Mitte der Siebzigerjahre generell sinkende Konsumraten bei den psychoaktiven Substanzen zu verzeichnen sind, lässt sich dieser Trend nicht für alle Bevölkerungsgruppen gleichermaßen abbilden. Insbesondere bei Personen mit vergleichsweise hohen Drogenkonsumraten und folglich hohem Bedarf an präventiven Programmen lassen sich diese sinkenden Konsumraten nicht feststellen (Eggert and Herting, 1993).

Es ist möglich, Hochrisikojugendliche anhand spezifischer Kennzeichen zu identifizieren. Jugendliche z. B. mit Substanz missbrauchenden Eltern, Missbrauchserfahrungen oder psychischen Auffälligkeiten gelten als überdurchschnittlich drogengefährdet. Speziell für Jungen deuten außerdem u. a. Delinquenz, Schulschwierigkeiten und sozioökonomische Deprivation, für Mädchen auch Selbstwertmängel, Familienkonflikte und Konsum des Partners auf Drogengefährdung hin.

Im Rahmen des US-amerikanischen Omnibus Anti-Drug Abuse Acts von 1986 wurde das Office for Substance Abuse Prevention (OSAP) gegründet, das einen Hauptschwerpunkt seiner Tätigkeit in der Implementierung von Präventionsprogrammen speziell für Hochrisikojugendliche hat.

(Aus: Bettina Schmidt: Suchtprävention bei konsumierenden Jugendlichen. Sekundärpräventive Ansätze in der geschlechtsbezogenen Drogenarbeit. Juventa Verlag: Weinheim und München 1998, S. 27, 112–113)

1 Inwiefern ist nach Bettina Schmidt eine geschlechtsbezogene sekundäre Prävention notwendig?

2 Wie schätzen Sie die von Bettina Schmidt vorgeschlagene Suchtprävention bei konsumierenden Jugendlichen ein?

3 Die im Text angesprochenen unterschiedlichen Positionen zur Prävention werden zuweilen im politischen Raum unterschiedlich eingeschätzt. Führen Sie eine Expertenbefragung durch, um sich über die Vorstellungen der politischen Parteien zu informieren.

2.3.2.3 Jugendhilfe und Drogenhilfe – eine sozialpädagogische Sichtweise

Jugendarbeit gilt neben Familie und Schule als dritte Sozialisationsinstanz für Jugendliche. Die Leistungen der Jugendhilfe werden unterschieden in 1. Beratung und Unterstützung, 2. allgemeine Förderung der Erziehung und Bildung, 3. ergänzende Leistungen und 4. besondere Hilfen (Jordan und Sengling, 1988). Zu den Einrichtungen und Angeboten der Jugendhilfe gehören Kindergärten und Tagesstätten, Horte, Spielplätze, Jugendfreizeitstätten, ferien- und kulturpädagogische Angebote, mobile Jugendarbeit mit Streetwork und Gemeinwesenarbeit, Jugendwohnheime, Jugendberufshilfe, Beratungs- und Kriseninterventionsstellen, Familien- und Erziehungshilfen und die Jugendgerichtshilfe. [...]

Jugendliche Suchtproblematik hat in der Jugendhilfe bislang keinen großen Stellenwert, obwohl die rechtlichen Vorgaben durch das Kinder- und Jugendhilfe-Gesetz (KJHG) eindeutig geregelt sind. [...]

Die Suchtprävention im Rahmen der Jugendhilfe konzentriert sich hauptsächlich auf die Jugendfreizeiteinrichtungen. Jugendfreizeiteinrichtungen sind mit der Absicht entstanden, Jugendlichen Möglichkeiten sinnvoller Freizeitgestaltung zu bieten, sie vor „negativen" Einflüssen zu schützen und ihnen Räume zur Verfügung zu stellen, um ihnen Alternativen zu Treffpunkten an öffentlichen Plätzen zu bieten (Sensebusch, 1995). Jugendfreizeiteinrichtungen sind meist koedukativer Art und frei zugänglich für alle Jugendlichen, allerdings werden nicht alle Jugendlichen erreicht. Die Besucher und Besucherinnen kommen überwiegend aus sozial benachteiligten, finanziell schlechter gestellten Familien, verfügen über einen geringen Bildungsstand und ungesicherte Zukunftsperspektiven. Der Anteil der Mädchen in solchen Einrichtungen liegt höchstens bei 25 Prozent (Lersch, 1988). [...]

In der Jugendhilfe hat die Suchtproblematik bislang nur einen geringen Stellenwert. Drogengefährdete Jugendliche werden entweder aus den Einrichtungen ausgeschlossen oder ihr Drogenkonsum wird ignoriert. Integrierende Ansätze, die speziell an den Hochrisikojugendlichen orientiert sind, existieren nur in Ausnahmefällen. Die Drogenhilfe wird schwerpunktmäßig von langjährig manifest abhängigen Erwachsenen in Anspruch genommen. Die dort vorgehaltenen Hilfeangebote werden den Ansprüchen und Bedürfnissen drogengefährdeter Jugendlicher nicht gerecht. Der kinder- und jugendpsychiatrische Versorgungssektor hat den therapeutischen Schwerpunkt in der Behandlung psychischer Störungen und manifester Abhängigkeit. Für drogengefährdete Jugendliche kann das vorgehaltene Angebot der Kinder- und Jugendpsychiatrie ein falsches oder ein Überangebot an Versorgungsleistungen bedeuten.

Vor allem durch das Angebot der Jugendhilfe wird deutlich, dass bei Mädchen und Jungen unterschiedliche Erfordernisse an präventiver Unterstützung bestehen. Während Mädchen (und auch Jungen aus höheren sozialen Schichten), z. B. durch die Angebote der offenen Jugendarbeit, nur marginal erreicht werden, sind Jungen bei kirchlichen Angeboten deutlich unterrepräsentiert. Jungen und Mädchen werden demnach nicht nur aus unterschiedlichen Gründen substanzgefährdet und zeigen unterschiedliche Merkmale von Gefährdung, sie lassen sich außerdem nur durch unterschiedliche Programme und unterschiedliche Institutionen für die Prävention gewinnen. Um für Mädchen und für Jungen entsprechend wirksame Unterstützung zu leisten, ist es notwendig, entweder für Mädchen und Jungen in mädchen- bzw. jungentypischen Einrichtungen Angebote vorzuhalten oder solche einseitig frequentierten Einrichtun-

Discordia-Vertrieb: Waldbröl

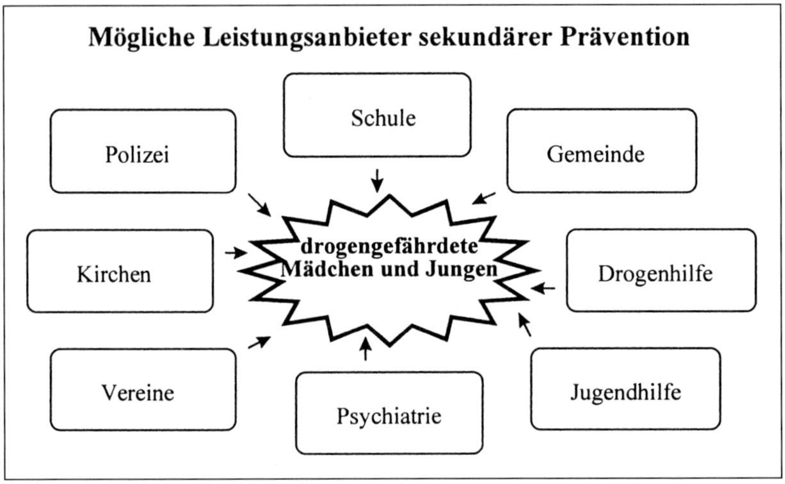

Mögliche Leistungsanbieter von sekundärer Prävention

gen für das jeweilig unterrepräsentierte Geschlecht zugänglicher zu machen, um dort mit geschlechterbezogenen Methoden weibliche und männliche Jugendliche vor Substanzmissbrauch zu bewahren. [...]

Deutlich tritt hervor, dass drogengefährdete Jugendliche weder durch Schule und Gemeinde noch durch die Drogenhilfe, die Jugendhilfe und den kinder- und jugendpsychiatrischen Sektor allein in zufrieden stellendem Umfang erreicht werden können. Keine der bestehenden Einrichtungen kann allein effektiv die Schwierigkeiten und Probleme jugendlichen Drogenmissbrauchs lösen. Bislang sind Zuständigkeiten und Aufgabenbereiche innerhalb der Prävention formal oft strikt getrennt, obwohl solche Differenzierungen an der Lebensrealität von Jugendlichen vorbeigehen. Es erscheint wenig sinnvoll, in getrennter Aufgabenverteilung tätig zu sein. Aufgrund der Vielschichtigkeit eines sinnvollen Angebots ist die Kooperation aller relevanten Einrichtungen dringend erforderlich. Die Bildung von Arbeitsgemeinschaften aller mit Jugendlichen Tätigen dient neben dem Erfahrungsaustausch der gemeinsamen Absprache, Planung und Durchführung und kritischer Bewertung von breit angesiedelten Präventionsmaßnahmen. Zweckmäßig erscheint die Bildung solcher Zusammenschlüsse sowohl auf regionaler als auch auf überregionaler Ebene. Die enge Kooperation aller Hilfeanbieter wäre zweckmäßig, um Arbeitsvorgänge zu optimieren, Leistungsangebote zu verbessern, die Inanspruchnahme von Leistungen zu erhöhen sowie die Erreichbarkeit der verschiedenen Institutionen zu erleichtern. Um effiziente Unterstützungsangebote für Hochrisikojugendliche schaffen zu können, ist es notwendig, neben dem professionellen Hilfesektor auch Schulen sowie andere in der Gemeinde ansässige Einrichtungen, etwa beteiligte Behörden, Krankenkassen, medizinisches System, Kirchen, Betriebe, Gewerkschaften, Polizei, Vereine und Verbände in die Entwicklung, Planung, Durchführung und Evaluation sekundärpräventiver Maßnahmen einzubinden [...].

Die Kooperation muss über die Zusammenarbeit einzelner Leistungsanbieter hinausgehen. Kooperation sollte auch beinhalten, dass projekt-, gemeinde- und länderübergreifender Austausch über unterschiedliche Verfahrensweisen der Implementation und Überprüfung sekundärer Präventionsangebote stattfindet. Nur so ist gewährleistet, dass vorhandene Kenntnisse in diesem Bereich umfassend verbreitet werden und durch die Reduzierung von Fehlerquellen und unwirksamen Methoden Prävention ein Höchstmaß an Wirksamkeit erzielt. Kooperationen auf Länder- und Bundesebene gewährleisten die Zusammenarbeit verschiedener Ministerien (u. a. Bildungsministerium, Gesundheitsministerium, Innenministerium oder Arbeitsministerium), womit ebenfalls synergetische Effekte bei der Vorbeugung von Drogenmissbrauch und Abhängigkeit zu erwarten sind.

Insgesamt erscheint für das bundesdeutsche Versorgungssystem die Installierung eines vernetzten sekundärpräventiven Angebots auf Gemeindeebene in Kooperation, insbesondere mit der offenen Jugendhilfe und den Schulen, sinnvoll. In diesen Sektoren ist die Erreichbarkeit von Jugendlichen hoch und die Möglichkeiten, drogengefährdete Jugendliche zu identifizieren und gezielt in Präventionsprogramme einzubinden, am größten. Die Drogenhilfe und der kinder- und jugendpsychiatrische Bereich sind spezifisch geeignet für Jugendliche mit ernsthafter Suchtproblematik, für experimentierende oder missbrauchende Jugendliche ist das dort bereitgestellte Versorgungsangebot zu drastisch. Vernetzte Maßnahmen liefern Erfolg versprechende Resultate für eine Personengruppe, die bislang wenig Chancen zur Teilnahme an gesundheitsunterstützenden Maßnahmen besitzt.

(Aus: Bettina Schmidt: Suchtprävention bei konsumierenden Jugendlichen. Sekundärpräventive Ansätze in der geschlechtsbezogenen Drogenarbeit. Juventa Verlag: Weinheim und München 1998, S. 128–142)

Happy together.

1 Jugendarbeit als dritte Sozialisationsinstanz – eine angemessene Einschätzung?
2 Bestimmen Sie die Funktion und den jeweiligen Stellenwert möglicher Leistungsanbieter sekundärer Prävention.
3 Was halten Sie von den Vorschlägen der Autorin?

2.3.3 Acht Schritte, die Jugendlichen helfen sollen, drogenfrei zu bleiben – aus einem Ratgeber für Eltern

Schritt 1

Machen Sie sich klar, dass es in unserem Land keine drogenfreien Zonen gibt und dass die Kinder in der Schule Ihres Sohnes und Ihrer Tochter an alles herankommen, was sie wollen. Wenn wir davor die Augen verschließen, kommen wir keinen Schritt weiter. Wir müssen davon ausgehen, dass Drogen überall und leicht erhältlich sind.

Schritt 2

Trinken Sie mit Ihrem Sohn oder Ihrer Tochter einen Kaffee und unterhalten Sie sich mit ihnen über das Thema. Beachten Sie: Ich habe gesagt: „Unterhalten Sie sich mit ihnen“, nicht: „Halten Sie ihnen eine Gardinenpredigt“. Was Sie sagen und wie Sie es sagen sollen? Hier ein paar Kommentare von Jugendlichen im Anschluss an eine unserer Präsentationen zum Thema „Drogenmissbrauch“. Achten Sie darauf, was die Teenager sagen, denn es gibt Ihnen Aufschluss darüber, was sie brauchen:

- „Sehr offen und ehrlich.“
- „Der Redner hat uns als Erwachsene und nicht von oben herab behandelt.“
- „Ich hätte mir mehr zum Thema ‚Gruppendruck‘ gewünscht und wie man dagegen ankommt.“
- „Er hat uns mit den Fakten konfrontiert und die Entscheidung uns überlassen – das war gut.“

Die jungen Leute sagen also: Wir wollen Offenheit, Ehrlichkeit und die Fakten. Genau damit müssen Sie beginnen. Sagen Sie nicht: „Sieh mal, Schatz, ich weiß, du hältst uns für altmodisch und hinter dem Mond, aber wir wissen, dass Drogen schädlich sind und nichts bewirken. Wir lieben dich, lass also bitte die Finger davon."

Ihre Tochter denkt: „Stimmt genau, ihr seid wirklich altmodisch und hinter dem Mond. Ich weiß nämlich, dass Drogen Spaß machen."

Nein, beginnen Sie etwa so: „Das muss ja schwer sein, dich gegen die anderen in deiner Clique zu behaupten. Ich weiß, die scheinen das geil – so nennt ihr das doch – zu finden. Was meinst du selbst denn zum Thema Drogen? Ihr habt das in der Schule doch sicher schon behandelt ..."

Auf diese Weise haben Sie ein echtes Gespräch begonnen und halten die Leitung offen.

Schritt 3

Erklären Sie Ihrem Sohn und Ihrer Tochter im Verlauf des Gesprächs ohne jeden Druck, was Sie selbst zum Thema Drogen und Alkohol denken. Sagen Sie ihnen, was Ihr Maßstab ist, wann Sie trinken und wo für Sie die Grenzen sind. Vermitteln Sie ihnen auch, wie Sie zu Ihrer Überzeugung gekommen sind.

Schritt 4

Wenn Sie regelmäßig Medikamente einnehmen (auch in diesem Bereich gibt es ja Missbrauch!), erklären Sie Ihrem Sohn, Ihrer Tochter, warum Sie diese nehmen müssen. Wenn Sie Ihre Kinder vor Drogenmissbrauch warnen, gleichzeitig aber selbst regelmäßig Drogen einnehmen, müssen Sie klarstellen, dass dies auf ärztliche Verschreibung hin geschieht. Sonst bekommen Ihre Kinder leicht den Eindruck, dass Sie mit zweierlei Maß messen.

Schritt 5

Haben Sie eine Hausbar mit alkoholischen Getränken? Erklären Sie Ihren Kindern, warum. Trinken Sie auch einmal ein Glas mit Ihren Kindern? Erklären Sie ihnen Ihre Politik.

Schritt 6

Wenn Sie mit Ihren Kindern über diese Themen reden, tun Sie Ihre Meinung zurückhaltend kund. Natürlich dürfen und müssen Sie Ihre Besorgnis über exzessiven Alkoholgenuss und Drogenmissbrauch ausdrücken. Aber versuchen Sie nicht zu schulmeistern.

Schritt 7

Unterschlagen Sie ihnen nicht die gute Nachricht! Alle Welt stöhnt, dass so viele junge Leute Drogen nehmen. Erinnern Sie Ihre Kinder daran, dass siebzig Prozent der Jugendlichen keine Drogen nehmen!

Überlegen Sie mit ihnen zusammen, wie sie es lernen können, zu Drogen Nein zu sagen. Unterhalten Sie sich mit ihnen darüber, wie sie sich Freunden gegenüber verhalten sollen, die sie unter Druck setzen, Drogen zu nehmen. Wir wissen ja, dass sie befürchten, aus der Clique rauszufliegen, wenn sie sich dem Gruppendruck widersetzen. Erklären Sie ihnen, dass sie mit ihrem Nein in der Mehrheit sind, also durchaus „in". Vielleicht müssen unsere Kinder bei dieser Gelegenheit eben auch lernen, dass wahre Freunde zu einem halten und einen nicht fallen lassen, wenn es schwierig wird.

Schritt 8

Heißen Sie die Freundinnen und Freunde Ihrer Kinder bei sich zu Hause willkommen. Lassen Sie sie spüren, dass sie jederzeit gerne zu Ihnen kommen können, ganz gleich, wie sie aussehen und woher sie kommen.

Wenn Sie die Freunde Ihrer Kinder ausschließen, richten Sie eine Barriere zwischen sich und Ihren Kindern auf. Ihre Freunde abzulehnen signalisiert Ihren Kindern nur eines: dass Sie sie nicht lieben. Eine offene Tür für die Freundinnen und Freunde Ihrer Kinder zu haben hat den wünschenswerten Nebeneffekt, dass Sie zumindest eine Ahnung haben, was bei den Kindern läuft. Aber nicht vergessen: bloß eine Ahnung!

Das Ganze ist ein komplexes Thema. Aber wir können immerhin ein paar Fortschritte erzielen. Bleiben Sie dran!

(Aus: Paul Francis: Wenn du dein Kind nicht mehr verstehst. Ein Crashkurs für Eltern von Teenagern. Aus dem Englischen von Wolfgang Steinseifer. Brunnen Verlag: Basel und Gießen 1999, S. 106–109)

1 Beurteilen Sie die Schritte auf dem Hintergrund Ihres bisherigen Wissens über die Drogenproblematik.

2 Verfassen Sie einen kleinen Ratgeber „Von Jugendlichen für Jugendliche" zum „Umgang mit Drogen". Sie können Ihre Tipps auch als Wandzeitung in Ihrer Schule präsentieren.

Johannes Muggenthaler: Hoffnung. 2 Farbfotografien (1991)

(Aus: Johannes Muggenthaler: Der Liebe Pilgerfahrt: Fotografische Schautafeln zur Seelenforschung. Schirmer/Mosel: München, Paris, London 1992)

2.4 Brauchen Jugendliche überhaupt Pädagogen? – Zur Frage der wichtigen Beziehungen im Jugendalter

2.4.1 Zur Bedeutung von Beziehung zwischen Jugendlichen und Erwachsenen

2.4.1.1 Über den persönlichen Bezug zwischen Jugendlichen und Pädagogen im sozialpädagogischen Feld

Wir entfernen uns im Folgenden von dem empirischen Material der Feldforschung und schauen uns die Beziehungen zwischen Jugendlichen und Jugendarbeiter/-innen im Hinblick auf ein pädagogisches Resümee etwas prinzipieller an.
Jugendliche brauchen von Erwachsenen vor allem die Person, das Gegenüber, die Reibung und – besonders bei extremen Mangelerfahrungen in der Familie – die Verlässlichkeit. Fast alle Jugendarbeiter/-innen sprechen aufgrund ihrer alltäglichen Erfahrungen von „Beziehungsarbeit" und „persönlichem Bezug", wenn sie deutlich machen wollen, wie sie im Jugendhaus oder anderen offenen und halb offenen Einrichtungen an die Jugendlichen „herankommen" wollen, oder anders gesagt, wie es ihnen gelingt, einen Kontakt mit den einzelnen Personen herzustellen. Der personale Bezug ist das, worüber fast alles läuft. Das gilt auch für jene Jugendarbeiter/-innen, die mit sehr klaren politischen Vorstellungen oder kulturellen Angeboten an ihre Arbeit herangehen. Die meisten von ihnen möchten gar nicht „Beziehungsarbeit" machen, sie grenzen sich eher ab von den damit verknüpften Vorstellungen einer sehr persönlichen und damit gefühlsorientierten Arbeit; aber sie wissen und spüren ganz genau: ohne das läuft nichts. Merkwürdigerweise kann man in dieser Hinsicht gewisse Parallelen zwischen Jugendarbeiter/-innen und Jugendlichen feststellen. Während die Jugendarbeiter/-innen oft „eigentlich" etwas ganz anderes wollen als „Beziehungsarbeit", sind die Jugendlichen im Hinblick auf diese Bezogenheit gleichermaßen nur indirekt anzusprechen.
Die Kehrseite der Autonomiebestrebungen von Jugendlichen, die Suche nach Halt und Bindung, wird durch die gesellschaftlichen Tendenzen zur Individualisierung auf eine zwiespältige Weise verstärkt. Denn Individualisierung verknüpft sich mit dem entwicklungspsychologischen Ziel der Individuation, das heißt der Ablösung von den Bindungen an frühe Bezugspersonen und an die Familie. Individuation ist ein wichtiges Ziel der Adoleszenz. Jedoch ist Individualität nur lebbar, wenn man zugleich verlässliche Bezüge zu anderen hat. Deshalb meint Stierlin (1992), dass der moderne Mensch und besonders der Heranwachsende eine „bezogene Individuation" brauche. Jugendliche brauchen verlässliche Partner und Bezugspersonen. Und somit können wir auch in der gesellschaftlichen Entwicklung eine Bestätigung finden für das widersprüchliche Auftauchen des Phänomens bei Jugendlichen, einerseits die Erwachsenen und damit auch die Pädagog/-innen gar nicht mehr zu brauchen und andererseits ganz besonders zu brauchen – zum Reiben, zum Sichabarbeiten, zum Sichspiegeln und somit zu einem sich in der Jugendphase herauskristallisierenden Selbst.
Die zwiespältigen Gefühle von Jugendlichen, die durch gesellschaftliche Tendenzen zur Individualisierung in ihrem Charakter noch verstärkt werden, haben im Jugendarbeitsalltag zur Folge, dass die Jugendlichen sich abgrenzen, Zoff machen und immer wieder den Eindruck erwecken, sie brauchen und wollen niemanden außer sich selbst. Aber schon wenig später kann man die Kehrseite der Medaille erleben, wenn man sich aufgrund von verletzenden Umgangsweisen und Botschaften der Jugendlichen als Bezugsperson zurückziehen will. Dann wird plötzlich mit riesiger Energie darum gekämpft, dass man bleibt; und in einer solchen Situation können einen die rührendsten Liebesbeweise erreichen. [...]
Die Beziehungen zu den Gleichaltrigen und die Beziehungen zu Erwachsenen haben eine jeweils andere Bedeutung. Das müssen wir uns immer wieder vor Augen führen. Bei Gleichaltrigen geht es vorrangig darum, Gleichgesinnte zu finden, mit denen man die eigenen Freuden und Nöte teilen und sich auf diesem Wege miteinander identifizieren kann.
In den Beziehungen zu Älteren spielt einerseits die Idealisierung und damit die Vorbildfunktion eine wichtige Rolle und andererseits die Ablehnung und die Entwertung. Pädagog/-innen wer-

den für die Jugendlichen zu Testpersonen, sie werden zu einem Gegenüber. Jugendliche brauchen Erwachsene als verlässliche Personen in wirren Zeiten. Sie brauchen sie zum Sichreiben und zum Abarbeiten; sie brauchen sie als Gegenüber. Sie brauchen keine Gummiwände und keine Vermeider, sondern sie brauchen konfliktbereite und standfeste Personen. Jugendliche erleben Konflikte in sich und sie erleben sich neu in Konflikten. Die Konflikte sind ein wichtiges Erfahrungsfeld. [...]

Die wichtigste Maxime, von der man für die Arbeit mit Jugendlichen ausgehen sollte, ist das Verstehen. Wer sich um ein Verstehen bemüht, der ist zum einen davor gefeit, beherrschen zu wollen. Denn wer versteht, beherrscht nicht. Zum anderen kann ein Verstehen der allgemeinen „Zwangslage“ (Kaplan 1988), in der sich Menschen zwischen Kindheit und Erwachsenenalter befinden, und ein Verstehen der je besonderen Nöte des einzelnen Jugendlichen die beste Vorbereitung auf ein angemessenes Verhalten sein. Die Nöte verstehend, kann es wichtig sein, ein sehr stark strukturiertes Angebot zu machen und deutliche Grenzlinien aufzubauen. Diese können zeitweise genau die Stabilität vermitteln, die gebraucht wird. Und Jugendliche spüren den Unterschied zwischen autoritär gesetzten Grenzen, die der Beeinflussung und Beherrschung dienen, und solchen, die aus einem inneren Verständnis heraus kommen. [...]

Pohlmann zeigt, wie problematisch das einfühlende Verstehen sein kann, wenn es nur vom Wunsch nach Übereinstimmung geprägt ist. „Pure Übereinstimmung ist nicht nur Stillstand, sondern paradoxerweise Verlust von Identität“ (1993, S. 236). Es geht bei der Einfühlung und dem Verstehen somit gerade um das Nichtidentische, die Differenz und somit das Anderssein. Einfühlung sollte deshalb eher als „Brücke“ zum anderen begriffen werden, als eine Form der Wahrnehmung von dem, was sich abspielt im Dazwischen. Wer sich um Einfühlung bemüht, versucht die „Stimmung“ zu erfassen oder besser gesagt zu erfühlen, die geprägt ist sowohl von Übereinstimmung als auch von Differenz. Oft lassen sich der andere und sein Sosein erst über das abweichende Gefühl erfahren. Ein Kennenlernen geschieht eben nicht nur allein durch sich vereinigende Gefühle; vielmehr werden einige Konturen des anderen durch die Verschiedenartigkeit sichtbarer.

Als Pädagog/-innen sind wir zu unmittelbaren Reaktionen im alltäglichen Handeln gezwungen. Dabei offenbaren wir unsere eigenen Schwächen und Stärken und wir erleben auch die verschiedenen Persönlichkeitsanteile der Jugendlichen auf eine oft drastische Weise. Diese Erfahrungen bilden das Material für weitere Reflexionsprozesse. Wenn wir die Konflikte mit Hilfe unterschiedlicher Methoden der Reflexion durchschauen können, verstehen wir einerseits ein wenig mehr von den Jugendlichen und bereiten uns andererseits auf kommende vergleichbare Situationen vor. Insofern können wir das Wechselbad der Gefühle in der pädagogischen Arbeit dazu nutzen, das Hin und Her bei den Jugendlichen selbst aktiv in die Hand zu nehmen in Form eines Wechselspiels, um nach Phasen von Nähe und Identifikation auch wieder Phasen der Distanz und Reflexion einzuschalten.

Wir möchten an dieser Stelle noch auf eine Grenze des Einfühlens und Verstehens hinweisen, die allein mit der Adoleszenz zu tun hat. Es ist eine Zeit der Scham und eine Zeit der Abgrenzung. Jugendliche umhüllen sich mit Geheimwissen, produzieren eigene Sprachstile und leben in undurchschaubaren Subszenen, weil sie sich abschotten und schützen wollen. Neben dem Wunsch, anerkannt zu werden, haben sie deshalb auch den Wunsch, in Ruhe gelassen zu werden. Somit kann es uns nicht um eine Durchleuchtung ihrer Szenen und Gefühle um jeden Preis gehen. Wir sollten jene Grenzen respektieren, die sie gegenüber den neugierigen Blicken der Erwachsenenwelt ziehen und verteidigen.

(Aus: Achim Schröder/Ulrike Leonhardt: Ein methodisches, ein sozialpädagogisches und ein politisches Resümee. In: Achim Schröder/Ulrike Leonhardt [Hrsg.]: Jugendkulturen und Adoleszenz. Hermann Luchterhand Verlag: Neuwied, Kriftel 1998, S. 232–239)

1 Wozu brauchen Jugendliche Erwachsene? – Wie beantwortet der Text diese Frage? Welche Antwort haben Sie selbst?

2 Führen Sie eine kleine Befragung unter Gleichaltrigen zum Thema „Wozu brauchen Jugendliche Erwachsene?“ durch. Werten Sie Ihre Ergebnisse im Kurs aus.

2.4.1.2 Unabhängigkeit und Eigenständigkeit als Ziele des Jugendalters

Jugendliche suchen nach neuen Leitvorstellungen, Werten und Zielen, mit denen sie sich von ihren Eltern oder Geschwistern unterscheiden. Diese Abgrenzung ist ein wichtiger Schritt zur Unabhängigkeit und Eigenständigkeit. Wir definieren deshalb den Begriff „Unabhängigkeit" im Sinne des Loslösens von der Familie. Aus einer Studie von Seiffge-Krenke (1984) geht hervor, dass Jugendliche vor allem die Abhängigkeit von den Eltern, die damit verbundene eingeschränkte Entscheidungsfreiheit und auftretende Meinungsverschiedenheiten zwischen ihnen und den Eltern als belastend empfinden. Sind oder fühlen sich Jugendliche auf diese Weise belastet – so weist die Studie nach –, besitzen sie ein instabiles und leicht verletzliches Selbstbild.

Die Unabhängigkeit von den Eltern läuft als ein sich allmählich vollziehender Prozess; sie hilft dem Jugendlichen, sich für sein Handeln selbst verantwortlich zu fühlen. Hierdurch wird eine entscheidende Grundlage dafür geschaffen, Selbstsicherheit und Selbstvertrauen zu entwickeln. Der Jugendliche, der sich wenigstens in einigen Bereichen von seiner Familie unabhängig machen kann, wird in der Lage sein, für sein Handeln Verantwortung zu übernehmen, was in der Regel dann erst eigenständiges Handeln ermöglicht. Eigenständigkeit setzt also Unabhängigkeit voraus. Die Begriffe „Eigenständigkeit" und „Unabhängigkeit" sind somit nicht deckungsgleich, wie ein Beispiel nahe legt. Ein Jugendlicher kann sich unabhängig von seinen Eltern fühlen bzw. machen und begibt sich dafür in eine neue Abhängigkeit, zum Beispiel die einer Jugendsekte. In ihr erlebt er zwar die Unabhängigkeit von seinen Eltern, aber seine Eigenständigkeit ist aufgrund der neuen Abhängigkeit oftmals noch stärker eingeschränkt als in seiner Herkunftsfamilie.

Für Jugendliche werden Vorbilder außerhalb der Familie bedeutsam, sie gehen deshalb mit den

Martine Franck, Spanien (1993)

(Aus: Jean-Claude Dubost [Hrsg.] Couples. Magnum Photos: Paris 1998, S. 13 © Finest Sa/Editions Pierre Terrail 1998)

© Marco Borggreve 1995: Radio Philharmonisches Orchester 2.

Geboten und Verboten ihrer Eltern „lockerer" um. Aus diesen Gründen sind Jugendliche weit stärker dem Einfluss von Gleichaltrigen außerhalb der Familie ausgesetzt; die gewünschte Wertschätzung durch diese Bezugsgruppe nimmt an Bedeutung zu. Liegen starre Rollenverteilungen in einer Familie vor und ändern sich die Erwartungen der Eltern gegenüber ihren heranwachsenden Kindern nicht, dann sind *Konflikte zwischen den Generationen* vorprogrammiert. Neben diesen Konflikten kann auch ein Zielkonflikt auftreten: Ein Jugendlicher möchte zwar unabhängig Entscheidungen treffen, aber zugleich die familiäre Geborgenheit sowie Versorgung nicht aufgeben. Dieser Zielkonflikt kann zur Passivität führen, falls man aus eigener Kraft keine Lösung anstreben kann. Damit sind jedoch nur einige mögliche Konflikte angesprochen worden, die aus dem Wunsch nach Unabhängigkeit und Eigenständigkeit resultieren.

Massive Konflikte im Jugendalter entstehen, wenn Jugendliche sich von einer Familienideologie loslösen wollen. Eine *Familienideologie* legt das Selbstverständnis der Familie und die daraus abgeleiteten Funktionen und Aufgaben der einzelnen Mitglieder fest. Hierunter fallen die Erwartungen der Eltern an das Kind bzw. den Jugendlichen, feststehende Regeln, Rollen und Rituale. Auf diesem Hintergrund wird verständlich, warum manche Familien den Kontakt nach außen so gering wie möglich halten. In solchen isolierten Familien wird eine Loslösung nur schwer erfolgen können, da für den Jugendlichen kaum Möglichkeiten bestehen, neue Kontakte zu schließen. Wird diese Abkapselung der Familie zudem durch das Selbstverständnis einer besonders „harmonischen Familie" verstärkt, dann ist die Chance gering, dass sich ein Jugendlicher ohne Konflikte aus dieser Umklammerung lösen kann.

Große Konflikte ergeben sich auch, wenn Jugendliche unerfüllte Wünsche der Eltern stellvertretend für diese realisieren sollen. Die von den Eltern erfahrene Unterstützung kann zu einer unüberwindbaren Abhängigkeit führen, da man sich bei so viel Aufopferung „dankbar" zei-

Renato Guttuso: Boogie Woogie (1953)
(Aus: Renato Guttuso, Verlag Gerd Hatje: Stuttgart 1991, Abb. 33)

gen muss. Besteht bei den Eltern zudem eine am Harmonieverständnis orientierte Familienideologie, so erschwert dies den Ablösungsprozess des Jugendlichen erheblich. Solche konfliktscheuen Familien lassen beim Jugendlichen kaum Fähigkeiten aufkommen, Konflikte auszutragen und auszuhalten.

Wiederum andere Familien verfolgen die Ideologie „Jeder soll nach seinen Möglichkeiten glücklich werden". In diesen Fällen liegt eine besondere Form der konfliktscheuen Familie vor, da die Eltern von vornherein keine oder kaum Regeln aussprechen, an denen sich Kinder orientieren können. Kindheit und Jugend werden als Wachstumsprozess begriffen, der keine Orientierung durch die Eltern benötigt, da naturgemäß jeder Heranwachsende seinen Weg findet, der zu seinem Vorteil ausfällt. Diese Scheu vor Geboten, Verboten und Unterstützung verunsichert Kinder und Jugendliche und macht sie hilflos, da sie keine Chance erhalten, sich im Schutzraum der Familie mit Regeln, Verboten, Anforderungen sowie kontroversen Meinungen auseinander zu setzen [...]. Eine wieder ganz andere Familienideologie veranlasst Eltern zu der Meinung, was mir nicht geschadet hat, schadet auch meinen Kindern nicht. Oftmals handelt es sich hierbei um übergroße Strenge, extrem einengende Vorschriften und Regeln bis hin zu deprivierenden Bedingungen. Diese Familiensituation enthält viele Konflikt- und Streitgelegenheiten, die besonders bei Verselbstständigungsversuchen des Jugendlichen deutlich werden. Manchmal kann sich ein solcher Jugendlicher nur sehr radikal und plötzlich aus dem Familienverband lösen.

Die genannten Familienideologien stellen nur eine Auswahl möglicher Formen dar, wie de Wit und Van de Veer (1982) nahe legen. Für die Entwicklung eines Trainings mit Jugendlichen ist zu klären, weiche Folgen sich aus einer solch ungünstigen Familienideologie ergeben. Wir unterstellen, dass Jugendliche, die aus Familien mit diesen Ideologien kommen, keine Unabhängigkeit und Eigenständigkeit entwickeln. Sie erfahren deshalb nicht, dass sie mit ihrem Handeln etwas bewirken können. Im extremen Falle unterlassen sie Handeln und Aktivitäten. Es wird also angenommen, dass sich eine gelungene Verselbstständigung im Jugendalter im Handeln sowie in der Art der Aktivitäten niederschlägt. So wären etwa kompetente Verhaltensweisen: Unabhängigkeit wahren und dennoch jemanden um Hilfe bitten können oder zu jemandem kritische Distanz halten und ihm dennoch Vertrauen schenken.

Ungünstige Folgen des Strebens nach Unabhängigkeit und Eigenständigkeit liegen dann vor, wenn Jugendliche bei der Suche nach eigenen Wegen in einer hohen Selbstbezogenheit stecken bleiben. Sie haben den Kontakt sowohl zu ihrer Familie als auch zu den Gleichaltrigen verloren und beschränken sich auf eine lediglich auf die eigene Person bezogene Lebensperspektive, die von der Umwelt als Egoismus oder Arroganz gedeutet werden kann. Die daraus resultierenden Konflikte für das Sozial- und Arbeitsverhalten sind leicht vorstellbar.

Sehr problembeladen ist eine Selbstständigkeitsentwicklung auch dann, wenn eine Loslösung von der Familie zwar gelingt, zugleich aber keine Kontakte zu Gleichaltrigen aufgebaut werden können. Die dadurch entstandene soziale Isolation lässt beim Jugendlichen das Gefühl des Alleingelassenseins und der Ausweglosigkeit aufkommen. 1992 wurden für die Bundesrepublik 263 vollendete Suizide in der Altersgruppe zehn bis 20 Jahre gemeldet (Casper und Wiesner 1995). Jugendliche, die versucht haben, sich das Leben zu nehmen, klagen sehr häufig über Probleme mit den Eltern (Spirito et al. 1989). Neben Selbstmordversuchen sind Drogenmissbrauch und Alkoholismus nicht auszuschließen. Über 80 % der Jugendlichen (12–16 Jahre) haben Erfahrungen mit Alkohol, 53,2 % mit Zigaretten und 4,4 % mit Haschisch. Als regelmäßige Alkoholkonsumenten stuften sich 1,3 % der Befragten ein, als regelmäßige Raucher 6,1 % (Kolip et al. 1995). Als Risikofaktoren für die Entwicklung von Alkohol- und Drogenproblemen bei Kindern und Jugendlichen werden unter anderem der familiäre Umgang (wie inkonsequentes Elternverhalten, geringe familiäre Bindungen) und schulisches Versagen diskutiert (Dierker, Merikangas und Essau im Druck; Hawkins, Catalano und Miller 1992; Zucker, Fitzgerald und Moses 1995). In einer solchen Situation sieht der Jugendliche keine Zukunftsperspektive und sein Misstrauen bzw. Pessimismus gegenüber seiner Umwelt verstärkt sich.

Vor dem oben beschriebenen Kreislauf der sozialen Isolation schützt sich eine andere Gruppe von Jugendlichen dadurch, dass sie sich von ihrer Familie zwar ablöst, unter Umständen radikal, aber zugleich bereitwillig den Normen einer Subkultur anschließt. Dies kann deshalb geschehen, weil die Jugendlichen noch nicht gelernt haben, ein autonomes, eigenständiges Leben zu führen. In dieser Lage führt die Anpassung an eine Subkultur manchmal dazu, dass sie sich von der Gesellschaft völlig abkapseln, zum Beispiel in Jugendsekten, oder dass sie delinquentes Verhalten zeigen, zum Beispiel in einer Jugendbande.

(Aus: Franz Petermann/Ulrike Petermann: Training mit Jugendlichen. Förderung von Arbeits- und Sozialverhalten. 5., überarbeitete und erweiterte Auflage. Beltz Psychologie Verlags Union: Weinheim 1996, S. 14–16)

1 Was sagt der Text zum Streben von Jugendlichen nach Unabhängigkeit und Eigenständigkeit?
Können Sie zustimmen?

2 Wie sollte – nach Ihrer Meinung – pädagogisch angemessen auf das Streben von Jugendlichen nach Unabhängigkeit und Eigenständigkeit von Erwachsenenseite aus reagiert werden?

3 Interpretieren Sie – auf dem Hintergrund des Textes von Franz und Ulrike Petermann – das Bild „Boogie Woogie" von Renato Guttuso aus dem Jahr 1953.
Inwiefern ist das Kunstwerk zeitbedingt?
Inwiefern ist es auch heute noch aktuell?

2.4.2 Wie wichtig sind Eltern?

2.4.2.1 „Eltern sind gar nicht so wichtig, wie man bisher dachte ...“ – zur Bedeutung der Peers

Im folgenden Textauszug kommt der Begriff „Jugendlicher“ nicht vor. Dennoch hat das, was über Kinder gesagt wird, unmittelbare Auswirkungen auf das Verständnis von Jugendlichen. – Der Autor gibt nicht nur seine eigene Position wieder, sondern referiert die Vorstellungen von Judith Rich Harris. Seine Ausführungen sind dem Vorwort zum Buch „Ist Erziehung sinnlos? Die Ohnmacht der Eltern“ entnommen. Im Klappentext zum Buch von Judith Rich Harris heißt es: „Dieses aufregende Buch zerstört einige unserer tiefsten und festesten Überzeugungen in Erziehungsfragen und bietet uns stattdessen etwas radikal Neues. Mit Eloquenz und Eleganz legt Harris dar, warum Eltern nur wenig Einfluss haben auf die Entwicklung ihrer Kinder. Was am meisten zählt, ist vielmehr die Erfahrungswelt der Kinder außerhalb ihres Elternhauses, das Leben in ihrer eigenen Altersgruppe. Nicht Eltern sozialisieren Kinder, nein: Kinder sozialisieren Kinder ...
Judith Rich Harris führt vor, welche enorm prägende Kraft Peer-groups auf das Leben von Kindern ausüben. Sie hat etwas entdeckt, was das Leben von Eltern ändern kann – und öffnet behutsam die Augen dafür, wo und wann Eltern etwas machen können und wo nichts zu machen ist. Sie vermag es, all denen die quälenden Schuldgefühle zu nehmen, denen es trotz bester Absichten nicht gelungen ist, ein glückliches, wohlerzogenes, in sich ruhendes Kind heranzuziehen.“

Vor drei Jahren veränderte ein Artikel in der Zeitschrift *Psychological Review* mein Denken über Kindheit und Kinder grundlegend. Wie die meisten Psychologen habe ich viel über die jeweilige Rolle der genetischen Ausstattung und der Erziehung durch die Eltern gestritten. Wir alle halten es für selbstverständlich, dass alles, was nicht genetisch bedingt ist, von den Eltern kommen muss. Und da war nun plötzlich dieser Artikel von einer gewissen Judith Rich Harris, hinter deren Namen keine akademische Institution vermerkt war und in dem einfach behauptet wurde, Eltern spielten keine Rolle. Was außer den Genen eine Rolle spiele, sei die Peer-group eines Kindes – die Gruppe der Gleichaltrigen. Es klang verrückt, doch Harris überzeugte mich bald mit Fakten, von denen ich zwar wusste, dass sie stimmten, die ich jedoch in jenem geistigen Ordner für alle unleugbaren Wahrheiten abgelegt hatte, die sich nicht in unsere Glaubenssysteme einfügen wollen.
Ich befasse mich mit Sprachentwicklung: wie Kinder aus dem elterlichen *Input*, wie wir in unserem Fach sagen, ein grammatisches Regelsystem erwerben. Ein merkwürdiges Faktum in unserem Ordner für unbequeme Wahrheiten ist, dass Kinder letzten Endes immer Sprache und Akzent ihrer Altersgenossen annehmen, nicht etwa die ihrer Eltern. In der Psycholinguistik hat niemand je auf diese Tatsache explizit hingewiesen, geschweige denn sie erklärt. Doch diese Theorie tat es.
Auch andere Erkenntnisse zum Spracherwerb fügen sich in Harris Theorie ein. Selbst in den zahlreichen Kulturen, in denen Erwachsene nicht mit den kleinen Kindern reden, lernen Kinder eine Sprache; sie hören einfach ihren nur wenig älteren Spielgefährten zu. Kinder, die keiner grammatisch voll entwickelten Sprache seitens

Bruce Nauman: Finger Touch No 1. (1966–67/1970).

James Rizzi: Die Jungen. Sérigraphie en 3 dimensions – 8,40 x 11,58 cm.

Nouvelles Images S.A. éditeurs: France, © James Rizzi 1991

der Erwachsenen ausgesetzt sind, können selbst eine miteinander *erschaffen.* Und Kinder von Einwanderern eignen sich die neue Sprache auf dem Spielplatz so schnell an, dass sie sich bald über die grammatischen Fehler ihrer Eltern lustig machen.

Der Erwerb der Muttersprache in allen Einzelheiten ist ein Beispiel für kulturelles Lernen. Kinder in Japan sprechen Japanisch, Kinder in Italien sprechen Italienisch, und diese Unterschiede haben nichts mit ihren Genen zu tun. Wenn aber diese Unterschiede auch nichts damit zu tun haben, was sie von ihren Eltern lernen, dann, darauf wies Harris hin, sollten wir uns grundsätzlich Gedanken über das kulturelle Lernen machen. Mir war es immer als ganz selbstverständlich erschienen, dass Kinder durch ihre Eltern sozialisiert werden. Doch in meinem Ordner für verdrängte Wahrheiten hatte ich auch die Tatsache abgeheftet, dass viele erfolgreiche Menschen – und dazu zählt auch mein eigener Vater – Einwandererkinder waren, die nicht im Geringsten durch kulturell unbeholfene Eltern behindert wurden, welche sich die Sprache, die Sitten oder das praktische Wissen ihrer neuen Heimat niemals aneigneten.

Harris' Artikel bot mehr als nur einen klaren Grundgedanken und einige bekannte Wahrheiten. Sie untermauerte ihre Theorie mit Fachliteratur aus den Bereichen Psychologie, Anthropologie, Kulturgeschichte, Verhaltensgenetik und Primatologie und beleuchtete eine Reihe von Themen wie die Entwicklung geschlechtsspezifischen Rollenverhaltens oder Jugendkriminalität. In meiner erster E-Mail an sie fragte ich sie: „Haben Sie vor, darüber ein Buch zu schreiben?" Ihr daraus hervorgegangenes Buch *The Nurture Assumption,* dessen Titel man auf Deutsch mit *Die Erziehungshypothese* wiedergeben könnte, stellt die These auf, in der Entwicklung zum Erwachsenen spielten Gene und Gleichaltrige eine Rolle, Eltern aber nicht, und wirft Fragen in Bezug auf Eltern und Kinder auf, wie sie tief greifender nicht sein könnten. Sie stellt das sozial-

wissenschaftliche Standardmodell des Kindes als ein Bündel von Reflexen und leerem Kortex in Frage, der nur darauf warte, von wohl wollenden Eltern programmiert zu werden – was bei einiger Überlegung aus biologischen Gründen ziemlich unwahrscheinlich ist. Wie andere Lebewesen auch sind Kinder Evolutionsprodukte und müssen sich aktiv an ihrem eigenen Kampf ums Überleben und schließlich auch um ihre Fortpflanzung beteiligen. Dies hat bedeutende Implikationen, die hier gründlich erforscht werden.
Erstens sind die biologischen Interessen von Eltern und Kind nicht identisch. Selbst wenn also Kinder sich den Belohnungen, Strafen, Beispielen und Nörgeleien ihrer Eltern vorübergehend fügen – da sie kleiner sind und keine andere Wahl haben –, sollten sie nicht zulassen, dass ihre Persönlichkeit auf Dauer durch diese Taktiken geformt wird.
Außerdem ist der Homo sapiens eine in Gruppen lebende Spezies, und für die Gruppe gilt dasselbe wie für jeden anderen Aspekt der Umweltnische eines Organismus: Sie wird bestimmt von Ursachen und Wirkungen, an die der Organismus sich tunlichst anpassen sollte. Erfolgreich in einer Gruppe zu bestehen bedeutet, sich die Tatsache zunutze zu machen, dass mehrere Köpfe besser sind als einer, und an ihren akkumulierten Entdeckungen teilzuhaben. Es bedeutet, lokale Normen zu erkennen, die völlig willkürlich erscheinen mögen, jedoch Anpassung erfordern, da es gemeinschaftliche Normen sind (bekannte Beispiele sind etwa Banknoten oder das Fahren auf der rechten Straßenseite). Es bedeutet, danach zu streben, vom Umgang mit anderen Menschen zu profitieren, statt sich ausbeuten oder dominieren zu lassen. Und da jede Gruppe sich zu einer Interessengemeinschaft entwickelt, was sie in Konflikt mit anderen Gruppen bringt, bedeutet es auch, sich am Konkurrenzkampf zwischen den Gruppen zu beteiligen.
Heutzutage gewinnt oder verliert ein Kind je nach seiner Fähigkeit, sich in diesem Milieu erfolgreich durchzusetzen; in der Vergangenheit ging es dabei um Leben oder Tod. Es leuchtet durchaus ein, dass Kinder sich die nötigen Kalorien und Schutz bei ihren Eltern holen, da die Eltern als einzige bereitwillig dafür sorgen – dass sie sich ihre Informationen aber bei den bestmöglichen Quellen suchen, und das sind für sie möglicherweise nicht ihre Eltern. Um Kumpel – und zuvor um den Status, solche zu erwerben und zu halten – wird das Kind sich außerhalb der Familie bemühen müssen, in nach anderen Regeln funktionierenden Gruppen. Kinder und Eltern können sogar teilweise konkurrierenden Gruppen angehören. Ganz gewiss hat die Natur sich die Kinder nicht als Knetmasse in den Händen ihrer Eltern gedacht.
Ebenso unwahrscheinlich ist der Gedanke, die Bindung eines Babys an seine Mutter lege das Muster für seinen späteren Umgang mit der Welt fest – auch dieses Dogma wird auf den folgenden Seiten auseinander genommen. Die Beziehungen zu Eltern, Geschwistern, Gleichaltrigen und Fremden könnten gar nicht unterschiedlicher sein, und dem menschlichen Gehirn mit seinen Milliarden Synapsen mangelt es schwerlich an der Fähigkeit zur getrennten geistigen Buchführung für jeden einzelnen. Die Bindungs-Hypothese verdankt ihre Beliebtheit der uns von Freud und den Verhaltensforschern hinterlassenen veralterten Vorstellung, der Geist des Babys werde wie ein unbeschriebenes Blatt Papier die allerersten Schriftzüge für immer bewahren.
Dem vorliegenden Buch gelingt wirklich etwas Seltenes: Obwohl man sich anfangs intuitiv gegen seine These wehrt, hat man das Gefühl, dass sich auf diesen Seiten *echte* Kinder und Eltern bewegen, nicht gefügige kleine menschliche Roboter, wie man sie im wirklichen Leben niemals antrifft. Zu seinen weiteren Besonderheiten gehören eine verheerende methodogische Kritik vieler Forschungsarbeiten auf dem Gebiet der kindlichen Entwicklung, eine erhellende Analyse des Versagens von Schulen, eine Erklärung dafür, warum Kinder von Ärztinnen und Rechtsanwältinnen beharrlich behaupten, Frauen sollten Hausfrauen sein, und eine ungemein kluge Antwort auf die Frage: „Sie meinen also, es ist egal, wie ich mein Kind behandle?“
Es gehört zu den Höhepunkten meines Psychologenlebens, dass ich als einer der ersten dieses aufregende Buch lesen durfte. Man trifft selten auf eine Arbeit, die zugleich wissenschaftlich, revolutionär, erkenntnisreich und dabei wunderbar klar und geistreich ist. Doch lassen Sie sich von so viel Vergnügen nicht irreführen. *Ist Erzie-*

hung sinnlos? ist eine ernsthafte, eigenständige wissenschaftliche Leistung. Ich prophezeie, dass man dieses Buch einmal als einen Wendepunkt in der Geschichte der Psychologie betrachten wird.

(Aus: Steven Pinker: Vorwort: In: Judith Rich Harris: Ist Erziehung sinnlos? Die Ohnmacht der Eltern. Deutsch von Wiebke Schmaltz. Rowohlt Verlag: Reinbek bei Hamburg 2000, S. 9–12)

1 Was ist die grundlegende These des Buches von Judith Rich Harris nach Steven Pinker?
2 Wie wird die These von Harris argumentativ durch Steven Pinker gestützt?
3 Haben Sie Einwände? Wenn ja, welche?

2.4.2.2 „Eltern bleiben wesentlich ...“ – jugendliche Identität im Kontext

Irrtümlicherweise wird häufig angenommen, dass die Familie im Jugendalter keine große Rolle mehr spielt. Untersuchungen belegen jedoch die große Bedeutung der Familie für die Entwicklung des Jugendlichen. [...]
Sowohl aus psychoanalytischer Sicht (Blos, 1962) als auch aus der Perspektive der Identitätsforschung (Marcia, 1980) wird die Identitätsbildung durch die Lösung vom Elternhaus begünstigt. Diese zu einseitige Sichtweise ist kritisiert worden (Gilligan, 1987; Sampson, 1988) und bedarf der Ergänzung durch den Aspekt der Bezogenheit und Kommunikation, die nicht nur in der Peergruppe, sondern auch zwischen Eltern und Kind weitergeführt werden muss. [...]
Bereits im frühen Jugendalter ändert sich die affektive Qualität der Familienbeziehungen, nämlich sobald die Jugendlichen in die Pubertät eintreten. Steinberg (1989) benutzte die Hypothese der emotionalen Distanzierung, um die Familiendynamik dieser affektiven Veränderung zu beschreiben und zu erklären. Die Hypothese behauptet, dass der Höhepunkt des pubertären Wachstumsschubs mit einer Zunahme emotionaler Distanz zwischen Jugendlichen und ihren Eltern einhergeht.
Das würde heißen, dass Jugendliche während der körperlichen Reifung eine Verringerung der Bindung (attachment) zu ihren Eltern erfahren. Die Bindungen lockern sich und die emotionale Ausdrucksfähigkeit in der Familie verringert sich gemäß dieser Hypothese. Dies führt zu einer Erhöhung von Gefühlen sozialer Angst und von Depression. Bisherige Untersuchungen bestätigen diese Hypothese (Steinberg, 1988, 1989; Papini und Sebby, 1987).
Andererseits sagt die Attachmenttheorie voraus, dass das Bindungsverhalten besonders bei Stress und Angst aktiviert wird. Wenn Jugendliche unter Stressbedingungen also Zuflucht im Bindungsverhalten suchen können, so wirkt dies dämpfend auf ihre Ängste. Diese Dämpfungshypothese (buffering hypothesis) wurde von Armsden und Greenberg (1987) entwickelt. Sie besagt, dass die Qualität der Bindungsbeziehungen zu den Eltern einen Puffer für Stress und Angst bildet, die in Übergangsperioden auftritt. Vor allem während der Zeit körperlicher Reifung kann die Qualität der Bindung die Jugendlichen vor Gefühlen der Depression und sozialen Angst schützen. Papini, Roggman und Anderson (1991)

Marie Marcks: „Vater und Sohn“. Edition Inkognito: Berlin

haben in einer Untersuchung beide Hypothesen aufeinander bezogen.
Sie erfassten bei den Jugendlichen die Einschätzung der Bindung zu Vater und Mutter, ihre Neigung zur Depression, die soziale Angst, den Zusammenhalt in der Familie und die Expressivität (das Ausmaß, in dem Jugendliche ihre Gedanken und Gefühle frei in der Familie äußern können).
Die Hypothese der emotionalen Distanzierung konnte dabei nur teilweise bestätigt werden. Während die Jungen hier eine geringfügige Zunahme der Bindung an die Mutter in der pubertären Phase wahrnahmen, äußerten die Mädchen eine geringere Bindung zur Mutter. Die Bindung an die Väter verringerte sich bei den pubertären Jugendlichen signifikant. Jedoch war dieses Absinken bei den Jungen wesentlich stärker ausgeprägt als bei den Mädchen.
Deutlicher konnte die Dämpfungshypothese (buffering hypothesis) bestätigt werden. Jugendliche, die eine stärkere Bindung an die Eltern zum Ausdruck brachten, waren weniger depressiv und weniger sozial ängstlich und schätzten die Möglichkeit, sich frei in der Familie darzustellen (expressiveness), und den Zusammenhalt in der Familie positiv ein. Allerdings beeinflusste die pubertäre Reife den Zusammenhang zwischen Bindung und emotionaler Stabilität nicht.
Damit zeigt sich, dass sich die beiden Hypothesen nicht direkt in Beziehung bringen lassen: Der Zusammenhang Pubertät – Hang zu Depression durch emotionale Distanzierung – und Variation durch unterschiedlich starke Bindung (Dämpfungshypothese) scheint nicht zu bestehen.
Die Dämpfungshypothese wird auch durch andere Untersuchungen bestätigt. Sie zeigen einen Zusammenhang zwischen engen, sicheren und warmen Beziehungen zu den Eltern auf der einen und der Selbsteinschätzung und dem emotionalen Wohlbefinden der Jugendlichen auf der anderen Seite (Armsden und Greenberg, 1987; Greenberg, Siegel und Leitch, 1984). Zumindest für das frühe Jugendalter gilt, dass die Bindung an die Eltern nach wie vor wichtig für eine gedeihliche Entwicklung ist.

(Aus: Rolf Oerter/Eva Dreher: Jugendalter. In: Rolf Oerter und Eva Dreher [Hrsg.]: Entwicklungspsychologie. Ein Lehrbuch. 4. Auflage. Beltz Psychologie Verlags Union: Weinheim 1998, S. 362–366)

1. Was sagen Rolf Oerter und Eva Dreher über die Bedeutung der Eltern im Jugendalter? Wie begründen sie ihre Position?
2. Vergleichen Sie Oerters und Drehers Auffassung mit der des Abschnitts 2.4.2.1.
3. Führen Sie eine Pro-und-Kontra-Diskussion zum Thema durch und kommen Sie zu einer eigenen Meinung.

2.4.3 Der Übergang zum Jugendalter: eine Krise für die Jugendlichen oder für die Eltern? – Ein kommunikationstheoretischer Zugang

In umfangreichen längsschnittlichen Fragebogenstudien zum Jugendalter wurde die klassische These einer psychischen Destabilisierung im Jugendalter widerlegt (Fend, 1990; Offer und Offer, 1975). Die traditionell als naturgegeben angenommene Sturm-und-Drang-Phase Pubertierender mit erhöhten Risiken pathologischer Entwicklungen (Blos, 1962; Erikson, 1981) wird in der Regel eher kritisch kommentiert (Hauser und Kay Bowlds, 1990). Im Rahmen der vorliegenden Studie wurden auf der Basis von Kommunikationsverhalten Veränderungen in allen Familienbeziehungen, inklusive der überhaupt nicht direkt betroffenen Elternbeziehung, ermittelt. Demnach stellt der Übergang ins Jugendalter eine kritische Phase der Neuorientierung und Veränderung weniger für den einzelnen Jugendlichen als vielmehr für die gesamte Familie dar. Obwohl dieser Übergang als normatives Ereignis von den Eltern erwartet wird, kann er trotzdem außergewöhnliche Komplikationen bei der Veränderung der Beziehungen mit sich bringen. Möglicherweise sind es die Eltern, die größere Schwierigkeiten mit ihren pubertierenden Kindern erleben und auch thematisieren, als dass die Kinder selbst in der Mehrzahl Symptome der Destabilisierung aufweisen (Fend, 1990). Die Gefahr einer pathologischen Entwicklung speziell durch die Pubertät ist in der psychoanalytischen Literatur wahrscheinlich überschätzt worden (Blos, 1962; A. Freud, 1958). Wenn Eltern in dieser Zeit aber nicht in der Lage sind, Veränderungen in den Beziehungen zu ihren Kindern konstruktiv zu gestalten, kann dies als Beginn unerwünschter Entwicklungen betrachtet werden. Die Geschichte der familialen Beziehungen, die Art der Bewältigung vorangegangener Entwicklungskrisen und eine vielleicht unerwartete Akkumulation von Belastungen mögen weitere Hintergründe für außergewöhnliche Schwierigkeiten sein, mit denen sich die Eltern konfrontiert sehen, wenn durch die rasante Entwicklung eines Kindes ein Veränderungsdruck für die Familie ausgelöst worden ist.

In der Auseinandersetzung darüber, ob der Übergang ins Jugendalter eine Krise darstellt oder nicht, gilt es auch zu bedenken, dass in vielen Fällen Kinder zu spät untersucht wurden. Der Beginn der biologischen Veränderung und des Wachstumsschubs kann zwischen 11 und 13 Jahren lokalisiert werden, die Zeit, in der auch die alltäglichen Konflikte zunehmen (Brooks-Gunn und Reiter, 1990; Hill, 1988). In der Erforschung dieses Übergangs wäre es demnach hilfreich, ähnliche Kriterien wie bei den Studien zur Familiengründung anzulegen: längsschnittliche Analysen des Entwicklungskontexts vor und nach einer Veränderung (Cowan und Cowan, 1987, 1992; Cowan, 1991). Die besondere Berücksichtigung der Elternbeziehung als ein relevantes Kontextmerkmal für die Entwicklung im Jugendalter und im jungen Erwachsenenalter stellt dabei einen viel versprechenden Ausgangspunkt dar (Harold und Conger, 1997; Feldmann et al., 1997; Papastefanou, 1997). [...]

Verschiedene Kulturen des Austauschs in Familien, wie sie in der vorliegenden Arbeit untersucht worden sind, hängen nicht nur mit der Entwicklung der subjektiven Einschätzungen der Jugendlichen von sich selbst und ihrer Beziehungsumwelt zusammen. Die Elternbeziehung und die Art und Weise, wie in ihr Probleme gelöst werden, wie mit Nähe und Widersprüchen umgegangen wird, hat direkte Implikationen für die Möglichkeiten der Beziehungsgestaltung zwischen Eltern und jugendlichen Kindern. Sie begrenzt die kommunikativen Möglichkeiten, die heranwachsenden Jugendlichen zur Verfügung stehen. Jugendliche haben also in ihren Familien keine freie Wahl, wie sie mit ihrem Vater oder ihrer Mutter umgehen möchten, wie sie ihre Wünsche und Bedürfnisse artikulieren oder durchsetzen können. Es stehen ihnen nur diejenigen kommunikativen Möglichkeiten zur Verfügung, die ihnen in der Familie angeboten werden und die sie in der Familie wirksam einsetzen können. Auch den Eltern wird in der frühen Phase der Pubertät ihres ersten Kindes eine enorme Anpassungsfähigkeit abverlangt. Kinder, die aus der Sicht der Eltern gerade dem Kleinkindalter entwachsen und noch weitgehend von ihnen abhängig sind, fordern plötzlich ein, als erwachsenes Mitglied der Familie behandelt und in ihren Entscheidungen entsprechend respektiert zu werden. Zugleich ziehen sie sich zurück, fordern mehr privaten Raum und weniger Kontrolle im Alltag (Larson, 1997; Smetana, Yau, Restrepo und Braeges, 1991). Vergleichbar kleinen Kindern, die das Gehen erlernen, brauchen sie dennoch Unterstützung und Zuwendung bei ihren ersten Gehversuchen als Jugendliche und sukzessiven Aufbau von Eigenverantwortlichkeit (Smetana, Yau und Hanson, 1991). Eltern können diese Bestrebungen ihres ältesten Kindes zur Selbstständigkeit ignorieren oder aber konstruktiv damit umgehen. Gleichzeitig müssen sie die Veränderung ihrer eigenen Rolle als Eltern verkraften und sich nicht nur damit auseinander setzen, dass sie für das Kind emotional weniger wichtig werden und das Beisammensein mit dem Jugendlichen weniger erfüllend sein kann. Vielmehr sind sie besonders gefordert, weil neue Aufgaben und Probleme zu lösen sind und die Jugendlichen eine neue Form von Struktur, Zuwendung und Anerkennung benötigen (Storch, 1994). Wenn es Familien gelungen ist, diese neuen Formen zu finden, dann wird auch das Zusammensein mit Jugendlichen für die Eltern seine entspannenden, erfüllten Momente aufweisen. Ein zentraler Ort der Verarbeitung von Emotionen, der Planung und Strukturierung des familiären Alltags stellt auch in Familien mit jugendlichen Kindern die Elternbeziehung dar. Je besser es Eltern gelingt, Konflikte miteinander zu lösen, desto leichter fällt ihnen die Anpassung an Entwicklungsveränderungen der Kinder und desto wahrscheinlicher übernehmen die Kinder diese Fähigkeit von ihren Eltern.

Kinder aus ausgeglichenen Familien, wie sie hier beschrieben wurden, erleben wahrscheinlich auch in Auseinandersetzung mit Freunden oder

Boris Schmalenberger, Stuttgart

(Aus: Peter Feierabend [Hrsg.]: Photography Index II. Könemann Verlagsanstalt: Köln 1999)

Klassenkameraden und mit anderen Erwachsenen für sie selbst zufrieden stellende Interaktionen. So weisen die Interaktionsformen in Mütter-Töchter-Diskussionen und in Diskussionen der Töchter mit ihren besten Freundinnen deutliche Zusammenhänge auf (Gavin und Furman, 1996). Auch bei jüngeren Kindern konnten spezifische Zusammenhänge zwischen dem Sozialverhalten in der Schule und familialen Kommunikationsformen, insbesondere dem Umgang mit affektiven Signalen zwischen Vätern und Müttern, aufgezeigt werden (Boyum und Parke, 1995). Die jugendtypischen Schwierigkeiten werden von Kindern ausgeglichener Eltern möglicherweise als weniger bedrohlich und die Erfahrung von Misserfolgen als weniger schwer wiegend interpretiert. Jedenfalls hatten diese Jugendlichen in der vorliegenden Untersuchung auch nach der Erfahrung von Auseinandersetzung und Distanzierung im mittleren Jugendalter zu beiden Eltern eine Beziehung, die sie selbst als genauso verlässlich einschätzten wie während der Übergangszeit zum frühen Jugendalter. Auf dem Hintergrund abnehmender Selbstzweifel über die eigene Leistungsfähigkeit und der Erfahrung sozialer Kompetenz halten sie die Urteile anderer für wichtig, sie lassen also soziale Einflussnahme anderer zu, ohne ihr allerdings schutzlos preisgegeben zu sein. Diese Jugendlichen können ihre Eltern weiterhin als Quelle wichtiger Informationen über sich und die Welt nutzen, wobei sich so auch die Eltern ernst genommen und bestätigt fühlen können.

Ganz anders verläuft der Übergang in Familien, wenn die Eltern eine blockierte Kommunikationsform aufweisen. Hier scheinen die Jugendlichen ihrerseits ebenfalls zu blockieren, um den lästigen Belehrungen der Väter und den unangemessenen Nähesignalen ihrer Mütter zu entkommen. Sie ziehen sich häufig zurück und schweigen, was für die Eltern eine unangenehme, für die Mütter eine unberechenbare, fast bedrohliche Wirkung entfalten mag, da ihre Kinder nonverbal ambivalente Verhaltensweisen zeigen. Die Eltern, deren Kommunikation als schwierig bezeichnet werden kann, erfahren wenig von ihren Kindern, und die Versuche, ihnen etwas mitzuteilen, schlagen fehl. Gleichzeitig sind sich die Jugendlichen zunehmend unsicher über ihre eigene Fähigkeit, dass sie Mittel und Wege wissen, um zu erreichen, was sie erreichen möchten, und nicht dem Gefühl der Hilflosigkeit erliegen. Zusätzlich erleben sie sich als Personen, die Urteile anderer sehr ernst nehmen. Als Ausgangspunkt für die beginnende Integration in die Welt der Erwachsenen ist die Situation von jugendlichen Kindern blockierter Elternpaare damit schlechter als diejenige von Jugendlichen ausgeglichener Familien. Gleichermaßen wächst für die Eltern mit blockierten Kommunikationsformen die Belastung beim Übergang zur Jugend. Sie erfahren bei zunehmender Distanz zu ihren Kindern auch in ihrer Partnerbeziehung weniger emotionale Unterstützung und Bestätigung. Ungelöste Probleme und Schwierigkeiten häufen sich. Diese Ergebnisse weisen Entsprechungen zu den Befunden von Katz und Gottman (1993) auf. Auf das Rückzugsverhalten von Vätern in Gesprächen mit ihren Frauen folgen so genannte internalisierende Symptome ihrer Kinder, also ebenfalls Rückzug und erhöhte Depressivität (Katz und Gottman, 1993).

Eher eine mittlere Position nehmen die Jugendlichen aus expressiven Familien ein. Sie scheinen auf ihre Art und Weise die häufigen Meinungsverschiedenheiten und Konflikte zwischen ihren Eltern zwar weiterzutragen, indem sie sich daran beteiligen, sie ziehen sich aber nicht, wie dies bei Jugendlichen aus der blockierten Gruppe der Fall ist, aus der Auseinandersetzung zurück. Die Umgangsformen zwischen Eltern und Kindern erwiesen sich in dieser Gruppe als flexibler. Zwar bedarf es in diesen Familien heftiger Auseinandersetzungen, dann aber stellen sich doch rechtzeitig Veränderungen ein. In Bezug auf die Einschätzungen der Beziehungsqualität unterscheiden sich die Jugendlichen der blockierten und expressiven Gruppe jedoch nicht. Es scheint die kleine Gruppe der Jugendlichen mit ausgeglichenen familiären Kommunikationsformen zu sein, die eine Ausnahme in positiver Richtung darstellen. Auch bezüglich der Selbsteinschätzungen kann für die expressive Gruppe nur eine Zwischenposition angenommen werden, ihre Selbstzweifel verändern sich weder in positiver noch in negativer Richtung. Die Analysen der kommunikativen Verhaltensweisen lassen jedoch eine Differenzierung durchaus zu, weil der Austausch zwischen Eltern und Kindern der expressiven Gruppe lebendiger und offener zu sein scheint als in der blockierten Gruppe. Vor allem von den Vätern erhalten diese Jugendlichen trotz vieler Belehrungen und Zurechtweisungen auch viele Zeichen der Verbundenheit, der Selbstverständlichkeit und des Zusammengehörens. In der Tendenz weist die Entwicklung dieser Jugendlichen Parallelen mit Berichten aus den Studien auf, in denen der Zusammenhang der Feindseligkeit zwischen den Eltern mit erhöhter Aggressivität, geringer Selbstbeherrschung oder so genannten externalisierenden Symptomen analysiert wurde (Feldman und Wentzel, 1990; Miller et al., 1993). An dieser Stelle muss jedoch betont werden, dass es sich bei den expressiven Familien nicht um extrem feindliche Interaktionen handelt, sondern dass auch ausreichend Variationen und positive Signale zu finden sind, die die Beziehungen aufrechterhalten.

(Aus: Manuela Ullrich: Wenn Kinder Jugendliche werden. Die Bedeutung der Familienkommunikation im Übergang zum Jugendalter. Juventa Verlag: Weinheim und München 1999, S. 176/177)

1 Der Übergang zum Jugendalter: eine Krise für die Jugendlichen oder für die Eltern?

2 Diskutieren Sie vor dem Hintergrund des kommunikationstheoretischen Ansatzes, wie er im Text angesprochen ist, den Ausspruch von Mark Twain: „Als ich vierzehn war, war mein Vater so dumm, dass ich ihn kaum ertragen konnte. Mit einundzwanzig war ich erstaunt, wie viel er in den vergangenen sieben Jahren gelernt hatte."

2.5 Zusammenfassender Überblick: Durch Lösung vom Elternhaus Identität gewinnen – eine Aufgabe im Jugendalter

Identität ist [...] immer Identität im Kontext. Dieser Kontext ist [...] im weitesten Sinn des Wortes die Entwicklungsnische, die die Kultur bereitstellt, und der Lebensraum, der aus physikalischen Komponenten und Deutungselementen besteht. Entwicklungsnische bzw. Lebensraum des Jugendlichen sind deutlich von denen des Kindes und des Erwachsenen unterschieden. Nach Kurt Lewin (1963) entsteht der zentrale Konflikt des Jugendalters aus der Stellung des Jugendlichen zwischen Kindheit und dem Erwachsenendasein. Diese Zwischenstellung macht ihn – ähnlich den Angehörigen von Minderheitsgruppen – zur Randgruppenperson, d.h. zur Marginalperson. Die Zwischenstellung, die zugleich Grenz- bzw. Randstellung ist, empfängt von zwei Seiten zusätzliche Belastungen und Unsicherheit:

- Der Wechsel vom Kindes- zum Erwachsenenalter bringt den Übertritt in einen noch unbekannten Lebensbereich, der für den Jugendlichen wenig strukturiert und gegenüber dem bisherigen Erfahrungsraum viel stärker ausgeweitet ist.
- Die dramatischen Veränderungen am eigenen Körper mit neuen körperlichen Erfahrungen bringen Verwirrung, zumal die Umwelt ebenfalls auf diese körperlichen Veränderungen reagiert.

Paloma Verlag: Berlin

Der Konflikt des Jugendlichen als Marginalperson hängt in seinem Ausmaß davon ab, (1) wie groß die Kluft zwischen Erwachsenenkultur und Kindheit ist und (2) wie ausgeprägt sich der Jugendliche selbst in dieser Zwischenstellung als Marginalperson wahrnimmt.

Die Wahrnehmung der Grenzposition ist bei Jugendlichen in unserer Gesellschaft unterschiedlich. Die berufstätige Jugend nimmt diese Kluft vermutlich weniger wahr als Schüler und Studenten oder als arbeitslose Jugendliche.

In letzter Konsequenz führt die Marginalisierung zur Entfremdung von der umgebenden Gesellschaft und zur Wahl alternativer Lebensformen. Unter ökologischer Perspektive ist die Position des Menschen in seiner Umwelt durch ein vielfältiges Geflecht von Bindungen an die Umwelt gekennzeichnet. Im Normalfall fühlen sich Jugendliche daher in ihrer Umwelt heimisch, weil sie positive Gefühlsbindungen zu ihrer Umgebung aufgebaut haben, so etwa in Familie, Schule oder Freizeit. Im Folgenden werden wir vier Umweltbereiche oder Lebensregionen, wie sie Lewin bezeichnet hat, näher beschreiben: Familie, Schule, Peergruppe sowie Beruf. Die Familie übt zwar zeitlebens einen Einfluss auf die Entwicklung aus, doch muss sie im Jugendalter diesen Einfluss mit der Schule und der Peergruppe teilen. Die Peergruppe löst die Familie in manchen Sozialisationsaufgaben ab und die Schule bereitet den Übergang zur verantwortlichen Teilhabe an der Erwachsenengesellschaft vor. Schließlich kommt der Zeitpunkt, da der Jugendliche ins Berufsleben eintritt, vorausgesetzt, es handelt sich um eine normale angepasste Entwicklung. Einerseits gibt es also eine Akzentverschiebung von Familie zu Peergruppe bis hin zum Beruf, andererseits lebt der Jugendliche in diesen Umweltregionen auch gleichzeitig. Die

Identität im Spannungsfeld von vier Umwelten.

Wechselwirkung zwischen diesen Regionen bzw. Systemen wird seit Bronfenbrenner (1979) als Mesosysteme bezeichnet. [...]
In der Abbildung wird die Identität des Jugendlichen in seinen Beziehungen zur Umwelt dargestellt. Die vier Umwelten sind zugleich durch materielle Objekte wie Gebäude bzw. Maschinen repräsentiert. Damit soll zum Ausdruck gebracht werden, dass nicht nur Personen, sondern auch die materielle Umwelt die Identität mit definieren. Weiterhin soll die Abb. die Einbettung des Individuums in Ökosysteme symbolisieren.
Von der Peergruppe führt ein Pfeil weg zur Partnerschaft, die in vielen Fällen erst die eigentliche Trennung von der Familie bewerkstelligt. Sie ist dann eine Entwicklungsaufgabe des frühen Erwachsenenalters [...].
Über allen Lebensregionen samt ihren Personen und Gegenständen wirkt die Kultur. Sie fördert die Identität gleichermaßen durch Regen und Sonnenschein, was zum Ausdruck bringen soll, dass Konflikte ebenso wie harmonische Interaktion für die Entwicklung nötig sind, und bildet wie in jeder anderen Altersstufe auch die Rahmenbedingung für menschliches Leben, ganz so, wie das natürliche Klima biologisches Leben erst ermöglicht. Die vier Umwelten müssen als Systeme verstanden werden, die miteinander interagieren und in das Gesamtsystem der Kultur eingebettet sind.

(Aus: Rolf Oerter/Eva Dreher: Jugendalter. In: Rolf Oerter und Eva Dreher [Hrsg.]: Entwicklungspsychologie. Ein Lehrbuch. 4. Auflage. Beltz Psychologie Verlags Union: Weinheim 1998, S. 361–362)

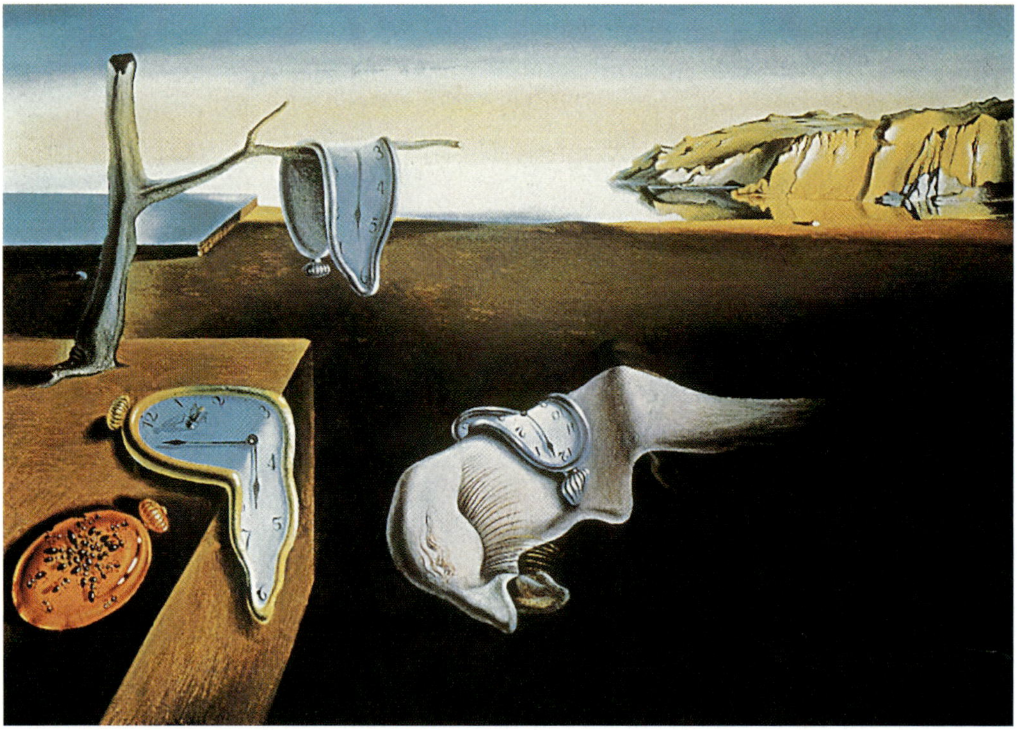

Salvador Dalí: Die Beständigkeit der Erinnerung (auch: Die weichen Uhren oder: Die zerrinnende Zeit, 1931).
Die berühmten „weichen Uhren" stammen aus einem Traum von einem zerfließenden Camembert ...

Man halte sich ans fortschreitende Leben
und prüfe sich bei Gelegenheiten;
denn da beweist sich's im Augenblick,
ob wir lebendig sind,
und bei späterer Betrachtung,
ob wir lebendig waren.

Johann Wolfgang von Goethe

3. Entwicklung, Sozialisation und Identität im Lebenszyklus

Alterstheorien

3.1 Hinführung: Altwerden als schmerzlicher Prozess oder auch als Eröffnung neuer Chancen? – Literarische Annäherungen

3.1.1 Bert Brecht, Die unwürdige Greisin

Die Erzählung des Dichters Bert Brecht (1898 bis 1956) schildert den Lebensabend einer alten Frau.

Meine Großmutter war zweiundsiebzig Jahre alt, als mein Großvater starb. Er hatte eine kleine Lithographenanstalt in einem badischen Städtchen und arbeitete darin mit zwei, drei Gehilfen bis zu seinem Tod. Meine Großmutter besorgte ohne Magd den Haushalt, betreute das alte, wacklige Haus und kochte für die Mannsleute und Kinder. Sie war eine kleine magere Frau mit lebhaften Eidechsenaugen, aber langsamer Sprechweise. Mit recht kärglichen Mitteln hatte sie fünf Kinder großgezogen – von den sieben, die sie geboren hatte. Davon war sie mit den Jahren kleiner geworden.
Von den Kindern gingen die zwei Mädchen nach Amerika, und zwei Söhne zogen ebenfalls weg. Nur der Jüngste, der eine schwache Gesundheit hatte, blieb im Städtchen. Er wurde Buchdrucker und legte sich eine viel zu große Familie zu.
So war sie allein im Haus, als mein Großvater gestorben war. Die Kinder schrieben sich Briefe über das Problem, was mit ihr zu geschehen hätte. Einer konnte ihr bei sich ein Heim anbieten, und der Buchdrucker wollte mit den Seinen zu ihr ins Haus ziehen. Aber die Greisin verhielt sich abweisend zu den Vorschlägen und wollte nur von jedem ihrer Kinder, das dazu imstande war, eine kleine geldliche Unterstützung annehmen. Die Lithographenanstalt, längst veraltet, brachte fast nichts beim Verkauf, und es waren auch Schulden da.
Die Kinder schrieben ihr, sie könne doch nicht ganz allein leben, aber als sie darauf überhaupt nicht einging, gaben sie nach und schickten ihr monatlich ein bißchen Geld. Schließlich, dachten sie, war ja der Buchdrucker im Städtchen geblieben.
Der Buchdrucker übernahm es auch, seinen Geschwistern mitunter über die Mutter zu berichten. Seine Briefe an meinen Vater und was dieser bei einem Besuch und nach dem Begräbnis meiner Großmutter zwei Jahre später erfuhr, geben mir ein Bild von dem, was in diesen zwei Jahren geschah.
Es scheint, daß der Buchdrucker von Anfang an enttäuscht war, daß meine Großmutter sich weigerte, ihn in das ziemlich große und nun leerstehende Haus aufzunehmen. Er wohnte mit vier Kindern in drei Zimmern. Aber die Greisin hielt überhaupt nur eine sehr lose Verbindung mit ihm aufrecht. Sie lud die Kinder jeden Sonntag nachmittag zum Kaffee, das war eigentlich alles.
Sie besuchte ihren Sohn ein- oder zweimal in einem Vierteljahr und half der Schwiegertochter beim Beereneinkochen. Die junge Frau entnahm einigen ihrer Äußerungen, daß es ihr in der kleinen Wohnung des Buchdruckers zu eng war. Dieser konnte sich nicht enthalten, in seinem Bericht darüber ein Ausrufezeichen anzubringen.
Auf eine schriftliche Anfrage meines Vaters, was die alte Frau denn jetzt so mache, antwortete er ziemlich kurz, sie besuche das Kino.
Man muß verstehen, daß das nichts Gewöhnliches war, jedenfalls nicht in den Augen ihrer Kinder. Das Kino war vor dreißig Jahren noch nicht, was es heute ist. Es handelte sich um elende, schlecht gelüftete Lokale, oft in alten Kegelbahnen eingerichtet, mit schreienden Plakaten vor dem Eingang, auf denen Morde und Tragödien der Leidenschaft angezeigt waren. Eigentlich gingen nur Halbwüchsige hin oder, des Dunkels

Lothar van de Renne: Und wenn ich ganz groß bin …

wegen, Liebespaare. Eine einzelne alte Frau mußte dort sicher auffallen.

Und so war noch eine andere Seite dieses Kinobesuchs zu bedenken. Der Eintritt war gewiß billig, da aber das Vergnügen ungefähr unter den Schleckereien rangierte, bedeutete es „hinausgeworfenes Geld“. Und Geld hinauszuwerfen war nicht respektabel.

Dazu kam, daß meine Großmutter nicht nur mit ihrem Sohn am Ort keinen regelmäßigen Verkehr pflegte, sondern auch sonst niemanden von ihren Bekannten besuchte oder einlud. Sie ging niemals zu den Kaffeegesellschaften des Städtchens. Dafür besuchte sie häufig die Werkstatt eines Flickschusters in einem armen und sogar etwas verrufenen Gäßchen, in der, besonders nachmittags, allerlei nicht besonders respektable Existenzen herumsaßen, stellungslose Kellnerinnen und Handwerksburschen. Der Flickschuster war ein Mann in mittleren Jahren, der in der ganzen Welt herumgekommen war, ohne es zu etwas gebracht zu haben. Es hieß auch, daß er trank. Er war jedenfalls kein Verkehr für meine Großmutter.

Der Buchdrucker deutete in einem Brief an, daß er seine Mutter darauf hingewiesen, aber einen recht kühlen Bescheid bekommen habe. „Er hat etwas gesehen“, war ihre Antwort, und das Gespräch war damit zu Ende. Es war nicht leicht, mit meiner Großmutter über Dinge zu reden, die sie nicht bereden wollte.

Etwa ein halbes Jahr nach dem Tod des Großvaters schrieb der Buchdrucker meinem Vater, daß die Mutter jetzt jeden zweiten Tag im Gasthof esse.

Was für eine Nachricht!

Großmutter, die zeit ihres Lebens für ein Dutzend Menschen gekocht und immer nur die Reste aufgegessen hatte, aß jetzt im Gasthof! Was war in sie gefahren?

Bald darauf führte meinen Vater eine Geschäftsreise in die Nähe, und er besuchte seine Mutter. Er traf sie im Begriffe auszugehen. Sie nahm den Hut wieder ab und setzte ihm ein Glas Rotwein mit Zwieback vor. Sie schien ganz ausgeglichener Stimmung zu sein, weder besonders aufgekratzt noch besonders schweigsam. Sie erkundigte sich nach uns, allerdings nicht sehr eingehend, und wollte hauptsächlich wissen, ob es für die Kinder auch Kirschen gäbe.

Da war sie ganz wie immer. Die Stube war natürlich peinlich sauber, und sie sah gesund aus.

Das Einzige, was auf ihr neues Leben hindeutete, war, daß sie nicht mit meinem Vater auf den Gottesacker gehen wollte, das Grab ihres Mannes zu besuchen. „Du kannst allein hingehen“, sagte sie beiläufig, „es ist das dritte von links in der elften Reihe. Ich muß noch wohin.“

Der Buchdrucker erklärte nachher, daß sie wahrscheinlich zu ihrem Flickschuster mußte. Er klagte sehr.

„Ich sitze hier in diesen Löchern mit den Meinen und habe nur noch fünf Stunden Arbeit und schlecht bezahlte, dazu macht mir mein Asthma wieder zu schaffen und das Haus in der Hauptstraße steht leer.“

Mein Vater hatte im Gasthof ein Zimmer genommen, aber erwartet, daß er zum Wohnen doch von seiner Mutter eingeladen werden würde, wenigstens pro forma, aber sie sprach nicht davon. Und sogar als das Haus voll gewesen war, hatte sie immer etwas dagegen gehabt, daß er nicht bei ihnen wohnte und dazu das Geld für das Hotel ausgab!

Aber sie schien mit ihrem Familienleben abgeschlossen zu haben und neue Wege zu gehen, jetzt, wo ihr Leben sich neigte. Mein Vater, der eine gute Portion Humor besaß, fand „sie ganz munter“ und sagte meinem Onkel, er solle die alte Frau machen lassen, was sie wolle.

Aber was wollte sie?

Das Nächste, was berichtet wurde, war, daß sie eine Bregg bestellt hatte und nach einem Ausflugsort gefahren war, an einem gewöhnlichen Donnerstag. Eine Bregg war ein großes, hochrädriges Pferdegefährt mit Plätzen für ganze Familien. Einige wenige Male, wenn wir Enkelkinder zu Besuch gekommen waren, hatte Großvater die Bregg gemietet. Großmutter war immer zu Hause geblieben. Sie hatte es mit einer wegwerfenden Handbewegung abgelehnt mitzukommen.

Und nach der Bregg kam die Reise nach K., einer größeren Stadt, etwa zwei Eisenbahnstunden entfernt. Dort war ein Pferderennen, und zu dem Pferderennen fuhr meine Großmutter.

Der Buchdrucker war jetzt durch und durch alarmiert. Er wollte einen Arzt hinzugezogen haben. Mein Vater schüttelte den Kopf, als er den Brief las, lehnte aber die Hinzuziehung eines Arztes ab.

Nach K. war meine Großmutter nicht allein gefahren. Sie hatte ein junges Mädchen mitgenommen, eine halb Schwachsinnige, wie der Buchdrucker schrieb, das Küchenmädchen des Gasthofs, in dem die Greisin jeden zweiten Tag speiste.

Dieser „Krüppel“ spielte von jetzt an eine Rolle. Meine Großmutter schien einen Narren an ihr gefressen zu haben. Sie nahm sie mit ins Kino und zum Flickschuster, der sich übrigens als Sozialdemokrat herausgestellt hatte, und es ging das Gerücht, daß die beiden Frauen bei einem Glas Rotwein in der Küche Karten spielten.

„Sie hat dem Krüppel jetzt einen Hut gekauft mit Rosen drauf“, schrieb der Buchdrucker verzweifelt. „Und unsere Anna hat kein Kommunionskleid!“

Die Briefe meines Onkels wurden ganz hysterisch, handelten nur von der „unwürdigen Aufführung unserer lieben Mutter“ und gaben sonst nichts mehr her. Das Weitere habe ich von meinem Vater.

Der Gastwirt hatte ihm mit Augenzwinkern zugeraunt: „Frau B. amüsiert sich ja jetzt, wie man hört.“

In Wirklichkeit lebte meine Großmutter auch diese letzten Jahre keinesfalls üppig. Wenn sie nicht im Gasthof aß, nahm sie meist nur ein wenig Eierspeise zu sich, etwas Kaffee und vor allem ihren geliebten Zwieback. Dafür leistete sie sich einen billigen Rotwein, von dem sie zu allen Mahlzeiten ein kleines Glas trank. Das Haus hielt sie sehr rein, und nicht nur die Schlafstube und die Küche, die sie benutzte. Jedoch nahm sie darauf ohne Wissen ihrer Kinder eine Hypothek auf. Es kam niemals heraus, was sie mit dem Geld machte. Sie scheint es dem Flickschuster gegeben zu haben. Er zog nach ihrem Tod in eine andere Stadt und soll dort ein größeres Geschäft für Maßschuhe eröffnet haben.

Genau betrachtet, lebte sie hintereinander zwei

Paloma Verlag: Berlin

Leben. Das eine, erste, als Tochter, als Frau und als Mutter, und das zweite einfach als Frau B., eine allein stehende Person ohne Verpflichtungen und mit bescheidenen, aber ausreichenden Mitteln. Das erste Leben dauerte etwa sechs Jahrzehnte, das zweite nicht mehr als zwei Jahre.

Mein Vater brachte in Erfahrung, daß sie im letzten halben Jahr sich gewisse Freiheiten gestattete, die normale Leute gar nicht kennen. So konnte sie im Sommer früh um drei Uhr aufstehen und durch die leeren Straßen des Städtchens spazieren, das sie so für sich ganz allein hatte. Und den Pfarrer, der sie besuchen kam, um der alten Frau in ihrer Vereinsamung Gesellschaft zu leisten, lud sie, wie allgemein behauptet wurde, ins Kino ein!

Sie war keineswegs vereinsamt. Bei dem Flickschuster verkehrten anscheinend lauter lustige Leute, und es wurde viel erzählt. Sie hatte dort immer eine Flasche ihres eigenen Rotweins stehen, und daraus trank sie ihr Gläschen, während die anderen erzählten und über die würdigen Autoritäten der Stadt loszogen. Dieser Rotwein blieb für sie reserviert, jedoch brachte sie mitunter der Gesellschaft stärkere Getränke mit.

Sie starb unvermittelt an einem Herbstnachmittag in ihrem Schlafzimmer, aber nicht im Bett, sondern auf dem Holzstuhl am Fenster. Sie hatte den „Krüppel" für den Abend ins Kino eingeladen, und so war das Mädchen bei ihr, als sie starb. Sie war vierundsiebzig Jahre alt.

Ich habe eine Fotografie von ihr gesehen, die sie auf dem Totenbett zeigt und die für die Kinder angefertigt worden war.

Man sieht ein winziges Gesichtchen mit vielen Falten und einen schmallippigen, aber breiten Mund. Viel Kleines, aber nichts Kleinliches. Sie hatte die langen Jahre der Knechtschaft und die kurzen Jahre der Freiheit ausgekostet und das Brot des Lebens aufgezehrt bis auf den letzten Brosamen.

[R]: Die Rechteinhaber haben einer Anpassung an die neue Rechtschreibung widersprochen.

(Aus: Bertolt Brecht: Große kommentierte Frankfurter und Berliner Ausgabe, Bd. 8: Prosa 3, S. 427. Suhrkamp Verlag: Frankfurt am Main 1995)

1 Interpretieren Sie die Geschichte vor dem Hintergrund Ihrer Vorstellungen des Lebenszyklus.
2 Eröffnung neuer Chancen auch noch im Alter?
3 Sozialisation als Erlernen neuer Rollen – ein lebenslanger Prozess? Oder ist das Alter eher als Desozialisation, d. h. als Preisgabe von Rollen, zu charakterisieren?

3.1.2 Anne Biegel/Heleen Swidens, Wo ist denn meine Brille?

Anne,

dein letzter Brief hat mich sehr angerührt. Manchmal ist Altwerden wirklich ein schmerzlicher Vorgang. Ich gehe eigentlich mit sehr wenigen Menschen um, aber wenn ich plötzlich mit Alten als „Milieu" konfrontiert werde – wie in dem doch sehr anheimelnd betriebenen Altenheim, das wir beide manchmal besuchen –, bekomme ich ein Gefühl von Platzangst. Dann verstehe ich auf einmal sogar diese närrischen Menschen, die – obwohl selber alt – immer wieder betonen, dass sie alte Leute nicht ertragen können. Es ist tatsächlich beklemmend und die

Marina Radius: ‚Beer met boeken en bril' (1990).

Furcht, mich in absehbarer Zeit vielleicht selbst in dieser Lage zu befinden, macht es nur noch schlimmer.

Ich greife einen Satz aus deinem Brief heraus: „Mein Mann ist eingewiesen worden – es ging nicht mehr, er war völlig umnachtet."

Umnachtet: Die große Angst. Wann beginnt es? Wie? Kann man sich ihm entziehen? Kann man etwas dagegen tun?

Manchmal fühle ich die Bedrohung von allen Seiten. Ich lege (wie du) meine Brille in den Kühlschrank oder bin mit meinem Haushaltsbuch unterwegs zum Medizinschränkchen. Ich lache darüber – „Dummkopf!", sage ich laut, aber es hat einen falschen Klang. Ist es ein erstes Symptom?

Manchmal habe ich wirklich das Gefühl, als habe sich in meinem Gehirn eine Schraube gelockert; es bedarf nur einer jähen Bewegung, um mich Dinge verknüpfen zu lassen, die gar nichts miteinander zu tun haben. „Ich glaube, ich werde verrückt", sagte ich zu meiner Tochter – nicht etwa, um ihren Widerspruch herauszufordern oder um zu hören, wie das klingt, sondern weil ich es rechtzeitig registrieren möchte.

„Ach nein", erwiderte sie, „das glaube ich nicht. Aber wenn du es wirklich befürchtest, solltest du einen Geriater konsultieren. Ich habe erst kürzlich gelesen, dass man etwas dagegen tun kann."

Wenn ich zu einem der drei Ärzte, in deren Behandlung ich bin (Hausarztehepaar und Internist), davon spreche, einen Geriater aufzusuchen, betrachten sie mich einigermaßen unsicher. „Glauben Sie denn, Sie könnten Ihr Leben noch einmal ganz umstellen?", fragte mich einer von ihnen.

Nein, das glaube ich keineswegs, aber ich möchte über die neuesten Forschungsergebnisse auf diesem Gebiet unterrichtet sein – ich möchte wissen, wogegen man gegebenenfalls etwas unternehmen kann und womit man einfach zu leben hat.

Aber entweder sind Geriater äußerst rar oder sie haben viel zu tun. Ich habe mehrmals um eine entsprechende Konsultation gebeten: ohne Erfolg. Gehört es denn nicht zu unserer Emanzipation als Bevölkerungsgruppe (als Alte – und darum geht es doch!), dass man einen Termin beim Geriater als etwas ganz Normales ansehen darf? Mit einer sachlichen Beurteilung des Altseins könnte man das bestehende Tabu wenigstens zum Teil entschärfen. Und man muss es ein Tabu nennen – man denke doch nur an die idiotische Scheu vor dem Wörtchen „alt"! Lauter beschönigende Umschreibungen: betagt, Senioren, dritter Lebensabschnitt. Alt zu sein ist eben doch so etwas wie eine Schande. Man beleidigt Menschen, wenn man sie „alt" nennt. Und mein eigenes stures Festhalten am Terminus „alt" ist viel zu krampfhaft, als dass es ungezwungen wirken könnte. Wenn ich jemanden kennen lerne, habe ich ihn garantiert innerhalb von fünf Minuten mit der Nase darauf gestoßen, dass ich alt bin und mich auch dazu bekenne.

Was nicht wegnimmt, dass es mir jedes Mal einen heimlichen Stich versetzt, wenn jemand mich von sich aus „alt" nennt. Vielleicht können wir erst dann von Emanzipation reden, wenn man uns ohne weiteres „vervelend oud mens"* nennen darf.

Und noch eines: Wir fühlen uns außerordentlich geschmeichelt, wenn man uns jünger einschätzt, als wir es tatsächlich sind – oder wenn man sich wundert, dass wir schon sooo alt sind (haach!). Damit muss natürlich umgehend Schluss sein!

Heleen

*) Das oft benutzte Eigenschaftswort „vervelend" ist in seiner Bedeutung gespalten. Es kann als „langweilig", „lästig" oder „unangenehm" übersetzt werden und bezieht seinen Sinn jeweils aus der Verbindung mit Hauptwort und Satzaussage.

(Aus: Anne Biegel/Heleen Swidens: Wo ist denn meine Brille? Briefwechsel zweier Frauen über das Älterwerden. Aus dem Niederländischen von Hanne Schleich. 8. Auflage. Deutscher Taschenbuch Verlag: München 1999, S. 121–124. © 1989 Eugen-Salzer-Verlag: Heilbronn)

1 Welche Probleme beschäftigen Heleen Swidens?

2 Überlegen Sie sich einen Antwortbrief von Anne an Heleen.

3 Befragen Sie ältere Menschen, ob sie die Probleme von Heleen kennen und wie sie damit gegebenenfalls umgehen.

Johannes Muggenthaler: Die schlechte Erfindung der Zeit (fotografiert auf den Champs Elysées, Paris), 2 Farbfotografien, 1990 (Ausschnitte)

(Aus: Johannes Muggenthaler: Der Liebe Pilgerfahrt. Fotografische Schautafeln zur Seelenforschung. Schirmer/Mosel: München, Paris, London 1992)

3.2 Alterstheorien – über unterschiedliche Deutungen von Alterungserscheinungen

3.2.1 Drei Theorien des Alterns: die Defizittheorie, die Aktivitätstheorie, die Disengagementtheorie

Dass Altwerden als schmerzlicher Prozess, aber auch zuweilen als Eröffnung neuer Chancen verstanden werden kann, liegt auf der Hand. Gelegentlich dürfte ein und dasselbe Phänomen unterschiedlich interpretiert werden. Von daher wird man beim Erstellen einer Theorie des Alterns die jeweilige subjektive Deutung des Alterungsprozesses nicht übergehen dürfen ...

Mit dem Altern gehen körperliche und geistige Einschränkungen einher. Das ist Alltagserfahrung und wird durch zahlreiche Untersuchungen bestätigt. Die Wertung dieses Prozesses hat sich aber geändert. Wurde er lange Zeit als Defizitentwicklung (Defizittheorie des Alters) aufgefasst, in der die Summe von Fähigkeiten und Möglichkeiten als sich eindimensional verringernd gesehen wird, so hat diese Sicht in den letzten zwei Jahrzehnten ihre Dominanz verloren. Altern ist keineswegs ein homogener Vorgang und hängt nicht nur von biologischen, sondern auch von psychischen und sozialen Determinanten ab.

Die vorwiegend psychologisch und soziologisch begründete Aktivitätstheorie [...] geht von einem Rollen- und damit Funktionsverlust alternder Menschen aus. Diesem Verlust müsse mit Aktivierung begegnet werden.

Die Disengagementtheorie [...] sieht Altern affirmativ in einer allmählichen Veränderung von Verhaltensweisen, die durch gesellschaftliche und individuelle Bedürfnisse gesteuert wird.

In der Bundesrepublik hat sich vor allem die Bonner psychologische Schule (Lehr u. Thomae 1987) mit der Veränderung der Leistungsfähigkeit alter Menschen befasst. Sie zeigt auf, dass Persönlichkeitsunterschiede zwischen den Individuen im Alter größer sind als Unterschiede zwischen jungen und alten Menschen und dass individuelle Persönlichkeitsmerkmale auch im Alter erhalten bleiben.

Während sich zahlreiche medizinische und psychologische Arbeiten mit der Entwicklung der körperlichen bzw. geistigen Leistungsfähigkeit beschäftigen, werden Veränderungen im emotionalen Bereich nur wenig beschrieben. Nur einige psychoanalytische Autoren beschäftigen sich in zunehmendem Maße damit [...]. Auf den emotionalen Prozess des Alterns soll hier der Blick gerichtet werden, insbesondere soweit er sich in Selbstbeobachtung und Selbstreflexion zeigen kann [...].

Altersbedingte Veränderungen treten nicht erst in höherem Alter auf und vollziehen sich nicht von heute auf morgen. Wir sind auch in jüngeren biografischen Phasen immer in den Prozess des Alterns eingebunden. Da dieser Prozess sich sehr langsam entwickelt, ist er uns freilich kaum bewusst. Ein deutlicheres Bewusstsein von ihm erhalten wir erst, wenn wir uns mit denen vergleichen, die wir vor 20 oder auch 10 Jahren gewesen sind. Denken wir über die Entwicklung nach, die sich in diesen Zeitspannen vollzogen hat, so erkennen wir, dass sie nicht stetig gewesen ist. Sie wurde bestimmt durch eine Vielzahl körperlicher, psychischer und sozialer Situationen in ihrer Wechselwirkung. Diese große Zahl an Bestimmungsgrößen hat teils bewusst, teils unbewusst dazu beigetragen, dass wir unser Verhalten geändert haben. Wir lernen aufgrund unserer Erfahrung, und so verändert Erfahrung unsere Beziehungsformen und Verhaltensweisen. Versucht man dieses auf einen Begriff zu bringen, so könnte man zusammenfassen: Wir wiederholen alles, was Lust bereitet und unsere Wünsche befriedigt, und meiden, was mit Unlust oder Enttäuschung einhergeht. Wir wählen nach unseren Erfahrungen positive Beziehungsformen und Verhaltensweisen aus und versuchen diese zu wiederholen, während wir von den negativen tunlichst Abstand nehmen. Zum Beispiel kann ein Mensch, der sein Leben lang immer wieder unter Schlafstörungen gelitten hat, so viel aus seinen Erfahrungen gelernt haben, dass Schlaf einer höchst komplexen Situation bedarf, dass das Bett, Geräusche, Bettgehzeit, Vermeidung von Kaffee etc. gewichtige Faktoren sind. Berücksichtigt er diese konsequent in seiner Lebensgestaltung, so schränkt er dadurch seine Spielräume zwangsläufig ein.

Claudio Abate/Jannis Kounellis: Ohne Titel (1989).
Sammlung Goetz: München

Häufig ist aber nicht vorhersehbar, ob eine Beziehung oder Handlung auch tatsächlich mit Lust oder Unlust einhergehen wird. Dann geht man eher – „aus Erfahrung klug geworden" – einem Unlustrisiko aus dem Weg.

Ein altes Ehepaar schwärmte beispielsweise von seinem Urlaub in einem Kärntner Dorf, dem sauberen Zimmer, dem guten Bett, dem hervorragenden Essen und der netten Gesellschaft – seit 28 Jahren hatten sie dort ihre Urlaubszeit verbracht. Mit der jahrelangen Wiederholung dieser sicheren Lustmöglichkeit ist das Paar Unlustrisiken aus dem Weg gegangen, die an einem anderen Urlaubsort hätten auftreten können.

Aber: Dieses Vermeiden bedingt, dass die beiden ihre Beziehungsmöglichkeiten und Verhaltensweisen einschränken. Über viele Jahre hinweg sind Alternativen vernachlässigt worden. Mit der Zeit haben die inzwischen alt Gewordenen es verlernt, Alternativen zu praktizieren.

In vielleicht weniger drastischer Weise als in dem Beispiel geschildert vollzieht sich dieser Prozess bei den meisten Menschen. Wenn wir auf frühere Abschnitte unseres Lebens zurückblicken, so werden die meisten von uns erkennen, dass wir immer weniger bereit geworden sind, uns auf wirklich Neues einzulassen. Dieses ist auch wichtig für eine sinnvolle Lebensführung: Umgangssprachlich sind wir reifer geworden.

Diese Einschränkung wird nicht durch eine Wunschunterdrückung verursacht, sondern vollzieht sich gewissermaßen ohne Not dadurch, dass Lusterfahrungen wiederholt und Unlustrisiken vermieden werden.

Auf einen weiteren wesentlichen Gesichtspunkt soll hingewiesen werden. Es ist ein bedeutender Unterschied, ob die Einschränkung von Beziehungsmöglichkeiten und Verhaltensweisen unter dem Lustprinzip zu Stande kommt oder durch Lebensumstände erzwungen wird, unter denen Wünsche nach neuen Beziehungen und alternativem Verhalten in unserem Inneren weiterleben.

Ist dieses der Fall, so können diese Wünsche mitunter noch nach vielen Jahren real wirksam werden. Deutlich wird dieses zum Beispiel, wenn ein kürzlich verwitweter Ehepartner zur Verwunderung seiner Umwelt plötzlich auflebt und Dinge unternimmt, die man von ihm bzw. ihr früher nie erwartet hätte. „Mit 66 Jahren, da fängt das Leben an"? Allenfalls im populären Hit, denn man darf sich keinen Täuschungen hingeben und möglicherweise falsche Erwartungen hegen. Die Handlungsmöglichkeiten im Alter sind begrenzt. Für diese Grenzziehung sorgt neben dem, was hier erörtert wird, auch die Frage, welche Entfaltungsmöglichkeiten die Gesellschaft alten Menschen bietet.

Fassen wir die hier vertretene These vom Altern noch einmal kurz zusammen. Die Wiederholung befriedigender Erfahrungen führt bei gleichzeitiger Vermeidung von Unlustrisiken zu einer schrittweisen Einschränkung von Beziehungsmöglichkeiten und Verhaltensweisen.

Die intraindividuellen Leistungsveränderungen sind gering. Die Verhaltensweisen oder Leistungen, die geübt werden, bleiben erhalten, die vernachlässigten werden hingegen immer weniger verfügbar. Dieses stimmt mit aktuellen Alterstheorien überein. Aber die hier dargestellte These steht auch im Einklang mit unserer Alltagserfahrung. Für uns ist ein an Jahren alter Mensch jung geblieben, wenn er Neues anfängt und damit Unlustrisiken eingeht. Alt ist für uns hingegen jemand, der jeder neuen Anforderung aus dem Weg geht und sich auf keine neuen Erfahrungen einlässt.

Die Reduktion von Beziehungsmöglichkeiten bzw. -formen und Verhaltensweisen wird auch durch die Emotionalität bestimmt. Der, der zum Beispiel in neurotischem Ausmaß unter Angst leidet, wird Angst, das heißt Unlustsituationen, aus dem Weg gehen und auf diese Weise viele Verhaltensmöglichkeiten verlernen, die weniger ängstliche Menschen weiter üben. Bei alten Menschen wird dieses zumeist nicht auffallen, da man es ihrem altersbedingt reduzierten Verhaltensinventar zuschreibt. Neurotische Symptome nehmen im Laufe des Lebens nicht zu. Sie sind im Alter jedoch stärker prägend, weil die neurotische Einschränkung sich mit dem beschriebenen Prozess des Alterns summiert. Traut sich beispielsweise eine jüngere Frau wegen neurotischer Angst nicht auf die Straße, so wird dieses als krankhaft auffallen. Bei einer alten Frau, die wegen „Schwindel" nicht mehr die Wohnung verlässt, würde man sehr wahrscheinlich „Durchblutungsstörungen" behandeln und die eigentlich zugrunde liegende neurotische Angst hingegen leicht übersehen.

(Aus: Johannes Kipp/Gerd Jüngling: Verstehender Umgang mit alten Menschen. Ratgeber Fischer. Fischer Taschenbuch Verlag: Frankfurt/Main 1994, S. 20–24. © 1991 Springer-Verlag: Berlin, Heidelberg, New York)

1 Erläutern Sie anhand der Textvorlage
- die Defizittheorie des Alters,
- die Aktivitätstheorie,
- die Disengagementtheorie.

2 Fassen Sie die weiteren Informationen aus dem Textausschnitt über das Altern mit eigenen Worten zusammen.

3 Verdeutlichen Sie am Text, an welcher psychologischen Schule sich die Autoren orientieren.

4 Entsprechen die im Text angeführten Vorstellungen vom Alter Ihren Beobachtungen/Erfahrungen mit alten Menschen?

5 Suchen Sie das Gespräch mit älteren Menschen, um etwas von deren Lebensgefühl und Weltsicht in Erfahrung zu bringen.

3.2.2 Sozialisation als lebenslanger Prozess oder Desozialisation im Alter? – Zwei Deutungen

Im folgenden Textauszug referiert die Erziehungswissenschaftlerin Elisabeth Bubolz-Lutz einen Ansatz der Altenforschung, der „Sozialisation als lebenslangen Prozess" in Frage stellt. – Die eigene Stellungnahme der Autorin bleibt ausgespart.

Woll-Schumacher (1980, S. 96 ff.) merkt […] an, dass es sich bei der Übernahme sozialer Funktionen im Alter nicht wirklich um Sozialisation handele, insofern, als – im Gegensatz zum mittleren Erwachsenenalter – es dazu keinen Zwang und keine Pflicht gäbe, keine gesellschaftlichen Erwartungen existieren, keine Sanktionen und kein Status damit verbunden seien. Deshalb handele es sich bei der Übernahme neuer „Rollen" im Alter nicht um ein Phänomen der Integration in die Gesellschaft, sondern um ein Phänomen der Desintegration.

Ob es sich bei der Übernahme von Funktionen im Alter um Integration oder Desintegration, um „Sozialisation" oder „Desozialisation" handelt (Woll-Schumacher, 1980), ist […] ausgesprochen bedeutsam: Zeigt sich die Gesellschaft überhaupt interessiert an einer Integration oder ist – z. B. durch die gesetzlich geregelte Pensionierungsgrenze, letztlich durch ein Reservoir an negativen Verhaltenserwartungen gegenüber Älteren – Desintegration aus den bedeutungsvollen gesellschaftlichen Vollzügen ihr *eigentliches* Ziel?

Woll-Schumacher vertritt die These, dass die Gesellschaft *zur Erhaltung des Gesellschaftssystems* daran interessiert ist, die Älteren von den lebenswichtigen Funktionen auszuschließen. In ihrem Buch „Desozialisation im Alter" wendet sie sich gegen die Konzeption der lebenslangen Sozialisation. Sie vertritt ein stärker soziologisch orientiertes Sozialisationsverständnis: Wenn Sozialisation als der Vorgang verstanden wird, „in dessen Verlauf der Mensch in immer neue soziale Gruppen eintritt, er deshalb bis zu seinem Tod jeweils geltende Werte, Normen, Rollen, Symbole erlernen, neue Fähigkeiten und Fertigkeiten entwickeln muss" (S. V), dann – so konstatiert sie – wird der Mensch im Alter in unserer Gesell-

George Grosz: Schwimme, wer schwimmen kann, und wer zu plump ist, geh unter (1922).

schaft in keine Gruppe der Gesellschaft integriert, übernimmt er keine positiven neuen Rollen, muss er keine neuen Fähigkeiten und Fertigkeiten entwickeln. Es geschieht im Alter also eine soziokulturelle Desintegration, ein „allmählicher Umschlag von Sozialisation in Desozialisation“. Woll-Schumacher interpretiert diesen zur Regel gewordenen Desozialisationsvorgang bei alten Menschen als einen Versuch der Gesellschaft, ihr Gleichgewicht, das durch Altersabbau und Tod gefährdet erscheint, wiederherzustellen bzw. zu erhalten. Dennoch verbiete es unser Gefühl von Moral, alte Menschen ohne Hilfestellung der sozialen Desintegration und Desozialisation zu überantworten. Ziel der Altersdesozialisation sei es deshalb, Individuen in die Lage zu versetzen, sich von ihrer Gesellschaft in einem gewissen Maße zu distanzieren, dabei aber die im Erwachsenenalter gewonnene Identität „modifizierend zu bewahren“.

Zwar gäbe es in jeder Lebensphase neben der Sozialisation auch die durch negative Verhaltenserwartungen gekennzeichnete Desozialisation, jedoch sei diese im Alter dominant; auch fehlten im Alter positive Rollenvorschriften als die Merkmale von Sozialisation; „sozialer Rückzug“ sei deshalb die umfassende Altersrolle.

Im Gegensatz zu der […] Forderung, der ältere Mensch müsse sich nach dem Verlust der Kernrollen um neue Rollen bemühen, die ihm das Gefühl vermittelten, auch weiterhin nützliches Mitglied der Gesellschaft zu sein, betont Woll-Schumacher, dass der alte Mensch von den Rollenerwartungen der Gesellschaft weitgehend enthoben und es seine Aufgabe sei, diesen Freiraum nun für sich zu nutzen. „Der alte Mensch muss lernen, frühere Einstellungen und Verhaltensweisen aufzugeben und seine Möglichkeiten in der neuen Freiheit adäquat zu nutzen. Wer diesen Schritt nicht schafft und etwa – an Prinzipien der mittleren Jahre fixiert – auch im Alter Leistung und Produktivität fortsetzen und vergangene Misserfolge kompensieren möchte, vermag angesichts der gesellschaftlichen Verweigerung von Leistungsmöglichkeiten sein Alter nicht ohne Unzufriedenheit anzunehmen" (Lehr u. Dreher, 1968, S. 355 ff.). „In einem solchen Fall wäre Desozialisation misslungen" (S. 88).

Woll-Schumacher nennt drei unterschiedliche Desozialisationsformen: Der Desozialisationsprozess kann im Alter erleichtert werden, indem an die Stelle des Nützlichkeits- und Leistungsprinzips das „Recht auf Müßiggang" und auf personale statt auf soziale Werte gesetzt wird (S. 90 ff.). Die zweite Möglichkeit, Desozialisation erträglich zu gestalten, ist die, sich im Sinne einer „aktivistischen Desozialisation" solchen Beschäftigungen zuzuwenden, die dem alten Menschen Bestätigung und Befriedigung geben, ohne dass die Stabilität der Gesellschaft gefährdet wird, wenn diese von ihm nicht mehr wahrgenommen werden.

Auf diese Weise könnten die alten Menschen ihre Wert- und Motivstruktur des mittleren Erwachsenenalters beibehalten. Als dritte Möglichkeit, Desozialisation zu erleichtern, nennt sie die Zugehörigkeit zu einer Subkultur: „Sobald sich Senioren auf ein eigenes, von der Gesellschaft funktional geschiedenes Interaktionssystem zurückziehen, können sie ihre weit reichende Desintegration in einer Enklave sozialer Integration überspielen" (S. 98). In Subkulturen sind die alten Menschen gezwungen, neue Rollen und Funktionen zu übernehmen, die von der Gesellschaft nicht in Frage gestellt werden können. Die Mitgliedschaft in einer homogenen Gruppe fördere zudem die Entwicklung und Stabilisierung des Selbstwertgefühls. Ein Zusammenschluss von sozial ähnlichen alten Leuten in lokalen Gemeinschaften erweise sich deshalb als überaus vorteilhaft. Allerdings manifestierten Subkulturen die Desintegration aus der Gesellschaft und durch eine hohe Fluktuation infolge der Sterberate in dieser Altersstufe sei wiederum auch die Stabilität der Subkultur gefährdet.

Diese drei Möglichkeiten von Desozialisation sollen dazu beitragen, den älteren Menschen an die Unumgänglichkeit der Desintegration anzupassen, ohne dass er dabei seine personale Integrität und Zufriedenheit verliert.

Der Ansatz von Woll-Schumacher kann insofern als außergewöhnlich gewertet werden, als in ihm konstatiert wird, dass die Gesellschaft, um sich selbst zu erhalten, nicht die Integration, sondern die Desintegration der Älteren zum Ziel hat. [...]

(Aus: Elisabeth Bubolz-Lutz: Bildung im Alter. Eine Analyse geragogischer und psychologisch-therapeutischer Grundmodelle. 2., neu gefasste Auflage. Lambertus-Verlag: Freiburg 1984, S. 50–52, gekürzt)

1 Diskutieren Sie den Ansatz von Frau Woll-Schumacher „Desozialisation im Alter". Bedenken Sie dabei auch, inwiefern die Alten als Konsumenten angemessen gesehen sind.

2 Überprüfen Sie, ob die Geschichte von Bert Brecht „Die unwürdige Greisin" die These von Frau Woll-Schumacher eher stützt oder in Zweifel zieht.

3 Arrangieren Sie eine Pro-und-Kontra-Diskussion zur Kontroverse „Sozialisation als lebenslanger Prozess" oder doch „Desozialisation als gesellschaftliche Desintegration im Alter".

Hans Thoma (1839–1924): Großmutter, Kind und Katze (1878). Holz. 45,8 x 37 cm.

Bayerische Staatsgemäldesammlungen, Neue Pinakothek: München. (Leihgabe der Sammlung Georg Schäfer: Schweinfurt). Aufnahme: Joachim Blauel: Gauting. Deutscher Kunstverlag: München, Berlin

- abnehmende Anzahl der Teilnehmer

3.3 Das Modell der Identität im Alter nach Erik H. Erikson

Eine Übersicht über den gesamten Entwicklungsverlauf nach Erik H. Erikson findet sich unter 2.2 im Buch „Lernen und Entwicklung" der Reihe „Kursthemen Erziehungswissenschaft". Sie können gegebenenfalls auf die Darstellung dort zurückgreifen. – Im folgenden „klassischen" Text aus dem Jahr 1959 geht es speziell um das hohe Erwachsenenalter.

3.3.1 Das letzte Stadium des Erwachsenenlebens

Wie bei den sieben vorausgegangenen Stadien stellt Erikson auch die letzte Lebenszeit unter die Spannung zweier charakteristischer Pole.

Integrität gegen Verzweiflung und Ekel

Nur wer einmal die Sorge für Dinge und Menschen auf sich genommen hat, wer sich den Triumphen und Enttäuschungen angepasst hat, nolens volens der Ursprung anderer Menschenwesen und der Schöpfer von Dingen und Ideen zu sein – nur dem kann allmählich die Frucht dieser sieben Stadien heranwachsen. Ich weiß kein besseres Wort dafür als Integrität.

Mangels einer klaren Definition möchte ich wenigstens auf einige Eigenschaften dieses seelischen Zustandes hinweisen. Er bedeutet die Annahme seines einen und einzigen Lebenszyklus und der Menschen, die in ihm notwendig da sein mussten und durch keine anderen ersetzt werden können. Er bedeutet eine neue, andere Liebe zu den Eltern, frei von dem Wunsch, sie möchten anders gewesen sein, als sie waren, und die Bejahung der Tatsache, dass man für das eigene Leben allein verantwortlich ist. Er enthält ein Gefühl von Kameradschaft zu den Männern und Frauen ferner Zeiten und Lebensformen, die Ordnungen und Dinge und Lehren schufen, welche die menschliche Würde und Liebe vermehrt haben. Obwohl ein Mensch, der Integrität besitzt, sich der Relativität der unterschiedlichen

Minu Mendrea: Rollstuhlfahrer und Kinderwagen an der Klagemauer, Jerusalem (um 1900). 24,5 x 36,5 cm

(Aus: Felicitas Heimann-Jelinek im Auftrag des Jüdischen Museums der Stadt Wien [Hrsg.]: Judenfragen. Ausstellung im Jüdischen Museum Wien, 25. Oktober 1996 bis 16. Februar 1997, S. 121)

Paloma Verlag: Berlin
© Herbert Gutsch

Lebensweisen bewusst ist, die dem menschlichen Streben Sinn verliehen haben, ist er bereit, die Würde seiner eigenen Lebensform gegen alle physischen und wirtschaftlichen Bedrohungen zu verteidigen. Denn er weiß, dass sein individuelles Leben die zufällige Koinzidenz nur eines Lebenskreises mit nur einem Segment der Geschichte ist; und dass für ihn alle menschliche Integrität mit dem einen Integritäts-Stil steht und fällt, an dem er teilhat.

Dies möge ein erster Versuch sein, den Begriff Integrität zu formulieren, ausgehend von meiner Erfahrung auf klinischem und anthropologischem Gebiet; hier vor allem muss nun jeder Leser, jede Studiengruppe in ihren eigenen Worten weiterentwickeln, was ich tastend mit den meinen begonnen habe. Aber ich kann aus klinischer Erfahrung noch hinzufügen, dass Mangel oder Verlust dieser aufgespeicherten Ich-Integration sich in Verzweiflung und einer oft unbewussten Todesfurcht anzeigt: der eine und einzige Lebenszyklus wird nicht als das Leben schlechthin bejaht; in der Verzweiflung drückt sich das Gefühl aus, dass die Zeit kurz, zu kurz für den Versuch ist, ein neues Leben zu beginnen, andere Wege zur Integrität einzuschlagen. Eine solche Verzweiflung versteckt sich oft hinter einer Kulisse von Ekel, Lebensüberdruss oder einer chronischen Verächtlichmachung bestimmter Institutionen oder bestimmter Leute – eine Kritik, die, wenn sie nicht mit konstruktiven Ideen und der Bereitschaft zum Mitwirken verbunden ist, nur die Selbstverachtung des Individuums ausdrückt.

So bedeutet Ich-Integrität auch eine emotionale Integration, die es dem Individuum gestattet, sich einer Sache als Anhänger anzuschließen, aber auch die Verantwortung der Führung auf sich zu nehmen; beides muss gelernt und geübt werden, sei es im politischen oder religiösen Leben, in der Wirtschaft oder in der Technik, im aristokratischen Lebensstil, in Kunst oder Wissenschaft.

(Aus: Erik H. Erikson: Identität und Lebenszyklus. Drei Aufsätze. Übers. von Käte Hügel. 17. Aufl. Suhrkamp Verlag: Frankfurt am Main 1998, S. 114–120)

1 Fassen Sie mit eigenen Worten den Gedankengang Eriksons zusammen.
2 Überlegen Sie, ob bzw. welche Einwände gegenüber der Theorie es geben könnte. Beziehen Sie in Ihre Überlegungen auch das folgende Zitat von Erikson mit ein: „Wenn wir nur lernen, leben zu lassen; der Wachstumsplan ist schon vorhanden." (Aus: Erik H. Erikson: Identität und Lebenszyklus. Drei Aufsätze. Übers. von Käte Hügel. 17. Aufl. Suhrkamp Verlag: Frankfurt am Main 1998, S. 122)

3.3.2 Zur Fortschreibung und Kritik des Modells von Erik H. Erikson

Die Furcht ist, gemäß Erikson, die achte Stufe, *Ich-Integrität versus Verzweiflung*. Hat man Ich-Integrität erlangt, erfährt man ein Gefühl von Ordnung und Sinn, in einer weltlichen wie auch einer spirituellen Bedeutung. Und man fühlt, dass der eigene Lebenszyklus so ist, wie er sein muss.

Urs Lüthi: Hope, Despair (1989).

Foto: Thomas Goldschmidt, Karlsruhe. Zentrum für Kunst und Medientechnologie Karlsruhe, Museum für Neue Kunst

Georgia O'Keeffe: Leiter zum Mond (1958). Öl auf Leinwand, 101,6 x 76,2 cm.

New York, Collection Emily Fisher-Landau. Aus: Britta Benke: Georgia O'Keeffe (1887–1986). Blumen in der Wüste. Benedikt Taschen Verag: Köln 1994, S. 81

Die Vergangenheit, einschließlich der Eltern und der Lebenserfahrungen von der Geburt bis in die Gegenwart, wird auf neue Art akzeptiert. Erikson nennt dies „Zuwachs an Ich-Integration". Das Fehlen dieser Art der Integration zeigt sich als Verzweiflung. Manchmal verbirgt Abscheu die Verzweiflung und die Angst vor dem Tode. Hat man die achte Stufe jedoch erreicht, so sind dem Ich Ordnung, Sinn und Vertrauen in sich selbst und in andere zugekommen. Dies ist natürlich ein Ideal, das selten erreicht wird, doch ist es ein Modell, das man in Betracht ziehen sollte.

Andere Entwicklungstheoretiker haben eigene Theorien über das Altern aufgestellt, indem sie ihre Gedanken den Grundlagen, die von Pionieren wie Erikson geschaffen wurden, hinzufügten. Der Psychologe und Anthropologe David Gutmann schrieb 1981 vom „Wachstumspotenzial des Alterns" als einer speziellen Art der Kreativität, einer Fähigkeit, die wir alle haben, dem Daseinsgrund des Lebens Form und Wirklichkeit zu geben. Mit dem Alter, sagt er, wächst die Fähigkeit, Zugang zu den inneren Prioritäten zu finden und sie anderen zu übermitteln. Dank ihrer besonderen Fähigkeit, die nicht-materiellen Traditionen und Mythen für die Jungen zum Leben zu erwecken, können die Älteren dem Leben der zukünftigen Generationen einen Sinn geben. Nach Gutmann sind in den Stammeskulturen die alten Leute die Hüter der Mysterien und der Gesetze. Sie sind die Erzähler, die die Lieder und Sagen der uralten Überlieferungen – „den heiligen oder Totemaspekt" der Kultur – weitergeben und dadurch dem Leben des Stammes einen Zusammenhang vermitteln. „Indem sie das Heilige wirklich werden lassen, machen die Alten das alltägliche Leben ertragbar und geben ihm Würde."

(Aus: Jane R. Prétat: Dem Alter entgegenreifen. Aus dem Englischen von Christa Polkinghorn-Umiker. © 1996 Walter Verlag: Düsseldorf und Zürich, S. 87/88)

1 Welche Kritik wird geäußert?
Wie stehen Sie dazu?

2 Welche Erweiterung der Theorie Eriksons wird erwogen?
Was halten Sie davon?

3.4 Im Labyrinth des Vergessens – Gefährdungen von Identität durch Altersverwirrtheit

Die folgenden Texte beziehen sich auf ein Leben alter Menschen in der Familie. Durch krankhaftes Verwirrtsein kann dort eine Entwicklung von Ich-Identität, wie sie von Erikson beschrieben wurde, erschwert oder ganz verhindert werden. Davon berichten Martina Gümmer und Joachim Döring.

3.4.1 Aus der Erinnerung leben – die emotionalen Fähigkeiten eines Menschen nutzen

Am Anfang steht Vergesslichkeit. Schleichend beginnt das Verwirrtsein. „Wo habe ich meine Brille?" Die Suche dauert lange. „Was wollte ich gerade machen? Warum bin ich in die Küche gegangen?" Oder wenn ein verwirrter alter Mensch unterwegs ist, fragt er sich: „Wie komme ich nach Hause? Wo bin ich?"

Deutlich ist auch: Der Kranke nimmt seine Vergesslichkeit sehr genau wahr. Vielleicht kann er eine Weile noch darüber hinweggehen. Er sagt lächelnd und entschuldigend: „Ich werde tüdelig. Aber was will man mehr, in meinem Alter." Er misst der Angelegenheit wenig Bedeutung bei. Dieses Bild übernehmen Angehörige. Sie entlasten sich nach dem Motto: Im Großen und Ganzen geht es ja gut. Schwieriger wird es erst, wenn die Menschen in der direkten Umgebung – Kinder, Partner, Freunde – nicht so tolerant reagieren können.

Beispiel

Ärgerlich schimpft die Tochter, Frau Grote, ihre Mutter, Frau Hahn, aus: „Oma, du hast ja schon wieder deine Brille verbummelt." Und als wüsste das ihre Mutter nicht, fügt sie verstärkend hinzu: „Als wenn ich nicht schon genug zu tun hätte mit dem Haushalt und dem großen Garten!" Ihre Mutter reagiert betroffen, unsicher und verletzt. Das hat sie doch nicht so gewollt. Aber sie findet ihre Tochter auch unverschämt. „Wie redest du mit mir? So kannst du mit den Kindern reden. Ich bin deine Mutter!" Ein Streit entsteht. Die Situation wiederholt sich. Jetzt ist nicht die

Brille weg, sondern die Zahnprothese. Frau Hahn ist es sehr peinlich, ohne Zähne herumlaufen zu müssen. Sie ist verzweifelt. Und in ihrer Aufregung ist sie plötzlich ganz durcheinander. Sie sucht, aber sie sucht vergeblich. Und nun passiert es: Nach dem Motto „Angriff ist die beste Verteidigung“ beschuldigt sie ihre Tochter, die Zähne weggenommen zu haben. Denn sie möchte nicht erleben, wieder von ihrer Tochter abgekanzelt zu werden. Das erträgt sie nicht noch einmal.

Auf die Anschuldigungen reagiert die Tochter erbost. Und sie ist erschrocken. Was ist los mit ihrer Mutter? Sie war doch immer so ausgeglichen und sie war auch gesund! Wieder schimpft sie mit der Mutter. Zugleich kämpft sie mit den Tränen; sie möchte nicht zeigen, dass sie auch verletzt ist. Und sie hat Angst. Leise und laut, jedenfalls ständig schimpfend sucht sie nach den Zähnen. Derweil sitzt Frau Hahn in sich zusammengesunken auf ihrem alten Küchensofa; sie kann nichts mehr sagen. Geradezu vernichtet und klein fühlt sie sich, als ihre Tochter triumphierend die Zahnprothese im Kühlschrank entdeckt. Wie kommen die da hin? Willenlos und tief beschämt lässt sie es sich gefallen, dass ihre Tochter mit scharfen Strichen die Prothese bürstet, sie kurz auffordert, sich den Mund auszuspülen, und ihr schließlich energisch die Zähne in den Mund schiebt. Frau Hahn fühlt sich innerlich zerbrochen, ihr Kopf ist jetzt wie leer gefegt.

Sie hat in ihrem Leben nie viele Worte gemacht, sondern zugepackt. Jetzt fehlen ihr Gewandtheit und Schlagfertigkeit, um treffend zu antworten. Handeln ist sie gewohnt, nicht Reden: Haushalt, die Pflege der Schwiegereltern auf dem Altenteil, die Kinder großziehen, der Kampf im Alltag nach dem frühen Tod ihres Mannes, die harte Arbeit auf dem Feld beim Bauern. Praktische Arbeit geht ihr gut von der Hand und bis heute mit 85 Jahren führt sie ihren Haushalt allein. Das erfüllt sie mit Stolz. Tatsächlich: Eine selbstverständliche, selbstsichere Ruhe geht von ihr aus.

Diese Ruhe ist nun zerstört. Der Bruch wird bereits durch den Wechsel in der Anrede markiert; statt „Mutter“ wird sie jetzt „Oma“ genannt. Das ist nicht nur eine respektlose Entgleisung ihrer Tochter, sondern es verändert schlagartig die Beziehung der beiden Frauen zueinander. Es ist wie ein Dammbruch: Die Tochter teilt durch den Ton und die Art der Zurechtweisungen mit, dass sie die Mutter nicht mehr in ihrer bisherigen Rolle akzeptiert.

Frau Grote sieht nicht mehr die Respektsperson in ihrer Mutter, sondern ein Kind, das Unsinn macht.

Die Konsequenzen sind weit reichend: Frau Grote schaut jetzt jeden Morgen nach ihrer Mutter. „Ich muss nach dem Rechten sehen. Oma kann nicht mehr allein ihren Haushalt versorgen. Sie soll sich hinsetzen und zufrieden sein, dass es ihr noch so gut geht. Die Nachbarin ist zehn Jahre jünger, dabei ganz verwirrt, und sie muss im Bett liegen. Wir können dankbar sein, dass Oma nur gelegentlich tüdelig ist. Essen bekommt Oma jetzt bei uns. Und ihren Haushalt mache ich auch. Na ja, ihre Tasse nach dem Frühstück lasse ich sie noch abwaschen. Ein bisschen darf sie noch selbst machen.“

Scheinbar behält Frau Grote Recht, wenn sie sagt: „Oma kann das nicht mehr…“ Denn tatsächlich verliert Frau Hahn immer mehr die Orientierung.

Alles hat sich verändert. Früher hat Frau Grote ihre Mutter noch um Rat gefragt. Sie hatte sich an ihr orientiert. Die Art ihrer Haushaltsführung war der Mutter abgeschaut. Die Mutter war ihr Vorbild.

Jetzt fragt Frau Grote ihre Mutter nicht mehr um Rat, sondern die Mutter muss tun, was die Tochter will. Ein Rollentausch hat stattgefunden. Aus der selbstbewussten, ruhigen Frau Hahn ist eine kleine, unsichere, etwas unbeholfene alte Frau geworden.

Die Veränderung lässt auch Frau Hahn nicht unbeeindruckt. Sie vertraut sich ihrem Enkel an: Sie ist unglücklich. Ihr Selbstwertgefühl ist verschwunden. Die Angst, wieder etwas zu vergessen, ist sehr groß; sie leidet darunter, wenn ihre Tochter sie abkanzelt. „Deine Mutter ist jetzt oft ungehalten mit mir“, sagt sie mit klarer Orientierung. „Junge, man muss seine Mutter in Ehren halten! Das musst du dir merken!“ Das sind deutliche Worte, aber sie traut sich nicht, sie ihrer Tochter zu sagen; sie hat Angst, erneut erniedrigt zu werden.

Wenn das Selbstwertgefühl schwindet, verliert

der Kranke jegliche Sicherheit im Umgang. Er antwortet mit Traurigkeit, Verzweiflung, Depression, Einsamkeit. Wie in dem Beispiel gezeigt, geht es häufig: Ab und zu vergisst der Kranke etwas oder ist verwirrt und ein Angehöriger reagiert überbesorgt, indem er verallgemeinert, als ob der Verwirrte nichts mehr allein tun könne. Unbewusst wird der Betroffene zum Kind gemacht. Ein Teufelskreis entsteht. Verlust des Selbstwertgefühls macht unsicher, man fühlt sich hilflos. Weil man sich hilflos fühlt, traut man sich auch nichts mehr zu, man bekommt Angst. Angst verstärkt die Verwirrtheit. Verwirrtheit macht hilfsbedürftig.
Mit dem Selbstwertgefühl gehen Selbstbewusstsein und Autonomie verloren.
Dabei kennen auch Gesunde, die „mitten im Leben stehen", vergleichbare Situationen

Beispiele:
Wenn am Arbeitsplatz Kollegen die Köpfe zusammenstecken und das Gefühl vermitteln „Die warten nur drauf, dass ich einen Fehler mache", dann macht man auch Fehler.
Oder eine Frau erzählt aus ihren Kindheitstagen: „Mein Vater brauchte nur zu sagen: Pass auf, deine Mutter hat gerade eine saubere Tischdecke aufgelegt!, wenn ich Kaffee einschenken wollte, und sofort wurde ich unsicher und das Malheur war passiert. Seine Antwort klang wie ein Triumph: Ich hab es ja gesagt! Immer kleckerst du! Dieses leichte Zittern in den Händen bin ich bis heute nicht losgeworden, obwohl ich doch nun schon seit zwanzig Jahren einen eigenen Haushalt führe. Immer wenn ich Kaffee einschenke, dann fühle ich mich wie ein kleines Kind, ganz unsicher."

Grete S.

Die junge Frau meistert Beruf, Kind und Haushalt gelassen. Nur Auto fahren kann sie keinen Meter, obwohl sie den Führerschein gemacht hat. „Mein Mann sagt, mir fehle der Überblick beim Autofahren. Alleine habe ich mich auch noch nicht ans Steuer getraut. Wahrscheinlich hat er Recht. Wenn ich nur dran denke, dass ich fahren muss, bekomme ich fast Atemnot vor Angst. Dann fährt er eben."

Das sind alles Situationen, in denen das Selbstwertgefühl geschwächt wird. Folge ist der Verlust von Autonomie. Die Personen in den Beispielen sind in der jeweils beschriebenen Situation deutlich unselbstständiger, unsicherer und hilfsbedürftiger, als es objektiv nötig wäre oder übereinstimmt mit dem Gesamtbild der Persönlichkeit.

Was einen gesunden, leistungsfähigen Menschen so beeinträchtigen kann, dass er sich nichts mehr zutraut, das muss sich auf einen Kranken mit einer beginnenden Demenz ungleich stärker auswirken.

Dabei steht außer Frage: Der Alzheimerkranke bemerkt seine Schwächen. Aber ungleich stärker nimmt er die Veränderungen in der Art und Weise wahr, wie man mit ihm spricht. Das macht das Beispiel „Arbeitsplatz" eindrücklich deutlich: Man kann es auf die Erlebniswelt des Kranken beziehen. Er hat keine Möglichkeit mehr, angemessen zu reagieren, sei es durch eine Auseinandersetzung, ein Gespräch, einen Streit oder durch andere Strategien, um die Situation zu analysieren und zu klären. Er begreift nicht mehr, was da abläuft. Er fühlt in erster Linie die veränderte (bedrückende) Atmosphäre und kann die Situation nicht mehr entwirren. Aus der Mücke „Ich mache manchmal einen Fehler" wird der Elefant „Immer mache ich Fehler".

Der Alzheimerkranke mit wenig Selbstwertgefühl ist verwirrter als derjenige mit gutem Selbstbewusstsein.

Wie empfindsam Betroffene reagieren werden, macht eine Beobachtung deutlich: Der Kranke ist sehr empfänglich für Signale aus seiner Umgebung, vor allem für Signale, die ihm seine Unfähigkeit spiegeln. Denn seine intellektuellen Möglichkeiten nehmen ab, nicht aber die Möglichkeiten gefühlsmäßiger Wahrnehmung.

(Aus: Martina Gümmer/Joachim Döring: Im Labyrinth des Vergessens. Hilfen für Altersverwirrte und Alzheimerkranke. 2., überarbeitete Neuausgabe. Psychiatrie-Verlag: Bonn 1996, S. 68–72)

1 Diskutieren Sie die angeführten Beispiele unter der Fragestellung, inwiefern Ich-Identität im Sinne Eriksons gebildet werden kann. Bedenken Sie neben pädagogischen/therapeutischen Aspekten auch ganz praktische Hilfen, wie z. B., dass genügend Flüssigkeit aufgenommen wird – wenn weniger als zwei Liter am Tage getrunken werden, können sich Verwirrtheitszustände steigern, da der Stoffwechsel nicht in Gang bleibt.

2 Informieren Sie sich aus medizinischer Perspektive über Formen der Altersdemenz (z. B. Alzheimer) und überlegen Sie, wie pädagogischer Umgang mit solchen Kranken gestaltet werden sollte. (Evtl. kann daraus eine Facharbeit erwachsen.) Hier eine Übersicht über Typen der Demenz und ihre relative Häufigkeit:

Typ	Relative Häufigkeit
Gehirnatrophie, hauptsächlich Alzheimertyp	50 %
Multiinfarktdemenz (durch Arteriosklerose bedingter Abbau)	10 %
Alkoholdemenz	5–10 %
Tumor in der Schädelhöhle	6 %
Normaldruckhydrozephalus (Wasserkopf)	3 %
Chorea Huntington (Veitstanz)	3 %
Chronischer Medikamentenmissbrauch	3 %
andere Krankheiten (internistisch und neurologisch)	7–10 %
Nicht diagnostiziert	3 %
Pseudodemenz	3 %

(Aus: Johannes Kipp/Gerd Jüngling: Verstehender Umgang mit alten Menschen. Ratgeber Fischer. Fischer Taschenbuch Verlag: Frankfurt/Main 1994, S. 126. © 1991 Springer-Verlag: Berlin, Heidelberg, New York)

3.4.2 Welche Hilfen gibt es, um das Selbstwertgefühl von Kranken zu stärken?

- Es gilt im Gespräch mit dem Betroffenen seinen Umgangston zu überprüfen. Man darf bewusst Sohn, Tochter und Partner bleiben. Das beginnt bereits bei der Anrede. In dieser Formulierung schwingt die Achtung vor der Selbstbestimmung der Mutter mit: „Mutter, möchtest du, dass ich dir helfe?" Frau Hahn könnte darauf aus ihrer Rolle als Mutter reagieren, weil die Tochter ihre Hilfe behutsam anbietet. Das klingt angemessener als die Formulierung: „Oma, was hast du da schon wieder angestellt! Lass mich das mal machen!" Hier wird die Mutter zurechtgewiesen und bevormundet. Sie hat keine Chance, sich selbst zu äußern.

Als Ziel formuliert heißt das:

- Die gefühlsmäßige Identität des Kranken in seiner Familienrolle bewahren.
- „Fehlleistungen" allenfalls konkret benennen und als Einzelsituationen auffassen, wenn Dinge vergessen werden, alles durcheinander gebracht wird, Sachen versteckt werden. Angehörige sollten versuchen, auf die „Kleinheit" der Einzelsituation angemessen zu reagieren. Dazu helfen altbekannte Regeln: z. B. bis zehn zählen und dann zur Tagesordnung übergehen, sich kräftig ärgern, aber nur einen Moment lang, an geeigneter Stelle den Dampf ablassen oder auch mal etwas schnell wieder vergessen, und alle können zu wichtigeren Dingen des Zusammenlebens zurückfinden.

Der Grund: Erst in der Verallgemeinerung werden „Fehlleistungen" groß und wichtig. Eigentlich sind sie klein und nicht besonders wichtig, wenn man bedenkt, was eine vergessene Brille ist, gemessen an der Qualität der Beziehung zum Vater, zur Mutter oder zum Partner.

- Dem Kranken etwas zutrauen, das hilft ihm. Ihn kann man auch wie gewohnt um Rat fragen und in Alltagsgespräche einbeziehen.

Denn es gilt die Regel: Nur der Kranke ist verändert durch seine Krankheit. Die Gesunden müssen sich deshalb nicht verändern, sie können ihm ausgleichend entgegenkommen.

- Betroffene verfügen oft über eine erstaunlich „gute Fassade", wie die Fachleute das nennen. Der Kranke bewahrt sich äußerlich seine Identität, um sich sicher zu fühlen und Selbstvertrauen zu gewinnen. Denn das stärkt sein Selbstwertgefühl. In der Tat: Er ist weniger verwirrt, weil er sich in Teilbereichen angemessen verhalten kann. Immer dann fühlt er sich wohl.

Wichtig ist es, sein Selbstwertgefühl zu unterstützen, indem er seine Fassade und Identität bewahren darf. Dadurch erhält er eine Orientierungshilfe.

Beispiel:
Frau Zachert, eine Alzheimerpatientin, wird in eine gerontopsychiatrische Klinik eingewiesen, weil sie zu Hause zu viele und unterschiedliche Medikamente bekommen hat. Sie ist eine alte Dame mit aufrechter Haltung, disziplinierter Freundlichkeit und einem zurückhaltenden Charme. Immer trägt sie eine perfekt gepflegte Perücke. Im gut sitzenden Kostüm mit ihrer Handtasche am Arm bewegt sie sich sicher. Sie scheint sich gut zu unterhalten mit den anderen Patienten auf der Station. Sie lächelt anteilnehmend, nickt von Zeit zu Zeit, sagt auch mal etwas. Erst bei näherem Hinhören wird deutlich, dass die Gesprächsinhalte eigentlich keinen Sinn ergeben. Aber Frau Zachert fühlt sich mit diesem Verhalten wohl; sie hat Selbstvertrauen, ihr Selbstwertgefühl ist in Ordnung.

- Verwirrte sind oft empfänglich für die liebevolle Fröhlichkeit der Kinder. Solche Kontakte kann man fördern und nicht den Kranken von Enkeln, Urenkeln oder Nachbarskindern abschirmen.

Kleine Kinder begegnen alten Menschen unvoreingenommen. Und Verwirrte können auf sie selbstbewusst, freundlich und offen reagieren. Denn sie spüren, dass die Kinder ihre Identität nicht in Frage stellen bzw. gefährden. Diese Begegnungen sind auch offen für direkte Zärtlichkeiten. Streicheln, umarmen, kuscheln, schmusen, das tun kleine Kinder gern.

- Mit gezielten Fragen lässt sich die eigene Beziehung zum Kranken klären, wenn man sich auf die Suche nach positiven Anknüpfungspunkten begibt:
- Wodurch ist die Beziehung gekennzeichnet? Was bedeutet der Betroffene für mich?
- Worüber haben wir gemeinsam gelacht, in welchen Situationen war das?

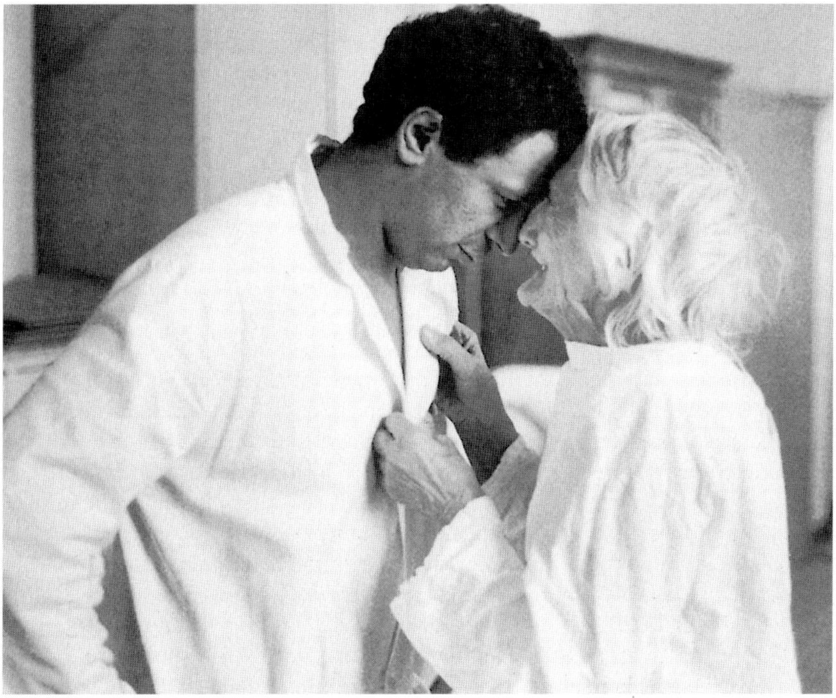

Dr. med. Mabuse. Zeitschrift im Gesundheitswesen. (Titelbild)

Nr. 123. Januar/Februar 2000. Mabuse Verlag: Frankfurt/M.

• Was schätzt der Kranke besonders an mir? Ist es eine bestimmte Frisur, ein Lieblingsparfüm, das rote Kleid … ?

Es lassen sich oft genug Situationen wiederholen, in denen sich der verwirrte alte Mensch wohl fühlte. Entscheidendes Kriterium ist dabei das gute Gefühl für den Kranken. Es gibt ihm Sicherheit, an Bekanntes, Vertrautes anzuknüpfen. Und in diese Richtung zu denken regt die Fantasie der Angehörigen an, nach derartigen Begebenheiten und Situationen zu suchen und sie wiederholend neu zu gestalten.

• Eine wichtige Hilfe ist es, auf die Suche zu gehen in den gemeinsamen Erinnerungen. Gab es gemeinsame Aktivitäten, die man auch jetzt noch wieder beleben kann? Damit sind Alltagsübungen und Gewohnheiten gemeint, die sich ruhig ständig wiederholen dürfen, z. B. Gemüse putzen am Küchentisch und dabei plaudern; Teestunde am Nachmittag; gemeinsames Abendbrot; vertraute Feierabendatmosphäre.

• Auch Höhepunkte gemeinsamen Tuns stärken das Selbstwertgefühl des nach Orientierung suchenden Alzheimerkranken: z. B. Bilder anschauen und Geschichten erzählen. Dabei lässt sich der Kranke auffordern: „Bitte, erzähl doch mal, wie war das damals!" Zuhören heißt dann: den Kranken erzählen lassen, nachfragen, aber nicht korrigieren; denn auf die Wahrheit kommt es dabei nicht an, sondern darauf, vertraute Gefühle im Kranken zu wecken. Man kann es an der Freude genug sein lassen, wenn der verwirrte alte Mensch lacht oder nachdenklich wird oder lebhaft erzählt oder seine Stimme einfach wieder eine lebendige Klangfarbe bekommt.

• Gemeinsam musizieren, wenn dies in der Familie eine Gewohnheit war. Bekannte Lieder und Melodien wecken Erinnerungen. Das lässt sich auch mit alten Melodien auf Platten machen. Die Frage lautet: Welche Melodien mochte der oder die Betreffende gern? Was war damals „in"?

Vertraute Melodien schaffen eine vertraute Atmosphäre. Der Kranke fühlt sich immer wohl, wenn er sich in seiner Erinnerung bewegen kann.

• Liebevolle Gesten austauschen, so wie sie in der Familie üblich waren: die Umarmung oder der Kuss auf die Wange, ein freundlicher Gutenmorgengruß u. Ä.

Vor allem braucht der Kranke die Fortführung der ihm vertrauten Übung. Sie dient ihm als Bestätigung, dass er nach wie vor geliebt wird, dass er liebenswert ist. Dadurch bleibt sein Selbstwertgefühl erhalten, das er so nötig hat wie jeder Mensch, es aber nur unter großen Mühen erreichen kann.

Vertrautes, Liebgewonnenes, Gewohntes wieder zu entdecken ist ein zentraler Punkt. Er hilft gerade auch Angehörigen, die veränderte Situation zu akzeptieren. Das gilt gerade dann, wenn pflegende Angehörige Angst vor der Last der Pflege eines desorientierten Menschen haben, wenn man die Trauer über die Veränderungen im Wesen des Kranken nicht zulassen kann, wenn man in den Alltagsschwierigkeiten vollkommen gefangen ist.

Tatsächlich, man kann anknüpfen an Erinnerungen, an vertraute Begebenheiten und bekannte Dinge. Darin liegt auch die große Chance für die Heimpflege, wenn die Pflegepersonen solche wichtigen Erinnerungsstücke für den Betroffenen wieder entdecken und sich gemeinsam auf die Reise begeben, um vertraute Aktivitäten, bekannte Gerüche, beliebte Farben, schöne Melodien aus der Jugend und traditionelle Formen zu entdecken. Es ist deutlich, dass man dabei Handlung, Riechsinn, Seh- und Hörfähigkeit und den Tastsinn einsetzen kann.

Beispiel:
In der Therapieküche der Tagespflegeeinrichtung ging es hoch her: Die eine Frau schälte Kartoffeln, wie sie es gewohnt war, die andere schnitt Zwiebeln für einen Salat, weil sie den frischen Geruch mochte, eine andere sang laut ein Volkslied aus Kindheitstagen und der alte Mann nahm sich einen Topf, der noch vom Frühstück übrig geblieben war, um ihn abzutrocknen.

Pflegende Angehörige müssen sich gerade mit den emotionalen Veränderungen auseinander setzen. Gefühle der Vergangenheit für die Gegenwart zu aktivieren kann Trost, Entlastung und Freude bieten. Es ist folglich auch für sie entlastend, sich auf die schönen Aspekte ihrer Beziehung zum Kranken zu besinnen. Es geht dabei um die kleinen Alltagsdinge. Aber sie erweisen sich als wichtig. Denn jeder Tag muss immer wieder neu mit allen seinen Anforderungen gelebt werden. Wenn man nach den gemeinsamen guten Anknüpfungspunkten suchen kann, rücken die traurigen Veränderungen durch die Krankheit mit ihren Belastungen wenigstens zeitweise in den Hintergrund.

- Es hilft dem alten Menschen, wenn sich so wenig wie möglich an seiner Beziehung zum Angehörigen verändert. Es gilt ihn in seiner angestammten Familienrolle zu bestätigen. Das bringt auch den Angehörigen Entlastung.

Beispiel:
Frau Grote, im Beispiel zu Beginn dieses Kapitels, hat große Angst, dass ihre Mutter genauso „verrückt“ wird wie die Mutter der Nachbarin. Sie ist darüber traurig, weil sie das Gefühl hat, nun ihre Mutter verloren zu haben. Sie merkt nicht, wie sie selbst zu diesem Gefühl des Verlustes beiträgt: Sie macht die Mutter zum Kind; damit löst sie die Identität der Mutter auf; erst jetzt ist die Mutter verschwunden. Denn in die Mutterrolle wächst man hinein und „spielt“ sie in einer Familie. Das kann man aber nur so lange, wie die Familienmitglieder mitspielen. Und man kann auch aus der Rolle wieder herausgedrängt werden. Im Grunde lässt sich beobachten: Nicht die Krankheit von Frau Hahn, genauer gesagt, ihre immer wieder auftretende Vergesslichkeit, verändert diese Familienspielregeln, sondern Frau Grote selbst tat das, als sie ihre Mutter plötzlich bevormundete und mit „Oma“ ansprach. Die Gesunden haben die Regeln des Zusammenlebens und die Qualität der Beziehungen zu einem guten Teil in der Hand.

(Aus: Martina Gümmer/Joachim Döring: Im Labyrinth des Vergessens. Hilfen für Altersverwirrte und Alzheimerkranke. 2., überarbeitete Neuausgabe. Psychiatrie-Verlag: Bonn 1996, S. 72–77)

1 Welche Hilfen gibt es, um das Selbstwertgefühl des/der Kranken zu stärken? – Nennen und diskutieren Sie die Antwort von Martina Gümmer und Joachim Döring auf diese Frage.

2 Welche Position vertreten Martina Gümmer und Joachim Döring mit ihren Anregungen zum Umgang mit alten Menschen in der Familie im Blick auf die Kontroverse „Sozialisation versus Desozialisation im Alter“?

3.5 Zum Umgang mit alten Menschen – Jugendliche berichten …

Die folgenden Texte beziehen sich auf ein Leben alter Menschen im Altenheim.

3.5.1 Was von den Jahren übrig bleibt – Erfahrungen im Altenheim

Die Jugendliche Milena Mathies setzt sich in der Beilage der Frankfurter Allgemeinen Zeitung „Jugend schreibt" mit dem Alter im Heim auseinander. Hier ihre Eindrücke und Erfahrungen:

„Bis zum letzten Augenblick habe ich mich dagegen gesträubt, ins Altenheim zu gehen. Da kommst du nur noch mit den Füßen zuerst wieder raus, hab ich mir gesagt." Nun wohnt die zweiundneunzigjährige Elisabeth Rieken, die durch ein steifes Knie eingeschränkt ist, seit drei Monaten im Alten- und Pflegeheim „Lüner Hof" in Lüneburg. „Ich war angenehm überrascht, seit der ersten Stunde habe ich mich hier wohl gefühlt", strahlt Frau Rieken über das ganze Gesicht und erzählt mit leichtem Berliner Akzent: „Die Schwestern sind fürsorglich. In meinem ganzen Leben bin ich nicht so aufmerksam behandelt worden." Zwar hat die alte Dame Bekannte in ihrer Heimatstadt zurücklassen müssen, inzwischen hat sie hier aber neue Freunde gefunden. Mit denen bildet sie bei den täglichen vier Mahlzeiten eine Tischgemeinschaft.

Ihr kleines Zimmer mit dunklen Deckenbalken, das sie als „kuschelig und gemütlich" empfindet, hat sie selbst eingerichtet. In einer Ecke steht ein großer Spiegelschrank, der die wenigen Quadratmeter geräumiger wirken lässt. Zufrieden sitzt Frau Rieken mit einer Tasse Kaffee auf einem alten grünen Stuhl. Die Bewohner des Heimes dürfen ihre eigenen Möbel in den Altbau mitbringen, damit sie sich weniger fremd fühlen.

„Obwohl das finanziell weniger rentabel ist, ist es mir wichtig, dass jeder sein eigenes Zimmer mit Badezimmer bekommt. Warum sollten wir den Senioren etwas verweigern, das wir für uns als selbstverständlich empfinden?", sagt die Leiterin des Heimes, Bärbel Steffani, überzeugt. Viele Lachfältchen in ihrem Gesicht zeigen, dass die würdevolle Dame ihre Arbeit gerne tut. Stolz erzählt die Zweiundsechzigjährige: „Dieses Gebäude ist wahrscheinlich der älteste Profanbau Niedersachsens." Dabei streicht sie die bunt gestreiften Gardinen des hellen Esszimmers gerade. Die Tür zum Nachbarzimmer, dem „Klubraum", ist geöffnet. Dort steht ein Klavier, darüber ein Kreuz und ein Bild von gelben Sonnenblumen in einem dunklen Holzrahmen. Zweimal täglich treffen sich hier Heimbewohner. Dann singen sie, diskutieren über Aktuelles, trainieren ihr Gedächtnis, malen oder machen Gymnastik. Während eine Heimbewohnerin die Malstunde leitet, kommt zum Singen eine ausgebildete Sängerin ins Haus. „Auf der Lüneburger Heide", setzt die kräftige Frau mit ihrer voluminösen Stimme an. Etwas eintönig brummelt der restliche Chor hinterher. Einige wiederholen immer wieder die erste Zeile, andere sind schon fast eingeschlafen. „Ist Ihnen warm, Frau Lütjens, dann ziehen Sie mal die Wolljacke aus. Die Bluse lassen wir lieber zugeknöpft", springt eine Auszubildende herbei, als eine der Teilnehmenden sich gerade entblößen will. „Ich glaube, die Dementen sind glücklich in ihrer Welt", sagt Krankenschwester Marion Dorn, als sie an einem Tisch vorbeiläuft, an dem gerade einige dieser verwirrten alten Bewohner Kaffee trinken. „Hallo", ruft eine von ihnen, „hallo, hallo", wieder und wieder. Traurig sieht Schwester Marion erst aus, als sie am Bett einer Parkinsonpatientin im Endstadium steht. Behutsam streichelt sie Rita Mertens, die seit drei Jahren im Bett liegt und sich fast nicht mehr bewegen kann, die Wange. Dann dreht sie das Bett etwas mehr zum Fenster, damit die Patientin nicht immer auf eine Stelle im Zimmer starren muss. Nebenbei läuft eine CD von Placido Domingo. Die hatte die Kranke schon früher gerne gehört. Ihr Jugendfoto neben dem Bett zeigt eine lebenslustige junge Frau am Hochzeitstag. Mit dem heutigen zerbrechlichen Wesen besteht keine Ähnlichkeit mehr. Frau Mertens kann zwar kaum noch schlucken und nur kleine Mengen auf einmal zu sich nehmen, „aber wir nehmen uns lieber sechsmal am Tag Zeit, sie zu füttern, als ihr jetzt noch eine künstliche Ernährung mit dem Schlauch zuzumuten", sagt Schwester Marion leise und fügt hinzu: „Für viele hier wäre der Tod eine Erlösung."

(Aus: Robert und Sonja Delaunay: Triumph der Farbe. Benedikt Taschen Verlag GmbH: Köln 1993, © VG Bild-Kunst, Bonn)

Frau Schröder wohnt wenige Zimmer weiter. „Ich bin nun schon vierundneunzig Jahre alt, wenn ich noch 100 werden muss, o Schreck ... und es besteht keine Hoffnung für mich, ich bin kerngesund. Ich habe so ein reiches, erfülltes Leben gehabt, nun möchte ich einschlafen." Trotzdem lässt sie die Zeit nicht nutzlos an sich vorüberziehen. Sie leitet die Malgruppe des Heimes und liest leidenschaftlich gerne romantische Liebesromane vor ihrem efeuberankten Zimmerfenster. Mit einer Stieftochter, zu der sie zu ihrem Bedauern keinen Kontakt mehr hat, „redet" sie in einem Tagebuch. „Damit sie nach meinem Tod erfährt, wie oft ich an sie denke und wie sehr ich sie vermisse." Neulich hatte sie Besuch von einer Schulfreundin, aber wie auch bei den meisten anderen Heimbewohnern sind ihre sozialen Kontakte hauptsächlich familiärer Art.
Freudig zwitschert ein blauer Wellensittich auf dem Flur. Neben seinem Käfig steht ein Trimmrad. „Das wird aber kaum benutzt", erklärt Schwester Marion. Lieber sitzen die Senioren draußen im Hof und trinken nett plaudernd Kaffee. „Ich glaube schon, dass man sich hier wohl fühlen kann. Später möchte ich meinen Verwandten nicht zur Last fallen. Leicht entstehen bei den pflegenden Angehörigen durch die hohen Anforderungen Aggressionen gegenüber den Hilfsbedürftigen. Ich kenne das aus eigener Erfahrung und finde es verständlich. Trotzdem ist es traurig und kann vermieden werden. Daher bin ich der Meinung: Wer seine pflegebedürftigen Verwandten liebt, gibt sie ins Heim."

(Aus: Milena Mathies: Das Jugendbild zeigt eine lebenslustige Frau. Was von den Jahren übrig bleibt/Erfahrungen im Altenheim. In: FAZ vom Montag, 3. Januar 2000, Nr. 1, S. 54)

1 Welche Erfahrungen von Milena Mathies stimmen mit den bereits erworbenen Kenntnissen zum Altwerden überein, was sieht sie anders?
2 „Wer seine pflegebedürftigen Verwandten liebt, gibt sie ins Heim." Diskutieren Sie die Einschätzung von Milena Mathies bezüglich der Qualität der Pflege im Heim.
3 Überlegen Sie, wie Sie eigene Erfahrungen mit alten Menschen im Heim machen können. Möglicherweise lässt sich ein Besuch in einem oder mehreren Altenheimen arrangieren (mit Befragung der Heimleitung nach pädagogischen Konzepten, Gesprächen mit Bewohnern usw.). Evtl. kann aber auch ein Praktikum im Altenheim organisiert und durchgeführt werden (siehe 3. 5. 3).

3.5.2 Manche Heimbewohner richten sich in ihrer Einsamkeit ein ...

„Heute ist Montag, der 1. März. Wir haben Winter." – „Na bitte, ich hab dir gleich gesagt, dass noch nicht Frühling ist! Aber nein, du weißt natürlich alles wieder besser! Ziehst du jetzt vielleicht deine Strickjacke an?" Apathisch quält Käthe sich in ihre Jacke und schaut verstört den Schneemann auf dem Schild im Aufenthaltsraum an. „Und ich dachte, gestern wären Blumen drauf gewesen ..." – „Denk nicht so viel. Du weißt doch, dass du dich auf dein Gedächtnis nicht verlassen kannst!" Ungeduldig fährt Erika ihre Freundin an und zieht sie hinter sich her.
Kurz darauf sitzen sie einträchtig zusammen mit ihrer gemeinsamen Freundin Hanna im Frühstücksraum ihres Altenheimes, dem Amandusstift in Worms. Während Käthe sich am reichhaltigen Büfett zum zweiten Mal den Teller füllt, planen die beiden anderen ihren Tag. Am Vormittag werden sie zum autogenen Training gehen, über den Nachmittag wird noch munter disputiert, zur Auswahl stehen Stadtfahrt und Bastelgruppe. Nachdem die Frauen fertig gegessen haben, begeben sie sich, trotz schwachen Protestes Käthes, die sich lieber vom Frühstück ausruhen würde, zum ersten Punkt ihres Tagesplanes. „Entspannt euch bitte, schließt die Augen, atmet tief ein, ihr werdet ganz müde ...", tönt die sanfte Stimme der Meditationsleiterin. Käthe wird müde und schläft schließlich ein.
Beim Mittagessen trifft sie wieder mit Hanna und Erika zusammen, die zwischenzeitlich die Tiere im zum Haus gehörenden Gehege gefüttert haben. Als sie den Speisesaal betreten wollen, begegnet ihnen das Ehepaar Sigfried und Hilde. Galant hält der über Neunzigjährige seiner Liebsten die Tür auf, blickt sie bewundernd an und geleitet sie charmant zu ihrem Sitzplatz, neidisch verfolgt von den Augen der drei Frauen. Denn die

Manfred Wirtz, ohne Titel (o. J.) (Ausschnitte)

(Aus: Peter Feierabend [Hrsg.]: Photography Index II. Könemann Verlagsanstalt: Köln 1999, S. 118/119)

trotz des hohen Alters romantische Beziehung ist natürlich nicht die Regel.

Die meisten älteren Menschen, so auch Erika, Käthe und Hanna, sind allein, was vor allem auf einen Mangel an potenziellen Partnern, vorwiegend männlichen, zurückzuführen ist. Denn diese entstammen der Kriegsgeneration und sind entweder den beiden Weltkriegen oder der ohnehin niedrigeren Lebenserwartung gegenüber Frauen zum Opfer gefallen. Daher ist es auch nicht verwunderlich, nur sechs Männer im ganzen Heim zu zählen, von denen lediglich noch die Hälfte agil genug ist, überhaupt soziale Kontakte zu pflegen.

Was bleibt, ist Freundschaft

So besteht die einzige Möglichkeit, Gemeinsamkeit, Geborgenheit und Zuneigung zu finden, darin, Freundschaften zu schließen. Auch wenn diese Freundschaften manchmal seltsame Blüten treiben wie auch bei Erika und Käthe, in deren Beziehung ein extremes Dominanzgefälle zu erkennen ist. Erika ist eindeutig die tonangebende, aktivere von beiden, während die lethargische Käthe oft unter der scheinbaren Gleichgültigkeit ihrer Freundin leidet, denn ihr ganzes Leben ist auf Erika fixiert, geht diese auf die Toilette, kommt Käthe mit. Nun ist Erika am Nachmittag in die Stadt gefahren, Käthes „Antriebs-

motor“ ist verloren gegangen. Kraftlos wird sie in der Eingangshalle sitzen bleiben, wird die Patchworkarbeiten, die an der Wand hängen, betrachten oder die Zierfische im Aquarium zu zählen versuchen, wie sie es immer tut, wenn sie auf Erika wartet. Sie wird dort sitzen und warten, auf die, die sie allein gelassen hat, und wenn diese zurückkommt, wird sie sich wieder an ihre Fersen hängen, ihr folgen wie ein Schatten, schweigsam wie immer.

Diese lähmende Schweigsamkeit ist auch der Grund, warum Hanna sich von ihr verabschiedet und sich in ihre Zwei-Zimmer-Küche-Bad-Wohnung im Nebenhaus zurückzieht. Dort wird sie Musik hören, vielleicht lesen oder ein Gedicht schreiben, wie sie es seit dem Tod ihres Mannes vor zwei Jahren öfter tut. Sie spricht nicht oft über ihn oder ihre Trauer, setzt aber eindeutige, vielleicht unbewusste Zeichen. So wundern sich manche Gäste über das Türschild, „Hanna und Emil Beutler“, und auf taktlose Fragen antwortet sie nur mit „Ich weiß, dass er tot ist. Ich werde das Schild aber nicht entfernen.“ Bei der Führung durch die kleine Wohnung wird die Tragweite des Fauxpas sichtbar: „Das ist unsere Küche. Dies unser Schlafzimmer. Hier wohnen wir.“ Die Frage nach der Suche nach einem neuen Partner wird hier nicht in Erwägung gezogen. Hanna ist getreu bis in den Tod.

Rosa hat sich zur Ruhe gesetzt.

Viele ältere Menschen bleiben also auch freiwillig in ihrer Isolation und haben ihr Leben nach

Mein Feind? Jemand, der versucht, mir die Handtasche wegzureißen. Dem würde ich erst die Speerspitze in den Bauch rammen. Dann gegen die Beine treten. Und dann weglaufen."

(Aus: Bettina Flitner: Mitten ins Herz. Reportagen und Installationen. Edition Braus 1998 © Bettina Flitner für Fotos und Bilder)

innen ausgerichtet, obwohl die Heimleitung alles tut, um die Gemeinsamkeit zu stärken. Jeden Tag steht ein anderer Freizeitpunkt auf dem Plan: Chor („Was, wir singen doch keine Kirchenlieder! Wir singen Schlager!"), Kegeln, Bastelstunde, Rommé- und Bridgegruppe, Gymnastik, bunte Abende mit Tanz und Musik. Ebenso steht ein kleines Café zum geselligen Beisammensein oder ein Streichelzoo mit Teich zur Verfügung. Doch viele Bewohner sind müde, sie haben sich wirklich „zur Ruhe gesetzt" und verbringen ihren Tag damit, völlig stressfrei herumzusitzen, nachzudenken und ihr Leben zu reflektieren, ein Leben, das für viele nur aus Arbeiten bestand. So auch bei Rosa, die sich selten an den Aktivitäten der anderen beteiligt und oft alleine spazieren geht: „Ich bin ans Alleinsein gewöhnt. Mein Mann ist im Zweiten Weltkrieg gefallen, ich hatte danach keinen anderen mehr, nicht einmal einen Freund. Den Rest meines Lebens habe ich gearbeitet und meine Söhne erzogen." Der eine ist Hauptdarsteller am Stuttgarter Theater, der andere erfolgreicher Manager, so berichtet sie stolz. Mit anderen zusammen trifft Rosa nur beim autogenen Training und den Mahlzeiten. Diese sind übrigens äußerst reichhaltig und ausgewogen, wie die Bewohner betonen und der Speiseplan verheißt. Käthe ist gerade dabei, sich auf diese Weise zu informieren, trifft dabei auf Erika, die vom Einkaufsbummel zurückgekehrt ist, und beide gehen sie zum Speisesaal, um zu sehen, ob das, was sich so lecker liest, auch so schmeckt.

Nach dem Abendessen kommen sie auf dem Weg in ihr Zimmer wieder am Aufenthaltsraum vorbei, der schon für die Nacht fertig gemacht ist. In den Aquarien ist das Licht angegangen. Die Vögel sitzen stumm in ihren abgedeckten Käfigen. Das Schild ist für den nächsten Tag bereitet. „Heute ist Dienstag, der 2. März. Wir haben Winter."

(Aus: Katrin Wolfenstetter: Getreu bis in den Tod. Manche Heimbewohner richten sich in ihrer Einsamkeit ein. In: FAZ vom Montag, 3. Januar 2000, Nr. 1, S. 54)

1 Was bringt Katrin Wolfenstetter in ihrem Beitrag stimmungsmäßig zum Ausdruck?

2 Vergleichen Sie die Aussagen dieses Artikels mit denen von Milena Mathies aus dem vorhergehenden Textabschnitt.

3 Welche Bedeutung wird der Erinnerung im Leben alter Menschen beigemessen?
Überlegen Sie, inwiefern Erinnerungsarbeit pädagogisch beim Umgang mit alten Menschen genutzt werden kann.

3.5.3 Hospitationen und Praktika – auch im Altenheim

Gesichtspunkte für die Hospitation/ das Praktikum:

- Name und Anschrift der Institution:
- Träger der Institution:
- Finanzierung der Institution:
- Art der Kontaktaufnahme:
  - durch Lehrer/Schüler
  - mdl./schr./tel./persönl. Vorstellung
  - Kontaktperson in der Institution:
  - Tel.-Nr.:
- Aufnahme/Betreuung des Hospitanten/ Praktikanten in der Institution
- Pädagogisches Tätigkeitsfeld der Institution:
- Mitarbeiter:
  - Zahl:
  - Aus- und Weiterbildung:
  - Vergütung:
  - Interessenvertretung:
- Adressaten der institutionellen Praxis:
  - Zahl:
  - Alter:
  - Gruppierung:
  - soziale Zusammensetzung:
- pädagogische Zielsetzung (allgemein):
- allgemeine Bedingungen der pädagogischen Arbeit:
  - Einflussnahme des Trägers:
  - Rahmenvorschriften/Richtlinien:
  - Koordination der pädagogischen Arbeit:
  - Kooperation mit anderen Institutionen:
  - Platzbedarf, Platzangebot, Regulierung der Platzvergabe
- Gliederung der pädagogischen Arbeit:
  - Rahmenpläne:
  - Wochenpläne:
  - Tagespläne:
- regelmäßige pädagogische Tätigkeiten:
  - Ziele:
  - Mittel:
  - Bedingungen:
  - Wirkungen:
- Sonderveranstaltungen:
- Beurteilung/Bewertung der pädagogischen Arbeit in der Institution:
- Probleme:
- Verbesserungsvorschläge:
- Möglichkeiten zu eigener pädagogischer Praxis:
  - durch wen initiiert?
  - Dauer, Häufigkeit:
  - Funktionsbeschreibung (Adressaten, Ziele, Mittel, Bedingungen):
- Beurteilung/Bewertung der eigenen pädagogischen Praxis:
  - besonders gelungene Aktivitäten:
    - misslungene Aktivitäten:
    - Verhältnis von Erwartungen zu Erfahrungen:
  - neue, überraschende Erfahrungen:
  - empfundene Defizite:
    - im Kenntnisbereich:
    - im Verhaltensbereich:
  - emotionale Befindlichkeit bei der pädagogischen Praxis:
    - besonders angenehme Erfahrungen:
    - besonders unangenehme Erfahrungen:
- Verbesserungsvorschläge:
  - Was würde ich künftig anders machen?
  - Welche Bedingungen würde ich zu ändern versuchen?
- Gesamtbeurteilung der Hospitation/ des Praktikums:
  - Aufnahme/Betreuung durch die Institution:
    - Klima:
    - Anleitung, Hilfestellung:
    - Freiräume:
    - Aufgeschlossenheit für Kritik:
  - Institution: für weitere Hospitationen/ Praktika zu empfehlen?
    - ja/nein
    - Begründung?
  - Verbesserungsvorschläge für die
    - Vorbereitung:
    - Durchführung:

- Konsequenzen aus der Hospitation/dem Praktikum für den weiteren Unterricht:
  [...]

Die Durchführung der Hospitation/des Praktikums

Die Hospitation/das Praktikum sollte nach Möglichkeit mit einer Einführung des Hospitanten/Praktikanten in die pädagogische Praxis der jeweiligen Institution durch deren Leiter oder einen von ihm beauftragten Mitarbeiter beginnen. Anschließend sollte dem Hospitanten/Praktikanten die Möglichkeit geboten werden, sich einen Überblick über die Arbeit in der jeweiligen Institution zu verschaffen, indem er in den verschiedenen Untergliederungen hospitiert und an den Besprechungen der Mitarbeiter teilnimmt. Diese Hospitation sollte die Grundlage bilden für die Entscheidung des Hospitanten/Praktikanten, sofern ihm diese überlassen bleibt, auf welches Tätigkeitsfeld innerhalb der Institution er sich in der Folge konzentrieren will. Sofern Möglichkeiten zu eigener pädagogischer Praxis bestehen, sollten diese erst nach einer längeren Hospitationsphase genutzt werden, in der sich der Praktikant mit der in der Institution üblichen Praxis und deren Bedingungen vertraut machen kann.

Nach Möglichkeit sollte der Hospitant/Praktikant durch den jeweils von der Institution Beauftragten in regelmäßigen Gesprächen oder bei Bedarf betreut werden. Ergänzend sollte der Pädagogiklehrer alle Schüler in ihrer Institution aufsuchen und sich bei diesen und dem jeweiligen Betreuer über den Verlauf der Hospitation/des Praktikums informieren. Dabei können die bisher gemachten Erfahrungen einschließlich der eventuell aufgetretenen Probleme besprochen und Vorschläge für den weiteren Verlauf der Hospitation/des Praktikums erarbeitet werden. Zusätzlich zu diesen Besuchen sollte der Lehrer Sprechstunden für die Schüler anbieten, in denen er diesen bei akut auftretenden Problemen zur Verfügung steht.

Empfehlenswert ist es ferner, Gesprächsrunden für die an einer Institution oder an vergleichbaren Institutionen hospitierenden/praktizierenden Schüler anzubieten, in denen diese nicht nur ihre Erfahrungen austauschen können, sondern sich auch wechselseitig auf vom einzelnen Schüler bisher vielleicht vernachlässigte Aspekte aufmerksam machen können.

Die Auswertung der Hospitation/des Praktikums

Die Auswertung der Hospitation/des Praktikums sollte dadurch vorbereitet werden, dass der Schüler Tages- und Wochenberichte erstellt. Dabei kann er sich an dem in der Vorbereitungsphase erstellten Merkblatt orientieren, das vor einer allzu verkürzten Perspektive bewahren kann, ohne dass sich der Schüler jedoch buchstabengetreu an die dort vorgegebenen Beobachtungsvorgaben halten müsste: Nicht alle dort angesprochenen Erfahrungsmöglichkeiten werden ihm bei seiner Hospitation/seinem Praktikum geboten werden; andere für ihn wichtige Aspekte werden dort so nicht enthalten sein. Die Berichte sollten die erlebte fremde und eigene Praxis sowie deren Bedingungen beschreiben, beurteilen, bewerten und eventuelle Verbesserungsvorschläge enthalten. Die einzelnen Tages- und Wochenberichte sollten am Ende der Hospitation/des Praktikums zu einem vorläufigen Schlussbericht integriert werden. Sofern die Bereitschaft auf Seiten der jeweiligen Betreuer vorhanden ist, könnten die Praktikumsberichte des Schülers durch eine mündliche oder schriftliche Stellungnahme des Betreuers ergänzt werden. Am zweckmäßigsten dürfte ein Abschlussgespräch zwischen dem Betreuer und dem Schüler sein, zu dem gegebenenfalls auch der Lehrer hinzugezogen werden könnte. Allerdings sollte das Gespräch ohne Beteiligung des Lehrers beginnen, weil der Betreuer mit dem Schüler in Abwesenheit des Lehrers offener sprechen dürfte als in dessen Beisein. Im Gespräch mit dem Betreuer und dem Lehrer sollte der Schüler zunächst Gelegenheit erhalten, selbst ein Resümee seiner Hospitation/seines Praktikums zu ziehen, das dann durch den Betreuer ergänzt oder modifiziert werden kann.

Nach Abschluss der Hospitation/des Praktikums sind von den Schülern ausführliche Abschlussberichte zu erstellen, die auch die Ergebnisse des Abschlussgesprächs berücksichtigen. Sofern mehrere Schüler in denselben oder vergleichbaren Institutionen hospitiert /praktiziert haben, sollten diese ihre individuellen Erfahrungen in Arbeitsgruppen austauschen und ein gemeinsames Ertragsprotokoll erstellen. Die Abschlussberichte sollten dann im Plenum vorgestellt und diskutiert werden. Dabei sollte auf die Begrenztheit der Erfahrungen aufmerksam gemacht und deshalb die Frage der Generalisierbarkeit mit der gebotenen Zurückhaltung beantwortet werden. Dieselbe Vorsicht ist bei der Entwicklung von Vorschlägen zur Verbesserung der pädagogischen Praxis angesagt. Unter Umständen kann es zweckmäßig sein, Vertreter der gastgebenden Institutionen zu einem Abschlussgespräch mit dem Kurs in den Unterricht zu bitten.

Anhand der Gruppenarbeitsergebnisse und der Erörterungen im Plenum sollte jeder Schüler seinen Bericht noch einmal überarbeiten bzw. ergänzen, bevor er diesen als endgültigen Hospitationsbericht den Mitschülern und dem Lehrer vorlegt.

Die Auswertung sollte mit einer Phase der kritischen Würdigung der Vorbereitung, des Verlaufs und der bisher erfolgten Auswertung der Hospitation/des Praktikums fortgesetzt werden, in der die Erfahrungen der Schüler ihren Erwartungen und den Erwartungen des Lehrers gegenübergestellt werden, in der Stärken und Schwächen aufgezeigt werden und nach Verbesserungsmöglichkeiten für künftige Hospitationen/Praktika gefragt wird. Beendet werden sollte die Auswertung mit dem Versuch, die Frage nach den Konsequenzen aus der Hospitation/dem Praktikum für den weiteren Unterricht zu beantworten.

(Aus: Klaus Beyer: Handlungspropädeutischer Pädagogikunterricht. Eine Fachdidaktik auf allgemein didaktischer Grundlage. Teil II: Inhalte – Arbeitsformen – Sozialformen. Reihe: Didactica Nova Band 3. Schneider Verlag: Hohengehren 1997, S. 171–175)

Edward Kienholz: Das Warten (1964–65). Tableau: Lack, Glas, Holz und gefundene Objekte, 203,2 x 375,9 x 198,1 cm.

Collection of Whitney Museum of American Art, New York. Schenkung der Howard und Jean Lipman Stiftung (Aus: Tillman Osterworld: Pop Art. Taschen Verlag: Köln 1999, S. 112)

3.6 Biografiearbeit mit alten Menschen

Beim Umgang mit einzelnen Alten in Familie oder Heim, aber auch in Gruppen kann Erinnerungsarbeit dabei helfen, die eigene Identität zu wahren.

3.6.1 Erinnern in der Gruppe

„Das Schlimme am Altwerden ist", so eine ältere Dame in einem Gesprächskreis, „dass niemand mehr da ist, mit dem man sich ohne große Erklärungen verständigen kann." Sie bezog sich damit auf das Wegsterben der Verwandten und Freunde ihrer Generation. Beim Erinnern in einer Gruppe wird mancher indes feststellen, dass der Kreis der Menschen, mit denen man seine Vergangenheit teilt, größer ist als geahnt.

Das Einvernehmen auf der Basis gemeinsamer kultureller Erfahrungen wird besonders schmerzlich von den Menschen vermisst, die ihr Alter nicht in dem Land oder der Kultur ihrer Kindheit und Jugend verbringen. AGE EXCHANGE hat Projekte mit Immigranten aus den einstigen britischen Kolonien, mit Einwanderern aus Irland und jüdischen Bewohnern des Londoner Ostens durchgeführt. Diesen alten Menschen bot sich damit nicht nur die Gelegenheit, gemeinsame Erinnerungen auszutauschen. Sie lernten in der Gruppe auch, ihre ganz spezifischen Erfahrungen und Befindlichkeiten den eigenen Kindern und Enkeln sowie den Angehörigen anderer Kulturen mitzuteilen. Angesichts der rapiden kulturellen Verwerfungen in der zweiten und dritten Generation der Migrantenfamilien war es für diese alten Menschen beglückend, ihre Lebensgeschichten als „Vermächtnis" weiterzugeben – ein wertvoller Ansatz für die sich in Deutschland gerade entwickelnde Arbeit mit älteren Migrantinnen und Migranten.

Dieses Buch entstand aus der Arbeit mit Personen, die in mehr oder minder großem Umfang auf Unterstützung angewiesen waren. Die Erinnerungspflege selbst wurde damit zu einer Form der Hilfestellung. Im besten gerontologischen Sinne setzt die biografische Arbeit bei den Kompetenzen an, die den alten Menschen verblieben sind, bestärkt sie in ihrer Souveränität und fördert die schöpferischen und kommunikativen Kräfte. Das Handbuch kann damit auch als eine Herausforderung an die Institutionen der Altenhilfe betrachtet werden, stellt es doch implizit die Frage, wie die Erinnerungen über die speziellen Gruppenangebote hinaus in Betreuungskonzepte einfließen. Wo werden die Erinnerungen der alten Menschen ihren Platz finden, wenn der Gesprächskreis zu Ende ist, man die Ausstellungsexponate abgehängt hat und auch das ehrgeizigste generationenübergreifende Projekt abgeschlossen wurde?

(Aus: Caroline Osborn/Pam Schweitzer/Angelika Trilling: Erinnern. Eine Anleitung zur Biografiearbeit mit alten Menschen. Lambertus Verlag: Freiburg/Breisgau 1997, S. 13/14)

Gerhard Haderer: „Sonnenaufgang".
Inkognito: Berlin

1 Warum ist nach Auffassung der Autoren Erinnerungsarbeit gerade in der Gruppe hilfreich?

2 Diskutieren Sie die Probleme, die sich gerade bei älteren Migrantinnen und Migranten ergeben.

3.6.2 Anleitung zur Biografiearbeit – ein erster Schritt: Voraussetzungen schaffen

Die Auszüge aus dem Buch „Erinnern. Eine Anleitung zur Biografiearbeit mit alten Menschen" sind so gehalten, dass sie als Anregungen in die Arbeit mit alten Menschen einfließen können. Falls Sie ein Praktikum durchführen, dürfte es reizvoll sein, Teile auf ihre Praxistauglichkeit hin zu prüfen.

Wer erinnerte sich nicht gern und oft an Menschen oder Gegenstände, die in seinem Leben eine Rolle gespielt haben! Sitzen alte Menschen beieinander, drehen sich die Gespräche besonders häufig um die Vergangenheit, und es liegt nahe, diese Vorliebe für Angebote der Altenarbeit zu nutzen. Das ist überall möglich, wo Menschen zusammenleben oder sich treffen – gleichgültig, ob sie auf Hilfe angewiesen sind oder ihr Leben selbstständig gestalten.
Ein anregender Austausch über die Vergangenheit und der fantasievolle Umgang mit den Erinnerungen stellt sich in einer Gruppe nicht von selbst ein. Erinnerungstreffen lassen sich etwa im Heim nicht „nebenher" erledigen. Jeder einzelne Nachmittag erfordert Vorbereitung, Strukturierung und Nacharbeit. Es sind Anstöße zu liefern, die dem Gedächtnis auf die Sprünge helfen. Die Gespräche müssen moderiert werden, damit alle zu Wort kommen und sich bei einem jeden das Gefühl einstellen kann, an der Veranstaltung wirklich teilzuhaben.
Mit diesem Handbuch soll Anfängern Mut gemacht werden, sich mit Älteren auf die Spuren ihrer Vergangenheit zu begeben. [...]

1. Alte Menschen und ihre Erinnerungen

Nur wer sich erinnern kann, weiß, wer er ist. In unserer Lebensgeschichte und den Geschichten unseres Lebens finden wir die Wurzeln für Selbstvertrauen und Individualität. Lässt das Gedächtnis alter Menschen so nach, dass sie ihren Alltag nur noch mit fremder Hilfe bewältigen können, brauchen sie auch Unterstützung bei ihrem Bemühen, sich ihrer Identität zu vergewissern. Leben sie nicht mehr in ihrer vertrauten Wohnung und haben kaum mehr Kontakt zu alten Freunden, fehlen ihnen auch die Anknüpfungspunkte für ein Gespräch über die Vergangenheit. Je mehr sich der Aktivitätsradius der alten Menschen verringert, desto wichtiger wird für sie die Vergangenheit. Sie ist oftmals zentraler Gesprächsstoff und bietet die Möglichkeit, in Kontakt zu anderen zu treten. Erinnerungen können im Mittelpunkt einer gemütlichen Erzählrunde stehen. Sie können Ausgangspunkt für gemeinsam verfasste Texte sein oder Anlass für einen Ausflug. Vielleicht wird gemeinsam gemalt, gesungen oder Theater gespielt. Alte Menschen und ihre Erinnerungen können in den Schulunterricht einbezogen werden. Beim Kochen, Gärtnern, Putzen und Essen werden Kindheitsszenen wieder lebendig. Durch das gemeinsame Erinnern erfahren die Teilnehmerinnen und Teilnehmer Wertschätzung und Bestätigung. Vor allem das Langzeitgedächtnis wird angesprochen, das oft noch erhalten bleibt, wenn andere Fähigkeiten schon dramatisch nachgelassen haben. So können auch die Menschen Kompetenzen unter Beweis stellen, deren Alltag sonst von den Gefühlen des Versagens geprägt ist. In der Gruppe ist also darauf zu achten, dass jeder mit seinem Beitrag – wie gering er auch für Außenstehende scheinen mag – ernst genommen und anerkannt wird.
Spricht man von „älteren" oder „alten" Menschen, so umfasst diese Angabe eine Altersspanne von dreißig Jahren und mehr – zwei Generationen also. Je nach Geschlecht, kulturellem Hintergrund, Schichtzugehörigkeit, Jahrgang und Persönlichkeit werden die Menschen höchst unterschiedliche Erfahrungen gemacht haben und sie werden mit Freude feststellen, dass andere ihre Erfahrungen teilen, und gleichzeitig mit Stolz über ganz besondere Erlebnisse berichten.
Die alten Menschen sollten in jedem Fall selbst entscheiden, welche Erinnerungen sie mitteilen möchten und was ungesagt bleibt. Immer bestimmen sie, über welchen Abschnitt ihres Lebens sie auf welche Weise berichten möchten.
Das Selbstvertrauen der alten Menschen wird durch das Erinnerungstraining gefestigt. Sie bekommen Mut, sich auf Neues einzulassen, und werden neugierig auf Unbekanntes. In der Erwachsenenbildung oder in Projekten der Stadtgeschichte gibt es längst zahlreiche Beispiele von Gruppen, die gelernt haben, mit Computern und Videokameras umzugehen, die Ausstellun-

gen organisieren, Bücher herausbringen oder Theater spielen, um ihre Erinnerungen weiterzugeben. Die Beschäftigung mit der eigenen Geschichte kann zur Durchführung von öffentlichen Veranstaltungen und zum Engagement in der Gemeindepolitik führen.
Das belegt, dass Menschen, die sich gemeinsam erinnern, nicht der Vergangenheit verhaftet bleiben. Aus dem Besinnen auf die eigene Identität und die eigenen Leistungen in einem langen Leben erwachsen ein neues Interesse und eine neue Kraft, sich mit der Gegenwart auseinander zu setzen.

2. Erinnerungen und Altenarbeit

Wer in Einrichtungen der Altenarbeit vorschlägt, die Erinnerungen der alten Menschen in der Arbeit zu berücksichtigen, wird immer wieder hören: „Das machen wir doch schon längst." Das stimmt natürlich. Die Vergangenheit spielt in vielen Kontakten zwischen den alten Menschen und ihren Helfern eine Rolle. Betreuungskräfte berücksichtigen ihnen bekannte Aspekte aus dem früheren Leben der alten Menschen, um zu ihnen eine Beziehung aufzubauen und die Versorgung individuell zu gestalten. Neben dieser eher informellen Erinnerungspflege kann in Gruppenangeboten die Vergangenheit gezielt zum Thema gemacht werden. Wenn sich Mitarbeiterinnen die entsprechenden Fähigkeiten aneignen und sich dazu in ihrer Arbeit Freiräume schaffen, wird man die Wirkung bald im (Pflege-) Alltag verspüren: Aus Heimbewohnern, Patienten oder Altenklubbesuchern, die aufgrund bestimmter Funktionseinbußen diese oder jene Hilfeleistung brauchen, werden Individuen mit einer langen persönlichen und sozialen Geschichte. „Die Frau im grünen Stuhl, die man alle zwei Stunden zur Toilette bringen muss", entpuppt sich möglicherweise als schillernde Persönlichkeit, die unvermittelt Zugang gewährt zu einer Lebensgeschichte voller Abenteuer und Dramatik.
Die Pflege der Erinnerung bedeutet für die Mitarbeiter/-innen auch eine Weiterqualifizierung, die zudem Spaß macht und Befriedigung bringt. Bei aller Begeisterung sollte man sich aber davor hüten, anzunehmen, dass sich alte Menschen auf das Thema Vergangenheit beschränken möchten. Sich innerhalb eines Gruppenangebotes an Begebenheiten seines Lebens zu erinnern wird immer eine unter vielen Aktivitäten sein; ein jeder und eine jede sollte wählen können, ob er oder sie sich beteiligen möchte.

3. Praktische Hinweise

Biografische Arbeit mit alten Menschen findet an vielen Orten statt und kann von ganz unterschiedlichen Berufsgruppen ausgeübt werden. Neben den Pflegekräften, Ergotherapeuten und Sozialarbeitern – den typischen Professionen der Altenhilfe – gibt es in Erwachsenenbildungseinrichtungen und in der Kulturarbeit biografieorientierte Angebote. Historiker befragen alte Menschen im Rahmen regionalgeschichtlicher Recherchen und die Gerontopsychiatrie nutzt das Erinnerungsvermögen gezielt zu therapeutischen Interventionen. Erinnerungsaktivitäten können von fest angestellten Mitarbeiterinnen oder Mitarbeitern oder von Honorarkräften durchgeführt werden. Hier bieten sich auch Einsatzmöglichkeiten für Menschen, die sich ehrenamtlich engagieren möchten. Die wichtigste Voraussetzung ist, dass man den Erinnerungen und Erzählungen der alten Menschen ein echtes Interesse entgegenbringt. Der Alltag ganz durchschnittlicher Menschen sollte in all seinen Einzelheiten ebenso wichtig genommen werden wie die Berichte der „Stars", jener Personen also, die außerordentliche Dinge vollbracht haben und diese spannend darzustellen wissen.
Erinnert man sich selbst gern an Begebenheiten aus seinem Leben, findet man an dieser Arbeit sicher Spaß. Wer indes lieber nicht an der eigenen Vergangenheit rührt, wird sich auch bei der Leitung einer Erinnerungsgruppe nicht wohl fühlen. Er oder sie vermittelt möglicherweise sogar den Eindruck, dass hier in die Privatsphäre eingedrungen wird und man Dinge hervorkramt, die besser vergessen sind.
Sicherheit in der Begleitung von Gruppen stellt sich mit der praktischen Erfahrung und der kritischen Selbstwahrnehmung ein. Hintergrundwissen kann man sich aus Berichten von Zeitzeugen, aus Biografien und regionalen Geschichtsbüchern aneignen. Und schließlich lernt man bei jedem Treffen von den alten Menschen und ihren Erzählungen. [...]

Mit psychisch veränderten Menschen arbeiten

Selbstverständlich profitieren auch verwirrte alte Menschen von der Biografiearbeit. Es wird häufig unterschätzt, wie sehr sich ein verwirrter alter Mensch konzentrieren und bei wie vielen Aktivitäten er sich beteiligen kann. Oft ist er stiller Beobachter – vorausgesetzt, es handelt sich um die richtigen Angebote in der richtigen Atmosphäre. Gelingt es, mit psychisch veränderten alten Menschen über ihre Erinnerungen in Beziehung zu treten, so entwickeln sie Freude am Zusammensein und der Kommunikation mit anderen. Das Pflegepersonal beginnt, sich für die Lebensgeschichten dieser alten Menschen zu interessieren und mehr und mehr auf ihre individuellen Bedürfnisse einzugehen. Betreuungskräfte (und auch Angehörige) sind zu bestärken, den Äußerungen der alten Menschen Glauben zu schenken. Statt Mitteilungen als „verwirrt“ abzuwehren, bloß weil sie nicht auf Anhieb verständlich sind, muss man lernen, sie als Wahrheit zu akzeptieren und zu begreifen.

Auch Menschen, die sehr unruhig sind, brauchen im Allgemeinen nicht ausgeschlossen zu werden. Manch einem gelingt es, sich zu einer Gruppe zu setzen und bei einer interessanten Aktivität mitzumachen. Das bedeutet zumindest eine zeitweise Entlastung von der ängstlichen Umtriebigkeit, unter der viele Verwirrte leiden. Klappt das nicht, ist zu entscheiden, wie oft man jemanden bitten soll zu bleiben (vielleicht zweimal?). Sonst erhalten die Personen, die mitmachen möchten, weniger Aufmerksamkeit als jemand, der ohnehin wieder gehen will.

Brücken in die Vergangenheit lassen sich besonders gut über den Geschmackssinn, den Tast- und den Geruchssinn schlagen. Samt und Seide verführen zu Berührungen, Kölnischwasser und Mottenkugeln riechen vertraut, auf Himbeeren und Zimtsterne reagieren die Geschmacksnerven. [...]

Manchmal ist es unmöglich festzustellen, ob es tatsächlich alte Erinnerungen sind, die solchermaßen beschworen wurden, doch eine jede Reaktion zeigt, dass es gelungen ist, die verbliebenen Erlebensmöglichkeiten anzusprechen.

Die Lebensgeschichte verwirrter (wie selbstverständlich auch psychisch gesunder) Menschen kann in einem „Lebensbuch“ zusammengetragen werden. Bei seiner Herstellung entfällt zwar die Interaktion in einer Gruppe, es entsteht jedoch eine intensive Zweierbeziehung. Das allein schon ist eine wertvolle Erfahrung für eine Heimbewohnerin, die sonst nur wenig persönliche Zuwendung erfährt und deren Freizeit und Aktivierung grundsätzlich in einer Gruppensituation erfolgt. Menschen, die so verbittert, zornig oder verwirrt sind, dass man nur schwer Zugang zu ihnen findet, erleben es oft als eine beglückende Aufgabe, ihr Lebensbuch gemeinsam mit einer Bezugsperson zusammenzustellen.

Ins „Lebensbuch“ werden möglichst viel Informationen über den betreffenden alten Menschen eingetragen. Die alte Frau oder der alte Mann wird an der Arbeit beteiligt, wo immer möglich. Abgerundet wird das „Lebensbuch“ durch Angaben von Verwandten und Freunden. Eigene Nachforschungen helfen Lücken zu schließen, passendes Bildmaterial und Familienfotos lockern die Texte auf. Ein Stammbaum verdeutlicht den Betrachtern wie dem alten Menschen selbst, wer die einzelnen Familienmitglieder sind und in welcher Beziehung er zu ihnen steht. Mit Landkarten und Stadtplänen lassen sich Umzüge nachvollziehen. Betrachten Betreuungspersonen solch ein „Lebensbuch“ gemeinsam mit dem „Autor“, wird es ihnen leichter, ihn in seiner Geschichtlichkeit zu erkennen und in ihm mehr zu sehen als den Adressaten standardisierter Versorgungspakete. Das „Lebensbuch“ kann für den alten Menschen zu einem wertvollen Besitz werden und Anlass bieten für mancherlei Gespräche. Lässt das Gedächtnis im Laufe der Zeit weiter nach, wird es zu einer immer wichtigeren Informationsquelle. [...]

Kontakte zu Kindern

Immer weniger alte und junge Menschen haben in ihrem engeren Umfeld die Möglichkeit, Erfahrungen mit der jeweils anderen Generation zu machen. Über das Medium der Erinnerung lassen sich Begegnungen zwischen alten und jungen Menschen besonders gut knüpfen. Die Kinder können die Älteren über inzwischen historische Lebenszusammenhänge befragen, die alten Menschen ihrerseits freuen sich an der Lebendigkeit und Neugier der Jüngeren. Am einfachsten und auch vergnüglichsten gestalten sich Begegnungen zwischen Alt und Jung, wenn es miteinander etwas zu unternehmen gibt: Vielleicht lernen Kindergartenkinder unter Anleitung der alten Menschen Spiele von früher kennen oder eine Schulklasse lädt eine Gruppe von Heimbewohnern zu einem Vergleich der unterschiedlichen Schulerfahrungen ein. Aber man kann auch gemeinsam Theater spielen und Feste feiern. Sind Erinnerungen gefragt, so finden sich auch gesundheitlich stark beeinträchtigte Menschen in der Rolle von Fachleuten wieder. Ihr Selbstvertrauen wächst und es wird ihnen leicht, sich mit den Kindern auszutauschen. Durch den Einsatz kreativer Arbeitsmethoden gewinnen diese Begegnungen auch für reizüberflutete Schulkinder eine eigene Faszination.

(Aus: Caroline Osborn/Pam Schweitzer/Angelika Trilling: Erinnern. Eine Anleitung zur Biografiearbeit mit alten Menschen. Lambertus Verlag: Freiburg/Br. 1997, S. 16–39)

1 Welche Voraussetzungen sollten für die Erinnerungsarbeit geschaffen werden?

2 Als Methoden bei der Durchführung werden genannt:
1. reihum fragen
2. Erinnerungen präsentieren
3. Rollen- und Theaterspiele

4. zeichnen, malen und Collagen
5. Gegenstände betrachten und herumreichen
6. Listen aufstellen
7. Stadtpläne und Landkarten
8. Musik und Geräusche
9. Ausflüge
10. Tätigkeiten aus dem früheren Arbeitsleben
11. Stichworte geben und Fragen stellen
12. Texte (vor-)lesen
13. Einladung zum Rundgang
14. Geschichten erzählen
15. Rezitieren
16. fühlen, riechen, schmecken
17. Bilder betrachten
18. schreiben

(Aus: Caroline Osborn/Pam Schweitzer/Angelika Trilling: Erinnern. Eine Anleitung zur Biografiearbeit mit alten Menschen. Lambertus Verlag: Freiburg/Br. 1997, S. 41)

Wie lassen sich diese Methoden nach Ihren Vorstellungen inhaltlich füllen?

3 Als Themenvorschläge werden genannt:

1. Familienleben
2. Hausarbeit und Frauenrolle
3. Kinderspiele
4. Schulzeit
5. die Nachbarschaft
6. Feiern und Festtage
7. Ausflüge
8. Mode
9. Ausgehen
10. Das Arbeitsleben
11. verliebt, verlobt, verheiratet

(Aus: Caroline Osborn/Pam Schweitzer/Angelika Trilling: Erinnern. Eine Anleitung zur Biografiearbeit mit alten Menschen: Lambertus Verlag: Freiburg/Br. 1997, S. 63)

Welche dieser Themen scheinen Ihnen besser, welche weniger gut geeignet?
Sollte/könnte das Thema „Erziehung früher" sinnvollerweise ergänzt werden?

4 Kommen Sie zu einer Beurteilung der vorgestellten Biografiearbeit mit alten Menschen.
(Falls möglich, wäre eine vorhergehende Erprobung einzelner Teile der „Anleitung" sinnvoll.)

3.6.3 Das pädagogische Konzept der biografischen Selbstreflexion

Nicht nur wenn es um den Umgang mit alten Menschen geht, kann biografische Reflexion identitätsfördernd wirksam werden. Gerade auch im Blick auf die eigene Biografie kann Biografiearbeit hilfreiche Anstöße vermitteln. Hat doch niemand Zukunft ohne Vergangenheit.

Gudjons, Pieper, Wagener:
Das Konzept der biografischen Selbstreflexion
Grundgedanken*

A) Der berühmte Satz des Philosophen Dilthey: „Was der Mensch ist, sagt ihm nur seine Geschichte", gilt auch für die Frage nach der eigenen Person und ihrer Geschichte. (9)

B) Wir verstehen die Biografie als eine in einem lebenslangen Prozess erworbene Aufschichtung von Erfahrungen, die bewusst oder unbewusst geronnen in unser Handeln eingehen. (16)

C) Unter „biografischer Selbstreflexion" verstehen wir eine (Wieder-)Aneignung der eigenen Biografie, den Versuch, die Erfahrungen, die unsere Identität geprägt haben und in unser heutiges Handeln eingehen, transparent zu machen. [...] Die so gewonnenen Erinnerungen werden einer Reflexion unterzogen, die über die unhinterfragten Strukturen alltäglichen Denkens hinausgeht und theoriegeleitet ist. (24)

D) [...] ich kann meine heutigen Erfahrungen nur auf dem Hintergrund früherer Erfahrungen machen. Diese strukturieren meine Wahrnehmung, leiten meine Aufmerksamkeit, bilden den Interpretationsrahmen, innerhalb dessen ich neue Erfahrungen bewerte. (21)

E) Die Notwendigkeit zur reflexiven Auseinandersetzung mit der eigenen Lebensgeschichte kann sich phasenspezifisch verdichten, wenn z. B. konflikthafte Erlebnisse, Wendepunkte in der Lebensgeschichte (zum Beispiel Geburt eines Kindes, Schwierigkeiten im Beruf, in Beziehungen, mit sich selbst) ein Neuüberdenken der eigenen Biografie und

Fußball war sein ganzes Leben. Mit 70 ist er immer noch aktiv dabei: Dr. Hugh Simons
(Aus: Julian Germain: ‚In Socar Wonderland', published by Booth-Clibborn Editions 1994, S. 83, keine Bildangabe)

der bisherigen Erfahrungen erforderlich machen. Wenn beim Übergang von einem Lebensabschnitt zu einem neuen (Ausbildung/Beruf oder Berufstätigkeit/Rentenalter usw.) eine Neuorientierung wichtig wird, ist biografische Selbstreflexion ebenso angezeigt wie in Situationen, in denen wir „nicht mehr klarkommen“, in denen ein hoher Leidensdruck vorhanden ist und nach Ursachen/Erklärungen für das bisherige Verhalten und nach Entwürfen für zukünftiges Verhalten gesucht werden muss. (12)

F) [...] biografische Selbstreflexion zielt ja nicht primär auf die Rekonstruktion dessen, „was faktisch war“, sondern gerade auf die Formen und Weisen der subjektiven Aneignung und Verarbeitung dieser Wirklichkeit. (32)

G) Wie diese einzelnen Fakten zusammenhängen, wie sie sich gegenseitig beeinflussen, warum sie überhaupt in dieser einen Lebensgeschichte vorkommen, welche Bedeutung sie haben, wie sie sich zu einer Folge von Erwartungen und Erfahrungen aufordnen, die in eine bestimmte Richtung weisen, die einen roten Faden erkennen lassen – all dies kristallisiert sich erst heraus, wenn wir uns des eigenen Lebenszusammenhanges zu vergewissern suchen:

Woher komme ich? Was bin ich? Wohin gehe ich? (34)

H) Grundsätzlich lässt sich sagen, dass Aufarbeitung der eigenen Lebensgeschichte [...] für jeden Menschen sinnvoll ist. Sie stellt einen Weg zur Selbsterkenntnis, zum Verstehen der eigenen Gewordenheit dar. (Warum bin ich heute so, wie ich bin, warum fühle/verhalte ich mich so und nicht anders?) Für den „normal belasteten Menschen“ (Schwäbisch/Siems) bedeutet die Auseinandersetzung mit der eigenen Biografie das Verstehen gegenwärtiger Handlungen vor dem Hintergrund der Lebensgeschichte, das Erinnern und Neu-Interpretieren vergangener Erfahrungen, das Erkennen ihres Gesamtzusammenhangs, das Verdeutlichen sich wiederholender Verhaltens- und Beziehungsmuster. Biografische Selbstreflexion stellt hier eine Möglichkeit zur Identitätsfindung dar. Durch das Verstehen kann ein Annehmen/ ein Versöhnen mit der eigenen Geschichte oder mit bestimmten Anteilen der Persönlichkeit gelingen. Darin liegt das Potenzial zur Weiterentwicklung, zum persönlichen Wachstum, zur Entfaltung der Persönlichkeit. Das Akzeptieren und das Begreifen der eigenen lebensgeschichtlichen Gewordenheit lässt eine emphatische (einfühlsam-verstehende) Haltung zu

Johannes Muggenthaler: Meilenstein. Farbfotografie (1990)

sich selbst entstehen und setzt Kräfte frei, um für sich neue Fähigkeiten zu entdecken und konkrete Möglichkeiten und Handlungsperspektiven zu entwickeln. (11) […]

M) Ein ausgezeichneter Zugang zur biografischen Selbstreflexion ist das Schreiben eines Tagebuches. (63)

N) Über das Schreiben hinaus reicht die Palette der Produktion biografischer Daten von der Arbeit mit Fotos und Poesiealben über die Sprüchesammlung bis hin zur Fantasiereise und zur Körperarbeit. Weil jede/r Teilnehmer/-in sich im Lauf der Arbeit seine/ihre eigenen Differenzierungen, Vorlieben und Abneigungen, eine eigene Weise des Zugangs zur Lebensgeschichte schafft, ist nichts so langweilig wie ein einfallsloser Methodenmonismus. […] Allerdings sollte dies ein anfänglich durchaus „naives" Rekonstruieren biografischer Details nicht verhindern. (40, 43)

O) Immer wenn das Erzogen-Werden anderer befragt / untersucht / erforscht und auch gelehrt wird, spielt unausweichlich das eigene „Erzogen-Sein" mit […]. Für die Praxis des pädagogischen Handelns ist Selbstreflexion schlechthin unverzichtbar. (51, 54)

[…] Unter „biografischer Selbstreflexion" verstehe ich in Anlehnung an Gudjons, Pieper und Wagener eine (Wieder-)Aneignung von Aspekten der eigenen Biografie, den Versuch, bedeutsame Erfahrungen, die meine Identität geprägt haben und in mein heutiges Handeln eingehen, transparent zu machen.

* = aus: Herbert Gudjons/Marianne Pieper/Birgit Wagener: Auf meinen Spuren. Das Entdecken der eigenen Lebensgeschichte. Vorschläge und Übungen für pädagogische Arbeit und Selbsterfahrung. 2.1992 (z. Zt.: 4.1996)
Eckige Klammern bezeichnen Auslassungen durch den Verfasser, Unterstreichungen wurden nicht übernommen, runde Klammern enthalten die Seitenzahlen in der genannten Ausgabe. Die Zusammenstellung der Zitate, ihre Anordnung und Buchstabierung erfolgte eigens für den Inhalt der vorliegenden Darstellung und kann die Lektüre von *Auf meinen Spuren* nicht ersetzen!

(Aus: Stefan Rogal: Schul-Spuren. Möglichkeiten biografischen Lernens im Pädagogikunterricht (mit Übungsmaterialien). Schneider Verlag: Hohengehren 1999, S. 16–19)

3.7 Die Bilanz des Lebens – wie in der Rückschau manches als wichtiger, anderes als bedeutungsloser angesehen wird …

1 Stellen Sie jeweils einen Kerngedanken, den Sie für bedenkenswert halten, aus jedem der folgenden Interviews heraus.
2 Vergleichen und diskutieren Sie die gewählten Kerngedanken.
3 Überlegen Sie sich Fragen an betagte Menschen und führen Sie ein Interview durch.

3.7.1 „Meiner ungenutzten Jugend trauere ich nach …"

Interviewpartnerin ist Isolde Randolph, eine 87 Jahre alte Frau.

Wie fühlen Sie sich, wenn Sie heute im Spiegel Ihr altes Gesicht sehen?
Da ich mir nie sonderlich sympathisch war und mir auch immer gesagt wurde, dass ich nicht gerade eine Schönheit sei, betrachte ich mich meistens mit Indifferenz im Spiegel. Aber ich versuche doch, besonders jetzt im Alter, mich zu pflegen, regelmäßig zum Frisör zu gehen und immer gut angezogen zu sein. Wissen Sie, ich finde, dass ich heutzutage besser aussehe als damals in meiner Jugend! Meine Schwester war sehr schön und klug. Ich liebte und bewunderte sie. Ich selbst galt als unbegabtes, rothaariges, unansehnliches Entlein. Als sie starb, war ich fünfzig. In den folgenden Jahren hatte ich zunehmend Zweifel – vielleicht bin ich gar nicht so hässlich und unbedeutend? Ich musste mich nicht mehr mit ihr vergleichen. Da blühte ich auf.
Ich kann es noch gar nicht fassen, dass ich siebenundachtzig bin, sondern muss es mir bewusst vor Augen halten. Aber ich könnte genauso gut siebzig sein oder auch fünfundsechzig. Das Gefühl, alt zu sein, kommt allmählich, wenn du auf der Straße gehst und kein Mensch dich ansieht, wenn du feststellst, dass du für Männer völlig uninteressant geworden bist. Während ich früher auf der Straße immer mal Augenkontakt hatte oder irgendwie angeschaut wurde, hörte das irgendwann ganz auf. Und da wusste ich,

dass ich alt bin. Das hat angefangen mit ungefähr fünfundfünfzig. Es hat mit mir als Frau zu tun.

Meiner ungenutzten Jugend trauere ich nach. Meine Mutter hatte mir beigebracht, dass man nur den einen Mann küssen darf, den man heiratet, und ich Idiot habe ihr das geglaubt, habe Jahre verloren, alles versäumt. [...]

Man kann es nicht mehr nachholen. Und dann ist ja auch im Alter der körperliche Wunsch nicht mehr da, wohl aber der Wunsch nach Zärtlichkeit, einmal von einem Mann umarmt zu werden und dass einem jemand die Hand hält, dieses Bedürfnis ist immer da, aber das hat ja nichts mit Sex zu tun. Ach ja, so einfach ist das nicht, alt zu sein, nie wieder jung werden zu können. Diese bürgerlichen Ansichten, die ich hatte, meine Erziehung, die sehr streng war und die auch meine Kinder erleben mussten, darüber bin ich hinweg! Meine Töchter haben mir eine neue Sehweise nahe gebracht und ich habe sie angenommen.

[...]

Als Mensch habe ich eigentlich umso mehr Kontakt gehabt, je älter ich wurde. Ich habe hier viele gute Freunde und konnte sogar neue Freundschaften schließen. Das ist mir noch im hohen Alter geschenkt worden. Wahrscheinlich bin ich offener geworden und gehe mehr auf die Menschen zu, während ich früher sehr scheu war und immer dachte, ich bin es eigentlich nicht wert, dass mir jemand Freundschaft schenkt. Meine Persönlichkeit hat sich erst nach achtundsiebzig, nach dem Tod meines Mannes, voll entwickelt. Es ist traurig zu sehen, dass jemand auflebt, wenn Angehörige sterben, aber bei mir war es der Fall. Der Unterschied war, dass ich frei war und keinen Druck mehr spürte. Ich lebe seither allein in der Wohnung. Manchmal war es ein bisschen einsam, aber ich fand es wunderschön, dass ich überhaupt allein sein konnte. Davor hatte ich anfangs große Angst. Jetzt entscheide ich frei, was immer ich will, in kleinen und in großen Dingen. Mein Mann war sparsam, fast geizig. Ich kann mir jetzt ein Paar Strümpfe kaufen, ohne ihn um Geld anzugehen. Inzwischen weiß ich, wie man einen Scheck ausschreibt, kann meine Geldgeschäfte gut erledigen. Das habe ich erst mit fast achtzig gelernt. Auch das Ausgeben musste ich erst lernen. Wie ich es genieße, aus dem Vollen zu leben! Erst einmal habe ich mir so viel Schmuck gekauft, wie ich wollte, Gold und Diamanten. Und einen wunderschönen Nerzmantel. So etwas hatte ich ja nie besessen.

(Aus: Isolde Randolph: Glück kenne ich erst, seit ich achtzig bin. In: Varda Hasselmann/Ellinor Jensen: Lebenszeit und Ewigkeit. Gespräche über Alter und Sterben. O. W. Barth Verlag 2000, S. 288/289. © 1999 by Scherz Verlag: Bern, München, Wien, für den Otto Wilhelm Barth Verlag)

Otto Dix: Stilleben mit Witwenschleier (1925). Tempera und Öl auf Holz, 129 x 60 cm.

(Aus: Serge Sabarsky: Otto Dix. Edition Cantz: Stuttgart 1987)

3.7.2 „An seinem Todestag fühlte ich mich erleichtert"

Als mein zweiter Mann vor ein paar Jahren starb, hier im Haus, in meinen Armen, blieb er zuerst einige Stunden in seinem Zimmer. Ich hätte mich verabschieden können, aber ich habe es nicht getan. Spontan habe ich das Fenster aufgemacht, um das Wesentliche entweichen zu lassen. Was dann noch übrig blieb, war die leere Hülle, nicht mehr mein Mann. Ich war todmüde, denn ich hatte ihn ja monatelang gepflegt. Da habe ich mich hingelegt und vierundzwanzig Stunden geschlafen. Erschöpft war ich und glücklich, ja. Ich war glücklich, weil es ein schönes und friedliches Ende war. Und ich war froh, dass ich ihn zuvor aktiv pflegen konnte. Ich bin eine sehr rührige Person und war auch viel jünger als er. Ins Krankenhaus wollte ich ihn nicht geben. Nur einmal war er kurz dort. Während der Pflege habe ich etwas Wichtiges gelernt, nämlich, dass man einem Todkranken alle Wünsche erfüllen muss, bedingungslos. Ob es einem nun sinnvoll und vernünftig vorkommt oder nicht. Ich hatte alles vorbereitet für eine lange, regelgerechte Pflege, Sauerstoff war da. Er hatte ein schweres Lungenemphysem. Ich habe gar nicht mehr gefragt, ob das, was er jeweils wollte, auch meinen Vorstellungen von dem entsprach, was für ihn das Beste sei. Nein, nicht meine Ideen und Bedürfnisse waren entscheidend, ich habe mich nach ihm gerichtet.

Ohne meinen Mann weiterzuleben – ja, das war merkwürdig. Ich hatte das Gefühl, ich hätte eine Prüfung bestanden, etwas überstanden. Ich war erleichtert, habe aufgeatmet. Wir hatten etwas Tolles zusammen geschafft, eine lange Ehe und eine lange Krankheit. Das war der Abschluss eines Lebensabschnitts. Jetzt begann etwas Neues. Ein wenig benommen habe ich angefangen aufzuräumen. Heute muss ich lachen, denn ich habe mich mit völlig unsinnigen Dingen beschäftigt. Vor der Beerdigung habe ich ganz geistesabwesend die Flaschen mit den Alkoholika, die seit Jahren halb leer herumstanden, zusammengegossen, Likör zu Likör, trockenen Sherry zu trockenem Sherry. Dann musste ich mich mit dem Bestatter auseinander setzen. Wir sind ja eine alteingesessene Familie und er meinte, dass wir uns die Bestattung ordentlich etwas kosten lassen würden. Mein Mann aber wünschte einen ganz einfachen Kiefernsarg, weil er verbrannt werden wollte. Der Bestatter hat mich schief angesehen. Er dachte wohl: Ohne Pietät und Takt, diese Leute, unmöglich!

Hat das Witwendasein auch Vorteile?

Für mich sicher, eine ganze Menge! Es ist ein ganz neues Leben. Allerdings, wenn viele Witwen sich so schwer tun, können sie vielleicht gar nichts dafür. Ich habe mir immer eine innere Freiheit bewahrt. Auch wenn ich es nicht gesagt habe, habe ich oft gedacht: Du kannst mir mal den Rücken runterrutschen!

Und durch meine Aktivität und Fantasie habe ich mir Freiräume geschaffen.

Zwischen Eheleuten spielt es eine große Rolle, ob man sich als getrennte Persönlichkeiten respektieren kann. Und wie man sich gemeinsam auf den Tod eines Partners vorbereitet. Schon als mein Mann, der sechzehn Jahre älter war als ich, mir einen Heiratsantrag machte, sagte er: „Vergiss aber nicht, dass wir nicht zusammen goldene Hochzeit feiern können, bevor du Ja sagst!" Und später, als unsere Tochter aus dem Haus ging, kündigte er mir an: „Ich erziehe dich jetzt zur Witwe!" Mir kam das ganz verrückt vor, aber er hatte ja Recht.

Als er dann nicht mehr ausgehen konnte und wollte, hat er nicht etwa gewünscht, dass ich bei ihm zu Hause blieb, sondern im Gegenteil, er schickte mich ins Konzert, zu Partys, in Ausstellungen. Ich erzählte ihm, wie es gewesen war, aber ich ging allein. Er brachte mir auch rechtzeitig den Umgang mit Geldangelegenheiten bei und lobte mich, wenn ich es begriff. Halb im Spaß, halb im Ernst sagte er dann: „Nun kann ich in Ruhe sterben, du weißt ja, wie alles geht." So bin ich lange vor meiner Witwenschaft auf selbstverständliche Art und Weise autonom geworden. Es war eine Erziehung zum Alleinsein.

An seinem Todestag fühlte ich mich erleichtert. Ich war ja eine große Sorge und die schwere Pflege los. Ich bin auch nicht ein Jahr lang in Schwarz gegangen. Ihm war das sowieso gleichgültig, ich hätte auch in Rot hinter seinem Sarg hergehen können, und mir war egal, was die Leute von mir dachten. Nur bei offiziellen Anlässen hatte ich meine dunklen Sachen an. Und ich bin

Marc Chagall: Stillleben mit Früchten und Blumen (um 1952). Gouache und Aquarell, 68 x 50 cm

sofort wieder in unseren Freundeskreis hineingegangen, deshalb habe ich die meisten Freunde auch nicht verloren.
Übrigens interessiert es keinen Menschen, ob ich trauere oder nicht. Es belastet die anderen, das muss man sich klarmachen, und sie sind weniger gern mit einem zusammen. Es ist ja auch nicht ihre Trauer. Natürlich haben sie am Anfang Mitgefühl und Verständnis, sind voller Hilfsbereitschaft. Aber wenn man dann immerzu von dem Verstorbenen spricht und vom eigenen Schmerz, sind sie nicht begeistert. Ich glaube, Privatgefühle gehen die anderen nur sehr wenig an und jeder hat so viel Kraft in sich, dass er das mit sich selber abmachen kann. Bei seinen Freunden sollte man Fröhlichkeit und Lebensfreude tanken, statt sie ihnen durch Jammerei zu nehmen.

(Aus: Johanna Gersmeyer: Demut ist, Vergänglichkeit hinzunehmen, in: Varda Hasselmann/Ellinor Jensen: Lebenszeit und Ewigkeit. Gespräche über Alter und Sterben, O. W. Barth Verlag 2000, S. 80–83. © 1999 by Scherz Verlag, Bern, München, Wien, für den Otto Wilhelm Barth Verlag)

3.7.3 „Die Welt da draußen geht mich nicht mehr so viel an"

Hat Ihr Leben einen Sinn, den man in Worte fassen kann, ein Ziel, auf das Ihre innere Entwicklung zusteuert?
Der Sinn meines Lebens bestand und besteht für mich darin, zu erkennen, dass ich nie ein Opfer war. Schon mit zehn Jahren habe ich nach meinem Empfinden selbstbestimmt gelebt. Das war für ein weibliches Wesen meines Jahrgangs ungewöhnlich. Einer jungen Frau würde ich raten: Lerne, bis du weißt, was du willst. Gehe deinen eigenen Weg, passe dich nicht so sehr an die Wünsche der anderen an. Es war mir möglich, zu tun und zu lassen, was ich wollte. Ich habe mir von niemandem etwas vorschreiben lassen. Selbstbestimmtheit und die damit verbundene Freiheit zu erleben waren der Sinn meiner Existenz. Heute kann ich das deutlich erkennen. Mit achtzig Jahren schaut man viel zurück, mit siebzig noch nicht so häufig.
Wie unterscheidet sich das Leben einer Siebzigjährigen von dem einer achtzigjährigen Frau?
Mit achtzig ist man schon in einem anderen Bereich. Die Welt da draußen geht mich nicht mehr so viel an. Ich sitze jetzt im Parkett und schaue zu. Aber auf der Bühne, wo etwas geschieht, wo gehandelt wird, stehe ich nicht mehr. Ich kann jetzt alle Menschen besser verstehen, mich viel leichter in sie hineinversetzen. Ich habe keine großen Vorurteile mehr, weil mich das Handeln der anderen nicht mehr so viel angeht. Wichtig ist für mich nur geblieben, dass ich versuche, sie nicht allzu sehr für meine Nöte in Anspruch zu nehmen. Trotzdem muss ich es jetzt oftmals tun! Eine große Sehnsucht nach Freiheit und eine große Angst vor Abhängigkeit – beides ist da. Durch die Krankheiten wird es evident. Früher war mir das nicht so klar, als es mir noch gut ging. Es ist mir gar nicht recht aufgefallen. Aber man kann nun mal im Krankenhaus nicht unabhängig bleiben, wenn man keine Luft kriegt. Ich lerne jetzt, mich einzufügen in die Gemeinschaft der Alten und Kranken, muss mich dem Betrieb der Kliniken unterordnen. Es geht nicht nur mir so, sondern allen Menschen, die alt und hilflos werden. Andere leiden ebenso darunter. Aber weil ich die Zusammenhänge erkannt habe, ist es mir möglich, meine Zimmergenossinnen und andere Frauen auf der Station moralisch ein wenig aufzurichten. Ich erzähle immer von mir und das hilft den anderen. Manchmal hoffe ich – gegen alle Vernunft – auf ein Wunder, nämlich, dass ich am Ende doch nicht ins Altenheim umziehen muss, und andererseits freue ich mich manchmal darauf. Das Heim, das ich ausgesucht habe, ist nicht ganz so schlimm wie viele andere. Vielleicht finde ich dort Anschluss. Ich brauche geistigen Austausch. Natürlich kann ich mich auch mit sehr schlichten Gemütern unterhalten, aber auf Dauer gibt mir das nichts und das merken meine Gesprächspartner irgendwann. Was mich auch an dem Heim reizt, ist die Bastelstube dort. Ich liebe die Seidenmalerei, arbeite auch gerne mit Ton. Schön ist, dass ich dort Kontakt haben kann, wenn ich will, und mich zurückziehen kann, wann immer ich will. Außerdem möchte ich so gerne einmal wieder hinaus! Vielleicht kann ich noch einmal verreisen. Ich sehne mich danach, Mittenwald noch einmal wieder zu sehen, wenn ich wieder ein bisschen besser laufen kann. Im Augenblick gehe ich wie ein Pinguin.

Robert Smithson: Spiral Jetty (April 1970). Stein, Erde und Salzkristalle. Great Salt Lake (USA).

(Aus: Edwars Lucie-Smith: Kunst heute. Kindler Verlag: München 1995)

Ich lasse die Dinge auf mich zukommen. Mein Leben wird nicht mehr sehr lange dauern. Das spüre ich. Und ich möchte nicht mehr lange leben. Die letzte Zeit war wirklich schwierig. Ich würde gerne noch dieses und jenes aufschreiben. Aber im Moment habe ich eine Blockade, obwohl ich immer gern geschrieben habe. Jetzt wäre die Zeit der Rückschau gekommen. Ich nehme gern Abschied vom Leben.

(Aus: Erna Weigl: Fließen in einer anderen Form. In: Varda Hasselmann/Ellinor Jensen: Lebenszeit und Ewigkeit. O. W. Barth Verlag 2000, S. 53/54. © Scherz Verlag: Bern, München, Wien 1999)

3.7.4 „Ich denke, der Mensch findet seine Bestimmung in seiner persönlichen Zeit"

Meinen Sie, dass die Art unseres Sterbens genauso wichtig sein könnte wie die Weise unserer Geburt?
Das Sterben sollte eine Art Geburt sein. Und ich glaube, dass unsere sterbende Welt – wir sind ja jetzt in der Lage, das Ende unserer Welt anzuvisieren – auch zu einer neuen Geburt kommen kann. Dieses Vertrauen hat sich bei mir durch das, was ich an Sterben erlebt habe, entwickelt. Ich denke, der Mensch findet seine Bestimmung in seiner persönlichen Zeit. Jeder Mensch wird in einen Widerspruch hineingeboren, jedenfalls habe ich es so in meinem eigenen Leben erfahren. Einerseits die kulturelle Prägung – das Elternhaus, in das man hineingeboren wird –, andererseits die ganz einmalige eigene Veranlagung, die in so einem kleinen Kind steckt. Das sind die Spannungspole. Der dritte Faktor ist die Zeit, in die man gestellt ist und in der man seinen Auftrag finden sollte. Das ist ein ungeheuer spannender und dramatischer Prozess, und ich glaube nach den Erfahrungen, die ich gemacht habe, dass er im Tod zur Erfüllung kommen kann. Ich sage nicht, dass es so ist, aber dass es so sein kann. Dann mag der Mensch mit seiner ganz speziellen Bestimmung eingehen in das, was wir ewiges Leben nennen, in eine andere Dimension des Lebens.

(Aus: Ruth-Alice von Bismarck: Sterben sollte wie eine Geburt sein. In: Varda Hasselmann/Ellinor Jensen [Hrsg.]: Lebenszeit und Ewigkeit. O. W. Barth Verlag: München 2000, S. 14–16. © Scherz Verlag: München, Bern, Wien 1999)

Richard Wentworth London (1997) © Richard Wentworth

(Aus: Serie 336 Sir John Soange's Museum. Retrace your steps. Remember Tomorrow. Exihibition curated by Hans-Ulrich Obrist, 1999, Karte 4 von 10)

3.8 Zusammenfassender Überblick: Lernen im Alter

In Überwindung der lange dominanten Defizittheorie zur Erklärung des Alterns hat die Alternsforschung der letzten Jahrzehnte (Hans Thomae, Ursula Lehr u. a.) nachgewiesen, dass Altern nicht mit Verlust von Lernfähigkeit verbunden zu sein braucht, wiewohl Motive und Arten des Lernens sich beim Altern ändern. Hier knüpft das anthropologische Interesse der Gerontagogik an: Lernen ist für Erwachsene – auch beim Älterwerden – die Art und Weise, sich in einer komplizierter werdenden Welt zurechtzufinden (Eugen Fink) und in die individuelle wie auch soziale Entwicklung gestaltend und mitverantwortend zu intervenieren. Durch Seniorenbildung verliert das Lernen das traditionelle Odium des Nur-Propädeutischen: Lernen ist Leben und nicht nur Vorbereitung auf dieses. Neu wird Lernen beim Altern insofern, als jetzt (nach der Entpflichtung aus dem Beruf und dem Mündigwerden der eigenen Kinder) neue Chancen des Lebens entstehen, auch zu mehr Selbstverwirklichung. Die Frage nach dem Sinn des Lebens wird durch dessen zunehmende Verlängerung akuter als in früheren Epochen mit viel kürzerer Lebensdauer. Allein als Ruhestand und Freizeit wäre das längere Leben für viele Senioren zu sinnarm. Weiterbildung wird zum Beweis dafür, dass sich heute viele Menschen als „junge Alte“ einschätzen. Jedenfalls trägt Weiterbildung in der zweiten Lebenshälfte zur Korrektur des tradierten Altersbegriffs bei. Alter wird nicht zur Restzeit abqualifiziert, sondern zum vollen Leben aufgewertet. Zur Emanzipation kann das Alter insofern werden, als es neue Energien und Begabungen freisetzt, die sich während der starken, oft einseitigen Beanspruchung durch den Beruf nicht oder nur wenig entwickeln konnten. Gleichwohl ist Bildung im Alter mehr als nur ein Nachholen von früher Versäumtem und artikuliert Erkenntnisweisen, die in vorangegangenen Lebensphasen noch nicht zugänglich waren (so z. B. Weisheit und ausgiebige Erfahrung).

Die Sinnfrage des Lebens kann durch Grenzerlebnisse des Alters (schwere Erkrankung, Schicksalsschläge, Trennung von geliebten Menschen) wie überhaupt durch die Einsicht in die Begrenztheit der Lebenszeit radikalisiert werden und auf medizinisch-biologische, psychologische wie auch philosophisch-theologische Fundamentalprobleme aufmerksam machen. Weil das Wissen um Krankheit und Sterben in das anthropologische Interesse der Gerontagogik einbezogen ist, kann man verstehen, dass dieses Teilgebiet der Erziehungswissenschaft auch Zugang von der Theorie und Praxis der Sozialarbeit her hat. Experten dieses Bereichs haben sich für die Weiterbildung beim Altern eher interessiert als das Gros der Pädagogen, die nach wie vor besonders auf Kinder- und Jugenderziehung fixiert sind, obgleich sich der Schwerpunkt des Bildungswesens mehr und mehr in Richtung Erwachsenen- und Altenbildung verlagern wird, weil die skizzierte Populationsentwicklung in den Ländern der Ersten und Zweiten Welt langfristig anhalten wird.

(Aus: Franz Pöggeler: Gerontagogik. In: Helmwart Hierdeis/Theo Hug [Hrsg.]: Taschenbuch der Pädagogik. Band 3., 5., korrigierte Auflage. Schneider Verlag: Hohengehren 1997, S. 730/731)

Das Studium hat sich ja ein wenig hingezogen. Jetzt freuen sich alle auf den in Aussicht stehenden Abschluß!

Die jungen Leute
leiden weniger
unter ihren eigenen Fehlern
als unter der Weisheit der Alten.

Vauvenargues

4. Statt eines Nachwortes: Theodor Fontane, Die Alten und die Jungen

„Unverständlich sind uns die Jungen“,
Wird von den Alten beständig gesungen;
Meinerseits möcht ich's damit halten:
„Unverständlich sind mir die Alten.“
Dieses am Ruderbleibenwollen
In allen Stücken und allen Rollen,
Dieses sich Unentbehrlichvermeinen
Samt ihrer „Augen stillem Weinen“,
Als wäre der Welt ein Weh getan,
Ach, ich kann es nicht verstehn.
Ob unsre Jungen, in ihrem Erdreisten,
Wirklich was Besseres schaffen und leisten,
Ob dem Parnasse sie näher gekommen
Oder bloß einen Maulwurfshügel erklommen,
Ob sie, mit andern Neusittenverfechtern,
Die Menschheit bessern oder verschlechtern,
Ob sie Frieden sä'n oder Sturm entfachen,
Ob sie Himmel oder Hölle machen –
Eins *lässt sie stehn auf siegreichem Grunde:*
Sie haben den Tag, sie haben die Stunde;
Der Mohr kann gehn, neu Spiel hebt an,
Sie beherrschen die Szene, sie *sind dran.*

(Aus: Theodor Fontane: Die Alten und die Jungen.
In: Dieter Richter [Hrsg.]: Kindheit im Gedicht. S. Fischer: Frankfurt/M., S. 83)

Carl Spitzweg (1808–1885): „Der Bücherwurm" (um 1850)

Sammlung Schäfer: Schweinfurt. Kunstverlag Weingarten: Weingarten

5. Lexikonteil

abnorm: im krankhaften Sinne vom „Normalen“ abweichend
absorbieren: in sich aufnehmen
abstrakt: vom Dinglichen gelöst, rein begrifflich; Gegenteil: konkret
Abszess: Eiteransammlung in einem anatomisch nicht vorgebildeten Gewebshohlraum
ad hoc: zu diesem Zweck; aus dem Augenblick heraus
Adoleszenz: Jugendalter, besonders der Lebensabschnitt nach beendeter Pubertät
affirmativ: bejahend, bestätigend
Aggregat: Auswahl einer Personenmenge für Untersuchungen in statistischer Hinsicht
Alternative: Möglichkeit des Wählens zwischen zwei unterschiedlichen Dingen oder Richtungen
Alzheimersche Krankheit: bestimmte Form von Altersdemenz, die mit dem Symptom von Vergesslichkeit beginnt und mit völliger Desorientierung endet
Ambivalenz: Doppelwertigkeit bestimmter Phänomene oder Begriffe
analog: entsprechend, ähnlich bei gleichzeitiger Differenz
analysieren: etwas zergliedern, zerlegen, untersuchen, auflösen, Einzelpunkte herausstellen
Analytiker: jemand, der bestimmte Erscheinungen analysiert, d. h. auseinander legt
Anamnese: Erhebung der Vorgeschichte einer Krankheit, in der Regel nach Angaben des Kranken
anonym: ungenannt, ohne Namen
Anorexie: Krankheit, die mit Appetitlosigkeit, mit dem Verlust des Triebes, Nahrung aufzunehmen, einhergeht
Anthropologie: die Wissenschaft vom Menschen
antizipieren: etwas (gedanklich) vorwegnehmen
Arsenal: Vorratslager, Sammlung
asexuell: gefühllos in Bezug auf das Sexuelle; ungeschlechtlich, geschlechtslos
Assekuranz: Versicherung
Assoziation: Verknüpfung von Vorstellungen, bei denen die eine die andere hervorgerufen hat
Asthma: Atemnot, Kurzatmigkeit, die bei verschiedenen Krankheiten anfallsweise auftritt
Ataxie: Störung des geordneten Ablaufs und der Koordination von Muskelbewegungen
autogenes Training: Methode der Selbstentspannung in einem hypnotischen Zustand, in den sich jemand selbst versetzt
autologisch: die Rede vom Selbst betreffend
autonom: sich selbst bestimmend
Autonomie: Willensfreiheit; Möglichkeit, sich selbst Gesetze für eigenes Handeln zu geben; Selbstbestimmung

brillieren: glänzen (in einer Fertigkeit)
Bronchitis: Entzündung der Bronchialschleimhäute
Bulimie: Krankheit mit Heißhunger oder Gefräßigkeit

chronisch: dauernd, ständig, anhaltend
crime survey: Kriminalitätsschätzung

Defäkation: Stuhlentleerung
defizitär: mit einem Defizit (Fehlbetragen, Mangel, Fehler) belastet
Delirium: Bewusstseinstrübung, die mit Wahnideen und Sinnestäuschungen einhergeht
Demagogie: die Kunst, andere durch leidenschaftliche Reden politisch zu verführen; Volksverführung; politische Hetze
Demenz: Verlust von im früheren Leben erworbenen Fähigkeiten durch organische Hirnkrankheiten

Depression: Niedergeschlagenheit, traurige Stimmung
Desensibilisierung: Schwächung oder Aufheben der allergischen Reaktionsbereitschaft eines Organismus; ein Vorgang, der jemanden unempfindlich für etwas macht
Desozialisation: Gegenteil von Sozialisation; Ausgliederung aus der Gesellschaft
determinieren: bestimmen; zu etwas zwingen; wer determiniert ist, hat keine alternative Wahlmöglichkeit, ist somit unfrei
Devianz: Abweichung von der Norm
Diabetes: Zuckerkrankheit
diagnostisch: durch Diagnose feststellend; die Diagnose, d. h. das Erkennen bzw. die Identifizierung einer Krankheit, betreffend
Dimension: Bereich, Größe, Ausmaß
dominieren: bestimmen, herrschen; etwas beherrschen
Dramolett: kurzes, dramenartiges Theaterstück
Drogenprophylaxe: Vorbeugung zur Verhinderung von Drogensucht
Dysmenorrhoe: gestörte, schmerzhafte Monatsblutung
Dysmorphophobie: Angst vor Missbildung

E

Effizienzdenken: an die Wirksamkeit, Wirkkraft denken
Embryologie: Lehre und Wissenschaft von der Entwicklung der Embryos
Empathie: Bereitschaft und Fähigkeit, sich in einen anderen Menschen einzufühlen
Empirie: Erfahrung; Forschungsmethode, die erfahrungswissenschaftlich vorgeht
endogen: im Innern selbst entstehend, von innen kommend
Epidemie: zeitlich und örtlich in starkem Maße auftretende Infektionskrankheit
Epilepsie: Krankheit mit meist plötzlich einsetzenden starken Krämpfen und kurzer Bewusstlosigkeit
episodisch: vorübergehend, dazwischengeschaltet
Ergotherapie: Arbeits- und Beschäftigungstherapie
eskalieren: (etwas) allmählich steigern
esoterisch: geheim, nur für Fachleute bestimmt
ethisch: die Ethik, d. h. die (philosophische bzw. theologische) Lehre des Handelns betreffend, sofern dieses unter der Differenz von „gut" und „böse" steht
Ethnologie: Völkerkunde
etikettieren: jemanden, etwas kennzeichnen („abstempeln")
Euphorie: augenblickliche heitere Gemütsstimmung; Hochgefühl
Evolution: die stammesgeschichtliche Entwicklung der Lebewesen von niederen zu höheren hin
existenziell: auf die menschliche Existenz, d. h. das unmittelbare und wesenhafte Dasein des Menschseins, bezogen
exmanent: von außen kommend; noch nicht in der Sache selbst liegend
explizit: ausdrücklich, deutlich
Exploration: Untersuchung/Befragung
expressiv: ausdrucksvoll, ausdrucksbetont, übertreibend, sprachlich ausdrucksfähig, kommunikationsfähig
exzessiv: außerordentlich, das Maß überschreitend

F

Fauxpas: Taktlosigkeit, Verstoß gegen gesellschaftliche Umgangsformen
fiktiv: eingebildet, erdichtet
flexibel: anpassungsfähig, beweglich

G

Generativität: die Fortpflanzungsfähigkeit betreffend
Geriater: Arzt mit Spezialkenntnissen auf dem Gebiet der Altersheilkunde
Gerontagogik: Teil der Erziehungswissenschaft, der sich dem Forschungsfeld „Alter" zuwendet

H

Hearing: öffentliche Anhörung, meistens vor einem Ausschuss
Heredität: Erblichkeit
homogen: gleichmäßig aufgebaut, einheitlich
Hooligan: Fussball-Schlachtenbummler mit Gewaltbereitschaft
Hygiene: Gesundheitslehre, Gesundheitsfürsorge, Sauberkeit
hyperaktiv: erhöht aktiv
Hyperhidrosis: übermäßige Schweißabsonderung
hypersensibel: mit erhöhter Empfindlichkeit

Hypophyse: Hirnanhangdrüse, die dem Hypothalamus benachbart ist
Hypothalamus: Teil des Zwischenhirns
Hypothese: eine zunächst unbewiesene Annahme mit dem Ziel, sie durch Beweise als wahr oder falsch zu qualifizieren

idealisieren: etwas/jemanden vollkommener sehen, als die Sache/Person tatsächlich ist
Identifikation: Übernahme der Motive, Eigenschaften eines anderen in das eigene Ich
Identität: Wesensgleichheit; die als „Selbst" erlebte innere Einheit einer Person
Identitätsdiffusion: Vermischung verschiedener Faktoren, die klare und eindeutige Identitätsbildung behindern; Begriff, der in der (neo-)psychoanalytischen Theorie Erik H. Eriksons eine bedeutende Rolle spielt
Ideologie: System von Weltanschauungen, Grundeinstellungen und Wertungen
illegal: gesetzwidrig
Immigrant: Einwanderer
implizieren: einschließen, mit enthalten
implizit: mit enthaltend, mit gemeint
Impuls: Anstoß, Anregung
Indifferenz: Gleichgültigkeit
Individuationsprozess: psychologischer Wandlungs-, Reifungs- und Differenzierungsprozess des Einzelwesens, insofern es als unverwechselbar und einmalig gesehen werden kann
Individuum: Einzelwesen
Indiz: Hinweis, Anzeichen
ineffektiv: unwirksam
Initiationszeremonien: Bräuche bei der Aufnahme eines Neulings in eine Standes- oder Altersgemeinschaft
Initiative: erster, tätiger Anstoß zu einer Handlung
instabil: unbeständig
instigiert: angeregt, angestachelt
Institution: eine (öffentliche) Einrichtung
inszeniert: in Szene gesetzt, veranlasst, vorbereitet
Integrität: Makellosigkeit, Unbestechlichkeit
intentional: mit einer Absicht verknüpft
Interaktion: Wechselbeziehung zwischen aufeinander bezogenen Partnern
interaktionistisch: die Wechselbeziehung zwischen aufeinander bezogenen Partnern betreffend, die Theorie der „Interaktion" betreffend
Interdependenz: gegenseitige Abhängigkeit
interdisziplinär: mehrere Forschungsgebiete bzw. Schulfächer umfassend
interepochal: zwischen zwei Geschichtsepochen befindlich, mehrere Zeitalter umfassend
internalisieren: etwas verinnerlichen
Internist: Facharzt für innere Krankheiten
intersubjektiv: zwischen verschiedenen Personen, von verschiedenen Personen nachvollziehbar
Intervention: Vermittlung, Einmischung in die Verhältnisse des anderen
Intimität: Vertraulichkeit
Intoxikation: Vergiftung
intra-: Präfix, das auf etwas hinweist, das sich innerhalb von Sachen und Personen befindet
inzestuös: Geschlechtsverkehr von nahen Verwandten betreffend
Irritation: Verwirrung, Reiz, Erregung

Katharsistheorie: Vorstellung, dass das Anschauen aggressiver Handlungen eine reinigende Wirkung ausübt
kausal: ursächlich, auf eine oder mehrere Ursachen bezogen
klientenzentriert: therapeutisch zentral auf eine zu behandelnde Person bezogen; bei der klientenzentrierten Gesprächspsychotherapie (z. B. von C. R. Rogers) steht die Selbstanalyse des Klienten im Vordergrund;
der Therapeut hilft nur bei diesem Selbstfindungsprozess durch bestimmte Techniken
kognitiv: die Erkenntnis betreffend
Kohärenz: Zusammenhang, Zusammenhalt
Koinzidenz: Zusammentreffen, Zusammenfall mehrerer Ereignisse oder Gegensätze
Kolik: krampfartig auftretender Schmerz
kollektiv: gemeinsam, gemeinschaftlich, eine Gruppe betreffend
Kompensation: Ausgleich
kompensieren: die Wirkung einander entgegenstehender Ursachen ausgleichen

Kompetenz: Zuständigkeit, Befugnis, Fähigkeit (im Gegensatz zur Performanz, d. h. der Anwendung von Fähigkeiten)
komplex: vielschichtig, zusammenhängend
Komponente: Bestandteil eines Ganzen
komprimieren: zusammenpressen, verdichten
Konfrontation: Gegenüberstellung von einander widersprechenden Meinungen, Sachverhalten oder Personengruppen
konservativ: am bisher Üblichen, an Traditionen festhaltend
Konstellation: das Zusammentreffen bestimmter Umstände und die daraus resultierende Lage
konstruieren: etwas entwerfen, Bezüge zwischen Dingen herstellen, gegebenenfalls auch dann, wenn sie wirklichkeitsfremd sind
Konstrukt: Hilfskonstruktion für die Beschreibung von Sachverhalten bzw. Verhaltensweisen, die nicht unmittelbar messbar oder erfassbar sind
Konsultation: Untersuchung und Beratung durch eine(n) Fachkundige(n)
Kontinuität: lückenloser Zusammenhang, Stetigkeit
korrelieren: einander bedingen; miteinander in Wechselbeziehung stehen
korrumpieren: jemanden bestechen, (moralisch) verderben
kursieren: umlaufen, die Runde machen
Kybernetik: Forschungsrichtung, die vergleichende Betrachtungen über Steuerungs- und Regelungsvorgänge zum Inhalt hat

Labilisierung: Verunsicherung; Vorgang, etwas aus dem Gleichgewicht zu bringen; Gegenteil von Stabilisierung, d. h. etwas standfest, unverrückbar machen
lavieren: mit Geschick Schwierigkeiten überwinden, vermeiden
Lebenszyklus: Lebensspanne von der Geburt bis zum Tod
legitim: rechtmäßig, gesetzlich anerkannt
Libido: Begierde, Trieb, Geschlechtstrieb; bei Freud die aufbauende Triebenergie
linear: gleichmäßig, gleich bleibend
Lobby: Gesamtheit derjenigen, die bestimmte Interessen im politischen Raum vertreten

Makrokosmos: Weltall (Gegensatz: Mikrokosmos, d. h. die Welt der „kleinsten Dinge“)
Malheur: Unglück
manifestieren: offenbaren, kundgeben, sich erweisen
Manipulation: bewusste und gezielte Einflussnahme auf Menschen ohne deren Wissen und oft gegen deren Willen; Handhabung, Verfahren
Marginalie: Anmerkung am Rande einer Handschrift oder eines Buches
Maxime: Grundsatz, Leitsatz, Vorsatz subjektiver Art für das eigene Handeln, insofern es unter der ethischen Differenz von „gut“ und „böse“ steht
meso-: Präfix, das zum Ausdruck bringt, dass sich etwas im mittleren Bereich befindet
methodologisch: zur Methodenlehre gehörig
Mikrokosmos: die „kleine Welt“ (des Menschen) als verkleinertes Abbild des Universums
Minorität: Minderzahl, Minderheit
Miosis: Pupillenverengung
modifizieren: einschränken, abändern, abwandeln
Monismus: Lehre, der zufolge die Wirklichkeit nur durch eine einzige Gundbeschaffenheit charakterisiert ist
Monogamie: Einehe
Motivation: Summe der Beweggründe, die das menschliche Handeln auf Inhalt, Richtung und Intensität hin beeinflussen
motorisch: die Gesamtheit der gleichförmigen, regelmäßigen Bewegungsabläufe bzw. der willkürlichen Muskelbewegungen betreffend
Mydriasis: Erweiterung der Pupille durch Sympathikusreizung
mysteriös: geheimnisvoll, rätselhaft, dunkel

narzisstisch: auf sich selbst bezogen, in die eigene Person verliebt
Negativismussyndrom: fortdauernde ablehnende Haltung
Neurodermitis: Hauterkrankung mit Ekzemen
Neurose: Nach S. Freud eine psychisch bedingte Gesundheitsstörung, deren Symptome unmittelbare Folge und symbolischer Ausdruck eines seelischen Konfliktes sind, der unbewusst bleibt
neurotisch: an einer Neurose leidend, eine Neurose betreffend
normativ: maßgebend, zur Richtschnur dienend
Nystagmus: unwillkürliches Zittern des Augapfels

Objektivierung: Vergegenständlichung
Opiate: alle betäubenden Opiumpräparate
Ontogenese: die Entwicklung des Individuums von der Eizelle zum geschlechtsreifen Zustand
Option: gegenwärtige Möglichkeit freier Entscheidung für eine zukünftige Realisierung
Östradiol: Sexualhormon, stärkstes natürliches Östrogen

Paradox: eine scheinbar zugleich falsche und wahre Aussage
Paranoia: systematisierter Wahn
patentieren: einer Erfindung durch Verwaltungsakt Rechtschutz gewähren
Patient: ein Kranker (in Behandlung)
patriarchalisch: auf die Männer („Väter") als Träger des öffentlichen gesellschaftlichen Lebens bezogen
Peergroup: Bezugsgruppe eines Individuums, die aus Personen gleichen Alters, gleicher oder ähnlicher sozialer Herkunft besteht und die den Einzelnen in Bezug auf Handeln und Urteilen stark beeinflusst
Pendant: ergänzendes Gegenstück, Entsprechung
perfektionistisch: in übertriebener Weise die Vollkommenheit anstrebend
permanent: dauernd, anhaltend, ununterbrochen
permissiv: gewähren lassend
Perseveration: krankhaftes Verweilen bei ein und demselben Denkinhalt
Perspektive: Aussicht, Durchblick (auf die Zukunft bezogen), Sichtweise
physiologisch: die Lebensvorgänge im Organismus betreffend; auch die Wissenschaft der Lebensvorgänge im Organismus betreffend
physisch: in der Natur begründet, natürlich
PKS: Polizeiliche Kriminalstatistik
Plastizität: Bildhaftigkeit, Anschaulichkeit
platonisch: die Philosophie Platons betreffend, unsinnlich, rein geistig-seelisch
Population: Bevölkerung; Anzahl der Teilnehmer an einer empirischen Untersuchung
postulieren: fordern, zur Bedingung machen, eine sittliche Forderung aufstellen
potent: leistungsfähig; zeugungsfähig
Prärieindianer: Indianer aus dem Grasland im mittleren Westen Nordamerikas
Prävention: Zuvorkommen, Verhinderung, Entgegensteuerung einer Krankheit durch vorhergehende Maßnahmen
prinzipiell: im Prinzip, grundsätzlich
Priorität: Vorrangigkeit
Procedere: Vorgehen
Prodromalstadium: Vorläuferstadium einer Krankheit
Prognose: Vorhersage zukünftiger Entwicklungen, Verhaltensweisen, Zustände oder Ereignisse
prototypisch: das Urbild, Muster betreffend
proximal: dem zentralen Teil eines Körpergliedes, der Körpermitte zu gelegen
pseudoheterosexuell: Bezeichnung für jemanden, der auf das andere Geschlecht bezogen zu sein scheint, dies aber in Wirklichkeit gar nicht ist
psychisch: seelisch
Psychiater: Facharzt für seelische Störungen, Geisteskrankheiten
Psychoanalyse: Verfahren zur Untersuchung und Behandlung seelischer Fehlleistungen, Störungen oder Verdrängungen mit Hilfe der Traumdeutung und Erforschung der dem Unbewussten entstammenden Triebkonflikte; die Psychoanalyse wurde zuerst von Sigmund Freud entwickelt

Psychoanalytiker: ein die Psychoanalyse vertretender oder praktizierender Arzt oder Psychologe
psychoanalytisch: die Psychoanalyse betreffend
psychosomatisch: die seelisch-körperliche Einheit und Wechselwirkung betreffend
Psychotherapie: Nutzbarmachung psychologischer Techniken für die Behandlung seelischer Störungen oder seelisch bedingter Krankheiten

quasi: gewissermaßen, gleichsam, sozusagen
Quintessenz: Ergebnis, Hauptgedanke, Wesentliches einer Sache

Rationalismus: Denkrichtung, die das vernünftige Denken als einzige Erkenntnisquelle ansieht
Rebellion: Aufruhr, Aufstand, Widerstand, Empörung
Reflexion: Nachdenken, Überlegen
Rekursivität: Rückbezüglichkeit
relevant: bedeutsam, wichtig
Repertoire: Vorrat; Möglichkeit mehrerer Verhaltensweisen, die gezeigt werden können
Repräsentanz: Vertretung
respektieren: achten, anerkennen, gelten lassen
Ressourcen: Hilfsmittel, Hilfsquelle, Reserve
Reziprozität: Wechselseitigkeit
rhetorisch: rednerisch, Redegewandtheit zeigend, die Rhetorik betreffend
rigide: starr, steif
rollenspezifisch: auf das Typische einer Rolle bezogen

Sanktion: gesellschaftliche Reaktion sowohl auf normgemäßes als auch auf von der Norm abweichendes Verhalten
schizoid: seelisch zerrissen, gespalten; unter einer Persönlichkeitsstörung leidend, die sich in Kontaktschwierigkeiten und Gleichgültigkeit zeigen kann
Selbstreferenz: auf die eigene Person zurückbezogen sein
selektieren: jemanden aus einer Gruppe zu etwas auswählen
singulär: vereinzelt vorkommend
skeptisch: zum Zweifel neigend, zweifelnd
Sozialisation: Vorgang, der dazu führt, dass der/die Einzelne in die Gemeinschaft bzw. Gesellschaft eingegliedert wird
soziokulturell: auf die Gesellschaft und ihre Kultur bezogen
soziologisch: die Gesellschaftswissenschaft betreffend
Status: Zustand, Bestand, Position, gesellschaftlicher Rang
Stereotyp: Vorurteil mit festen Vorstellungsklischees
Stigmatisierung: Brandmarkung mit einem Zeichen
Subkultur: besondere Kulturgruppierung innerhalb eines übergeordneten Kulturbereichs, oft im Gegensatz zur herrschenden Kultur stehend
suggestiv: beeinflussend, bestimmend, ohne eine Möglichkeit, eigenständig entscheiden zu können
Suizidversuch: Selbsttötungsversuch
symbiotisch: mit verschiedenen Lebewesen zum gegenseitigen Nutzen zusammenlebend
Symposium: Tagung von Wissenschaftlern mit Diskussion bestimmter fachlicher Ansichten und Fragen
Symptom: Anzeichen, Vorbote; äußeres Erkennungszeichen für eine tiefer liegende Ursache
Symptomatik: Krankheitszeichen
Synthese: Zusammenfügung, Verknüpfung einzelner Teile zu einem höheren Ganzen; Aufhebung des Widerspruchs von These sowie Antithese in einer höheren Einheit
systemisch: auf ein System, ein geordnetes Ganzes, bezogen

transversal: quer verlaufend
traumatisch: im psychologischen Sinn: einen seelischen Schock, eine seelische Erschütterung, die einen Komplex bewirken kann, betreffend
Tribut: Opfer, Beitrag, Hochachtung

Vabanquespiel: Spiel, bei dem alles auf eine Karte gesetzt wird
Variabilität: Veränderbarkeit
Variante: Abweichung, Abwandlung
variieren: verschieden sein, abweichen
verbal: wörtlich, mündlich
versus: gegen

WHO: World Health Organization – Weltgesundheitsorganisation

Yoga: im Anschluss an indische Religion und Philosophie entwickeltes Verfahren körperlicher Übung und geistiger Konzentration

Zirkularität: periodischer Kreislauf, Umlauf

François Barraud: Selbstporträt (1931). Öl auf Leinwand.
Privatbesitz

Ein Modell der Textinterpretation – Anregungen

Die folgenden Fragen können helfen, einen Zugang zu Texten zu finden. Das „Modell" stellt keine strenge Schrittfolge dar, sondern ist flexibel zu handhaben.

1. **Wie kann der Textzugang vorbereitet werden?**
- stilles Lesen des Textes; je nach literarischer Gattung, gegebenenfalls auch lauter Vortrag
- Verstehensschwierigkeiten, unverstandene Begriffe notieren
- Sinnabschnitte eines Textes markieren
- eigene Fragen an den Text stellen und Erwartungen formulieren

2. **Wie können bei wiederholtem Lesen Inhalt und Struktur des Textes genauer erfasst werden?**
- Definition/Erläuterung der unklaren Begriffe durch Heranziehen von Lexika, Internet o. Ä., gegebenenfalls Erschließen des Sinns eines Begriffs aus dem Zusammenhang
- je nach Eigenart des Textes: zentrale Begriffe und Kerninformationen hervorheben (Schlüsselwörter); Kennzeichnung von Sinnabschnitten durch knappe Überschriften, um den Gedankenaufbau zu erfassen; Bestimmen der Eigenart und Funktion wichtiger Textelemente: Abschnitte als Einleitung, Überleitung, Hauptteil, Höhepunkt, Hauptteil, Schlussteil, Einstellung, Problemnennung, Fragestellung … kennzeichnen; bei Sachtexten: These, Argument, Beispiel, Belege, Schlussfolgerung, Zusammenfassung … benennen
- aus der Eigenart und Wirkung der Argumentationsstruktur des Autors erste Erkenntnisse bez. der vermuteten Verfasserintention artikulieren
- vorläufige eigenständige Wiedergabe des Textinhaltes und der Textstruktur

3. **Welcher Form und literarisch-stilistischer Mittel bedient sich die Autorin/der Autor?**
- Erfassen der literarischen Form
- Offenlegen der Eigenart des Textes in seiner Verflechtung von inhaltlichen, formalen und sprachlich-stilistischen Elementen
- vorläufige Klärung eines textimmanenten Verständnisses

4. **Was ist über den Autor in seinem geschichtlich-gesellschaftlichen Kontext in Erfahrung zu bringen?**
- etwas über die Biografie des Autors im Blick auf den vorliegenden Text herausfinden, z. B. durch Heranziehen von Lexika etc.
- Zugehörigkeit zu einer bestimmten Gruppe
- den Kontext des Textes herausfinden
- Zeitgeist, vorherrschende Weltanschauung, pädagogische Strömungen der Entstehungszeit in Beziehung zum Autor zu erfahren suchen

5. **An wen richtet sich der Autor und welche Absicht verfolgt er vermutlich mit seinem Text?**
- Interessenlage des Autors, Voreingenommenheit zu einem Thema in Erfahrung bringen
- Textpragmatik
- Gründe finden, warum der Text gelesen wird

6. **Welche Wirkung hat der Text auf mich, die Leserin/den Leser?**
- Gesamtverständnis des Textes formulieren
- Stellung beziehen
- argumentative Auseinandersetzung mit dem Text
- gegebenenfalls Einordnung der Gedanken in den eigenen Lebenskontext
- Beurteilung, abschließende Wertung